KB021883

스토리텔링

범죄학

II

유형 및 대책

스토리텔링

범죄학

정진성 장응혁 노성훈 지음

Ⅱ

유형 및 대책

Storytelling Criminology

솔과학

책의 목표

이 책은 필자가 국내 대학에서 15년 정도 강의를 하면서 어떻게 설명하면 학생들이 범죄학을 가장 잘 이해하고 좋아하게 되는지를 체득한 후 다른 학생들이나 수험생, 일반 독자들에게도 같은 방식으로 내용을 전달해야겠다는 마음으로 집필했다. 범죄학을 처음 접하거나 수험 목적으로 공부를 해봤지만 잘 이해가 되지 않는다는 학생들의 공통된 의견은 첫째, 범죄학이 무엇이고 어디까지 공부해야 하는지를 잘 모르겠다는 것과 둘째, 개론서든 수험서든 대부분 내용이 병렬식으로 나열돼 있어 스스로 체계를 잡기가 어렵고 단순히 암기 위주로 공부하게 된다는 것이다. 이러한 어려움은 최근 범죄학이 높아진 관심에 힘입어 그 영역을 확장하는 과정에서 저술의 분량이 점차 방대해지면서 더욱 가중되고 있다.

필자는 이러한 문제를 극복하기 위해서는 명확한 학습의 틀을 가지고 범죄학의 역사적 발달과정에 따라 접근하는 것이 가장 바람직하다고 생각한다. 주지하듯, 범죄학은 역사적 발달과정을 거쳤다. 그렇다면 그 발달과정에 따라 학습해야 범죄학이 무엇이고, 어떤 활동을 해왔으며, 우리 삶에 어떤 영향을 미쳤고, 현재는 왜 어떤 과정을 거쳐 그렇게 영역이 확장되었는지를 정확히 알게 될 것이다. 따라서 이 책은 스토리텔링 형식으로 범죄학 이야기를 역사적 맥락에 따라 풀어 갈 것이다. 이때 필자가 제안한 '범죄학 루프' 개념을 내용 전개의 기본 틀로 삼아 범죄학 활동의 본질에 집중함으로써, 독자들이 범죄학을 명확히 이해하고 스스로 학습의 범위를 확장해갈 수 있는 토대를 마련하고자 한다.

1. 맥락의 중요성

범죄학의 본질과 핵심을 이해하기 위해서는 범죄학이 어떤 맥락에서 어떤 과정을 거치며 발달해왔는지 알아야 한다. 범죄학은 범죄라는 사회현상을 다루는 학문으로서 사회문화적 맥락이라는 현실과 밀접히 연관되어 발전해왔다. 간단히 요약하면, 범죄학이 처음 등장한 18세기 중후반에는 당시 강조되던 인간 이성과 합리성에 전혀 걸맞지 않은 잔인하고 임의적인 형벌제도를 합리적으로 개혁하고자 했고(고전주의), 과학과 산업이 급속히 발달하던 19세기 중반 이후에는 과학적 연구방법을 이용해서 범죄의 원인을 규명하고 범죄문제를 해결할 수 있다는 자신감이 넘쳤으며(실증주의), 1960-70년대에는 근 대성이 갖는 이분법적 사고와 실증주의식의 지나친 일반화를 비판하고 형사사법 영역에 만연한 차별적 처우를 철폐하자는 사상이 주목을 받았다(비판주의). 이러한 과정을 거쳐 1980년대 이후 현대범죄학에서는 과거의 이론들이 세련되게 진화하고 필요한 경우에 는 서로 통합되기도 하며 설명력을 강화하려는 경향을 보이고 있다. 이렇게 사회문화적 맥락에 따라 발달해 온 과정에 초점을 맞춰 공부하면 범죄학이 매우 현실적으로 다가오고, 재미도 있으며, 범죄문제뿐만 아니라 다른 사회문제에 대한 이해도 향상시키는 효과를 기대할 수 있다.

▶**설명력**(explanatory power)
- 이론이 현상을 설명하는 능력.
- 일반적으로 통계학에서는 종속변수의 변량 중 몇 퍼센트를 이론 변수(예, 나쁜 친구, 스트레스 등)가 설명하는지로 평가함.

필자 역시 비슷한 방식으로 범죄학을 공부했는데, 특히 미국 플로리다 주립대학교에서 석사과정을 밟던 중 치리코스(Ted E. Chiricos) 교수의 강의에 깊은 영향을 받았음을 고백한다. 그의 탄탄하고 자신만만하던 이론적 설명은 항상 사회문화적 맥락을 강조했으며, 범죄학이 현실과 무관한 허상이 아니라 결국 우리의 삶에 큰 영향을 미치는 정책적 모습으로 나타났음을 다양한 실례로 보여주었다. 그의 접근이 다소 비판적이었고 역사 공부를 추가로 해야 하는 어려움이 있었지만, 필자는 그 덕분에 단순히 암기하려 하지 않았고 항상 다양한 맥락 속에서 이론과 정책을 바라보려 애쓴 기억이 있다. 그러한 습관이 축적되면서 범죄뿐만 아니라 일반적인 사회현상을 바라보는 시각도 꽤 향상되었음을 스스로 느끼곤 한다.

2. 학습의 틀 = 범죄학 루프

▶범죄학 루프
–원래 명칭은 '범죄학 피드백 루프(feedback loop)'인데 편의상 줄인 표현임 – 이에 대한 상세한 설명은 제3장 참고.

이후 필자는 미국 미시간 주립대학교에서 박사과정을 밟으며 형사정책과 연구방법론을 집중적으로 공부했는데, 그 과정에서 범죄학을 '범죄과학'으로 표현하는 경향이 있음을 접하게 되었다. 처음엔 범죄과학이란 용어에 크게 신경 쓰지 않았지만, 필자도 학위 취득을 위한 연구를 진행하면서 그리고 교수가 되어 경찰청, 한국형사·법무정책연구원 등 실무기관과 정책 수립 및 평가를 위한 연구를 수행하면서 이론과 정책은 반드시 실증적으로 검증되어야 함을 깨달았다. 아울러 범죄학과 함께 연구방법론도 약 15년 정도 강의하면서 과학적 접근방법의 본질과 장단점을 온전히 이해하게 되었는바, 지금은 과학으로서의 범죄학이 무엇을 뜻하는지 자신 있게 말할 수 있다.

이상 플로리다 주립대와 미시간 주립대라는 성격이 꽤 다른 두 대학원을 경험하고 실제 다양한 이론과 정책에 대한 연구와 강의를 수행하면서, 필자가 정립한 범죄학의 모습은 사회문화적 맥락 – 이론 – 정책이 끊임없는 순환하는 '진화의 과정'이다. 그리고 그 과정을 멈추지 않게 만드는 동력이 바로 이론과 정책에 대한 '과학적 검증'으로서, 전체 과정을 그림으로 나타내면 아래와 같이 순환하는 고리로 표현할 수 있다. 필자는 이를 '범죄학 루프'라 명명하고 실제 수업의 기본 틀로 사용하고 있는데, 이 책에서도 주요 내용을 구성하고 전개하는 기본 틀로 사용하고자 한다. 그런데 이 범죄학 루프를 토대로 범죄학 학습의 효과성을 극대화하기 위해서는 독자들의 자발적인 노력이 꼭 수반되어야 한다. 필자는 다음 세 가지를 당부하고 싶다.

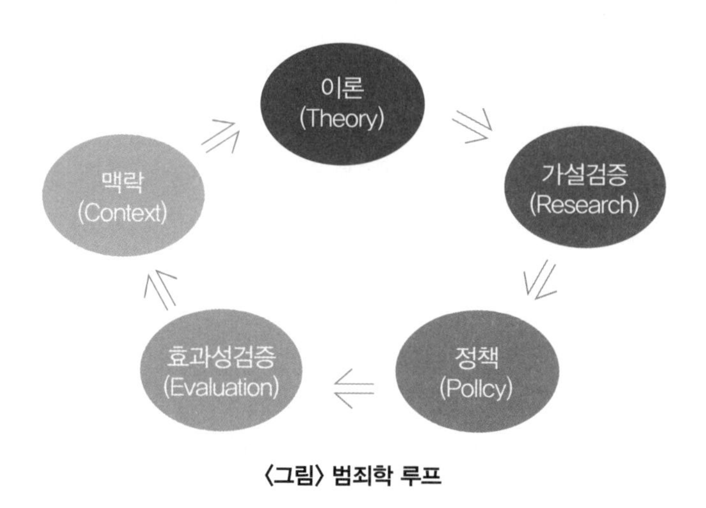

〈그림〉 범죄학 루프

3. 독자의 역할

첫째, 전술한 대로 범죄학은 우리가 살아가는 현실과 밀접한 관련이 있기 때문에 역사적 발달과정을 반드시 참고해서 어떻게 진화해왔는지를 이해해야 한다. 이는 특히 사회문 화적 맥락이 범죄 이론과 정책의 뿌리이자 결과물로서 중요하게 다뤄져야 함을 의미하는 바, 사회문화적 맥락에 대한 이해가 없으면 이론과 정책이 의미하고 의도하는 바를 정확하게 이해하지 못하는 경우가 발생한다. 예컨대, 현대의 합리적선택 관점은 고전주의의 부활로 잘 알려져 있으며 두 관점 모두 인간의 합리성을 중시하여 범죄도 합리적 선택의 결과라 주장한다. 하지만 두 관점이 발달할 당시의 사회문화적 맥락을 생각해보면, 고전주의는 유럽에서 중세를 거쳐 근대 초기에도 여전히 지나치게 잔혹했던 형벌제도를 합리적으로 개선하고자 하는 목적을 가지고 있었지만, 합리적선택 관점은 미국사회가 1960–70년대 혼란기를 거쳐 보수 안정화되던 시기에 범죄는 개인의 선택이므로 온전히 개인이 책임을 져야 한다는 이념적 보수화의 산물로서 강력한 처벌을 통해 범죄를 억제해야 한다는 목적을 가지고 있었다. (물론 한 축은 중립적 입장에서 범죄예방을 추구한 상황적 접근으로도 진화해갔다.) 즉, 겉보기에는 동일한 주장 같지만, 실제 태동기에 두 관점이 가지고 있던 의도는 완전히 상반된 것이었음을 사회문화적 맥락을 통해 이해할 수 있어야 한다.

▶정반합
– 헤겔(G.W.F. Hegel)의 변증법 참고.

둘째, 첫 번째 당부와 밀접한 관련이 있는데, 필자는 독자들이 정반합의 역사발달과정을 범죄학의 발달과정을 이해하는데 습관적으로 적용했으면 한다. (이는 당연히 범죄학뿐만 아니라 사회현상을 다루는 모든 학문에 해당되는 당부일 것이다.) 범죄학의 모든 이론과 정책은 장단점을 가지고 있다. 처음 등장할 때는 주로 필요에 의해 장점만 부각되지만 점차 검증 과정을 거치면서 문제점이 드러나고 이후 폐기나 수정보완, 또는 부활의 과정을 거친다. 예컨대, 19세기 중반 과학기술의 눈부신 발전은 범죄의 원인을 개인의 생물학적(심리 포함) 결함에서 찾고자 하는 실증주의에 환호하게 만들었지만, 이후 너무 많은 예외가 존재한다는 검증 결과와 자칫 인종차별로 이어질 수 있다는 정치·윤리적 문제의식으로 인해 거의 금기시되며 약 반세기의 짧은 역사를 마감했다. 하지만 20세기 말 유전학과 뇌과학이 급속히 발전하면서 인간의 유전자에 대한 해독이 가능해지고 특히 범죄와 관련된 충동성이나 분노를 유발하는 생물학적 요인이 증명되자 다시 부활하였고, 사회학적 요인과 결합하여 설명력을 대폭 강화시킨 생물사회학적 관점(biosocial perspective)으로 최근 주목받고 있다. 즉, 범죄학의 생물학적 관점(i.e., 특성이론)을 정확히 이해하기 위해서는 그 태동과 발전, 쇠퇴, 부활의 과정을 역사적 변화의 맥락에 위치시키고 정반합의 과정으로 바라볼 필요가 있는 것이다. 더 나아가 필자는 이러한 정반합의 원리 적용을 습관화하는 것이 특정 범죄 이론이나 정책에 대해 이념적 오해나 편견 없이 더욱 객관적으로 접근하는 데도 도움이 된다고 생각한다.

셋째, 요즘은 이 책뿐만 아니라 대부분의 교재에서 범죄학을 범죄과학으로 표현하는 것이 일상화되어 있기 때문에 독자들도 그 이유를 정확히 이해하고 앞으로는 과학, 실증, 경험, 데이터, 통계 등 관련 용어에 익숙해지길 바란다. 어렵게 생각하진 말자. 간단히 설명하면 다음과 같다. 사회학을 사회과학으로 표현하는 것과 동일한 이치로서 사회과학은 자연과학의 탐구 방법을 사회현상 연구에 적용하자는 취지에서 사용된 용어이다. 즉, 범죄과학은 범죄를 과학적 방법으로 연구하고자 하는 취지를 내포한 용어로서, 그 핵심은 실험이나 관찰, 조사 등을 통해 범죄와 관련된 데이터를 수집하고 통계 분석을 이용해서 범죄의 원인을 규명하거나 정책의 효과성을 평가하는 접근방법에 있다. 이러한 접근법을 처음 주창한 사람이 바로 콩트(A. Comte)인데, 그는 이를 실증주의(positivism)라 표현했다. 당시 콩트의 주장은 미신이나 점성술에 의존했던 사회변화의 예측 타당성을 비교할 수 없을 정도로 향상시켰고 이는 권력자와 학자, 시민들에게 큰 호응을 얻어 사회현상을 연구하는 표본으로 빠르게 자리잡았다. 범죄 연구에서도 실증주의식 접근은 19세기 중반 이후 지금까지 주류 위치를 점하고 있고 필자의 생각으로는 빅데이터의 발달로 인해 앞으로도 계속 주요한 범죄 연구의 방향으로 그 지위를 유지할 것으로 판단된다.

▶**범죄학의 주류**
– 비판주의가 1960~70년대 잠시 실증주의의 주류 자리를 위협했던 시기가 있음.

이상 세 가지 당부를 잘 이해하고 따르면 범죄학 학습이 즐겁고 유익할 것이다. 앞서 얘기한 것처럼 '범죄학 루프' 개념을 이용하여 복잡하고 어렵고 단편적으로 보이는 이론과 정책들을 서로 연관된 진화의 과정으로 이해하게 되면, 범죄학이 살아 있는 현실의 이야기임을 알 수 있고, 특정 이론과 정책에 대해 이념적 편견 없이 자연스러운 변화의 과정으로 받아들일 수 있으며, 어렵게만 느껴졌던 과학, 실증, 데이터, 통계 등의 용어를 거부감 없이 사용할 수 있을 것이다. 이러한 학습 방법은 비단 범죄학뿐만 아니라 다른 사회과학 분야들을 공부하고 일반적인 사회변화의 과정을 이해하는 데도 큰 도움이 될 것이다.

요약

▶맥락의 구분
– 사회문화적 맥락을 거시 맥락이라 칭하고, 개인적 상황을 미시 맥락이라 칭함.

이 책의 목표와 기대를 충족시키기 위해 필자는 다양한 사회문화적 맥락에 대한 역사적 발달과정을 가급적 많이 소개하려 했다. 아울러 소속 학파나 사제 관계, 이념적 성향 등 학자들의 개인적 상황도 그들의 주장에 영향을 미칠 수 있기 때문에 필요한 경우 미시 맥락의 하나로서 소개하기도 했다. 다만 모든 독자들을 만족시키기에 충분한 만큼의 내용을 이 책에 다 담을 수는 없기 때문에 근대이후의 서구 역사에 대해서는 독자들이 스스로 공부해서 보완하길 바란다. 참고로 1920 년대 시카고학파의 등장 이전에는 서유럽이 범죄학 발달을 주도했고 이후 미국으로 주도권이 넘어간 사실을 이해하면 도움이 될 것이다.

마지막으로, 이 지면을 빌어 독자들에게 최종적으로 추천하고 싶은 것은, 범죄학을 학습한 다음 그 내용을 친구나 조카, 부모님 등 주변 사람들에게 스토리텔링 형식으로 얘기해보라는 것이다. 직접 이야기를 하다 보면 자신이 무엇을 아는지 모르는지 더욱 잘 이해하게 된다. 이야기를 하기 전에 많은 준비를 하게 되고, 이야기를 마친 후에는 재미가 있어 부족한 부분을 채워 또 설명하게 된다. 필자는 학생들에게 시험문제를 내면서 반드시 조카에게 설명하듯이 쉽게 풀어서 기술하도록 요구한다. 즉, 내용을 외워서 쓰면 좋은 점수를 주지 않는다. 열심히 따라준 학생들의 답안지를 보면 그들이 해당 부분을 온전히 이해했음을 쉽게 알 수 있고 참 대견해 보인다. 이 책의 6~8장 말미에 요약 차원에서 주관식 질문을 제시하고 필자가 답변한 사례를 실어 보았다. 필자의 답변은 참고로만 하고 여러분이 스스로 문답하는 연습을 해보기 바란다. 열심히 연습하다 보면 학습 내용이 온전히 자기 것이 되어감을 느낄 것이다.

즐겁고 유익한 범죄학 학습이라는 이 책의 목표는 필자가 실제로 경험한 것이기도 하고 또한 필자의 강의를 들은 학생들이 강의 피드백에서 평가한 내용에 근거한 것이기도 하다. 따라서 독자 여러분들도 범죄학 루프를 항상 염두에 두고 체계적인 노력을 기울인다면 충분히 해낼 수 있으리라 믿는다. 단순히 암기하려 하지 말고 꼭 맥락에 따라 이해하여 범죄 현상을 둘러싼 사회를 더욱 잘 파악했으면 한다. 첨언컨대, 사회를 보는 눈이 향상되면 일상에서 교양이 충만한 사람으로 여겨지고 중요한 의사결정을 할 때 실제 도움이 되기도 한다. 이처럼 성숙한 판단능력을 가진 건전한 시민을 양성하는 것이 교육의 목표일텐데, 이 책이 조금이나마 그 목표 달성에 기여할 수 있길 바란다.

책의 구성 및 집필 전략

국내에서 접할 수 있는 대부분의 교재들은 범죄학을 크게 '범죄학 일반론(기초)', '범죄유형론', '범죄 원인론', '범죄 대책론' 등으로 구분한다. 범죄학을 국가공인자격시험(예, 경비지도사)이나 공무원 채용시험(예, 경찰 간부후보생, 경행 경채)에서 정식 과목으로 채택하는 경우에도 대체로 이와 같이 구분하여 문제를 출제하고 있다. 이러한 구분이 결코 잘못된 것은 아니지만, 한 권의 교재에 모든 내용을 뚜렷이 구분되어 보이는 범주들로 구분하여 기술하면 자칫 양이 지나치게 방대해지고 또한 범주 간 연결성을 학습자 스스로 파악해내기 어려울 수도 있다. 이럴 경우 공부를 시작하는 순간부터 큰 부담으로 다가오고 흥미도 떨어질 우려가 있다. 더 심각한 문제는 전체적인 내용에 대한 이해와 현실적용성이 떨어져 공부를 하고 난 후 또는 시험을 치르고 난 후 남는 것이 별로 없다는 느낌을 받는 경우일 것이다.

필자의 신념은 우리가 사회와 연관된 공부를 할 때 그것이 현실과 밀접하게 관련되어 있음을 깨닫고 학습을 통해 우리를 둘러싼 실제 현실을 더욱 잘 이해할 수 있어야 한다는 것이다. 그러기 위해서는 먼저 책이 목표로 하는 독자층의 특성과 니즈(needs)를 정확히 파악해서, 그들에 적합하게 책의 체계를 잡고, 전달하고 싶은 내용을 우선순위에 따라 기술하며, 적절한 사례 연습을 통해 이해력을 향상시키는 것이 중요하다 생각한다. 이 책은 개론서이자 수험서로서 범죄학에 익숙하지 않은 독자들이 집중력을 유지하면서도 재미있게 범죄학의 핵심을 깨우치도록 설계되었다. 그런 취지에서 필자는 별도의 강의 없이도 책을 읽는 것만으로 내용이 잘 이해되게끔 최선을 다했다. 물론 내용을 이해한 후 현실 적용성을 높이기 위해서는 독자들의 추가적인 노력이 필요하겠지만, 책을 집필하는 입장에서는 목표와 자세가 명확해야 하는바, 이를 위해 다음 세 가지 전략을 구사했다.

1. 분권

▶학습의 난이도
– 대부분의 학생들과 수험생들은 이론편을 가장 어려워한다. 따라서 1권의 내용을 완전히 파악한 다음 2권으로 넘어가는 것을 권함.

이 책은 제 1장 제 2절에서 범죄학의 연구영역을 설명하면서, 범죄학이 활동하는 기본 영역을 '범죄 현상 탐구', '범죄 원인 규명', '범죄 대책 강구'로 구분한다. 범죄 현상은 다시 범죄 '개념'과 '유형', '발생실태(횡적 현황 & 종적 추세)'로 구분하는바, 범죄 개념과 실태는 '일반론(기초)'에 해당하고, 범죄 유형은 '유형론'에 해당한다. 여기에서 범죄 유형을 일반론(기초)에 포함시키지 않고 따로 유형론으로 구분하는 이유는 개별 범죄(예, 살인, 성범죄, 보이스피싱, 화이트칼라범죄 등)를 단순히 정의하고 묘사하는 게 아니라 원인과 대책을 함께 논하기 때문일 것이다.

이 책은 두 권으로 구분하여 1권은 범죄학 기초와 이론에 집중하고 2권은 범죄유형과 대책을 다뤘다. 무엇이 더 중요하다고 말할 순 없지만 1권이 기본서의 역할을 하고 2권은 심화서 또는 해설서처럼 접근하는 것이 바람직해 보인다. 즉, 기초, 이론, 유형, 대책 등 모든 범주의 내용을 병렬적으로 구성하는 것보다는, 기초와 이론에 집중해서 범죄학의 토대를 구축한 다음 구체적인 범죄의 특성과 대책으로 확장해 가는 전략이 더욱 유효해 보인다. 실제 필자가 미국의 대학원 과정에서 경험한 바로는 범죄학 개론 수업은 주로 기초와 이론 편을 다루고 유형 및 대책은 범죄학 심화과정 또는 별도의 과목명을 정하여(예, 여성범죄론, 국제범죄론, 사이버범죄론, 지역사회경찰론, 범죄예방론 등) 운영하고 있다. 따라서 이 책의 독자들도 1권을 먼저 학습해서 범죄학의 기본 토대를 다진 다음 2권에서 현실문제에 적용하는 연습을 해보기 권한다. 참고로, 범죄학 루프에서 설명했듯, 이론과 대책은 서로 연관되어 있다. 따라서 1권에서 이론 설명을 하면서 관련 정책도 간단히 언급되는바, 이를 통해 1권과 2권이 자연스럽게 연결될 수 있도록 집필했 다. 참고로 2권의 '유형론'과 대책론의 일부('사후대응')에 대한 집필은 필자보다 훨씬 전문가이신 분들이 함께 참여하니 기대해도 좋다.

2. '숲과 나무'로 체계화

둘째, '숲과 나무' 형식을 빌어 전체적인 틀을 먼저 잡고 구체적인 내용은 순서대로 하나씩 설명했다. 사실 범죄학 개론서가 차별성을 갖기는 쉽지 않은 바, 이 책이 추구하는 전략은 기존의 내용들을 어떻게 체계화해서 가독성을 높이고 흥미를 끌어낼까에 있다. 예컨대, 〈표 III–1〉은 범죄학의 발달과정을 한눈에 보여주며 범죄학 이론의 숲 역할을 한다. 이 표는 범죄학 루프에서 중시하는 사회문화적 맥락, 이론, 정책을 모두 개괄하고 있어 범죄학의 핵심 요소들을 독자들에게 계속 노출시킨다. 독자들은 반복적으로 소개되는 핵심 요소들을 중요하게 받아들이고, 개별 이론과 정책들이 범죄학이라는 거대한 숲의 어느 부분에 위치하는지 파악하면 된다. 또한, 내용이 너무 많아 정리가 필요한 장 말미에는 가급적 작은 숲을 제시하여(예, 〈표 VI-2〉, 〈표 VII-2〉, 〈표 VIII-2〉) 이 책의 중요한 내용 모두가 위계적 질서를 갖추도록 구성했다.

3. '공차법' 강조

▶공차법
– 공통점과 차이점을 구분하는 방법

▶실증주의의 범위
– 범죄학 개론서들을 잘 읽어보면 사회구조와 과정이론들을 모두 실증주의로 표현하고 있음.

셋째, '공차법'을 적극 활용하여 학습의 효과를 높이고자 했다. 앞서 예시한 대로 고전주의와 합리적 선택 관점은 범죄를 인간의 합리적 선택으로 간주하는 공통점이 있지만 등장 당시 정책적으로 의도했던 바는 완전히 상반된 것이었음을 주의해야 한다. 다른 예를 들면, 대부분의 교재는 사회구조이론들과 사회과정이론들을 실증주의와 구분해서 논하고 있지만, 실증주의 개념을 잘 이해하면 모두 실증주의의 범주에 포함됨을 알 수 있다(〈표 III-1〉 참고). 주지하듯, 이러한 공차법은 모든 학습의 핵심 전략 가운데 하나이다. 사실, 어떤 개념이나 이론을 명확히 이해한다는 것은 유사해 보이는 개념과 이론들 간의 공통점과 차이점을 구분할 줄 안다는 것이다. 그래서 필자는 학생들에게 항상 공차법을 강조하는데, 범죄학처럼 사회현상을 다루는 학문일수록 알쏭달쏭한 경우가 많아 공차법이 더욱 중요해진다. 이런 취지에서 이 책은 여기저기 흩어져서 개별적이고 독립적으로 보이는 내용들에 대해 최대한 연관성을 찾으려 노력했고, 아울러 유사한 맥락에서 설명되고 있지만 어떤 차이점이 있는지를 최대한 규명하려 노력했다. 참고로, 필자의 생각에는 이 책의 기본 틀인 범죄학 루프 개념과 위에서 제시한 두 번째 전략('숲과 나무')을 충실히 이행하면 어느 정도는 매우 자연스럽게 공차법이 달성된다고 본다. 따라서 독자들이 범죄학 루프와 위계적 체계화를 잘 이해한다면 이 책에서 제시하는 공통점과 차이점 외에도 스스로 찾아낼 수 있는 여지가 꽤 있을 것이다.

참고 노트

이 책은 개론서이자 수험서로써의 목표와 역할을 제대로 수행하기 위해 다음과 같이 다양한 참고 노트를 활용하고 있다.

■ 본문 옆 주석

– 주석을 본문의 바로 옆에 달았는데, 기준은 단락이다. 이 방식은 필자가 가장 선호하는 방식으로서, 다음과 같은 효과를 기대했다. ① 독자들이 책을 읽다가 의문이 생기는 경우 여기저기 찾아보지 않고 바로 해결할 수 있도록 했다. ② 중요한 내용을 간략히 설명하고, 책의 내용 중 서로 관련된 부분의 위치(장, 절, 페이지 등)를 알림으로써 집중력을 유지한 채 책의 전체 내용이 파노라마처럼 기억되도록 돕고자 했다. ③ 주요 학자들의 알파벳 성명과 국적, 출생·사망 연도를 표시하여 그들이 활동했던 장소와 시대를 짐작케 하고, 간혹 성(last name)이 똑같은 경우(예, William Julius Wilson은 진보적 사회학자 vs. James Q. Wilson은 보수적 범죄학자이자 행정가) 서로를 구분할 수 있게 했다. ④ 중요하거나 헷갈리는 용어들을 수시로 정리하여 내용 이해를 돕고자 했다.

참고로, 국내 교재들은 외국 교재(주로 영문 교재)를 번역하거나 번역서를 인용하는 과정에서 다양한 용어들이 사용되고 있는데, 사실은 동일하거나 유사한 의미인 경우가 많다. 그 이유는 영어가 원래 같은 단어를 반복 사용하는 걸 싫어해서 하나의 의미를 표현하는 데 여러 단어들을 사용하는 습관이 있기 때문인바, 이를 알거나 모르거나 상관없이 번역할 때는 계속 다른 우리말을 사용하는 게 현실이다. 따라서 최대한 필자가 아는 범위 내에서는 동일하거나 유사한 의미로 해석해야 하는 용어들을 한 곳에 정리하는 게 작게나마 독자들에게 도움이 될 것이다. 여백의 공간에는 독자들이 스스로 메모하거나 포스트잇을 붙여 활용하기 바란다.

■ **스토리 박스(보충설명)**

– 본문은 쉽게 읽힐 수 있도록 간결하게 작성하는 대신, 중요한 내용에 대한 해설이 필요한 경우나 시험에서 중요하게 다뤄지는 내용을 보충하기 위해 스토리 박스를 만들었다. 정성을 많이 들였으니 그냥 넘어가지 말고 꼭 정독해 주기 바란다.

■ **요점 정리**

– 각 절의 말미에 본문의 핵심 내용을 정리하여 다음 파트로 넘어가기 전에 기억을 상기시키고자 했다. 그런데, 보통 '소결'로 정리되거나 짧은 절에서는 생략되었고, 제6~8장의 내용은 대부분 별도의 요점 정리 없이 Q&A와 〈표〉로 정리했다. 아마 본문 옆 주석, 요점 정리, 그리고 장 말미의 〈표〉 들을 보면 내용이 계속 반복되는 느낌이 들 것이다. 이것은 필자의 소신을 반영한 것으로, 책을 한 번 정독하기보다 열 번 반복해서 읽길 권한다. 인간의 뇌는 충격이나 반복을 통해서만 기억을 하는 구조이기 때문에 우영우 같은 천재가 아니라면 꼭 반복해야 한다.

■ **필자 비평**

– 다른 저술에 기술되어 있거나 일반적으로 받아들여지는 사항 중 독자들이 좀 더 신중하게 접근해야 할 필요가 있는 경우, 필자의 주관을 담아 비판해 보았다. 이때 비평의 합리적 근거를 제시하기 위해 가능하면 신뢰할 만한 레퍼런스(참고 및 인용)를 첨부하고자 노력했다. 또한 가끔, 비록 개론서이지만, 필자가 새롭게 제시하거나 구조화한 개념 등을 소개하는 경우가 있는데, 필자의 주관이니 참고만 하기 바란다.

제2권의 구성 및 집필진 소개

제2권은 유형론과 대책론을 다루는데, 대책론은 다시 사전예방과 사후대응으로 구분하여 논의된다. 3부 범죄유형론은 경찰대학교 노성훈 교수, 4–1부 사전예방은 순천향대학교 정진성 교수, 4–2부 사후대응은 계명대학교 장응혁 교수가 집필했다. 분야별 특성으로 인해 기술방식이 약간 다르지만 각 부분의 전문가들이 참여하여 내용과 체계가 매우 알차다. 또한 상호 의견교환과 교차검증을 통해 국내 범죄학에서 다뤄야 할 내용의 범위와 깊이를 고민한 결과이기도 하다. 물론 아직 더 많은 고민과 논의가 필요하지만, 이 책이 국내 범죄학 저술의 기술범위를 정하는 데 조금이나마 기여하길 희망한다.

목차

CONTENTS

제4-2부 범죄 대책: 사후대응

CONTENTS

제12장
범죄피해자의 보호와 지원

3부

STORYTELLING CRIMINOLOGY

범죄 유형론

제 1 장 범죄유형화 개관

제1절 범죄유형화의 의의

I. 범죄유형화의 의미

▶젠더
– 사회적으로 부여된 성으로 사회적, 문화적으로 형성되는 성 고정관념

▶젠더폭력
– 여성다움과 남성다움에 기반하여 약자에게 가해지는 유형의 폭력

젠더폭력(gender based violence)은 1993년에 유엔이 발표한 '여성에 대한 폭력 철폐 선언'(Declaration on the Elimination of Violence against Women)에서 처음으로 사용된 용어다. 젠더(gender)는 사회적으로 부여된 성(性)으로서 생물학적 성을 의미하는 섹스(sex)와 구별된다. 젠더는 사회적, 문화적으로 형성되는 성 고정관념으로서, 쉽게 말해서 여성다움 또는 남성다움의 의미를 담고 있다. 그리고 이러한 성 고정관념에 의해 특정한 행동규범과 역할이 부여되며 성에 근거한 차별과 불평등이 발생한다. 젠더폭력은 여성다움과 남성다움에 기반하여 약자에게 가해지는 유형의 폭력이다. 만약 어떤 사람이 사회적으로 정의된 여성성과 남성성이 요구하는 규범과 역할에 부합하지 않게 행동했다는 이유로 폭력피해를 당했다면 젠더폭력의 피해자라고 할 수 있다. 그래서 여성뿐만 아니라 남성도 젠더폭력의 피해자가 될 수 있다. 예를 들어, 어떤 남자아이가 여자처럼 행동한다고 또래들로부터 괴롭힘을 당하면 젠더폭력이라고 할 수 있다. 동성애자라는 이유로 같은 남성들로부터 공격을 당해도 마찬가지다.

그런데 과거 우리나라에서 젠더폭력이라는 용어를 둘러싸고 논란이 불거진 적이 있다. 2018년 국회는 여성폭력방지기본법을 통과시켰다. 이 법은 성별에 기반한 여성에 대

한 폭력으로부터 안전한 사회를 만들 목적으로 제정되었다. 이 법에 말하는 여성폭력(violence against women)은 생물학적 여성만을 피해자로 규정하는 개념이다. 따라서 여성폭력방지기본법은 오직 생물학적 여성만을 보호대상으로 하는 법이다. 사실 최초로 제안된 법은 '젠더폭력방지기본법'이었다. 그러나 국회의 논의 과정에서 젠더폭력이라는 용어가 생소하고 젠더폭력 피해자의 다수가 여성이라는 이유로 최종적으로 여성폭력이라는 용어가 선택된 것이다. 그로 인해 일차적으로 법이 보호하는 대상이 생물학적 여성으로만 제한되었을 뿐만 아니라, 더 중요하게는 원래 법안이 추구했던 이념도 퇴색되고 말았다. 젠더폭력의 근본적인 원인은 문화적으로 형성된 성별에 대한 고정관념과 편견, 그리고 사회에 만연한 구조적, 제도적 차원의 차별과 불평등이다. 따라서 젠더폭력에 대항하기 위해서는 문화적, 구조적, 제도적 차원의 정책들이 핵심을 이룬다. 하지만 여성폭력이라는 용어를 사용하게 되면 자연스럽게 생물학적 여성으로서의 신체적 취약성이 두드러질 수밖에 없다. 실제로 상당수의 여성폭력 예방정책들은 생물학적 여성이 범죄 취약 대상이라는 전제하에 그들의 신체적 취약성을 보완하는 조치를 마련하는 데 집중하고 있다.

젠더폭력의 사례에서 보듯이 범죄유형화는 표현하려는 범죄현상을 가장 잘 대표하는 용어를 정하는 데에서 시작한다. 국회에서 법안을 논의하는 과정에 여성폭력, 젠더폭력 외에도 양성폭력, 남녀폭력, 성별 기반 폭력 등 다양한 용어들이 제시되었다. 그다음으로 선정한 용어의 의미를 명확히 하는 과정이 필요하다. 여성폭력방지기본법에서는 여성폭력을 '성별에 기반한 여성에 대한 폭력으로 신체적·정신적 안녕과 안전할 수 있는 권리 등을 침해하는 행위'라고 정의하고 있다. 이때 비슷한 의미를 가진 다른 범죄 유형들과의 관계를 고려하여 해당 용어의 의미와 범위를 정리할 필요가 있다. 즉, 여성폭력과 젠더폭력, 사이버범죄와 인터넷범죄, 성폭력과 성희롱 등 유사 개념 사이의 공통점과 차이점을 확인하는 과정이 필요하다. 마지막으로 하위 범죄유형을 구분하는 과정이다. 여성폭력의 경우 법에서는 구체적인 하위유형으로 가정폭력, 성폭력, 성매매, 성희롱, 지속적 괴롭힘 행위, 친밀한 관계에 의한 폭력, 정보통신망을 이용한 폭력(불법촬영범죄)을 열거하고 있다. 다른 예로서 사이버범죄의 경우 경찰청 사이버안전국이 정보통신망 침해범죄, 정보통신망 이용범죄, 정보통신망 이용 불법컨텐츠범죄로 하위유형을 구분하고 있다.

▶범죄유형화를 위한 고려사항
– 유형화의 기준
– 유형화의 수준

범죄의 유형화에는 비슷한 부류의 범죄행위를 한데 묶는 것 이상의 의미가 있다. 범죄유형은 구체적이고 개별적인 범죄 현상을 관찰하는 데에서 비롯됐지만 이제 거꾸로 이러한 추상적인 용어를 통해서 현상을 바라보게 된다. 특정한 범죄유형을 지칭하는 용어는 우리가 현상을 인식할 때 영향을 미친다. 즉, 젠더폭력이라는 범죄유형을 통해 우리는 폭력행위 이면에 작동하고 있는 성 고정관념, 성차별, 혐오를 볼 수 있게 된다. 전에는 단순한 폭력행위로만 인식되었던 현상을 젠더폭력이라는 인식의 틀로 인해 그 안에 담긴 사회적 의미, 그리고 억압과 통제의 기제를 확인할 수 있게 된다. 그 결과 이러한 문제에 대한 접근방법과 대응 양식도 달라진다. 폭력의 문제를 해결하기 위해 단순히 가해자나 피해자의 특성에 집중하기보다 사회문화적, 구조적, 제도적 차원의 방안들에 초점을 맞추게 된다.

범죄를 유형화할 때 고려해야 할 두 가지 중요한 요소가 있다. 첫째, 어떤 기준으로 유형화할지를 결정해야 한다. 현실에서 발생하는 범죄는 다양한 특징적 요소들을 포함하고 있다. 이러한 요소들은 다차원적이라고 말할 수 있는데, 하나의 범죄 사건을 두고 가해자, 피해자, 상황, 행위 등의 차원에서 분석할 수 있다. 흔히 범죄자 프로파일(criminal profile)이라고 부르는 가해자의 특징에는 인구통계학적 특징(예: 10대 청소년), 범행동기(예: 호기심, 우발적) 등이 포함되고, 피해자 역시 인구통계학적 특징(예: 여성, 아동 등), 가해자와의 관계(예: 동거녀) 등으로 특징 지을 수 있다. 범죄의 상황적 맥락은 대표적으로 시간적 측면(예: 야간)과 공간적 측면(예: 무인점포)을 예로 들 수 있다. 구체적인 범죄행위는 행동(예: 속이기, 때리기)과 법률용어(예: 사기, 폭행)에 의해 묘사된다. 다음으로 어느 수준으로 유형화를 할지 결정해야 한다. 예를 들어, 성범죄는 성폭력보다, 사이버 금융범죄는 피싱보다 상위 수준의 유형이다. 유형화의 수준이 높아질수록 더 광범위한 범주의 범죄행위를 포함하게 된다.

Ⅱ. 범죄유형화의 필요성 논쟁

범죄유형화의 필요성에 대해서는 범죄학계의 입장이 대립해 왔다. 먼저, 거대이론(grand theory)이나 일반이론(general theory)을 주장하는 측에서는 굳이 범죄를 유형에 따라 구분할 필요가 없다고 주장한다. 대표적인 거대이론(일반이론)으로 뒤르켐의 아노미이론, 에이커스의 사회학습이론과 애그뉴의 일반긴장이론 등을 들 수 있다. 범죄유형화가 불필요한 이유는 현실의 범죄행위가 다양한 형태로 나타나지만, 사실 그 발생 원인에 있어서는 공통된 일련의 사회적, 심리적 요인이 작용하고 있기 때문이다. 예를 들어, 급격한 사회적 변동으로 사회가 아노미적 상태에 빠지면 폭력범죄와 재산범죄의 발생 모두에 영향을 미친다는 논리이다. 따라서 범죄학 연구는 모든 형태의 범죄행위에 적용이 가능한 이론적 명제를 만들고 검증하기 위해 노력해야 하며 개개의 범죄유형을 고려할 필요는 없다는 주장이다.[1]

이에 대해 에드윈 서덜랜드(Edwin Sutherland)는 반론을 제기했다. 그는 미국 사회학회(American Sociological Society)의 회장 취임 연설에서 그동안 정체되어 있던 범죄의 정의를 재고할 필요가 있다고 역설했다. 기존 범죄학계가 이른바 '길거리 범죄'(street crime)에만 연구를 집중하면서 범죄의 원인으로 빈곤, 사회해체, 신체적·정신적 비정상성 등에만 주목하고 있다고 비판했다. 그러면서 그동안 주류 범죄학으로부터 외면받아 온 '화이트칼라 범죄'(white-collar crime)로 관심을 전환해야 한다고 촉구했다. 이러한 주장은 범죄의 유형에 따라 다양한 범행동기와 범죄행위가 존재하며 범죄자 역시 사회경제적 배경에 따라 구분할 필요가 있다는 생각을 반영한다. 살인 등 폭력범죄와 화이트칼라 범죄는 전자가 주로 낮은 사회경제적 지위에 있는 사람들이 격정을 동기로 저질러지는 데 반해 후자는 높은 사회경제적 지위의 사람들이 탐욕 때문에 저지르기 때문이다. 이렇게 범죄를 유형화하면 학문적으로는 각 유형에 맞는 이론을 개발하기 쉬워지고 정책적으로는 더욱 효과적인 범죄예방 정책을 수립하는 데 유리하다. 서덜랜드는 범죄를 개념적으로 집단화하기 위해 '범죄행동체계'(criminal behavior systems)란 것을 개발했는데,

▶Edwin Sutherland, 미국, 1883–1950.

여기에서 횡령, 가격담합, 정치부패 등 공통적 특징을 가진 범죄행위와 범죄자들을 묶는 하나의 개념적 범주로써 화이트칼라 범죄라는 범죄유형을 사용했다.[2]

Ⅲ. 범죄유형화와 이론의 발달

범죄유형화의 가장 큰 장점은 현상을 체계적으로 관찰할 수 있도록 해 준다는 데 있다. 비슷한 범죄 행위들을 집단별로 구분하여 언뜻 복잡해 보이는 범죄 현상을 단순화한다. 여기에는 학문 발전이라는 차원에서 중요한 의미가 담겨있다. 사회현상이 체계화되어야 연구를 수행하기 수월해지며 서로 다른 집단 간 비교를 통해 현상에 대한 이해의 폭이 넓어진다. 결국 이런 과정을 거쳐 이론이 더욱 발전한다. 다양한 범죄유형에 특화된 구체적인 범죄이론을 발전시켜 나갈 수 있게 된다. 폭력범죄를 설명하는데 적합한 이론이 있는가 하면 기업범죄의 원인을 파악하기에 좋은 이론이 만들어지는 식이다.

▶Robert K. Merton, 미국, 1910-2003.

범죄학자 로버트 머튼(Robert K. Merton)은 '중범위 이론'(theories of middle range)의 유용성을 통해 이러한 접근방법이 이론의 발전에 어떻게 기여하는지 설명하고 있다.[3] 앞서 범죄유형화의 필요성 논쟁에서 논의했듯이 일부 학자들은 모든 범죄행위와 범죄현상에 적용할 수 있는 포괄적인 거대이론의 가치를 강조한다. 경제학이나 사회학 등 다른 학문의 영역에서도 마찬가지인데 마르크스의 역사적 유물론, 파슨스의 사회체계이론 등은 사회 전체의 작동원리를 설명하고자 하는 거대이론들이다. 범죄학에서는 뒤르켐의 아노미이론이 대표적인 거대이론으로서 급격한 사회변동이 초래하는 무규범적 상황을 통해 포괄적인 의미의 범죄 현상을 설명하고자 한다. 그런데 머튼은 추상적인 거대이론의 개발을 추구하던 학문적 전통에서 벗어나 조금 더 제한적인 범위의 사회현상에 적용할 수 있는 이론을 개발해야 한다고 주장했다. 이를 '중범위이론'이라고 부르는데, 모든 범죄현상을 아우르는 거대이론과 구체적이고 개별적인 범죄현상에만 적용이 가능한 경험적 연구의 중간 수준에 해당하는 이론이다.

▶거대이론
– 폭넓은 사회현상과 행위를 설명할 수 있는 포괄적 이론

그런데 범죄유형화는 바로 이러한 중범위이론을 개발하기 위해 필수적인 단계라고 말할 수 있다. 중범위이론이란 결국 특정한 유형의 범죄를 설명하기 위한 이론이기 때문이다. 이렇게 각 범죄유형별로 중범위이론이 개발되다 보면 나중에 가서는 모든 범죄 현상을 설명할 수 있는 포괄적인 거대이론을 형성할 수도 있게 된다. 종합해 보면, 범죄유형화는 개별적 범죄현상에 대한 연구 단계에서 시작해서 중범위이론의 발전 단계를 거쳐 거대한 추상적 이론의 형성 단계로 발전해 나가는 이론적 발전과정 속에서 가교로서 역할을 하는 것이다.

▶**중범위이론**
– 제한적 범위의 사회현상과 행위를 설명할 수 있는 이론

다음 절에서는 다양한 기준에 따른 범죄유형화의 의미와 범죄유형에 대해서 구체적으로 살펴보겠다. 특히 클리나드(Marshall B. Clinard)와 퀴니(Richard Quinney)가 제안한 범죄행동체계(criminal behavior systems)를 중심으로 유형화 기준과 내용을 구체적으로 소개될 것이다.

요점 정리

범죄유형화의 과정과 고려사항

- 범죄유형화 과정
  1) 범죄현상을 가장 잘 대표하는 용어의 선정
  2) 유사 범죄유형과의 관계를 고려해서 해당 용어의 의미 명확히 정의
  3) 하위 범죄유형 구분

- 범죄유형화 고려사항: 유형화 기준 + 유형화 수준

범죄유형화 필요성 논쟁

- 불필요 입장: 모든 범죄행위에 적용이 가능한 거대이론, 일반이론 개발이 중요함

- 필요 입장: 범죄의 유형에 따라 범행동기와 범죄행위, 그리고 범죄자의 특성이 다양하기 때문에 이에 맞는 이론이 필요

범죄유형화와 이론적 발달

- 범죄유형화는 복잡해 보이는 범죄현상을 단순화, 체계화하여 이론의 발달에 기여함

- 범죄유형화는 중범위이론 개발에 필수적인 단계로서 거대이론을 형성하는데 가교 역할을 함

제2절 범죄유형화의 기준

Ⅰ. 법률적 유형화(legalistic typologies)

▶법률적 유형화
– 범죄의 법률적 의미를 기준으로 유형화
– 중범죄와 경범죄
– 개인적, 사회적, 국가적 법익 침해행위
– 형법범죄, 특별법범죄

범죄를 유형화할 때 가장 일반적인 방법은 법률적 의미를 기준으로 하는 것이다. 가장 흔한 예로서 심각성을 기준으로 범죄행위를 나눌 때 각 행위에 부과되는 법정형에 따라 중범죄와 경범죄로 구분하는 방식을 들 수 있다. 또 다른 예로는 형법이 규정하고 있듯이 범죄행위를 보호법익에 따라 구분하는 것이다. 보호법익이란 법으로 보호받는 이익으로서 형법에 따라 그 침해가 금지되는 개인 또는 공동체의 이익이나 가치를 의미한다. 법익은 크게 개인적, 사회적, 국가적 법익으로 구분된다. 개인적 법익을 침해하는 행위로는 사람의 생명과 신체에 대한 침해 행위인 살인이나 폭행 등과 사람의 재산에 대한 침해 행위인 절도나 사기 등이 해당한다. 사회적 법익을 침해하는 행위에는 성풍속에 관한 범죄(사회도덕에 대한 죄), 마약 관련 범죄(공중의 건강에 대한 죄), 위조(공공의 신용에 대한 죄), 범죄단체 조직(공공의 안전에 대한 죄) 등이 포함된다. 마지막으로 국가적 법익을 침해하는 행위에는 내란죄(국가의 존립에 대한 죄), 공무원의 직무유기(국가의 기능에 대한 죄) 등이 포함된다. 범죄행위는 형법 말고도 다양한 특별법에 규정되어 있다. 예를 들어, 스토킹처벌법에는 스토킹범죄의 법률적 의미와 벌칙을 규정하고 있다. 따라서 전체 범죄행위를 위반법규에 따라서 형법범죄와 특별법범죄로 구분하기도 한다. 우리나라에서는 검찰청이 발간하는「범죄분석」이 이러한 분류를 따르고 있다.

경찰과 검찰이 작성하고 배포하는 공식범죄통계는 법률적 유형에 기초하고 있어서 공식적 차원의 일반성과 대표성을 가진다는 장점이 있다. 또한 형법과 특별법에 범죄행위별로 구체적인 정의가 규정되어 있는 점도 법률적 유형화의 장점 중 하나이다. 하지만 법률적 유형화에는 여러 가지 한계점이 존재한다.

첫째, 유형의 구분에 일관성이 부족하거나 구분의 기준 자체가 상대적이라는 비판이

▶**법률적 유형화의 한계점**
– 유형의 구분에 일관성이 부족하거나 기준 자체가 상대적임
– 법위반행위와 범죄행위를 동일시하게 되어 범죄의 의미가 축소됨.

있다. 법률이 신설되거나 개정되면 기존에 경범죄에 속했던 행위가 중범죄가 되기도 한다. 2021년 스토킹처벌법이 신설되기 전까지 스토킹범죄에 해당하는 행위(3년 이하의 징역 또는 3천만원 이하의 벌금)는 경범죄처벌법에 의해 '지속적 괴롭힘'(10만원 이하의 벌금, 구류 또는 과료)으로 처벌되었다. 또한 시대의 흐름에 따라 가치관이 변하면서 비범죄화되기도 하고(예: 간통, 혼인빙자간음), 국가와 지역에 따라 법률로 정해 놓은 범죄행위가 다르기도 하다(예: 2023년 기준 미국 21개 주는 여가용 대마초 사용을 합법화함).

둘째, 법률에 근거해서 범죄를 유형화하면 범죄행위와 법위반행위를 동일시하게 되는 문제가 있다. 형법학자들은 당연히 범죄의 범위를 법전 안에 한정하겠지만 범죄학자들은 그렇지 않다. 범죄학 연구의 대상은 법위반행위 외에도 훨씬 더 폭넓은 행위들까지로 확장된다. 서덜랜드는 그가 범죄학자로 활동하던 당시 기업의 독과점 행위나 허위광고, 상표권 침해 등이 형법상 위반행위로 규정되어 있지는 않았지만 공정한 상거래에 해를 끼치는 행위로서 범죄학 연구의 대상에 포함되어야 한다고 주장했다. 또한 법률을 기준으로 범죄를 정의할 때 범죄 또는 범죄자의 성립 시점을 정하기가 어렵다. 엄밀히 말해 법률 차원에서 범죄와 범죄자가 성립되는 시점은 재판의 최종 단계에서 유죄가 확정되는 때이다. 그렇다면 범죄 혐의를 받고 체포된 때, 혹은 수사를 진행한 결과 혐의가 인정되어 기소된 때에는 어떠한가? 아니면 경찰에 피해 신고가 접수되었으나 피의자가 도주한 상황은 어떠한가? 만약 실제로 범죄를 저지른 게 사실인데 재판 단계에서 유죄를 입증할 증거가 충분하지 못해 무죄판결을 받는다면 범죄가 발생하지 않은 걸까? 법률을 기준으로 할 때 범죄의 의미가 지나치게 제한적으로 해석될 수 있다.

Ⅱ. 개인적 유형화(individualistic typologies)

개인적 유형화는 행위자 개인의 어떠한 특징을 기준으로 범죄를 유형화하는 방식을 말한다. 가해자 중심 유형화(offender–based typologies)와 피해자 중심 유형화(victim-based typologies)로 나눌 수 있다. 가해자 중심 유형화는 18세기 이탈리아에서 탄생한 생물학적 실증주의 범죄학의 전통에서부터 시작되었다. 범죄행위에만 관심을 두었던 고전주의 범죄학과는 달리 실증주의 범죄학은 범죄를 저지르는 사람에 관해서 연구하여 개인에게 내재한 범죄의 원인을 밝히려고 했다. 생물학적 범죄학의 창시자인 체사레 롬브로소(Cesare Lombroso)는 개인적 특성에 기초해서 범죄자를 다음과 같이 4가지 유형으로 구분했다.[4]

▶**개인적 유형화**
- 행위자 개인의 어떠한 특징을 기준으로 범죄를 유형화
- 가해자 중심 유형화, 피해자 중심 유형화

▶Cesare Lombroso, 이탈리아, 1835-1909.

- 타고난 범죄자(born criminal): 비범죄자와는 신체적 특징에 의해 구별된다. 진화과정에서 유전적 결함이 발생했으며 대표적인 신체적 특징으로는 얼굴이 비대칭적이고 귀와 턱이 크며 팔이 길다. 전체 범죄자 중 약 50%를 차지한다.
- 정신이상 범죄자(insane criminal): 지능이 낮거나 정신적 결함이 있는 범죄자이다. 충동에 이끌려 잔인한 행동을 하는 경향이 있다.
- 기회적 범죄자(occasional criminal): 일상생활 속에서 우연히 범행기회와 마주치거나 어떤 필요 때문에 범죄에 이끌리는 유형이다. 범죄는 대개 눈앞의 범죄 유혹을 이기지 못한 결과이며, 범행에 미숙하고 계획이 없는 아마추어 범죄자들이다.
- 격정적 범죄자(criminals of passion): 극도의 분노, 격정, 치욕 등 순간적인 감정에 이끌리어 범죄를 저지른다.

▶**롬브로소의 범죄자 유형**
- 타고난 범죄자
- 정신이상 범죄자
- 기회적 범죄자
- 격정적 범죄자

그밖에 롬브로소의 제자인 라파엘 가로팔로(Raffaele Garofalo)와 엔리코 페리(Enrico Ferri)도 비슷한 방식으로 범죄자를 유형화했다.

▶Raffaele Garofalo, 이탈리아, 1851-1934.

▶Enrico Ferri, 이탈리아, 1856-1929.

라파엘 가로팔로의 범죄자 유형[5]

- 전형적 범죄자·살인자(typical criminals and murderers)
- 폭력 범죄자(violent criminals)
- 도덕적 감수성 결여 범죄자(criminals deficient in pity and probity)

- 호색적 범죄자(lascivious criminals)

엔리코 페리의 범죄자 유형[6]

- 정신이상 범죄자(insane criminals)
- 타고난 범죄자(born criminals)
- 상습적 범죄자(habitual criminals)
- 기회적 범죄자(occasional criminals)
- 격정적 범죄자(passionate criminals)

그 밖에 범죄자의 성별, 연령, 인종 등 인구통계학적 특성에 따라 유형화하는 방식도 여기에 포함된다. 여성범죄자, 노인범죄자, 외국인범죄자, 청소년범죄자 등 범죄자 유형을 지칭하는 용어들이 학계나 실무계에서 활용되고 있다.

다음으로 피해자의 특징에 따라 유형화하는 방식이 있다. 멘델손(Mendelsohn)은 피해자가 범죄행위에 얼마만큼 책임이 있는지에 따라 다음과 같이 6가지 유형으로 구분하였다.[7]

- 완전히 결백한 피해자(completely innocent victims)
- 책임이 경미한 피해자(victims with minor guilt)
- 자발적 피해자(voluntary victims)
- 가해자보다 책임이 큰 피해자(victims more guilty than offenders)
- 대부분 책임이 있는 피해자(victims who alone is guilty)
- 가상의 피해자(imaginary victims)

발생한 범죄행위에 있어서 피해자와 가해자가 얼마나 적극적이었는지에 따라 다음과 같이 유형화할 수 있다.[8] 피해자가 능동적일수록, 가해자가 수동적일수록 범죄실행과정에 피해자의 책임이 증가한다.

- 능동적 가해자 – 수동적 피해자
- 능동적 가해자 – 준능동적 피해자
- 능동적 가해자 – 능동적 피해자
- 준수동적 가해자 – 능동적 피해자
- 수동적 가해자 – 능동적 피해자

또 다른 방식의 피해자 중심 유형화로서는 피해자의 사회구조적 지위로 인한 범죄취약성을 기준으로 분류하는 방식이 있다.[9]

- 열세계층(the less powerful): 예 – 가부장적 사회 속 여성들
- 취약계층(the weak): 예 – 노인, 장애인 등
- 무력계층(the helpless/defenseless): 예 – 아동 등
- 빈곤계층(the have–nots): 예 – 저소득층
- 차별계층(the different): 예 – 인종적, 종교적 소수집단
- 일탈계층(the 'deviant'): 예 – 동성애자

▶개인적 유형화의 한계점
– 지나친 단순화
– 범죄행위의 특성을 기준으로 행위자의 특성을 규정

개인적 유형화는 개인에게 속한 특정한 속성만을 고려하기 때문에 범죄유형을 지나치게 단순화한다는 지적이 있다. 그래서 실제로는 하나 이상의 유형에 속하는 범죄자나 피해자가 많다. 또한 개인적 유형화는 원래 범죄자나 행위자의 개인적 특성을 기준으로 하는데 종종 범죄행위의 특성에서 비롯된 경우들이 있어서 혼란을 일으킨다. 예를 들어, 원래대로라면 폭력 범죄자는 다른 범죄자들에 비해 폭력성이 높은 사람을 구분하기 위한 유형인데 종종 폭력 범죄를 저지른 사람을 의미한다. 마찬가지로 상습 범죄자의 상습성 정도가 단지 그 사람이 얼마나 자주 검거되어 처벌받았는지에 따라 정해진다면 범죄

자에 속한 특성이 아닌 범죄행위의 결과를 기준으로 범죄자를 구분한 것이 되고 만다.

Ⅲ. 사회적 유형화(social typologies)

▶사회적 유형화
– 범죄현상의 다양한 사회적 맥락에 따라 범죄자와 범죄행위를 유형화

범죄자와 범죄행위를 범죄 현상의 다양한 사회적 맥락에 따라 유형화할 수도 있다. 19세기 영국의 저널리스트였던 헨리 매이휴(Henry Mayhew)는 개인의 범죄성이 생물학적 유전의 결과라는 주장을 거부하고 범죄가 빈곤과 열악한 양육방식에서 비롯된다고 보았다. 이러한 관점을 적용하여 다음과 같이 범죄자를 두 부류로 유형화했다.[10]

- 전문적 범죄자(professional criminals): 범죄를 생계 수단으로 삼고 살아가는 사람
- 우연적 범죄자(casual criminals): 예상치 못한 상황이나 처해 있는 상황에서 비롯된 압박으로 인해 어쩌다가 범죄를 저지르는 사람

린드스미스(Alfred R. Lindesmith)와 던햄(Warren Dunham)은 범죄행위가 집단이라는 맥락 속에서 동기화되는 정도에 따라 범죄자를 구분했다. 한쪽 극단에 순수하게 개인적 이유로 저질러지는 범죄로부터 다른 극단에 순수하게 개인이 속한 집단의 문화와 규범적 틀 안에서 저질러지는 범죄까지의 범죄유형 연속체(continuum)를 제시했다.[11]

- 개인적 범죄자(individualized criminals): 개인적 또는 상황적 이유로 범죄를 저지르는 사람
- 사회적 범죄자(social criminals): 범죄행위가 규범적으로, 문화적으로 지지를 받으며 범죄행위를 통해 지위가 상승하는 집단에 속해 있어서 범죄를 저지르는 사람

범죄경력(criminal career)의 차원에서도 범죄를 유형화할 수 있다. 다른 직업에 속한

사람들과 마찬가지로 경력범죄자의 삶은 범죄실행에 필요한 경험과 기술이 축적되고 전문성이 높아지는 과정으로 볼 수 있다. 월터 레클리스(Walter C. Reckless)는 이러한 관점에서 범죄를 일반적 범죄와 전문적 범죄로 구분했다. 이들 두 유형의 범죄에 속한 경력범죄자들은 공통으로 금전적 이익을 위한 재산범죄를 주로 저지르고, 특정 범죄행위에 특화되는 경향이 있으며 평생에 걸쳐 오랜 기간 지속해서 범죄를 저지른다. 또한 이들이 저지르는 범죄는 실행과정에 다양한 기술과 경험이 필요하다. 이에 반해 다음과 같은 차이점이 있다.[12]

▶Walter C. Reckless, 미국, 1899-1988.

- 일반적 범죄(ordinary crimes): 일반적 범죄를 저지르는 경력범죄자는 주로 특별한 기술을 요구하지 않는 전통적인 범죄(강도, 일반절도, 침입절도 등)를 저지른다.
- 전문적 범죄(professional crimes): 전문적 범죄를 저지르는 경력범죄자는 고도의 기술과 전문적인 지식을 갖춘 자들로서 큰 규모의 금전적 이득을 추구하면서도 이들의 범죄행위는 잘 적발되지 않는다(예: 투자사기).

리차드 퀴니(Richard Quinney)는 마르크스주의 범죄학의 관점에서 범죄를 유형화했다.[13] 마르크스 범죄학에 의하면 범죄의 근본적인 원인은 자본주의의 경제적 착취구조에 있다. 자본주의 체제 아래에서 범죄는 행위자의 계층에 따라 지배계층의 범죄와 피지배계층의 범죄로 구분된다. 그중에서 지배계층의 범죄는 자본주의 체제를 유지하고 강화하는 과정에 발생하며 통제 범죄, 정부 범죄, 경제지배 범죄, 사회적 손상으로 구분된다.

- 통제 범죄(crimes of control): 법집행기관이나 형사사법기관에 의해 법의 이름으로 저질러지는 범죄로서 공권력 남용, 독직폭행 등의 형태로 나타난다.
- 정부 범죄(crimes of government): 선출되거나 임명된 공무원들이 저지르는 범죄로서 부정부패, 불법선거, 민간인 사찰 등을 예로 들 수 있다.
- 경제지배 범죄(crimes of economic domination): 기업(주로 거대기업)이 기존의 경

제질서를 보존하여 이익을 얻을 목적으로 저질러지는 가격담합, 주가조작, 부당한 내부거래 등이 해당한다.

- 사회적 손상(social injuries): 가장 기본적인 인권을 거부하는 행위로서 자본주의 국가에서 통상 범죄로 규정하지 않고 있다. 성별, 인종, 사회계층 등에 따른 차별이 여기에 해당한다.

다음으로 피지배계층의 범죄는 자본주의의 착취적이고 억압적인 조건에 대응하는 과정에서 발생하기 때문에 '동화와 저항 범죄'(crimes of accommodation and resistance)라고 부른다. 여기에는 대응 양식에 따라 약탈 범죄, 대인 범죄, 방어 범죄가 포함된다.

- 약탈 범죄(predatory crimes): 경제적 생존 전략의 하나로 타인의 재물을 약탈하는 유형의 범죄를 저지르게 되는데 강도, 절도 등이 대표적이다. 자본주의 체제로부터 착취를 당한 것과 마찬가지의 방식으로 같은 하위계층의 사람들을 착취하는 행위이다.
- 대인 범죄(personal crimes): 상대적 박탈감과 소외감을 유발하는 사회적 조건 속에서 살아가면서 비인간화되고 긴장과 스트레스의 수준이 높아지게 되면 살인, 폭행, 성폭행 등의 폭력행위로 표출된다.
- 방어 범죄(defensive crimes): 자본주의 체제와 사회적 부정의에 적극적으로 대항하는 행위로서 태업, 파업, 시민 불복종의 형태로 나타난다.

Ⅵ. 다차원적 유형화(multi-dimensional typologies)

다차원적 유형화는 단일한 기준이 아니라 좀 더 다양한 차원을 복합적으로 고려해서 범죄를 유형화하는 방식을 의미한다. 앞에서 잠시 설명했듯이 서덜랜드는 범죄의 종류에 따라 동기와 행동양식이 다양하며 이를 반영하여 범죄유형을 구분하기 위해 범죄행동체계(criminal behavior system)를 고안했다. 그는 1939년 출간된 「범죄학의 원리」(Principles of Criminology, 4판)에서 처음으로 범죄행동체계를 소개하며 다음과 같은 설명을 덧붙였다.

▶다차원적 유형화
– 단일한 기준 대신에 다양한 차원을 복합적으로 고려해서 범죄를 유형화하는 방식

"어떤 범죄들은 체계로 합쳐진다. 이러한 범죄들은 조직화되고 다른 범죄들과 연결되면서 체계를 구성한다. 그리고 일부 다른 범죄들은 이러한 체계 밖에 고립되어 존재한다."[14]

서덜랜드는 범죄유형을 행동의 체계라는 관점에서 바라봤다. 범죄행동체계에 의해 개별적 범죄행위는 행동적, 인지적 요소들을 기반으로 어떤 집합에 속할지 결정된다. 서덜랜드는 이러한 집합의 예시로서 다른 범죄행동체계와 구별되는 화이트칼라 범죄를 제시했다. 다시 말해, 범죄행동체계란 '구체적인 범죄 현상을 묘사하고 비교하기 위해 만들어진, 서로 관련성 있는 일련의 특징들'을 의미한다.

▶범죄행동체계
– 구체적인 범죄현상을 묘사하고 비교하기 위해 만들어진, 서로 관련성 있는 일련의 특징들

미국 시카고 대학교에서 서덜랜드의 제자였던 마샬 클리나드(Marshall B. Clinard)는 나중에 위스콘신 대학교의 교수가 된 후 당시 자신의 학생이었던 리차드 퀴니와 함께 스승이 제안한 행동체계 개념을 계승하여 범죄유형화를 시도하게 된다.[15] 이들은 범죄를 유형화하기 전에 범죄행동의 다섯 가지 이론적 차원을 다음과 같이 제시했다.

- 특정 범죄행위의 법률적 측면(legal aspects of selected offenses)

  범죄란 정치적으로 조직화된 사회 속에서 권한을 가진 기관에 의해 정의된 인간행동을 말한다. 형법 조항은 공공정책을 형성할 때 자신들의 이익을 반영할 수 있는 일부 권력 집단의 주도로 만들어지기 때문에 주로 그 사회의 지배계층에게 위협이 된다고 여겨지는 행동들을 규정하고 있다.

▶범죄행동의 5가지 이론적 차원
– 특정 범죄행위의 법률적 측면
– 범죄자의 범죄경력
– 범죄행동에 대한 집단지지
– 범죄행동과 합법적 행동 간의 부합 정도
– 사회적 반응과 법적 절차

• 범죄자의 범죄경력(criminal career of the offender)

범죄경력에는 행위자의 사회적 역할, 자아 관념, 범죄행위의 발전과정, 범죄와의 일체감 등의 의미가 포함되어 있다. 범죄자의 삶과 경력에 있어서 범죄가 차지하는 비중이 다양한데, 범죄자의 행동은 바로 이러한 범죄의 비중에 따라 형성된다.

• 범죄 행동에 대한 집단지지(group support of criminal behavior)

범죄 행동을 지지하는 정도는 개인이 속한 집단 내 규범에 따라 다양하다. 위법행위에 대한 태도는 그 사람이 속한 사회나 집단 내에서 학습된 규범에 크게 영향을 받는다. 어떤 범죄자에게는 집단지지가 가족으로부터 받지 못한 사회적 지지의 대체재 역할을 하는데 이럴 때 개인에 대한 집단의 영향력은 더욱 커진다.

• 범죄 행동과 합법적 행동 간의 부합 정도(correspondence between criminal and legitimate behavior)

어떤 행동을 범죄로 규정할지에 대해서 사회적인 동의의 수준이 다양하다. 대다수 사람에 의해 명백히 범죄에 해당한다고 여겨지는 행동이 있는가 하면, 어떤 행동을 범죄로 다루는 문제에 있어 입장이 대립하기도 한다.

• 사회적 반응과 법적 절차(social reaction and legal processings)

범죄로 정의된 행동은 그 행동이 유발하는 사회적 반응의 강도에 있어서 큰 차이를 보인다. 도의적 차원의 비난에서 엄한 형사처벌에 이르기까지 다양한데, 사회적 반응은 해당 범죄가 초래하는 해악의 심각성, 범죄 행동의 가시성 등에 따라 달라진다. 또한 형사사법제도 안에서 처리되는 과정도 범죄유형에 따라 차이가 난다.

클리나드와 퀴니는 이와 같은 5가지 이론적 차원을 고려하여 총 9가지의 범죄유형을 제시하였다. 가장 최근에는 퀴니의 제자인 하비에르 트레비노(A. Javier Trevino)가 다음

과 같이 7가지 유형으로 새롭게 정리하였다.[16]

- 개인적 폭력 범죄(violent personal crime)

거의 모든 국가와 사회에는 살인, 폭행, 강간 등 폭력행위에 관한 형법 조항이 존재한다. 특정 상황 속에서 개인적 차원에서 저질러지는 위반행위이다. 폭력행위에 대해 우호적인 하위문화가 존재하기도 하지만, 사회적으로 지지를 받지는 못한다. 이러한 범죄는 강력한 사회적 반응을 일으키고 형사사법기관에 의해서 중대한 범죄로 취급된다.

▶범죄행동체계에 의한 범죄유형 7가지
- 개인적 폭력 범죄
- 기회적 재산 범죄
- 공공질서 범죄
- 직업 범죄
- 기업 범죄
- 조직 범죄
- 정치 범죄

- 기회적 재산 범죄(occasional property crime)

개인의 재산을 보호하기 위해 절도, 손괴 등의 행위를 법률로 금지하고 있다. 그런데 위반자들이 자신을 범죄자로 여기는 대신 자신의 행위를 정당화하려는 경향이 크다. 사유재산권을 침범한 행위로서 사회적으로나 집단적으로 지지를 받는 경우는 거의 없다. 다만 전과가 없는 행위자에 대해서는 사회적 반응이 심각하지 않고 처벌도 관대한 편이다.

- 공공질서 범죄(public order criminal behavior)

형법은 사회적 관습, 사회규범, 공중도덕에 반하는 행위를 사회적 법익의 침해범죄로 규정하고 있다. 성매매, 마약범죄, 음주운전, 도박 등 명시적인 피해가 없더라도 사회의 안녕과 질서를 어지럽혀 사회구성원들을 불편하거나 불안하게 만드는 행위가 여기에 해당한다. 대다수 위반자는 자신의 행위를 범죄라고 여기지 않는 경향이 있다. 다른 범죄자들과의 긴밀한 관계 속에서 범죄를 저지르며 이러한 행동을 지지하는 하위문화가 있다. 또한 명백하게 위법행위지만 일반인들 사이에 이러한 행위를 향한 욕구가 발견되기도 한다. 범죄행위에 대한 사회적 반응은 사람과 집단에 따라 강도의 차이가 크게 난다. 단지 전체 범죄행위 중 일부만 형사사법기관에 의해 적발되며 사회적으로 크게 문제가 되지 않는 선에서 묵인되기도 한다.

• 직업 범죄(occupational crime)

직업상 요구되는 업무를 수행하는 과정에 저질러지는 위반행위를 의미한다. 위반자들은 자신의 행위를 수행하는 업무의 일부라고 합리화하면서 자신을 범죄자로 여기지 않는다. 직종에 따라서는 불법행위가 집단적으로 용인되거나 심지어 지지받기도 한다(자금 세탁, 탈세, 기록 누락, 허위기재 등). 이러한 범죄가 사회적으로 존경받는 지위에 있는 사람들에 의해 저질러지는 경우 사회적 반응은 온건하거나 관용적인 편이다. 공식적 처벌 역시 관대하며, 종종 형사처벌 대신 전문가 집단(예: 의사협회)이 부과하는 제재 정도에 그치기도 한다.

• 기업 범죄(corporate crime)

기업적 차원에서 저질러지는 불법행위로서, 가격담합, 허위광고, 상표권 남용, 내부거래, 불량식품 유통, 오염물질 배출 등을 예로 들 수 있다. 기업 범죄는 주로 특별법에 범죄로 규정되어 있다. 범죄행위의 주체인 기업주는 범죄행위가 기업을 운영하는 데 필수 불가결하다는 식으로 정당화하는 경향이 크다. 기업 범죄는 실행과정에 다수의 참여자가 조직적으로 협력하는 방식으로 저질러진다. 그동안 대기업이 저지르는 기업 범죄는 이윤의 극대화를 강조하는 이데올로기와 국가 경제의 발전이라는 대의명분에 의해 그 심각성이 희석되었다. 그래서 기업과 임원들에 대한 처벌과 법에 따른 제재도 제한적이었다. 그러나 근래에는 기업 범죄가 사회 전체에 미치는 피해를 대중들이 점차 심각하게 인식하고 있고 이에 따라 법적 조치도 강화되고 있다.

• 조직 범죄(organzied crime)

범죄단체를 이루어 조직적으로 이루어지는 범죄를 의미한다. 우리나라 형법과 특별법에 범죄를 목적으로 하는 단체의 조직 및 활동을 범죄로 규정하고 있다. 이들 범죄자는 일종의 생활 방편으로 범죄를 저지른다. 같은 범죄단체 내에서도 하급자는 다른 범죄자들과 관계를 맺고 자신을 범죄자로 인식하는 반면 최상급자는 사회의 합법적 영역에 속한 사람들, 때론 정치권력을 가진 자와 교류하면서 자신이 범죄자라는 인식이 약하다. 특히 범죄단체가 기업의 외형을 갖추고 사업의 형식을 통해 불법 물품이나 서비스(예: 도박, 성매매, 마약, 무기 등)를 제공할 때는 이들의 범죄가 합법적 활동과 일정 부분 부합되는 것처럼 보인다.

- 정치 범죄(political crime)

 시민의 권리와 국가안보를 위협하는 행위를 말한다. 우리나라에는 정치 범죄를 형법(예: 내란의 죄, 외환의 죄)과 특별법(예: 국가보안법, 테러방지법)에 규정하고 있다. 정치 범죄에는 크게 정부에 대한 범죄(crimes against government)와 정부에 의한 범죄(crimes by government)가 포함된다. 그런데 정부에 대한 범죄로 처벌받는 정치범들은 자신을 범죄자로 여기지 않으며 그 대신 애국자나 민주투사로 여긴다. 특히 정당성이 결여된 정부에 대항하는 시민행동은 비록 정부에 의해 범죄로 규정된다고 하더라도 행위자의 입장에서는 정당한 시민권을 행사한 것으로 여겨진다. 만약 정부가 정부 정책에 반대하는 시민들을 부당하게 억압하고 그들의 권리를 침해하면 정부에 의한 범죄를 구성하게 된다. 국가가 범죄행위의 주체라는 의미에서 '국가범죄'(crimes by states)라는 용어도 사용되는데 국가기관에 의한 폭력, 고문, 감시 등이 여기에 해당한다.

요점 정리

▶ 법률적 유형화

■ 법률적 의미를 기준으로 유형화
- (법정형) 중범죄/경범죄
- (침해법익) 개인적/사회적/국가적 법익
- (위반법규) 형법범죄/특별법범죄

■ 한계점
- 유형의 구분에 일관성이 부족하거나 구분의 기준 자체가 상대적임.
- 범죄행위와 법위반행위를 동일시하게 되어 범죄의 의미가 축소됨.

개인적 유형화

■ 행위자 개인의 어떠한 특징을 기준으로 범죄를 유형화하는 방식

■ 가해자 중심의 유형화(롬브로소, 가로팔로, 페리 등)와 피해자 중심의 유형화(멘델손 등)로 구분함.
- 롬브로소의 범죄자 유형: 타고난 범죄자/정신이상 범죄자/기회적 범죄자/격정적 범죄자.
- 멘델손의 피해자 특징에 따른 유형: 완전히 결백한 피해자/책임이 경미한 피해자/가해자만큼 책임이 있는 피해자/가해자보다 책임이 큰 피해자/대부분 책임이 있는 피해자/가상의 피해자

■ 한계점
- 범죄유형을 지나치게 단순화 함
- 범죄행위의 특성을 기준으로 행위자의 특성을 규정하는 경우가 있음

사회적 유형화

- 범죄현상의 다양한 사회적 맥락에 따라 유형화
  - 매이휴의 전문적/우연적 범죄자
  - 린드스미스와 던햄의 개인적/사회적 범죄자
  - 레클리스의 일반적/전문적 범죄자
  - 퀴니의 지배계층의 범죄(통제/정부/경제지배/사회적손상 범죄)와 피지배계층의 범죄(약탈/대인/방어 범죄)

다차원적 유형화(서덜랜드의 범죄행동체계)

- 범죄행동체계: 구체적인 범죄현상을 묘사하고 비교하기 위해 만들어진, 서로 관련성 있는 일련의 특징들

- 범죄행동의 5가지 이론적 차원
  - 특정 범죄행위의 법률적 측면
  - 범죄자의 범죄경력
  - 범죄행동에 대한 집단지지
  - 범죄행동과 합법적 행동 간의 부합 정도
  - 사회적 반응과 법적 절차

- 범죄행동체계에 의한 범죄유형 7가지
  - 개인적 폭력 범죄
  - 기회적 재산 범죄
  - 공공질서 범죄
  - 직업 범죄
  - 기업 범죄
  - 조직 범죄
  - 정치 범죄

제3절 범죄통계와 범죄유형

Ⅰ. 공식범죄통계와 범죄유형

1. 경찰의 「범죄통계」

경찰청은 전국 경찰관서에서 전산으로 입력한 범죄통계 원표자료를 집계하여 매년 범죄통계를 산출하고 이를 책자 형태로 발간하고 있다. 책자 안에 담겨있는 통계 산출의 기본 단위는 건수와 인원이다. 2010년 이전까지는 죄명을 형법 범죄과 특별법 범죄로 크게 나눈 뒤 형법범은 형법전의 장 중심으로 분류하였다. 그러다가 2011년부터 형법과 특별법의 구분을 없애고 위반행위의 속성과 침해법익의 유형을 기준으로 죄명을 분류하고 있다. 특별법 범죄 중 형법 범죄의 법정형을 가중 또는 감경하는 형태의 특별법은 형법 범죄와 통합하여 집계된다. 예를 들어, 성폭력범죄의 처벌 등에 관한 특례법(이하 성폭력처벌법) 중 제9조의 강간 등 살인 조항을 위반하면 '강간 등 살인' 유형에 통합하여 통계수치를 표기한다. 같은 특별법 위반행위라 하더라도 위반행위의 속성을 기준으로 달리 분류한다. 예를 들어, 폭력행위 등 처벌에 관한 법률 위반에 있어서 폭력을 행사한 경우는 폭력 범죄로, 경찰관의 직무유기행위는 지능범죄(직무유기)로 분류한다.

성과 관련된 모든 범죄가 성폭력 범죄로 분류되지는 않는다. 성폭력 범죄 유형에는 형법의 강간과 추행의 죄, 성폭력처벌법 위반의 죄, 청소년성보호법 위반의 죄, 아동학대 범죄 등이 포함된다. 여기에서 성폭력처벌법 위반행위 중 카메라 등 이용촬영·반포행위, 통신매체 이용 음란행위, 성적 목적 다중 이용장소 침입행위 등은 성풍속 범죄로, 성매매 관련 위반행위는 기타 범죄에 포함된다. 다음은 「범죄통계」에서 활용하는 15개 범죄유형과 해당 위반행위이다.

경찰청 범죄통계는 범죄유형과 함께 범죄자의 유형도 구분하고 있다. 여기에서 범죄

〈표 I-1〉 경찰청 「범죄통계」에 따른 범죄유형 및 위반행위

범죄유형	위반행위
강력범죄	살인기수, 살인미수, 강도, 강간, 유사강간, 강제추행, 방화
절도범죄	절도, 특수절도, 야간주거침입절도, 불법사용
폭력범죄	상해, 폭행, 체포 · 감금, 협박, 약취 · 유인, 폭력행위등처벌법 위반, 공갈, 손괴
지능범죄	직무유기, 직원남용, 증수뢰, 위조 · 변조, 사기, 횡령, 배임
풍속범죄	성풍속범죄, 도박범죄,
특별경제범죄	부정수표단속법 위반, 조세범처벌법 위반, 특허권 위반, 상표법 위반 등
마약범죄	마약 · 몰핀에 관한 죄, 마약류 관리에 관한 법률 위반 등
보건범죄	공중위생관리법 위반, 식품위생법 위반, 의료법 위반, 감염예방법 위반 등
환경범죄	대기환경보전법 위반, 수질환경보전법 위반, 폐기물관리법 위반 등
교통범죄	교통사고처리특례법 위반, 도로교통법 위반 등
노동범죄	근로기준법 위반, 산업안전보건법 위반 등
안보범죄	공안을 해하는 죄, 국가보안법 위반 등
선거범죄	공직선거법 위반, 정당법 위반, 정치자금법 위반
병역범죄	병역법 위반, 예비군법위반 등
기타범죄	기타 특별법 위반

출처: 경찰청 「범죄통계」 2021

자는 '형사 피의자'를 뜻한다. 즉, 수사 중인 범죄 사건에 대해 유무죄와 무관하며 형사 사건으로 입건되어 피의자 신분으로 수사 대상이 된 사람을 말한다. 다음은 「범죄통계」에서 제시하고 있는 범죄자 유형 및 정의이다.

- 미성년 범죄자: 범행 당시 연령이 19세 미만(만 18세 이하)인 피의자
- 학생 범죄자: 범행 당시 직업이 학생(초등학교, 중학교, 고등학교, 대학교, 대학원)인 피의자
- 공무원 범죄자: 범행 당시 직업이 공무원인 피의자
- 전과 범죄자: 본 사건 이전에 벌금형 이상의 형을 선고받은 전력이 있는 피의자
- 정신장애 범죄자: 범행 당시 정신상태가 정신이상, 정신박약, 또는 기타 정신장애에 해당하는 것으로 수사관에 의해 판단된 피의자
- 외국인 범죄자: 범행 당시 외국 국적을 가진 피의자
- 고령 범죄자: 연령이 65세 이상인 피의자

2. 검찰의 「범죄분석」

검찰의 범죄통계는 세 경로를 통해서 집계된다. 첫째, 경찰통계자료로서 통계원표 관리 서버를 통해 검찰청으로 전송된다. 둘째, 특별사법경찰에서 작성된 범죄통계원표가 검찰청으로 보내지고 이를 검찰청 전산실에서 입력한다. 셋째, 검찰이 자체적으로 처리한 사건으로 이는 사건을 담당한 검사실에서 입력하며 입력된 자료는 대검찰청으로 전달된다. 수집된 통계자료는 입력 오류에 관한 확인 작업을 거친 뒤 「범죄분석」으로 발간된다.

검찰은 범죄를 형법 범죄와 특별법 범죄로 구분하고 있다. 경찰이 2010년 이전까지 구분하던 방식이다. 기본적으로 형법의 각 장의 분류를 따르고 있는데 형법 범죄의 법정형을 가중 또는 감경하는 특별법에 해당하는 범죄는 형법 범죄에 포함하여 분류하고 있다. 2022년 「범죄분석」은 형법 범죄를 중분류(8개), 소분류(48개), 세분류(101개)로 나누고 있다.

범죄분석에서 제시하고 있는 범죄자 유형은 다음과 같다.

〈표 I-2〉 검찰청 「범죄분석」에 따른 범죄유형 및 위반행위

범죄유형	위반행위
재산범죄	절도, 장물, 사기, 횡령, 배임, 손괴
강력범죄(흉악)	살인, 강도, 방화, 성폭력(기존의 강간)
강력범죄(폭력)	폭행, 상해, 협박, 공갈, 약취와 유인, 체포와 감금, 폭력행위등(손괴, 강요, 추거침입 등), 폭력행위등(단체등의 구성,활동)
위조범죄	통화, 유가증권/인지/우표, 문서, 인장
공무원범죄	직무유기, 직권남용, 수뢰, 증뢰
풍속범죄	도박과 복표, 신앙, 기타음란행위
과실범죄	과실치사상, 업무상과실치사상, 실화
기타 형법범죄	명예, 권리행사방해, 신용업무경매, 주거침입, 비밀침해, 유기, 교통방해, 공무방해, 도주와범인은닉, 위증과 증거인멸, 무고, 공안을 해하는 죄, 내란의 죄, 음용수에 관한 죄, 일수와 수리에 관한 죄, 기타 형법범죄

출처: 검찰청 「범죄분석」 2022

- 여성 범죄자: 성별이 여성인 피의자
- 소년 범죄자: 소년법에 따라 19세 미만(14~18세)의 피의자
- 공무원 범죄자: 피의자의 직업이 공무원인 경우, 공무원은 국가공무원, 지방공무원, 교육청 공무원, 국회, 법원 및 기타로 구분. 각 지방의 의회 및 교육위원회 소속 공무원은 지방공무원에 포함. 공무원 범죄자 중 직무 관련 공무원 범죄자는 직무유기, 직권남용, 수뢰, 증뢰와 같은 공무원의 직무에 관련된 죄를 범한 피의자
- 전과자: 형사사건으로 법원에서 벌금형 이상의 유죄판결이 확정된 경우. 다만 수사 또는 재판이 진행 중이거나 구류형, 과료형, 보호처분, 기소유예, 공소보류, 기소중지처분 등은 제외

- 정신장애 범죄자: 범행 당시 정신이상(정신분열병자), 정신박약(의사가 박약하거나 불안정한 백치·저능자), 기타정신장애(조울병자, 성격이상자(난폭자, 변태성욕자 등)가 있는 피의자
- 고령 범죄자: 만 65세 이상의 피의자
- 외국인 범죄자: 외국 국적의 피의자

Ⅱ. 범죄피해통계와 범죄유형

범죄피해조사는 공식통계로는 확인할 수 없는 범죄피해를 확인하고 범죄피해의 취약성 요인을 분석하며, 범죄피해에 대한 일반 국민의 인식과 태도를 파악하기 위해 실시된다. 우리나라에서는 한국형사법무정책연구원에서 2년마다 '전국범죄피해조사'를 실시한 뒤 그 결과를 발표하고 있다. 범죄피해 유형을 크게 개인 대상 범죄피해와 가구 대상 범죄피해로 구분하고, 전자는 다시 폭력범죄피해와 재산범죄피해로 나누고 후자는 주거침입 관련 범죄피해와 기타 가구 대상 범죄피해로 나눈다. 가구 대상 범죄피해의 구분은 주거침입이 수반되었는지를 기준으로 한 것이다. 각 범죄피해 유형별 정의는 다음과 같다.

〈표 I-3〉 전국범죄피해조사에 따른 범죄피해 유형

개인 대상 범죄피해		
폭력범죄 피해	강도	성폭력을 제외한 신체적 공격이나 성폭력을 제외한 위협 또는 협박이 있고 탈취피해가 있거나 그럴 뻔한 경우
폭력범죄 피해	폭행	성폭력을 제외한 신체적 공격이나 성폭력을 제외한 위협 또는 협박으로, 실제로 성폭력을 제외한 신체적 피해가 발생하였거나 그럴 뻔했으며 별도의 탈취피해는 없었던 경우
폭력범죄 피해	성폭력	신체적 공격이나 위협과 협박이 있었고 실제로 강간(미수)이나 강간 이외의 성폭력으로 신체적 피해 경험이 있었거나 무력으로 인한 성적 접촉 피해 경험이나 공격, 위협이 없었다 하더라도 성적 접촉 피해를 당했거나 당할 뻔한 경험이 있는 경우 포함. 2020년 기준 조사에서는 성적 불쾌감 등을 유발하는 성희롱 등과 같은 직접적인 성적 접촉이 없는 성범죄 경험을 당했거나 당할 뻔한 경험이 있는 경우가 포함됨
폭력범죄 피해	괴롭힘	공격이나 위협은 없었지만 심한 욕설을 퍼붓거나 구두로 괴롭힘을 당한 피해, 혐오스러운 문자, 영상, 이메일 등을 지속적으로 받은 피해, 또는 집요하게 뒤따라 다니며 몰래 염탐(엿보기), 감시 등을 당한 피해, 혹은 개인정보를 인터넷에 공개했거나 비방이나 헛소문을 퍼뜨리는 등의 피해를 당했거나 그럴 뻔한 경우
재산범죄 피해	사기	속임에 따른 금전적, 재산적 피해를 경험했거나 그럴 뻔한 경우
재산범죄 피해	절도	공격이나 위협은 없는 가운데 소유 물건을 몰래 절취당하는 피해를 경험했거나 그럴 뻔한 경우
재산범죄 피해	손괴	공격이나 위협은 없고 탈취 피해는 없으면서 재물의 효용을 해한 피해를 경험했거나 그럴 뻔한 경우
가구 대상 범죄피해		
주거침입 관련 범죄피해	주거침입 강도	주거침입강도: 피해자가 거주하는 집에서 범죄피해가 발생한 범죄 중, 점유하는 방실(房室)에 승인 없이 출입한 가운데 폭력을 제외한 신체적 공격이나 위협 또는 협박이 있고 재물을 절취당한 피해가 있거나 그럴 뻔한 경우
주거침입 관련 범죄피해	주거침입 절도	피해자가 거주하는 집에서 범죄피해가 발생한 범죄 중, 신체적 공격이나 위협 또는 협박 등은 없는 가운데 침입(승인되지 않은 출입)하여 재물을 몰래 가져가거나 미수에 그친 경우
주거침입 관련 범죄피해	주거침입 손괴	피해자가 거주하는 집에서 범죄피해가 발생한 범죄 중, 승인하지 않은 출입과 함께 손상 피해가 발생한 경우이거나 발생할 뻔한 경우
주거침입 관련 범죄피해	단순주거 침입	피해자가 거주하는 집에 승인하지 않은 출입이 있었으나 별도의 탈취피해 및 손상피해가 없는 경우

기타 가구 대상 범죄피해	자동차 (부품)절도	자동차(부품)절도: 별도의 침입이나 신체적 폭행 및 위협이 없었으나, 차량 또는 자동차 부품을 몰래 가져가거나 그럴 뻔한 경우
	자동차 (부품)손괴	자동차(부품)손괴: 별도의 침입이나 신체적 폭행 및 위협이 없었으나 차량 또는 자동차 부품에 대한 실제 손상 피해가 있었던 경우

출처: 전국범죄피해조사 2020 분석보고서

요점 정리

공식범죄통계의 범죄유형

■ 경찰의 「범죄통계」: 위반행위의 속성과 침해법익의 유형을 기준으로 죄명을 분류함. 범죄유형에는 강력범죄, 절도범죄, 폭력범죄, 지능범죄, 풍속범죄, 특별경제범죄, 마약범죄, 보건범죄, 환경범죄, 교통범죄, 노동범죄, 안보범죄, 선거범죄, 병역범죄, 기타범죄가 있음.

■ 검찰의 「범죄분석」: 형법의 각 장의 분류를 따르며 법정형을 가중 또는 감경하는 특별법에 해당하는 범죄를 포함하여 분류함. 범죄유형에는 재산범죄, 강력범죄(흉악), 강력범죄(폭력), 위조범죄, 공무원범죄, 풍속범죄, 과실범죄, 기타 형법범죄가 있음.

▶ 범죄피해조사의 범죄피해 유형

■ 한국형사법무정책연구원의 전국범죄피해조사(2년 주기로 실시)
- 개인 대상 범죄피해: 폭력범죄피해/재산범죄피해
- 가구 대상 범죄피해: 주거침입 관련 범죄피해/기타 가구 대상 범죄피해

참고문헌

1. Dabney, D. A. (2013). *Crime Types: A Text/Reader,* Fredrick, MD: Wolters Kluwer Law & Business, p.4.
2. Sutherland, E. H. (1949). *White Collar Crime.* New York: Holt, Rinehart and Winston.
3. Merton, R. K. (1949). *Social theory and social structure.* Glencoe, IL: Free Press.
4. Lombroso, C. (1911). Introduction. In G. Lobroso-Ferrero(Ed.), *Criminal man according to the classification of Cesare Lombroson.* New York: Putnam.
5. Garofalo, R. (1914). *Criminology.* Boston: Little, Brown.
6. Ferri, E. (1917). *Criminal Sociology.* Boston: Little, Brown.
7. Mendelsohn, B. (1976). Victimology and Contemporary Society's Trends. *Victimology,* 1(1), 8-28.
8. Sheley, J. F. (1979). *Understanding Crime: Concepts, Issues, Decisions.* Belmont, CA: Wadworth.
9. Karmen, A. (1990). *Crime Victims: An Introduction to Victimology,* Pacific Gove, CA: Brooks/Cole.
10. Mayhew, H. (2012). *London labour and London poor,* Oxford University Press.
11. Lindesmith, A, & Warren, H. D. (1941). Some principles of criminal typology, *Social Force,* 19(3), 307-314.
12. Reckless, W. C. (1967). *The crime problem (4th ed.).* New York: Appleton-Century-Crofts.
13. Quinney, R. (1977). *Class state and crime: On the theory and practice of criminal justice,* New York: David MacKay Company.
14. Sutherland, E. H. (1939). *Principles of Criminology, 4th edition,* Philadelphia: J.P. Lippincott.

15. Clinard, M. Quinney, R., & Wilderman, J. (2014). *Criminal behavior systems: a Typology,* Cincinnati, OH: Anderson.
16. Trevino, A. J. (2019). *Clinard and Quinney's Criminal Behavior Systems: A Revised Edition,* New York: Routledge.

제2장 일반범죄 유형

제1절 살인

Ⅰ. 살인의 유형

▶살인의 유형
– 단순 살인/존속 살해
– 단수 살인/다수 살인
– 도구적 살인/표출적 살인

우리나라 형법에서는 범인과 피해자 사이의 신분 관계에 따라 단순 살인과 존속 살해를 구별한다. 또한 범행동기가 특수한 경우에 속하는 영아살해를 별도로 규정하고 있다. 존속 살해는 부모와 자식 사이처럼 존비속의 관계에서 비속이 존속을 살해하는 경우를 말한다. 법 조항에는 '자기 또는 배우자의 직계존속을 살해'함으로써 성립된다고 규정하고 있다. 존속살해는 단순 살인보다 형이 가중되는데 그 이유는 직계존속을 살해하는 행위가 반윤리적이고 패륜적이기 때문이다. 이에 반해 영아살해를 저지른 사람은 일반 살인보다 낮은 형벌(10년 이하의 징역)을 받는데 그 이유는 직계존속이 분만 중 또는 분만 직후 치욕을 은폐하거나 양육할 수 없다고 예상하는 등 참작할만한 동기로 인해 범행을 저지르게 되기 때문이다. 다만 자녀를 학대하여 사망에 이르게 한 경우 아동학대처벌법 상 아동학대살해죄가 적용되어 일반 살인죄보다 더 중하게 처벌하고 있다. 과거에는 부모나 양육자가 아이를 학대하여 사망에 이르게 한 경우 살인의 고의를 입증하기 어렵다는 이유로 아동학대처벌법에 아동학대치사죄만 규정되어 있었다. 하지만 아동학대로 인한 사망사건이 지속적으로 발생하면서 더 엄하게 처벌할 필요성이 생기자 2021년에 아동학대살해죄를 신설하여 가중처벌하고 있다. 그 밖에 형법에는 촉탁·

승낙에 의한 살인죄와 자살교사·방조죄가 있는데 일반살인보다 형이 감경된다.

살인은 그 특징에 따라 다양하게 유형화할 수 있다. 피해자의 수에 따라 단수 살인(single murder)과 다수 살인(multiple murder)으로 구분한다. 살인 동기에 따라서 도구적 살인(instrumental murder)과 표출적 살인(expressive murder)으로 구분하기도 한다. 도구적 살인은 살인 자체가 목적이 아니라 금전적 이득 등 다른 목적을 위해 살인을 수단으로 사용하는 유형을 말한다. 표출적 살인은 감정의 격분 때문에 발생하며 사람을 살해하는 것 자체가 목적이 되는 살인을 의미한다. 표출적 살인의 일종으로 흔히 '묻지마 살인'이라고 불리는 무동기 살인(nonspecific motive murder)이 있다. 범행동기가 분명치 않고 불특정 다수를 대상으로 저질러지는 살인을 의미한다. 아래에서는 존비속 살인, 다수 살인, 그리고 무동기 살인에 대해서 좀 더 상세히 살펴보겠다.

Ⅱ. 존비속 살인

존비속 살인은 직계존속 또는 직계비속을 살해하는 유형을 말한다. 존속 살해(parricide)를 저지르는 사람들의 유형은 다음과 같다.[1]

▶비속살해의 유형
- 이타적 비속살해
- 정신병적 비속살해
- 원치 않는 출산에 따른 비속살해
- 우발적 비속살해
- 배우자에 대한 복수로서의 비속살해

- 아버지로부터 반복적으로 가정폭력을 당해온 자녀
- 반사회적 성격자로 다른 사람에 대한 배려나 권리를 무시하는 사람
- 정신질환자 또는 약물중독자
- 악마숭배나 사이비 종교집단에 심취한 자
- 부모의 재산을 물려받기 위해 부모를 살해하는 자

비속 살해(filicide)는 피해자의 연령에 따라 신생아 살해(neonaticide)와 영아 살해(infanticide)로 구분된다. 신생아 살해는 아기가 태어난 지 24시간 이내에 부모에 의해 살해

되는 유형으로 젊은 미혼 여성이 범죄를 저지르는 경우가 많다. 원치 않는 아이를 출산했거나 임신과 양육에 따르는 수치심과 죄의식 때문에 범죄를 저지른다. 영아 살해는 태어난 지 24시간 이상부터 5세 이하의 영아를 가족이 고의로 살해하는 경우를 말한다. 미숙한 양육과 심리적 스트레스가 주된 범행동기다. 많은 경우 가해자가 아이를 양육하기에 너무 어리거나 가족을 부양하기 위한 경제적 여건이 충분치 않고 양육을 보조해 줄 수단도 없는 상태에서 범죄가 저질러진다. 레스닉(Resnick)은 131건의 비속 살해 사례를 분석하여 살해 동기에 따라 분류하였다. 첫째는 이타적 비속 살해로서 자신이 자살한 이후 자녀가 혼자 남아서 불행해질 거라는 생각이나 자녀를 현재의 고통에서 벗어나게 해 줄 목적으로 저질러진다. 둘째, 부모의 정신병적 증상 때문에 자녀를 살해하는 유형이다. 셋째, 원치 않는 아이를 임신하고 출산했기 때문에 살해하는 유형이다. 넷째, 우발적으로 살해하는 유형이다. 마지막으로 배우자에 대한 복수심 때문에 자녀를 살해하는 유형이다.[2]

Ⅲ. 다수 살인

▶다수 살인의 유형
– 피해자의 수에 따라 이중/삼중/대량살인
– 범행동기에 따라 힘 과시형/복수 추구형/사명 추구형/이윤 추구형/테러형
– 살인수법에 따라 다중/연속/연쇄 살인

다수 살인은 피해자가 여러 명인 살인 범죄를 말한다. 피해자의 수에 따라 이중 살인(피해자 2명), 삼중 살인(피해자 3명), 대량 살인(피해자 4명 이상)으로 나누기도 한다. 범행동기에 따라 힘 과시형, 복수 추구형, 사명 추구형, 이윤 추구형, 테러형으로 구분하기도 한다.[3] 가장 많이 알려진 유형화는 살인 수법을 기준으로 한 것으로 여기에는 다중 살인(mass murder), 연속 살인(spree murder), 연쇄 살인(serial murder)이 포함된다.

다중 살인은 다수의 피해자를 같은 장소에서 살해하는 행위를 말한다. 2017년 미국 네바다주 라스베이거스에서 발생한 총기 난사 사건을 예로 들 수 있다. 당시 거리에는 축제로 인해 수많은 사람이 모여 있었는데 범인은 인근의 호텔 고층 객실에서 군중들을 향해 무차별적으로 총기를 난사해서 사망자 60명을 포함해서 수백 명의 사상자가 발

생한 사건이다. 연속 살인은 범인이 여러 장소를 이동하면서 여러 날 또는 몇 주간에 걸쳐 다수의 피해자를 살해하는 행위로서 일종의 '움직이는 다중 살인'이라고 할 수 있다. 2002년 미국 워싱턴 D.C. 일대에서 발생한 연속 저격 사건을 들 수 있다. 범인들은 메릴랜드주, 버지니아주, 워싱턴 D.C를 오가며 무차별적으로 사람들을 저격하여 10명을 살해했다. 다중 살인은 다음과 같은 유형들로 구분된다.[4]

▶다중살인의 유형
– 가족 몰살자
– 무기 도착자
– 설치–도주형
– 추종자
– 불만 품은 직원
– 불만 품은 시민
– 정신병적 살인자

- 가족 몰살자(family annihilator): 집 안에 있는 자기 가족 전체를 모두 살해하는 유형으로 대개 범행 후 자기 자신도 죽음을 선택한다. 범죄자는 주로 좌절감에 빠져 있고 알코올에 중독된 경우가 많다.
- 무기 도착자(pseudo–commandos): 대량 살상용 무기에 집착하는 경향을 보이며 범행 장소로 되도록 많은 사람을 한꺼번에 살해할 수 있는 공공장소를 선택하며 사전에 충분한 양의 무기를 준비한다.
- 설치–도주형 살인자(set–and–run–killers): 폭탄이나 독극물을 사용해 한꺼번에 많은 사람을 죽이고 자신은 안전하게 도주하는 유형
- 추종자(disciples): 자신의 의지가 아닌 카리스마적 지도자의 명령에 순응해서 그를 기쁘게 하려고 다중 살인을 저지르는 유형
- 불만 품은 직원(disgruntled employees): 자신이 회사로부터 부당한 대우를 받거나 억울하게 해고를 당했다는 생각 때문에 살인을 저지르는 유형
- 불만 품은 시민(disgruntled citizens): 세상을 향해 자신의 분노와 적대감을 살인으로 표출하려는 유형
- 정신병적 다중 살인자(psychotic mass murderers): 정신질환자에 의해 저질러지는 다중 살인으로서 이들은 환청이나 환각을 경험하고 정상적으로 현실을 인식하지 못한 상태에서 범죄를 저지름.

연쇄 살인이 다중 살인이나 연속 살인과 구별되는 가장 큰 특징은 살인 행위 사이

에 냉각기가 있다는 점이다. 미국 FBI는 연쇄 살인을 '사건 사이에 냉각기를 둔 채 세 곳 이상에서 세 차례 이상의 살인을 저지르는 행위'라고 정의하고 있다. 범죄학자들도 '서로 다른 피해자들을 적게는 2일 또는 2주, 많게는 2달 이상 냉각기를 두고 반복해서 살인하는 행위'라고 정의하고 있다.[5] 그 밖에도 연쇄 살인은 다른 유형의 살인과 구별되는 몇 가지 특징이 있다. 범인이 검거되기 전까지 연쇄 살인은 계속해서 반복되는 경향이 있다. 연쇄 살인범은 주로 피해자에게 일대일로 접근을 하는데 누가 피해자가 될지 예상할 수 없다. 연쇄 살인의 피해자는 대개 낯선 사람이거나 범인과 잠깐 만난 사이인 경우가 많다. 대부분의 살인사건은 가해자가 격정을 표출하면서 발생하거나 개인적 이득을 얻으려고 저질러지지만 연쇄 살인은 대개 살인 그 자체에 목적을 둔다. 법의학적 관점에서도 연쇄 살인은 독특한 특징을 나타낸다. 살인범은 피해자를 감금하고 고문하며 여성 피해자면 성적 학대를 하고 피해자의 몸에 특이한 모양의 상처를 내거나 시체를 절단하고 훼손하기도 한다. 연쇄 살인은 범행동기를 기준으로 다음과 같은 유형으로 구분된다.

▶연쇄 살인의 특징
– 살인 행위 사이에 냉각기
– 검거되지 않으면 반복발생
– 불특정 낯선 피해자
– 살인 그 자체가 목적
– 피해자 감금, 고문, 성적 학대
– 시체 훼손

- 망상형(visionary motive type): 보이지 않는 어떤 힘에 이끌려 살인을 저지른다고 주장하는 유형이다. 환청을 통해 개인이나 특정 집단에 속한 사람을 해치라는 명령을 듣고 이에 반응한다. 이러한 유형은 현실적 감각을 잃은 자들로서 정신질환자로 진단을 받는다.
- 사명감형(mission–oriented type): 사회에 해롭거나 살아 있을 가치가 없다고 여겨지는 자들을 제거해야 한다는 사명감 때문에 살인을 저지른 유형이다. 성매매 여성, 부랑자, 노약자들을 공격 대상으로 삼는 경우가 많다.
- 쾌락형(hedonistic motive type): 살인 행위가 주는 스릴감이나 쾌락을 추구하는 유형으로 살인 자체를 즐기는 자들이다. 쾌락형은 몇 가지 하위 유형으로 나뉜다. 먼저 욕정 추구형(lust–oriented type)은 성적 만족감을 추구하는 유형이다. 스릴 추구형(thrill–oriented type)은 스릴이나 흥분을 추구하는 유형으로 피해자에게 가학적 행동을 하면서 희열을 느낀다. 안락 추구형(comfort–oriented type)은 물질적

▶연쇄 살인의 유형
– 망상형
– 사명감형
– 쾌락형(욕정/스릴/안락)
– 권력형

이득을 얻기 위한 도구로 살인을 이용하는 유형으로 살인을 통해 더 윤택한 삶을 추구한다.

- 권력형(power/control-oriented type): 타인을 통제하고 타인 위에 군림하고자 하는 유형으로 피해자의 삶과 죽음을 통제하는 과정에서 오는 만족감 때문에 살인을 저지른다. 주로 여성, 노인, 아동을 대상으로 범행을 저지르는 경우가 많다.

Ⅳ. 무동기 살인

▶무동기 살인
– 일명 '묻지마 살인'
– 불특정 동기 살인
– 범행동기가 분명하지 않은 유형의 살인

무동기 살인은 범행동기가 분명하지 않은 유형의 살인을 말한다. 비슷한 의미로 '묻지마 살인'이라는 용어가 통용되고 있는데 범행의 이유나 동기가 뚜렷하지 않다는 의미를 강조하기 위해 언론매체에서 자주 사용하는 용어다. 하지만 엄밀히 말해 범행동기가 아예 없는 것이 아니라 겉으로 잘 드러나지 않았을 뿐이라는 점에서 '불특정 동기 살인' 또는 '불특정 다수를 향한 살인'과 같은 용어도 사용되고 있다. 미국 FBI의 범죄분류 매뉴얼에는 이러한 유형의 살인을 '불특정 동기 살인'(nonspecific motive murder)으로 호칭하며, '무분별하며, 범죄자 자신만 아는 불명확한 이유로 저질러지는 살인'이라고 정의하고 있다.[6] 무동기 살인의 특징은 다음과 같다.

- 피해자와 가해자 사이에는 직접적 관계가 없으며 피해자는 대개 무작위로 선택되기 때문에 일관된 특징이 없다.
- 가해자의 목적이 가능한 많은 사람을 살해하는 것이기 때문에 종종 대량 살인의 형태로 나타난다.
- 통상 대낮에 공공장소에서 범행이 이루어진다.
- 가해자는 범행 전 단정치 못한 외양, 물리적/정서적 고립, 기인한 행동 등과 같은 전조증상을 보인다.

- 사전에 범행에 사용할 흉기를 준비해 온다.
- 때때로 범죄자가 자살을 시도한다.

스토리박스 〈보충설명 II-1〉

무동기 살인 사례 1 – 서울 논현동 고시원 살인사건

2008년 10월 20일 정모 씨(당시 30세, 남)는 서울 강남구 논현동에 소재한 고시원 3층에서 자신이 투숙하고 있는 방에서 라이터용 휘발유로 불을 질렀다. 고시원에 연기가 차자 복도로 뛰어나온 피해자들을 칼로 무차별 공격하여 6명이 사망하고 7명이 중상을 입었다. 피해자들 대부분은 인근 영동시장에서 일하는 중국 동포들로 고시원 투숙자들이었다. 범행 후 범인은 고시원의 4층 창고 방에 숨어 있다가 경찰에 의해 검거되었다.

범인은 2002년 경남 합천에서 상경한 후 식당 종업원, 주차요원 등으로 일하면서 생계를 유지해왔다. 하지만 일정한 직업이 없다 보니 금전적 어려움이 클 수밖에 없었다. 범행 당시 고시원 월세와 휴대전화 요금을 내지 못하는 형편이었고 향군법 위반으로 벌금 수배(벌금 150만 원)중이어서 금전적 압박이 심했다. 이러한 경제적 궁핍에 따른 좌절감이 사회적 불만을 초래한 것으로 분석된다. 살인을 저지르기 전 범인이 적은 일기 속에는 "나는 태어나지 말았어야 했다. 처음부터 잘못됐다"와 같이 자신을 비관하는 내용과 "사람들이 싫다. 이제 마무리를 할 때가 됐다"와 같이 범행을 작심한 내용이 포함되어 있었다. 또한 "신이 내게 두 가지 소원을 들어주겠다고 하면 난 복권 100억 원 당첨보다 이 지구를 폭파해 달라고 할 것"이라는 사회에 대한 극단적인 적개심을 나타냈다.

무동기 살인 사례 2 – 서울 신정동 살인사건

2010년 8월 7일 서울시 양천구 신정동에서 일용노동자 윤모 씨(당시 33세, 남)가 다가구주택 옥탑방에 침입하여 거실에서 자녀와 함께 TV를 보고 있던 피해자 장모 씨의 머리를 둔기로 때린 뒤 아내의 비명을 듣고 나온 남편 임모 씨를 흉기로 찔러 숨지게 한 사건이다. 범인은 피해자가 숨진 사실을 모르고 범행 당시 입던 옷을 입고 거리를 활보하다가 경찰에 체포되었다.

범인은 강도강간 혐의로 14년 6개월을 복역한 뒤 2010년 5월에 출소하였으며 출소 뒤 갱생보호소에 입소해 숙식을 해결하며 공사장 등지에서 일용직 노동자로 일을 하고 있었다. 사건 당일 범인은 일거리를 구하지 못한 채 평소 작업할 때 쓰는 둔기와 흉기가 든 배낭을 메고 양천구 일대를 배회하다가 범행 장소 맞은편 놀이터에서 막걸리 1병을 마셨다. 그러던 중 다가구주택 옥탑방에서 행복해 보이는 웃음소리가 들리자 격분하여 범행을 저질렀다. 범인은 왜 범행을 저질렀냐는 질문에 "나는 세상을 어렵게 살고 방황하는데 다른 사람들은 행복하게 산다는 생각이 들어 순간 격분했다"라고 대답했다. 또한 그는 전과자를 바라보는 사회의 시선이 따갑고 취직 기회도 잘 주어지지 않는 현실이 너무 힘들었다고 하였다. 종합해 보면 출소 후 사회적응의 실패로 인한 좌절감과 오랫동안 축적되어 왔던 사회에 대한 불만이 사건 당일 자신과 무관한 웃음소리가 촉매제가 되어 우발적인 폭력행위로 분출된 것으로 분석된다.

출처: 모창환 외(2013). 국민 공공안전향상 종합대책, 경제인문사회연구회 협동연구총서

레빈과 매드피스(Levin & Madfis)는 학교나 쇼핑몰 등 공공장소에서 불특정 다수를 대상으로 벌어지는 총기 난사 사건의 원인을 범죄자의 심리적 긴장(strain)의 진행 과정이

라는 차원에서 분석하였다.[7] 무동기 범죄의 진행 과정은 만성 긴장(chronic strain), 억제불능긴장(uncontrolled strain), 급성긴장(acute strain), 범행계획(the planning stage), 그리고 실행(massacre at school)의 총 5단계로 이루어져 있다.

▶무동기 살인의 진행과정 – 만성긴장 》 억제불능 긴장 》 급성긴장 》 범행계획(또는 상황적 촉진요인) 》 실행

그런데 우리나라에서 발생하는 무동기 살인은 범행계획단계를 거치는 예도 있지만, 이 단계가 생략된 채 순간적으로 격분하여 충동적으로 살인이 저질러지기도 한다. 이러한 점을 종합적으로 고려할 때 우리나라의 무동기 범죄 발생 원인을 다음과 같은 진행 과정으로 설명할 수 있다.

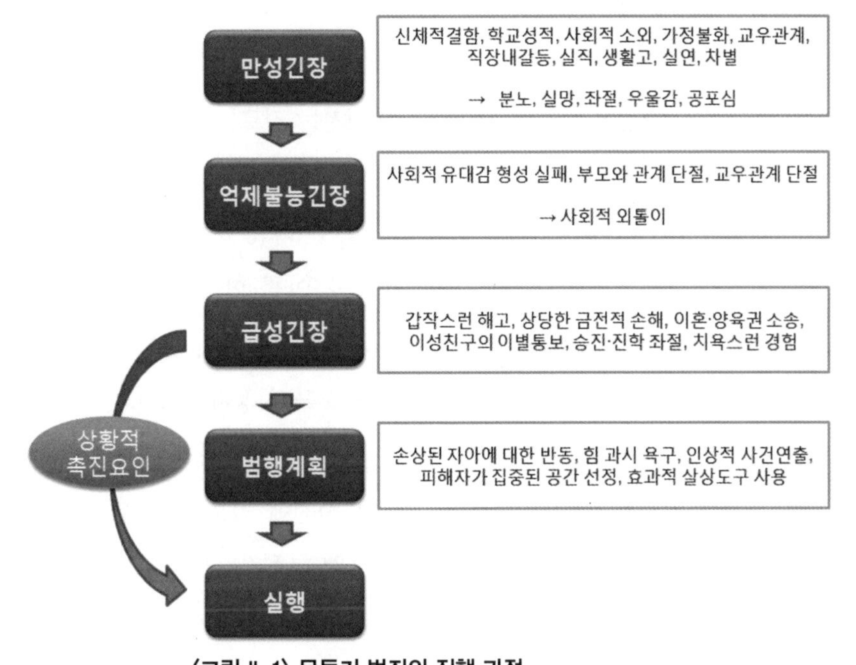

〈그림 Ⅱ-1〉 무동기 범죄의 진행 과정

출처: 모창환 외(2013). 국민 공공안전향상 종합대책, 경제인문사회연구회 협동연구총서

만성긴장은 오랜 기간에 걸쳐 축적되는 긴장을 의미한다. 로버트 머튼의 긴장이론이 주장하듯이 사회에 만연한 성공지상주의와 물질만능주의와 같은 문화적 요인과 불평등

한 성공 기회와 같은 사회구조적 요인은 사회적 약자와 소외계층에게 긴장을 유발한다. 또한 애그뉴의 일반긴장이론의 주장처럼 열망하는 목표를 달성하지 못해 좌절하거나 타인의 성취와 비교하면서 열등감을 느끼거나, 소중한 사람이 가치를 박탈당하거나, 성장 과정에 부정적 경험(예: 학교폭력)을 할 때 긴장이 누적된다. 억제불능 긴장은 사회통제 이론에서 말하는 사회유대가 약화한 상태를 의미한다. 내면에 긴장이 만성적으로 쌓이더라도 사람들은 타인들과의 사회적 관계 속에서 살아가기 때문에 쉽게 폭력으로 표출되지는 않는다. 그러나 만약 어떤 조건으로 인해 사회적 유대관계가 끊어지거나 느슨해지면 묻지마 폭력을 저지를 위험성이 커진다. 급성긴장은 심적으로 고통스러운 상황이나 사건이 단기간에 걸쳐 유발하는 긴장을 의미한다. 잠재적 범죄자의 내면에 누적된 긴장이 살인이라는 폭력행위로 외면화되기 위해서는 범행 촉진요인인 급성긴장이 필요하다.

이러한 긴장 요인이 무동기 살인으로 이어지는 경로는 두 가지인데 하나는 계획적 범행을 통해, 다른 하나는 우발적 범행을 통해서이다. 전자의 경우 범죄자는 자신이 겪고 있는 내면적 고통에 대한 유일한 해결책이 살인이라는 생각에 집착하게 된다. 그리고 세상이 자신을 무시하고 멸시했던 탓에 손상된 자아를 회복하는 방편으로 무차별적 살인을 계획한다. 최대한 자신의 힘을 과시하고 많은 사람에게 깊은 인상을 남길 수 있도록 사건을 연출하고자 한다. 피해자가 집중된 공간을 선정하고 효과적인 살상 도구를 사용한다. 실패의 위험을 최소화하기 위해 범행 전 충분히 사전 준비를 한다. 앞서 소개한 서울 논현동 고시원 살인사건에서도 범인은 사전에 검은 스키 모자와 검은색 마스크, 헤드랜턴, 총알이 장전된 리볼버 가스권총, 과도, 회칼, 라이터 등을 미리 준비했다. 자신의 방에 휘발유를 뿌려 불을 붙이고 연기를 피해 뛰어나오는 투숙객들을 복도에서 기다리고 있다가 흉기로 살해한 범행방식은 사전에 계획된 범행 시나리오가 있었음을 보여준다.

다음으로 후자 형태의 무동기 살인은 사전에 범행을 준비하지 않은 상태에서 어떠한 상황적 요인 때문에 우발적으로 발생한다. 특정한 상황적 요인은 종종 스트레스를 유발하고 공격적 행동을 초래하는 경우가 있는데 이를 '상황적 촉진요인'(situational precipitator)이라고 부른다. 일반적으로 상황적 촉진요인은 사소한 말다툼이나 몸싸움을 유발하는 데에서 그친다. 하지만 행위자가 만성 긴장이 내면에 축적되어 있고 그의 행동을 억제할만한 사회적 유대관계가 없으며, 특히 최근 커다란 심적 좌절감을 겪은 상태라면 상황은 달라질 수 있다. 2012년 의정부시 지하철역에서 발생한 묻지마 칼부림 사건의 경우 전동차 내에서 침 뱉는 행위가 상황적 촉진요인으로 작용했고 결과적으로 8명이 상해를 입었다. 당시 일용직 노동자로 생활고를 겪던 범인은 가족과 관계가 단절된 상태였고 특히 일감이 줄어들어 불만이 고조된 상태였다. 이런 상황에서 침 뱉기에서 시작된 사소한 말다툼이 심각한 폭력으로 이어졌다.

요점 정리

살인의 유형

- (범인과 피해자의 관계) 단순 살인, 존속 살해, 영아 살해
- (피해자의 수) 단수 살인, 다수 살인
- (살인 동기) 도구적 살인, 표출적 살인

존비속 살인

- 직계존속(존속살해) 또는 직계비속(비속살해)을 살해하는 유형
- 비속살해는 피해자의 연령에 따라 신생아 살해와 영아 살해로 구분함

다수 살인

■ 피해자가 여러 명인 살인 범죄

■ (피해자의 수) 이중 살인/삼중 살인/대량 살인

■ (범행동기) 힘 과시형/복수 추구형/사명 추구형/테러형

■ (살인 수법) 다중 살인/연속 살인/연쇄 살인
- 다중 살인: 다수의 피해자를 같은 장소에서 살해하는 행위
- 연속 살인: '움직이는 다중 살인'. 여러 장소를 이동하면서 수일에 걸쳐 다수의 피해자를 살해하는 행위
- 연쇄 살인: 살인 행위 사이에 냉각기가 존재하며, 범인이 검거되기 전까지 반복 발생함.

무동기 살인

■ 범행동기가 분명하지 않은 유형의 살인

■ '묻지마 살인', '불특정 동기 살인', '불특정 다수를 향한 살인' 등으로도 불림

■ 무동기 범죄의 진행 과정(레빈과 매드피스)
1) 만성 긴장: 오랜 기간에 걸쳐 축적되는 긴장
2) 억제불능 긴장: 사회유대가 약화한 상태
3) 급성긴장: 범행 촉진요인. 심적으로 고통스러운 상황이나 사건이 단기간에 걸쳐 유발하는 긴장
4) 범행계획/상황적 촉진요인: 계획적 범행를 위한 범행 사전 준비, 또는 우발적 범행을 초래하는 상황적 촉진요인 발생
5) 실행

제2절 성폭력

Ⅰ. 개념적 논의

성과 관련된 범죄들을 지칭하는 다양한 용어들이 존재한다. 가장 광범위한 용어로서 성범죄(sexual offences, sex crime)가 있다. 한마디로 말해 법으로 금지된 모든 종류의 성행위를 의미하며 이를 위반한 사람을 성범죄자라고 부른다. 여기에는 성과 관련된 폭력행위뿐만 아니라 사회적 금기를 위반한 행위도 포함된다. 폭력이나 강제성이 수반되지 않고 당사자 간의 합의에 따라 이루어진 성관계도 성범죄를 구성할 수 있다. 미성년자 의제강간죄가 대표적인데 우리나라에서는 형법으로 13세 미만의 사람과 성관계하면 동의 여부와 상관없이 강간죄가 성립된다. 또한 성인이 아동이나 청소년과 성착취 목적으로 정보통신망을 이용하여 지속적 또는 반복적으로 대화(온라인 그루밍)를 하는 것만으로도 처벌받을 수 있다. 성매매 행위 역시 합의에 기반한 성관계지만 성매매처벌법에 따라 처벌을 받는 성범죄에 해당한다.

▶유사 용어 정리
- 성범죄: 법으로 금지된 모든 종류의 성행위
- 성폭력: 성을 매개로 상대방의 의사에 반해서 이루어지는 모든 가해행위
- 성폭행: 상대방의 의사에 반해서 이루어지는 성관계
- 성추행: 상대방의 동의 없이 신체적 접촉을 해서 성적 수치심이나 혐오감을 일으키는 행위
- 성희롱: 상대방에게 성적 굴욕감이나 혐오감을 주는 성적 언동

사회와 문화, 그리고 시대에 따라 어떤 성적 행위를 성범죄로 규정하고 어느 수준의 처벌을 가할지 다양하다. 특별한 형태의 성행위가 도덕에 반한다는 이유로 처벌의 대상이 되기도 하는데 여기에는 근친상간, 수간(동물과 성관계), 시간(시체와 성관계), 동성애(항문성교) 등이 포함된다. 예를 들어, 영국의 성범죄법(Sexual Offences Act 2003)은 강간, 강제추행, 성매매, 공공장소 성기 노출뿐만 아니라 수간, 시간, 그리고 공중화장실 내 성행위를 처벌하는 규정을 두고 있다. 인도네시아에서는 2022년부터 형법을 개정해 혼전 성관계를 성범죄로 처벌하고 있다. 미국에서도 2000년대 초반까지 '간음'(fornication)을 처벌하는 규정을 두고 있었는데, 간음은 결혼한 남성과 여성 사이에 이루어지는 성관계를 제외한 모든 유형의 성관계를 의미하며 여기에는 혼전 성관계와 동성애가 포함된다.

스토리박스 〈보충설명 II-2〉

미국 버지니아주 간음죄 판례: 마틴 대 자이얼(Martin v. Ziherl, 2005)

미국 버지니아 주의 여성 뮤겟 마틴은 헤어진 남자친구 크리스토퍼 자이얼을 상대로 손해배상청구소송을 제기했다. 전 남자친구가 성병에 걸린 사실을 알면서도 보호조치 없이 자신과 성관계를 맺어 성병을 옮겼다는 주장이었다. 이에 대해 자이얼은 당시 버지니아주 형법의 간음죄 조항을 근거로 반박했다. 혼전 성관계는 250달러의 벌금에 처하는 명백한 범죄행위였는데 마틴이 불법행위에 가담하는 과정에 입은 손상에 대해서는 배상을 청구할 권리가 없다고 주장했다. 법원은 자이얼의 손을 들어주었고 소송은 기각되었다. 이에 불복하여 마틴은 항소를 했고 버지니아 대법원은 2년 전 미국 연방대법원의 로렌스 대 텍사스(Lawrence v. Texas, 2003) 판결을 근거로 만장일치로 마틴의 주장을 받아들였다. 로렌스 대 텍사스에서 연방대법원은 동성 간의 항문성교를 범죄행위로 규정한 텍사스 형법 조항이 과도한 사생활 침해에 해당한다는 이유로 위헌 결정을 내렸다.

출처: FindLaw (https://caselaw.findlaw.com/va-supreme-court/1391965.html)

성폭력(sexual violence)은 성범죄 중에서 폭력성을 띠는 행위를 의미한다. 성을 매개로 상대방의 의사에 반하여 이루어지는 모든 가해행위를 말한다. 보다 구체적으로 피해자의 의사에 반하여 이루어지는 성적인 행위로서, 그 결과 피해자에게 정신적, 육체적 손상을 초래하는 행위이다. 성폭력의 하위 유형으로 성폭행, 성추행, 성희롱 등이 있는데 형법의 법적 용어로 성폭행은 강간, 성추행은 강제추행을 말한다. 성폭력에 대해서는 형법 및 성폭력처벌법, 청소년성보호법 등 여러 특별법에 처벌 대상이 되는 범죄유형을 규정하고 있다.

성폭력 중에서도 성폭행(sexual assault, rape)은 상대방의 의사에 반해서 성관계를 가지는 범죄행위로서 통상적으로 형법상 강간을 의미한다. 그러나 강간이라는 용어는 범행 과정에 폭력과 협박이 수반되는 성관계에만 제한적으로 사용되고 성폭행의 일종이라고 할 수 있는 미성년자 또는 심신미약자에 대한 간음, 업무상 위력 등에 의한 간음 등은 강간으로 부르지 않는다. 이러한 점에서 볼 때 강간은 성폭행보다 좁은 개념으로 보는 것이 타당하다.

과거에는 강간을 성기의 결합으로 성립되는 범죄로 좁게 해석하였으나 오늘날에는 유사강간으로까지 의미가 확대되었다. 유사강간은 폭행 또는 협박으로 구강, 항문 등 성기 외의 다른 신체 내부에 성기를 넣는 행위, 그리고 성기와 항문에 손가락 등 성기를 제외한 다른 신체 일부나 도구를 넣는 행위를 말한다. 또한 과거에는 강간을 남성 가해자가 여성 피해자에게 저지르는 범죄로 좁게 해석했다. 따라서 여성에 의한 남성의 강간이나 동성 간에 일어나는 강간은 법률적으로는 불가능했다. 하지만 형법 개정을 통해 오늘날에는 성별 구별 없이 남성, 여성 모두 강간의 가해자나 피해자가 될 수 있다. 일반적인 강간과 구별되는 성폭력으로 준강간이 있는데 피해자가 심신상실 또는 항거불능의 상태인 점을 이용하여 간음한 경우를 말한다. 술이나 약물 등에 취한 상태에 있는 피해자를 대상으로 저지르는 범죄가 가장 흔한 형태이다. 사이비 종교집단의 교주가 자신을 신적인 존재로 여기도록 피해자들을 심리적 지배(gaslighting)하여 세뇌하는 방식으로 저항하지 못하도록 만든 뒤 간음하는 행위도 준강간에 속한다.

스토리박스 〈보충설명 II-3〉

가스라이팅을 이용한 준강간 사례: “내가 메시아다” 여신도들 가스라이팅한 뒤 성욕 채워

기독교복음선교회(JMS) 총재 정명석씨는 2018년 만기출소 뒤에도 상습적인 준강간을 저지른 혐의로 구속 기소돼 다시 재판받는 중이다. 준강간 혐의는 물리적 폭행이나 협박이 아닌, 피해자가 저항하지 못하는 상태를 이용해 성폭행한 경우 적용된다. 사이비 종교집단 등에서 "내가 메시아"라는 식으로 '가스라이팅'(gaslighting·타인의 심리 조작) 한 뒤 피해자를 성폭행하는 사례가 끊이지 않아 엄정한 처벌과 함께 사회적 경각심이 필요하다는 지적이 제기된다. 12일 법조계에 따르면 정씨는 2018년 2월~2021년 9월 모두 17차례 피해자 A씨를 준강간한 혐의 등으로 1심 법정에 서고 있다. 검찰은 정씨가 자신을 '메시아'로 칭하며 자신의 말과 행동을 거부하지 못하도록 신도들을 세뇌하고, 항거불능 상태를 이용해 범행했다고 본다. 준강간은 술, 약물 등에 취한 상태에서 벌어지는 경우가 많다. 하지만 종교의 탈을 쓰고 맹신을 투입해 피해자를 심신상실 상태로 만든 뒤 성 욕구를 채우는 준강간 범행도 계속되고 있다.

정씨 사건 외에 가스라이팅 성범죄로는 이재록 만민중앙성결교회 사건이 대표적이다. 이씨는 상습준강간 등 혐의로 2019년 대법원에서 징역 16년형을 확정받았다. 그는 수년간 여신도 9명을 40여 차례 성폭행 및 추행한 혐의로 기소됐다. 법원은 "어려서부터 이씨를 신적 존재로 여겨 반항하지 못하는 피해자들 처지를 악용해 범행을 했다"고 판단했다. 복역 중이던 이씨는 지난 1월 건강상 이유로 형집행정지를 받아 일시 석방됐다.

출처: 국민일보 인터넷 기사(2023. 3. 12) (https://news.kmib.co.kr/article/view.asp?arcid=0018044350&code=61121311&sid1=soc)

성추행(indecent assault)은 상대방의 동의 없이 신체적 접촉을 해서 성적 수치심이나 혐오감을 일으키는 행위로서 본질적으로 피해자의 성적 자기결정권을 침해하는 행위이다. 형법상 강제추행에 해당하지만 강제추행이 범행과정에 폭력이나 협박이 동원될 것을 요구한다는 점에서 성추행이 강제추행보다는 좀 더 넓은 의미의 개념이라고 볼 수 있다.

성희롱(sexual harassment)은 상대방에게 성적 굴욕감이나 혐오감을 주는 성적 언동을 의미한다. 그런데 성희롱의 개념에 대해서는 두 견해가 존재한다. 첫째, 성희롱을 성폭력까지 포괄하는 보다 큰 개념으로 보는 견해이고, 둘째, 직장 내의 위계 관계로 인해 일어나는 성폭력의 한 유형으로 해석하는 견해이다. 우리나라 현행법은 대체로 두 번째 입장을 취하고 있다. 남녀고용평등법은 직장 내 성희롱으로 한정해서 성희롱을 '사업주, 상급자 또는 근로자가 직장 내의 지위를 이용하거나 업무와 관련하여 다른 근로자에게 성적 언동 등으로 성적 굴욕감 또는 혐오감을 느끼게 하거나 성적 언동 또는 그 밖의 요구 등에 따르지 아니하였다는 이유로 불이익을 주는 것'이라고 정의하고 있다. 이와 비슷하게 국가인권위원회법과 양성평등기본법에서도 성희롱을 업무나 고용관계에서 지위를 이용한 성적 언동이나 성적 요구, 그리고 고용상 불이익 등을 요소로 하는 성폭력으로 정의하고 있다.

성희롱 자체는 형법상 범죄구성요건에 해당하지 않으며, 일반적으로 성희롱을 규정하고 있는 법률에서는 행정적, 민사적 불법행위의 책임을 지는 개념으로만 사용되고 있다. 다만 예외적으로 아동복지법, 노인복지법 등 특별법에는 아동과 노인을 대상으로 성적 수치심을 주는 성희롱에 대해 형사처벌을 할 수 있도록 규정하고 있다.

성희롱은 육체적, 언어적, 시각적 유형으로 구분되는데 이 중에서 신체적 성희롱은 형법의 강제추행죄에 해당할 수 있고 언어적 성희롱도 때에 따라서 명예훼손죄나 모욕죄로 처벌될 수 있다. 시각적 성희롱도 성적 수치심을 일으킬 정도의 문자 메시지, 사진, 영상 등을 전송한다면 성폭력 처벌 특례법에 규정된 통신매체이용음란죄로 처벌될 수 있다. 남녀고용평등법에서 규정하고 있는 성희롱의 유형과 행위는 다음과 같다.

〈표 II-1〉 성희롱의 유형

유형	행위
육체적 행위	• 입맞춤, 포옹 또는 뒤에서 껴안는 등의 신체적 접촉 행위 • 가슴 · 엉덩이 등 특정 신체 부위를 만지는 행위 • 안마나 애무를 강요하는 행위

유형	행위
언어적 행위	• 음란한 농담을 하거나 음탕하고 상스러운 이야기를 하는 행위(전화통화를 포함) • 외모에 대한 성적인 비유나 평가를 하는 행위 • 성적인 사실관계를 묻거나 성적인 내용의 정보를 의도적으로 퍼뜨리는 행위 • 성적인 관계를 강요하거나 회유하는 행위 • 회식 자리 등에서 무리하게 옆에 앉혀 술을 따르도록 강요하는 행위
시각적 행위	• 음란한 사진 · 그림 · 낙서 · 출판물 등을 게시하거나 보여주는 행위(컴퓨터통신이나 팩시밀리 등을 이용하는 경우를 포함한다) • 성과 관련된 자신의 특정 신체 부위를 고의적으로 노출하거나 만지는 행위
그 밖에 사회 통념상 성적 굴욕감 또는 혐오감을 느끼게 하는 행위	

출처: 남녀고용평등법 시행규칙

Ⅱ. 강간의 유형

▶MTC의 강간 유형
- 전위 공격형
- 보상형
- 성적 공격형
- 충동형

강간은 성적인 속성과 공격적 속성이 혼합된 유형의 범죄다. 미국 매사추세츠 치료센터(Massachusetts Treatment Center)의 연구원들은 이러한 두 가지 속성을 기반으로 강간범을 다음과 같이 4가지 유형으로 분류하였다.[8]

• 전위 공격형(displaced aggression rapists)

범죄자의 공격성이나 분노를 불러일으키는 데 직접적 책임이 없는 여성을 공격하는 유형이다. 성적인 흥분이나 충동과는 거의 무관하게 상대방을 가해하거나 모욕할 목적으로 저질러진다. 범행 과정에 피해자에게 모욕적인 말을 쏟아내거나 피해자의 신체에 가학적인 행위를 하는 경우가 많다. 범죄자들은 여성들이 적대적이고 지나치게 주장이 강하며 성적으로 정숙하지 못하다고 보는 경향이 있다. 피해자 대부분은 낯선 여성들이며, 특히 독립적이고 활동적인 여성 중에서 범행 대상을 고르는 경우가 많다.

• 보상형(compensatory rapists)

자신의 성적 능력(sexual prowess)을 증명하는 것이 범행동기인 유형이다. 어떠한 성적 자극으로 인해 유발된 강렬한 성적 흥분에 대한 반응으로서 강간을 저지르며 공격성은 그다지 관련성이 없다. 보상형은 매우 소극적이고 세상으로부터 고립되거나 사회성이 부족한 자들이다. 왜곡된 성적 판타지 세계 속에 사는 경우가 많은데, 피해 여성들이 자신의 탁월한 성적 능력 앞에 굴복하여 성관계를 갈구하는 걸 상상하는 경향이 있다.

• 성적 공격형(sexual aggressive rapists)

범행 안에 성적인 속성과 공격적 속성이 비슷하게 공존하는 유형이다. 범죄자가 성적 흥분을 느끼기 위해서는 폭력과 고통이 수반되어야 한다. 이들은 여성이 남성에 의해 힘으로 제압당하거나 통제당하는 것을 즐긴다는 생각에 사로잡혀 있다. 그래서 피해자의 저항을 일종의 '게임'처럼 인식하며 피해자가 진정으로 원하는 것은 강제적인 성관계라고 믿는다. 극단적인 형태로서 피해자에게 잔인한 고문을 가하거나 심지어 죽음에 이르게 하여 강렬한 성적 만족을 얻는 '가학적 강간범'(sadistic rapist)도 있다.

• 충동형(impulsive rapists)

성적인 속성과 공격적 속성 모두 두드러지지 않는 유형으로서, 이들은 범행 기회가 제공되었을 때 자연스럽게 반응한다. 주로 강도, 침입 절도 등 다른 범죄를 저지르는 과정에 우연히 마주친 피해자를 대상으로 강간을 저지른다. 그래서 충동형은 과거에 강간 외에 다른 유형의 범죄를 저지른 전력이 두드러진다.

▶Groth의 강간유형
– 분노형
– 권력형
– 가학형

사람들에게 가장 많이 알려진 강간의 유형은 그로스(Groth)에 의해 제시되었다.[9] 그로스는 범죄자가 강간 행위를 통해 근본적으로 추구하는 목적은 크게 다르지 않다고 주장했다. 그는 강간을 일종의 '허위 성행위'(pseudo-sexual act)라고 여겼는데, 강간의 범행 과정에서 이루어지는 성행위는 단지 힘의 과시와 공격성의 표출이라는 주된 욕구를 실현하는 방편에 불과하기 때문이다. 일반적으로 생각하듯이 강간은 성욕을 충족하기 위한 행위가 아니라 본질적으로 공격 행위(aggressive act)라는 것이다. 이러한 관점에서 강간을 다음과 같이 세 가지 유형으로 나누었다.

- 분노형(anger rape)

분노를 표출하는 수단으로 저질러지는 강간이다. 피해자를 제압하는 데 필요 이상의 과도한 폭력을 사용하며, 피해자에게 치욕감을 불러일으키는 방식으로 성적 행위를 가한다. 또한 저속한 말과 욕설로 피해자에 대한 경멸감을 드러낸다. 분노형 강간범에게 강간은 여성을 향한 분노와 적개심을 표출하는 행위로서 의미가 있다.

- 권력형(power rape)

피해자를 통제하고 지배하려는 욕구 때문에 저질러지는 강간 유형이다. 따라서 피해자의 순응 정도에 따라서 범죄자가 사용하는 폭력과 협박의 정도가 결정된다. 범죄자는 피해자의 저항을 무력화하고 대상을 성적으로 정복하길 원한다. 강제적 성행위는 성적 만족보다는 자신의 정체성, 우월성, 권위 등을 주장하기 위한 방식이다.

- 가학형(sadistic rape)

피해자를 학대하거나 고문할 때 경험하는 성적 흥분 때문에 저질러지는 강간 유형이다. 성적 요소와 공격적 요소가 결합한 형태라고 볼 수 있다. 종종 피해자는 결박된 상태에서 고문당하고 피해자 신체의 다양한 부위에 상해를 입기도 한다.

▶Glaser의 강간범 유형
– 어설픈 망상형
– 진지한 착각형
– 성 약탈형
– 집단 순응형

마지막으로 강간이 벌어지는 맥락과 가해자의 특성을 중심으로 글레이저(Glaser)가 제시한 4가지 강간범 유형은 다음과 같다.[10]

- 어설픈 망상형(naive graspers)

연애 경험이 없어서 여성과의 관계에 미숙한 젊은 남성으로 여성의 성적 자극에 대한 비현실적 관념을 가지고 있는 유형이다. 자신이 투박하고 서툰 방식으로 여성에게 접근해도 상대방으로부터 호감을 얻을 수 있을 거라는 과도한 기대를 하고 있다.

- 진지한 착각형(meaning stretchers)

가장 전형적인 강간범 유형에 속한다. 주로 여성과 데이트하는 과정에 강간을 저지른다. 상대 여성의 친절이나 호감의 표시를 실제보다 과도하게 해석하여 그녀가 자신과의 성관계를 원하고 있다고 착각한다.

- 성 약탈형(sex looters)

여성을 단지 성적 대상으로만 바라보고 자기 성적 쾌락을 위한 도구로 여기는 유형이다. 여성을 한 인격체로 존중하는 마음이 전혀 없고 여성과 친밀한 관계나 애정 관계를 원하지도 않는다.

- 집단 순응형(group conformers)

집단강간에 참여하는 유형으로서 통상 집단의 리더의 요구에 따라 수동적으로 범죄에 가담한다. 강간을 통해 남성성을 증명하려는 그릇되고 왜곡된 집단의식을 공유한다.

Ⅲ. 디지털 성범죄

디지털 성범죄는 디지털 기술의 발전과 스마트폰 기기의 보편화로 인해 생겨난 새로운 유형의 범죄다. 디지털 기기를 이용하여 상대방의 인격권과 성적 자율권을 침해하는 모든 행위를 의미한다. 법률적으로는 성폭력처벌법 제14조의 카메라 등 이용 촬영죄, 제14조의2 허위영상물 등의 반포죄, 제14조의3 촬영물 등을 이용한 협박·강요죄, 제13조

▶**디지털 성범죄**
– 디지털 기기를 이용하여 상대방의 인격권과 성적 자율권을 침해하는 모든 행위

통신매체를 이용한 음란행위 등에 해당하는 행위를 말한다. 아울러 피해자가 아동이나 청소년인 경우 청소년성보호법 제11조 아동·청소년 성착취물의 제작 및 배포죄가 이에 해당한다. 2017년 정부가 당시 사회적으로 큰 문제가 되고 있던 불법 촬영물의 제작 및 유포 등 모든 관련 범죄행위를 지칭하기 위해 디지털 성범죄라는 신조어를 고안한 데에서 유래했다. 그 당시에는 '몰카 범죄'처럼 범죄행위를 희화하거나 '리벤지 포르노'처럼 피해자에게 모욕감을 줄 수 있는 용어들이 사용되었는데 이를 대체하기 위한 용어로 디지털 성범죄가 등장했다. 유사한 용어로 디지털 성폭력이 혼용되고 있는데, 학자들에 따라서는 전자보다 후자를 더 좁은 의미의 용어로 본다. 예를 들어, 정보통신망법 제44조의7 음란물 유포죄는 디지털 성범죄에는 속하지만, 유형 또는 무형의 강제력이 수반되지 않는다는 점에서 디지털 성폭력에는 속하지 않기 때문이다.

또한 사이버 성범죄(온라인 성범죄)와 같은 유사한 의미의 용어들도 사용되고 있다. 사이버 성범죄는 사이버 공간에서 일어나는 모든 종류의 성적 괴롭힘, 성폭력을 의미한다. 사이버 성범죄는 통신망을 기반으로 한 사이버 공간 또는 온라인 환경을 기본 요소로 하고 있다. 그런데 오늘날 디지털 기기를 이용한 성폭력 범죄는 사이버 공간에만 국한되지 않고 온라인과 오프라인 공간을 연계한 형태로 발생하고 있다. 범죄자는 자신이 소지한 스마트기기나 소형카메라를 이용하여 직접 불법 영상을 제작한 뒤 이를 유포하는 방식으로 범죄를 저지르고 있다. 사이버 성폭력이라는 개념은 이처럼 오프라인 공간에서 벌어지면서 온라인 공간과 유기적 연계성을 갖는 특징을 담아내지 못하는 한계가 있다.[11]

디지털 성범죄는 행위에 따라 크게 제작형, 유포형, 참여형, 소비형으로 구분할 수 있으며 성폭력처벌법에 각 해당 조항이 있다. 첫째, 제작형은 카메라 등을 이용하여 성적 욕망 또는 수치심을 유발할 수 있는 사람의 신체를 그 사람의 의사에 반하여 촬영하는 행위를 말한다. 공공장소에서 신체 일부를 몰래 촬영하거나 성행위 장면을 몰래 촬영하는 행위가 해당한다. 또한 영상물 등을 그 사람의 의사에 반하여 성적 욕망 또는 수치심을 유발할 수 있는 형태로 편집·합성 또는 가공하는 행위가 이에 포함된다. 최근 문제가 되는 '딥페이크'(deepfake) 영상물처럼 인공지능 기술을 이용하여 대상자의 얼굴과 음란물을 합성하는 사례도 여기에 해당한다. 둘째, 유포형은 촬영물이나 복제물을 대상자의 의사에 반하여 유포하는 행위를 말한다. 대상자의 동의하에 촬영되었거나 대상자가 직접 자신을 촬영했더라도 당사자의 의사에 반해서 유포하면 마찬가지로 범죄행위를 구성하게 된다. 따라서 비동의 촬영물 유포뿐만 아니라 '자기 촬영물 유포'와 '촬영물 비동의 유포'까지 모두 디지털 성범죄에 해당한다. 셋째, 참여형은 유포된 불법 촬영물과 피해자의 개인정보를 이용하여 추가로 범죄를 하는 경우를 말한다. 피해자를 협박하거나 강요하는 행위, 불법촬영물 게시글에 피해자를 모욕하는 댓글을 달거나 피해자에게 접촉하여 모욕을 주는 행위 등이 해당한다. 또한 가족이나 지인들에게 촬영물을 유포하겠다면서 금전을 요구하거나 이별한 연인에게 재회를 요구하면서 촬영물을 유포하겠다고 협박하는 행위도 해당한다. 마지막으로 소비형은 불법 촬영물을 팔고 사는 거래행위에 참여하는 행위, 불법 촬영물을 소지·저장·시청하는 행위 등을 의미한다. 웹하드, 포르노 사이트 등 플랫폼 사업자와 이곳에서 불법 촬영물을 내려받아 시청하는 이용자가 소비형 범죄자들에 해당한다.

요점 정리

성폭력의 개념 및 유사 용어

- 성범죄: 법으로 금지된 모든 종류의 성행위
- 성폭력: 성범죄 중에서 폭력성을 띠는 행위. 성을 매개로 상대방의 의사에 반하여 이루어지는 모든 가해행위를 말함.
- 성폭행: 상대방의 의사에 반해서 성관계를 가지는 범죄행위. 형법상 강간에 해당함.
- 성추행: 상대방의 동의 없이 신체적 접촉을 해서 성적 수치심이나 혐오감을 일으키는 행위. 형법상 강제추행에 해당함.
- 성희롱: 상대방에게 성적 굴욕감이나 혐오감을 주는 성적 언동

강간의 유형

- MTC의 유형: 전위 공격형/보상형/성적 공격형/충동형
- 그로스의 유형: 분노형/권력형/가학형
- 글레이저의 유형: 어설픈 망상형/진지한 착각형/성 약탈형/집단 순응형

디지털 성범죄

- 디지털 기기를 이용하여 상대방의 인격권과 성적 자율권을 침해하는 모든 행위
- 행위에 따라 제작형, 유포형, 참여형, 소비형으로 구분함.

참고문헌

1. Linedecker, C. (1993). *Killer Kids, New York: St. Martin's Press.*; 강은영, 박형민(2008). 살인범죄의 실태와 유형별 특징: 연쇄살인, 존속살인 및 여성살인범죄자를 중심으로, 한국형사정책연구원, 77쪽에서 재인용.
2. Resnick, P. (1970). *Marder of the Newborn: A Psychiatric Review of Neonaticide, Amercian Journal of Psychiatry,* 126, 1414-1420.: 강은영, 박형민(2008). 살인범죄의 실태와 유형별 특징: 연쇄살인, 존속살인 및 여성살인범죄자를 중심으로, 한국형사정책연구원, 79쪽에서 재인용.
3. Fox, J. A. & Levin, J. (1998). Multiple Homicide: Patterns of Serial and Mass Murder, Crime and Justice: *An Annual Review of Research,* 23, 407-455.
4. Dietz, P. E. (1986). Mass, Serial, and Sensational Homicides, *Bulletin of the New York Academy of Medicine,* 62(5), 477-491.
5. Ressler, R. K., Burgess, A. W. & Douglas, J. E. (1995). *Sexual Homicide: Patterns and Motives,* the Free Press.
6. Douglas, J. E., Burgess, A. W., Burgess, A. G., & Ressler, R. K. (2013). *Crime Classification Manual: A Standard System for Investigating and Classifying Violent Crimes,* New Jersey: John Wiley & Sons, Inc., pp.182-183.
7. Levin, J, & Madfis, E. (2009). Mass Murder at School and Cumulative Strain: A Sequential Model, *American Behavioral Scientist,* 52(9), 1227-1245.
8. Prentky, R., Cohen, M., & Seghorn, T. (1985). Development of a Rational Taxonomy for the Classification of Rapists: The Massachusetts Treatment Center System, *Bulletin of American Academy of Psychiatry and Law,* 13(1), 39-70.
9. Groth, N. (1979). *Men who Rape: The Psychology of the Offender,* New York: Plenum.

10. Glaser, D. (1978). *Crime in Our Changing Society,* New York: Holt, Rinehart and Winston.

11. 장다혜·김수아. (2018). "온라인 성폭력 범죄의 변화에 따른 처벌 및 규제 방안", 한국형사정책연구원.

제3장 특별범죄 유형

제1절 화이트칼라 범죄

I. 화이트칼라 범죄의 개념

화이트칼라 범죄(white-collar crime)라는 용어는 1939년에 서덜랜드가 미국 사회학회(American Sociological Society)의 회장으로 취임할 당시 했던 강연에서 처음 소개되었다. 서덜랜드는 기존의 범죄학이 주로 하위계층의 범죄에만 주목하고 사회의 상류층에 속한 사람들이 저지르고 있는 다양한 유형의 범죄에는 관심을 두지 않는다고 비판했다. 범죄를 사회적 또는 개인적 병리 현상으로 바라보는 전통적 범죄학 이론으로는 주로 상류계층이 저지르는 기업체 허위광고, 자산의 허위신고, 탈세, 주식 부정거래 등의 범죄를 제대로 설명할 수 없다고 보았다. 이러한 범죄들은 전형적인 폭력범죄나 재산범죄와 다르게 비물리적 방법으로 저질러져서 범죄로 인식되지 않는 경향이 있고, 종종 다수의 참여자와 여러 단계를 거치는 간접적 방식으로 저질러지기 때문에 쉽게 발각되지 않으며, 설령 발각되더라도 권력과 재력을 동원하여 적극적으로 범죄행위를 방어하기 때문에 처벌하기도 쉽지 않다.

서덜랜드는 그의 대표 저서인 「화이트칼라 범죄」에서 화이트칼라 범죄를 "사회적으로 높은 지위와 명망의 사람이 자신의 직업을 수행하는 과정에서 저지른 범죄"(crimes committed by a person of respectability and high social status in the course of his occupation)

▶화이트칼라 범죄의 정의
– 사회적으로 높은 지위와 명망의 사람이 자신의 직업을 수행하는 과정에서 저지른 범죄
– 금전 또는 재산, 사업상 또는 개인적 이익 등을 목적으로 비물리적인 방법으로 이루어지는 불법행위

라고 정의하고 있다.[1] 그런데 이러한 정의는 범죄자의 특성만을 기준으로 삼고 있을 뿐 행위 자체의 특성을 제대로 반영하지 못한 한계점이 있다. 이에 후속 연구자들은 화이트칼라 범죄를 행위적 관점에서 정의하고자 노력하였으며 그 예는 다음과 같다.

- 금전 또는 재산, 사업상 또는 개인적 이익 등을 얻거나 지출을 피하려고 은폐와 기만 등 비물리적 방법으로 저질러지는 하나 또는 일련의 불법행위[2]
- 금전, 재산 또는 각종 편익의 획득이나 금전적 지출·손실의 회피, 개인적·사업적 이익의 보호 등을 목적으로 개인이나 조직에 의해 기만, 은폐 또는 신뢰 위반의 형태로 이루어지는 불법행위[3]

▶클리나드와 퀴니의 화이트칼라 범죄 구분
– 직업범죄
– 기업범죄

화이트칼라 범죄를 행위 중심으로 정의하려는 학자들은 서덜랜드와 달리 행위자를 '사회적으로 높은 지위와 명망의 사람'에 한정하려 하지 않는다. 클리나드와 퀴니는 화이트칼라 범죄를 직업범죄(occupational crime)와 기업범죄(corporate crime)로 구분하고, 전자는 피고용인이 고용주에 대해 저지르는 범죄로, 후자는 고용주나 피고용인 모두가 기업이나 조직을 위해 저지르는 범죄로 정의했다.[4] 따라서 행위자의 범위에 최상위층에서 말단에 이르기까지 기업이나 조직에 속한 모든 구성원이 포함되는 것으로 보았다. 다른 학자들도 화이트칼라 범죄는 합법적인 직업 활동을 하는 과정에 개인이나 집단에 의해 저질러지는 범죄로서 행위자가 높은 사회적 지위의 사람에 제한되지 않는다는 입장을 취하고 있다.[5] 이와 비슷하게 우리나라의 한 연구에서도 화이트칼라 범죄를 '공공부문 또는 민간부문 화이트칼라 근로자 개인이나 조직(사업자 포함)이 유·무형의 개인적 또는 조직적 이익을 추구하기 위해 비폭력적인 권한남용, 기망, 신뢰위반 등의 방법으로 행하는 개인적, 국가적, 사회적 법익 침해 행위'로 정의하고 있다.[6]

하지만 화이트칼라 범죄의 행위자를 특정 집단에 한정하려는 주장도 여전하다. 대표적으로 1996년에 미국의 '국립 화이트칼라 범죄 센터'(National White Collar Crime Center)는 전문가들이 참여한 회의를 거쳐 화이트칼라 범죄를 "개인적 또는 조직적 이익을

위해 사회적 지위가 높은 사람들에 의해 합법적인 직업수행과정에서 개인적 또는 조직적으로 이루어지는, 공적 신뢰의 책임을 저버린 불법적 또는 비윤리적 행위"로 정의했다. 그러면서 화이트칼라 범죄를 구성하는 기본적인 개념적 요소로 비폭력성, 지위의 이용, 기만행위를 들고 있다.[7]

결국 화이트칼라 범죄의 개념을 둘러싼 쟁점의 핵심은 행위자 중심으로 정의할지 아니면 행위의 속성을 중심으로 정의할지의 문제라고 할 수 있다. 행위자를 중심으로 정의하는 경우에도 그 범위를 어떻게 한정할 것인지, 사회 계층적 지위를 어디까지로 할 것인지의 문제가 있다. 만약 행위 속성 중심으로 정의한다면 범죄행위를 업무수행과 직접적으로 관련된 행위에 국한할지, 아니면 업무수행과 무관하게 단지 개인적 이익을 위해 저지른 행위도 포함할지를 결정해야 한다.

Ⅱ. 화이트칼라 범죄의 특징[8]

▶화이트칼라 범죄의 특징
– 범죄의 복잡성
– 책임의 분산
– 피해의 분산
– 관대한 처벌

• 범죄의 복잡성

직업적 전문지식과 조직체계를 이용하여 범죄를 저지르기 때문에 일반인의 시각에서는 범죄로 잘 인식되지 않는다. 과학적, 공학적, 회계 관련 또는 법률적 지식 등 범행에 활용되는 지식은 고도의 전문성이 있는 사람만 이해할 수 있는 것이 많다. 또한 범죄의 실행과정이 조직화된 체계 속에서 조직의 최상급 관리자나 고용주로부터 하위 실무자까지 여러 행위자의 유기적인 참여 속에 이루어지는 경우가 많다. 따라서 이러한 복잡한 조직체계를 모르는 사람들에게는 단지 합법적인 업무를 수행하고 있는 것처럼 보여서 범죄가 외부에 잘 드러나지 않는다.

• 책임의 분산

조직은 수직적 계층에 따라 권한과 책임이 구분되어 있지만, 실제로는 하위계층에게 권한과 책임을 위임하는 방식으로 업무를 수행한다. 즉 계층을 따라 여러 사람에게 책임이 분산되어 있다. 따라서 문제가 된 범죄에 대해 누구에게 직접적인 책임이 있는지 판단하기가 쉽지 않다. 하위계층의 실무자는 상부의 지시에 따랐을 뿐이라고 하고, 반대로 고위층 관리자는 실무자에게 위임된 권한의 영역이라고 주장하거나 실무자가 지시를 위반했다고 주장하면서 책임을 회피하는 경우가 많다.

- 피해의 분산

화이트칼라 범죄는 한 사람에게 명시적인 피해를 초래하는 게 아니라 다수의 사람이 피해자인 경우가 많다. 또한 피해 주체가 개인이 아니라 정부, 기업, 또는 사회 전체인 경우도 있다. 그런데 피해가 다수의 사람이나 추상적인 대상에게 분산되어 있다 보니 범죄의 심각성과 위해성이 과소 평가되는 경향이 있다. 실제로 기업이 저지르는 화이트칼라 범죄 중에는 많은 인명을 빼앗거나 중대한 신체적 손상을 초래하는 범죄들도 있다.

- 관대한 처벌

범죄행위가 수사기관에 의해 적발되어 기소 처분을 받더라도 엄한 처벌을 받는 경우는 별로 없다. 책임이 있는 사람 중에서 소수에게만 실형이 선고되고 나머지는 집행유예나 벌금형에 그치는 경우 많다. 낮은 형사처벌을 받는 이유는 행위자와 집단이 동원할 수 있는 재력이나 조직력과 무관하지 않다. 또한 피해자에게 물리적 폭력이 직접적으로 가해지지 않은 점, 피해가 분산된 점, 책임 주체가 범죄피해를 의도했다고 보기 어렵다는 점 등 때문에 직접적 책임을 회피하는 경향이 있다.

Ⅲ. 화이트칼라 범죄의 유형

화이트칼라 범죄의 유형은 기준에 따라 다양하다. 앞서 살펴봤듯이 클리나드와 퀴니

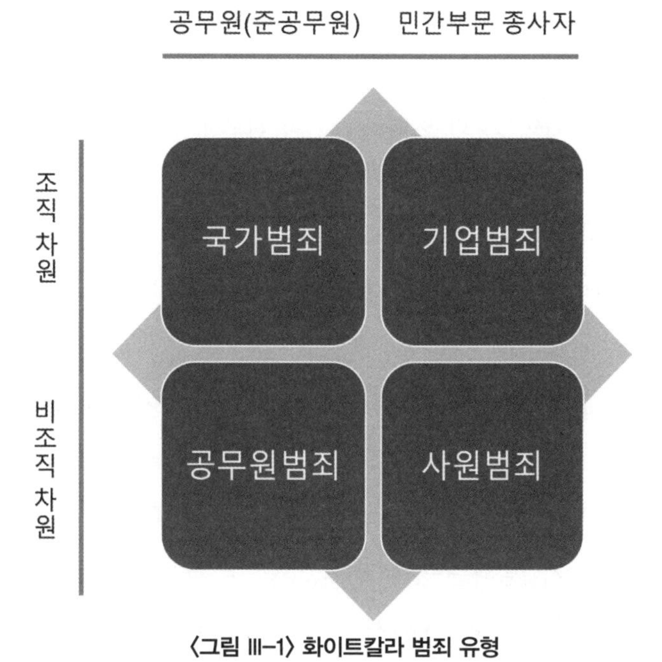

〈그림 Ⅲ-1〉 화이트칼라 범죄 유형

출처: 장홍근(1992) 화이트칼라 범죄의 성격과 대응방안, 현대사회연구소, 재구성

▶화이트칼라 범죄 유형의 구분 기준
- 범행동기
- 행위의 양태
- 범행 수법
- 행위 주체와 행위의 차원

는 범행동기를 기준의 직업범죄와 기업범죄로 나누었다. 직업범죄는 범죄자가 자신의 개인적 이득을 위해서 저지르는 경우이고 기업범죄는 회사의 이익을 위해 저지르는 경우이다. 피해자가 회사, 피고용인, 또는 일반 시민인지에 따라 회사(조직)에 대한 범죄(업무상 횡령), 고객에 대한 범죄(산업재해, 직업병 등), 일반 시민에 대한 범죄(폐기물 불법 매립 등 환경범죄)로 구분할 수 있다.[9]

행위의 양태를 기준으로 구분하기도 하는데 비사업적 맥락에서 개인적 이득만을 노린 범죄(personal crimes), 조직원의 신뢰를 배신하고 조직에 대하여 행하는 신뢰 남용(abuse of trust), 기업의 이익을 위해 조직적으로 범하는 영업 범죄(business crimes) 유형이 있다.[10] 범행 수법을 기준으로 한 분류에는 사취(stings and swindle, chiseling), 제도적 지위의 사적 남용(individual exploitation of institutional position), 횡령 및 직원 사기(embezzlement and employee fraud), 고객사기(clients fraud), 독직과 뇌물(influence peddling and bribery), 규제위반(wilful nocompliance with rules regulating the conduct of economic, political, and governmental institution) 등이 있다.[11]

앞서 논의한 것처럼 화이트칼라 범죄의 개념과 관련해서 가장 중요한 쟁점은 행위자와 행위 속성의 문제이다. 이러한 점을 고려하여 화이트칼라 범죄를 행위 주체의 차원과 행위 차원을 고려하여 유형화할 수도 있다. 아래 그림은 행위 주체를 공무원(준공무원)과 민간부문 종사자로 나누고 행위를 조직차원과 비조직차원으로 나눈 4가지 화이트칼라 범죄 유형이다.[12]

국가범죄는 국가나 공공부문의 공무원 또는 준공무원이 저지른 범죄로서 조직적 차원에서 조직책임자의 적극적인 참여나 묵인 아래 이루어지는 범죄를 의미한다. 정치적 반대 세력에 대한 정치박해, 국가권력에 의한 인권유린, 인종차별, 부정선거 등이 국가범죄의 예에 해당한다. 기업범죄는 민간기업의 고용주나 직원이 기업의 목적을 달성하기 위해 업무를 수행하면서 조직적 차원에서 저지르는 범죄를 말한다. 여기에는 가격담합 등 불공정 거래, 허위광고, 사기 판매, 환경오염, 노동법 위반 등이 포함된다. 공무원범죄는 공무원이나 준공무원이 저지른다는 점에서는 국가범죄와 동일하지만 비조직적 차원에서 개인 또는 다수인에 의해 저질러진다는 점에서 차이가 있다. 직권남용, 직무유기, 뇌물수수, 공금횡령 등을 예로 들 수 있다. 마지막으로 사원범죄는 민간부문 종사자가 비조직적 차원에서 조직의 목적과 무관하게 개인의 이득을 위해 저지르는 범죄로서 업무상 횡령이나 업무상 절도 등이 여기에 해당한다.

▶콜맨의 화이트칼라 범죄 유형 구
– 조직체 범죄: 사기·기만형/시장통제형/폭력형/뇌물·매수형/기본권 침해형
– 직업 범죄: 기업/정부/전문가 부문

화이트칼라 범죄를 행위 양태와 행위 주체뿐만 아니라 범행동기까지 고려하여 분류하기도 한다. 콜맨(Colman)은 화이트칼라 범죄를 크게 조직체 범죄(organizational crime)와 직업 범죄(occupational crime)으로 구분했다.[13] 조직체 범죄는 조직체의 목적을 달성하려는 의도를 가지고 공식적 조직체의 지원을 받아 저질러지는 범죄로서 조직체 자체에 이익을 가져다주는 유형이다. 직업 범죄는 개인이 단독으로 또는 여러 명이 함께 저지르는 범죄로서 조직체를 이용하여 사적인 이익을 취하려고 저질러지는 유형이다. 개인이 업무를 수행하면서 얻게 된 정보나 업무와 관련된 권한을 이용해 저지르는 범죄

가 이에 해당한다. 조직체 범죄에 속한 유형으로는 사기·기만형(fraud and deception), 시장통제형(controlling the marketplace), 폭력형(violent white collar crimes), 뇌물·매수형(bribery and corruption), 기본권 침해형(violations of civil liberties)이 있다. 직업 범죄는 행위 주체에 따라 기업 부문(the business world), 정부 부문(the government sector), 전문가 부분(crimes in the professions)으로 나뉜다. 먼저 조직체 범죄의 하위 유형별 관련 법과 사례는 다음과 같다.

• 사기·기만형

기업이 저지르는 허위광고, 사기, 탈세 등의 범죄가 여기에 속한다. 허위광고에 관해서는 표시광고법에 규정되어 있는데, 사업자가 거짓되거나 과장되거나 기만적이거나 부당하게 비교하는 표시나 광고를 하여 소비자를 속이거나 소비자에게 오해를 불러일으키는 행위를 금지하고 있다. 기업이 저지르는 사기에는 백화점 세일사기와 같이 실제 가격보다 턱없이 높은 정가를 매겨 마치 할인을 하는 것처럼 소비자를 속이는 행위가 있다. 또한 기업의 주가 조작행위도 사기의 유형 중 하나인데, 자본시장법에는 위장 거래에 의한 시세조종, 서로 결탁한 후 매매하는 '통정매매'와 이를 위해 위탁이나 수탁하는 행위를 금지하고 있다. 탈세는 사기나 부정한 행위로 조세를 포탈하거나 조세의 환급 및 공제를 받는 행위를 말하며 조세범처벌법에 위반행위를 규정하고 있다. 탈세를 위해 이중장부의 작성 등 장부를 거짓으로 기장하거나 거짓 증빙 또는 거짓 문서를 작성하거나, 장부와 기록을 파기하거나 재산을 은닉하고 소득이나 거래 내역을 조작하는 행위 등이 모두 포함된다.

• 시장통제형

자본주의 사회에서 자유시장경제를 위협하는 독과점 행위를 말하며 시장지배적 지위를 남용하거나 부당한 공동행위를 하거나 전문가집단 내의 공모행위가 여기에 속한다. 우리나라에서 이러한 행위들은 공정거래법으로 금지하고 있다.

시장지배적 지위의 남용행위는 시장지배적 사업자가 상품의 가격이나 용역의 대가를 부당하게 결정하거나 변경하는 행위, 상품의 판매나 용역의 제공을 부당하게 조절하는 행위, 다른 사업자의 사업 활동이나 새로운 경쟁사업자의 참가를 부당하게 방해하거나 배제하는 등의 행위를 말한다. 여기에서 '시장지배적 사업자'란 거래 분야에서 상품이나 용역의 가격이나 공급량 또는 기타 거래조건을 마음대로 좌우할 수 있는 정도의 지위에 있는 사업자를 의미한다. 해당 사업자의 시장점유율, 신규사업자의 진입장벽 정도, 경쟁사업자의 상대적 규모 등을 종합적으로 판단해서 결정된다. 가격을 남용한 행위의 예로서, 비스킷 제조 3사가 제품의 용량을 줄여 생산하면서 변경된 용량을 소비자들이 쉽게 알아볼 수 없도록 작은 글씨로 표시한 경우가 있다.

부당한 공동행위는 대표적인 경쟁제한행위로서 사업자가 다른 사업자와 공동으로 일정한 거래 분야에서 거래를 실질적으로 제한하는 행위를 말한다. 여기에서 공동행위란 사업자가 계약, 협정, 결의 등의 방법으로 다른 사업자와 공동으로 상품 또는 용역의 가격, 거래조건, 거래량, 거래 상대방, 또는 거래지역 등을 제한하는 행위를 말하며 이러한 공동행위가 거래 분야에서 경쟁을 실질적으로 제한하는 경우 부당한 공동행위가 성립된다. 예를 들어, 대형건설사들이 대규모 국책사업에 입찰하기 전 특정 공사 구간을 어느 업체가 맡을지 사전에 정해 놓고 나머지 업체들이 들러리로 참여하는 행위는 입찰담합에 해당한다. 또 다른 예로 밀가루 제조업체들이 밀가루 총공급물량을 사전에 합의하고 회사별로 판매 비율을 정해 놓고 물량을 배분한 행위는 상품의 생산과 거래에 대한 부당한 공동행위에 속한다.

- 폭력형

불안전한 생산과정으로 인해 사람의 생명과 신체의 안전에 피해를 발생시키는 유형이다. 화이트칼라 범죄는 통상적인 폭력 범죄의 행위자보다 더 많은 사람에게 신체적 피해를 초래할 수 있다. 먼저 산업재해와 관련해서 기업체가 작업장의 안전기준을 제대로 지키지 않아 수백 명의 근로자가 직업병을 앓거나 사망에 이르게 할 수 있다. 1980년대 말 경기도 남양주시의 합성섬유공장에서 작업과정에 유출된 이황화탄소로 수백 명의 노동자가 가스에 중독되어 사망하거나 심각한 신체적, 정신적 장애를 겪어야 했던 사건이 대표적이다. 이러한 산업재해를 예방하고 책임자를 처벌하기 위해 산업안전보건법과 중대재해처벌법을 두고 있다. 두 법의 가장 큰 차이는 전자가 주로 작업 현장에 대한 조치를 규정하고 현장 책임자에게 책임을 물었다면, 후자는 주로 경영관리 상의 조치를 규정하여 경영책임자를 처벌할 수 있도록 한 점에 있다.

기업체는 오염물을 불법으로 배출하나 폐기물을 불법으로 처리하는 등의 환경범죄를 저질러 수많은 사람의 건강을 위협하기도 한다. 대표적으로 1991년 경상북도 구미시의 한 전자 회사에서 파손된 파이프를 통해 대량의 페놀 원액이 낙동강으로 유입된 사건을 들 수 있다. 환경오염행위에 관해서는 환경범죄단속법에 처벌 규정을 두고 있다. 다음으로 기업체가 안전하지 않은 제품을 생산해서 소비자에게 상해를 입히거나 생명을 잃게 만들 수도 있다. 이러한 범죄행위는 보건범죄단속법에 규정하고 있는데 부정식품, 부정의약품, 부정유독물의 제조나 무면허 의료행위 등 보건범죄를 가중처벌하고 있다. 2011년에 발생하여 수천 명의 사상자를 발생시킨 가습기살균제 사건이 대표적인 보건범죄 사례이다.

- 뇌물·매수형

조직체의 이익을 위해 업무와 관련해서 뇌물을 공여하거나 상대를 매수하는 행위를 말한다. 엄연히 불법행위임에도 행위자들은 정상적인 사업 활동의 일부인 것처럼 인식하는 경향이 있다. 뇌물의 대상과 목적에 따라 상업적 뇌물과 정치적 뇌물로 구분된다.

상업적 뇌물은 거래처에 경제적 이득을 제공하여 불공정거래를 조장하는 행위이다. 대표적으로 '의약품 리베이트'를 들 수 있다. 제약사가 의약품 처방 및 판매를 증대하려고 의료기관과 약국에 금품이나 향응을 제공하는 행위를 말한다. 의약품의 시장가격이 정상적으로 형성되지 못하게 만들고 건강보험의 재정을 취약하게 만드는 결과를 초래한다. 의약품 리베이트는 의료법과 약사법에 의해 금지되어 있고 위반시 형사처벌(징역, 벌금)과 행정처분(면허취소, 면허정지)를 받게 된다. 2010년부터는 리베이트 쌍벌제가 시행되어 리베이트를 제공한 제약사와 더불어 제공 받은 의료인과 약사도 함께 처벌받게 되었다.

정치적 뇌물은 정부 조직의 의사결정과정에 영향을 미칠 목적으로 고위 공무원이나 중요 의사 결정자들에게 금품 등을 제공하는 행위이다. 형법에는 뇌물공여죄, 뇌물수수죄가 규정되어 있고 청탁금지법도 부정청탁이나 금품수수를 금지하고 있다. 형법 상 뇌물죄와 달리 청탁금지법은 직무관련성이나 대가성이 없더라도 처벌할 수 있도록 규정하고 있다.

- 기본권 침해형

조직체가 권력을 이용하여 국민의 기본권을 침해하는 행위를 의미한다. 특히 국가기관은 막강한 권한을 가지고 있기에 피해의 규모와 심각성이 크고 개인이 피해에 대처하기도 어렵다. 과거 권위주의 정권 시절 국가안보라는 명분 아래 국가기관이 국민의 기본권을 침해하는 범죄가 발생했다. 정치적 반대 세력에 대한 정보를 수집하기 위해 도청, 우편물 검열, 영장 없는 연행과 구금 등이 자행되기도 했다. 1980년대 민주화 과정에 발생했던 김근태 고문사건, 부천경찰서 성고문사건, 박종철 고문치사사건 등이 대표적인 사례이다.

다음으로 직업 범죄의 하위 유형별 의미와 사례이다.

- 기업 부문

고용주를 상대로 피고용인이 저지르는 절도, 횡령, 산업기밀 유출 등을 말한다. 이중 산업기밀 유출은 피해 기업체뿐만 아니라 국가 전체적으로도 심각한 피해를 초래하는 범죄로서 부정경쟁방지법과 산업기술보호법에 의해 금지하고 있다. 전자는 경영상 정보를 포함하는 영업비밀이 보호대상이고 후자는 국가핵심기술을 포함한 산업기술이 보호대상이다.

스토리박스 〈보충설명 III-1〉

산업기밀 유출 사례: 현대 · 기아차 신차 설계도면 유출한 일당 검거

서울지방경찰청 국제범죄수사대는 현대·기아자동차의 설계도면 등 영업비밀을 유출·사용한 혐의(부정경쟁 방지 및 영업비밀 보호에 관한 법률 위반)로 김모(34) 씨 등 2명을 구속하고 백모(34) 씨 등 20명을 불구속 입건했다고 17일 밝혔다. 경찰에 따르면 현대·기아차 협력업체 A사에 다니다 퇴사한 김씨는 이후 한 자동차 설계용역업체에 입사했다가 작년 3~9월 다른 설계업체 B사에 파견 근무했다. 현대·기아차그룹 전직 임원이 설립한 국내 업체인 B사는 당시 중국 내 5위권인 한 자동차 제조사의 신차 개발사업을 수주해 진행하고 있었다. 김씨는 이 기간 중국 신차 개발사업 설계 부문을 담당하면서 과거 자신이 근무한 직장 동료 9명으로부터 이메일과 메신저 등으로 부품 설계도면 등 현대·기아차의 영업비밀 130여건을 입수, 업무에 사용한 혐의를 받고 있다.

출처: 서울경제 인터넷신문, 2015. 7. 17 (https://www.sedaily.com/NewsView/1HR6B355FU)

• 정부 부문

공무원이 개인적으로 뇌물을 받고 자신의 권한을 이용하여 뇌물공여자에게 이득이나 편의를 제공하는 행위를 말한다. 정부에서 필요로 하는 용역이나 물품을 제공할 사업자를 선정하는 과정에 발생하는 입찰 비리나 납품 비리가 대표적인 사례이다. 또한 법집행 공무원이 뇌물을 받고 법률로 부과되는 의무를 면제해 주는 행위로서, 예를 들어, 세무공무원이 세무조사 과정에 추징세액을 감면해 주거나 조사 편의를 제공하는 행위가 이에 속한다.

스토리박스 〈보충설명 III-2〉

공무원 입찰비리 사례: 대법 전산화사업 500억 입찰비리...전 · 현직 직원 5명 재판에

대법원의 전자법정 구축 사업 과정에서 500억 원 규모의 입찰 비리가 벌어진 사실을 검찰이 확인했다. 현직 법원행정처 직원들은 퇴직한 직원이 경영에 관여한 특정 업체에 일감을 몰아주고 수년간 6억 원대 뒷돈을 챙겼다가 덜미가 잡혀 재판에 넘겨졌다. 서울중앙지검 공정거래조사부(구상엽 부장검사)는 특정범죄가중처벌법상 뇌물수수와 공무상 비밀누설, 입찰방해 등 혐의로 법원행정처 과장 강모·손모 씨와 행정관 유모·이모 씨를 구속기소 했다고 14일 밝혔다. 이들에게 뇌물을 주고 법원 전산화 사업 입찰을 따낸 전 법원행정처 직원 남모(47) 씨도 뇌물 공여, 입찰방해, 특정범죄가중처벌법상 횡령 등의 혐의로 구속된 상태로 재판에 넘겨졌다.

출처: 연합뉴스 인터넷신문, 2019. 1. 14 (https://www.yna.co.kr/view/AKR20190114106600004)

• 전문가 부문

전문가들이 자신의 전문성을 이용하여 주로 고객을 대상으로 저지르는 직업범죄이다. 가장 대표적인 유형은 고객을 희생하여 개인적 이득을 얻는 경우이다. 전문적인 서비스를 받을 때 일반 고객은 전문가의 판단에 의존할 수밖에 없는데 이러한 점을 이용하여 고객에게 손해를 끼치는 행위를 저지른다. 대표적으로 의사에 의한 과잉진료 행위를 들 수 있다. 의료비를 많이 청구하기 위해서 불필요한 약물을 투약하거나 치료요법을 사용하여 과도한 진료비를 청구하는 경우를 말한다.

스토리박스 〈보충설명 Ⅲ-3〉

병원의 과잉진료 사례: "멀쩡한 치아 뽑아" … 과잉진료 의혹 치과의사 검찰 송치

경기 고양경찰서는 고양시의 한 치과병원 원장이던 A씨를 상해와 사기 등 혐의로 불구속 기소 의견 송치했다고 14일 밝혔다. A씨는 2017년 환자들을 진료하며 과잉 진료로 치아를 손상한 혐의를 받고 있다. 지난해 여름부터 피해자들이 목소리를 내기 시작했고, 이 가운데 15명이 고양경찰서에 고소장을 제출하며 수사가 시작됐다. 피해자들은 '상해 수준의 과잉 진료'라고 주장했다. 이들은 "(원장이) 멀쩡한 치아 여러 개를 뽑았다"며 "피해 금액은 개인당 수백만 원에서 수천만 원이며 피해자 수는 어린이부터 노인까지 100명이 넘는다"고 주장했다. 경찰은 쟁점이 의료전문 분야인 만큼 치과협회에 자문을 의뢰했고 약 10개월간 수사를 통해 기소 의견으로 검찰에 사건을 넘겼다. A 원장은 과잉진료는 아니라고 주장한 것으로 전해졌다. 경찰 관계자는 "수사 내용과 치과협회 자문 결과 등을 종합했을 때 피해자들의 고소 내용 중 일부 범죄 사실이 인정된다고 판단했다"고 설명했다.

출처: 연합뉴스 인터넷신문, 2020. 5. 14. (https://www.yna.co.kr/view/AKR20200513144800060)

요점 정리

화이트칼라 범죄의 정의

- 화이트칼라 범죄의 개념 정의와 관련하여, 행위자 중심으로 정의할지 혹은 행위의 속성을 중심으로 정의할지에 쟁점이 있음
- 행위자 중심의 정의
  - 서덜랜드: 사회적으로 높은 지위와 명망의 사람이 자신의 직업을 수행하는 과정에서 저지른 범죄

- NW3C: 사회적 지위가 높은 사람들에 의해 합법적인 직업수행과정에서 개인적 또는 조직적으로 이루어지는, 공적 신뢰의 책임을 저버린 불법적 또는 비윤리적 행위

■ 행위의 속성 중심의 정의
- 금전 또는 재산, 사업상 또는 개인적 이익 등을 목적으로 비물리적인 방법으로 이루어지는 불법행위
- 클리나드 & 퀴니: 화이트칼라 범죄를 직업범죄와 기업범죄로 구분하고, 행위자의 범위에 최상위층에서 말단에 이르기까지 기업이나 조직에 속한 모든 구성원이 포함되는 것으로 봄

화이트칼라 범죄의 특징

■ 범죄의 복잡성
■ 책임의 분산
■ 피해의 분산
■ 관대한 처벌

화이트칼라 범죄의 유형

■ (범행동기) 직업범죄/기업범죄
■ (행위의 양태) 개인적 이득만을 노린 범죄/조직원의 신뢰를 배신하고 조직에 대하여 행하는 신뢰 남용/기업의 이익을 위해 조직적으로 범하는 영업 범죄
■ (범행 수법) 사취/제도적 지위의 사적 남용/횡령 및 직원 사기/고객사기/독직과 뇌물/규제위반 등
■ (행위 주체와 행위의 차원) 국가범죄/기업범죄/공무원범죄/사원범죄
■ 콜맨의 화이트칼라 범죄 유형 구분
- 조직체 범죄: 사기 · 기만형/시장통제형/폭력형/뇌물 · 매수형/기본권 침해형
- 직업 범죄: 기업 부문/정부 부문/전문가 부문

제2절 사이버범죄

Ⅰ. 사이버범죄의 개념과 특징

사이버범죄는 컴퓨터, 통신, 인터넷 등을 이용하여 사이버 공간에서 행해지는 범죄유형을 의미한다. 1980년대 경 해커들이 컴퓨터 능력을 역기능적으로 사용하여 타인의 시스템에 침입하는 형태의 행위들이 발생했다. 그러다가 2000년대에 들어서면서 일반인들에게 컴퓨터가 대량으로 보급되었고 동시에 인터넷도 대중화되기 시작했다. 그러면서 바이러스나 웜(worm)과 같은 악성코드가 개인 컴퓨터로 전파되어 네트워크를 손상하고 파일을 암호화하는 등의 문제가 발생했다. 최근에는 사이버범죄가 양적으로 증가할 뿐만 아니라 질적으로도 다양화하고 더욱 고도화하고 있다. 새로운 기술 발전에 따라 다크웹, 가상통화, 사물인터넷과 연결된 범죄로 진화하고 있고 딥페이크와 같이 인공지능기술과 결합한 범죄도 문제가 되고 있다. 특히 스마트기기가 보편화되고 사용량이 증가하면서 사이버 공간에서의 활동이 차지하는 비중도 커짐에 따라 사이버 범죄의 중요성도 갈수록 높아지고 있다.

쉽게 말해 사이버범죄는 사이버 공간에서 행해지는 모든 유형의 범죄를 말한다. 사이버 공간(cyber space)은 인터넷으로 구현된 세계로서, 컴퓨터와 정보기억장치들이 상호연결되어 만들어지는 개방형 커뮤니케이션 공간이다. 전 세계의 무수한 컴퓨터들이 통신망을 매개로 연결되어 형성되는 일종의 거대한 네트워크라고 말할 수 있다. 1982년 발표된 윌리엄 깁슨의 '뉴로맨서'라는 소설에서 처음으로 사이버 공간이라는 용어가 사용되었다. 여기에서 사이버(cyber)는 동물과 기계를 통제하거나 그들과 소통하는 것을 다루는 학문인 '사이버네틱스'(cybernetics)라는 용어에서 나왔다. 어원적으로 사이버는 '통제하다', '조정하다'의 의미를 담고 있다.[14]

영국의 범죄학자 데이비드 월(David Wall)은 과거부터 현재까지의 사이버범죄 변천 과

▶**사이버범죄 변천 과정**
– 1세대: 전형적인 컴퓨터 범죄
– 2세대: 컴퓨터 범죄와 네트워크 범죄가 혼합된 형태
– 3세대: 전적으로 기술을 기반으로 행해지며 범죄가 자동화됨

정을 다음과 같이 세대별로 구분하고 있다.[15]

- 1세대 사이버범죄

개별 컴퓨터 시스템 안에서 발생하는 전형적인 컴퓨터 범죄가 주를 이룬다. 컴퓨터 시스템의 전산오류나 허점을 이용하여 돈을 벌거나 정보를 파괴할 목적으로 행해졌다.

- 2세대 사이버범죄

글로벌 네트워크를 통해 발생하는 범죄로서 컴퓨터 범죄와 네트워크 범죄가 혼합된 유형에 해당한다. 인터넷으로 인해 초국가적 환경이 조성되었고 사이버 공간이 상업화되면서 새로운 범죄 기회가 등장했다. 아동 포르노그라피와 같은 불법 콘텐츠 거래와 인터넷 사기가 이에 해당한다.

- 3세대 사이버범죄

전적으로 기술을 기반으로 행해지는 범죄를 말하며 범죄가 자동화되는 경향을 특징으로 한다. 봇넷이나 자동 스팸메일을 통해 컴퓨터를 감염시키고 해당 컴퓨터의 통제권을 장악하는 방식의 범죄가 자동화된 방식으로 이루어진다.

우리나라에서 사이버범죄를 법률로 규정하기 시작한 것은 1995년 개정형법에서 '컴퓨터 관련 범죄'를 신설하면서부터이다. 당시로서는 신종범죄에 속하는 컴퓨터 대상 사기죄와 컴퓨터 시스템을 파괴하거나 정보처리에 장애를 발생시키는 행위를 신설하였고 기존의 손괴죄 보호대상에 전자기록 등 특수 매체 기록을 포함하여 컴퓨터에 저장된 데이터를 보호하고자 했다. 당시에는 컴퓨터를 대상으로 하거나 컴퓨터를 수단으로 저지르는 범죄, 즉 '컴퓨터 범죄'의 성격을 띠고 있었다. 그러다가 2001년에 정보통신망법이 제정되면서 컴퓨터 범죄보다 확장된 의미의 사이버범죄에 대한 처벌 근거가 마련되었다. 정보통신망법에서는 사이버 공간 대신에 '정보통신망'이라는 용어를 사용하고 있다. 정

보통신망이란 '전기통신을 하기 위한 기계, 기구, 선로 또는 그 밖에 전기통신설비를 이용하거나 전기통신설비와 컴퓨터 및 컴퓨터의 이용 기술을 활용하여 정보를 수집, 가공, 저장, 송신 또는 수신하는 정보통신체계'를 말한다.

독일 법학자 울리히 지버(Ulrich Sieber)에 의하면 사이버범죄는 전통적인 범죄들과 구별되는 몇 가지 특징을 가지고 있다.[16] 첫째, 사이버 환경의 취약성에서 비롯된 고도의 위험성이다. 컴퓨터 시스템과 네트워크가 사회 전반의 모든 영역에서 사용되고 있는 상황에서 사이버범죄에 대항할 수준의 보안성을 충분히 갖추지 못하고 있다. 둘째, 사이버범죄의 피해 대상은 무형물인 경우가 많다. 프라이버시나 기밀 등 정보와 저작권 등은 중요한 무형의 재화에 해당한다. 셋째, 사이버 공간은 개방성과 연결성을 특징으로 하기 때문에 범죄예방을 위해 이를 감독하는 게 매우 어렵다. 방대한 데이터베이스, 암호, 그리고 컴퓨터 시스템의 다양성 등은 사이버범죄에 대한 예방과 대응을 어렵게 만든다. 넷째, 사이버 공간에 저장되는 데이터들과 정보는 일시적으로 저장되었다가 쉽게 삭제될 수 있어서 수사 과정에 범죄증거를 확보하기 어렵다. 마지막으로 사이버범죄는 전지구적으로 발생하여 그 피해의 규모가 국제적이고 초국가적이다. 그런데 범죄자의 위치를 찾기조차 매우 어렵고 개별 국가법을 적용하기도, 국제적 대응도 쉽지 않은 문제가 있다.

▶사이버범죄의 특징
- 사이버 환경의 취약성에서 비롯된 고도의 위험성
- 피해 대상이 무형물인 경우가 많음
- 범죄예방을 위한 감독이 어려움
- 범죄증거 확보가 어려움
- 피해의 규모가 국제적이고 초국가적임

Ⅱ. 사이버범죄의 유형

데이비드 월은 사이버범죄를 컴퓨터 무결성 범죄(computer integrity crimes), 컴퓨터 관련 범죄(computer related crimes), 그리고 컴퓨터 콘텐츠 범죄(computer content crimes)로 구분하고 있다.[17] 이와 유사하게 경찰청의 사이버안전국도 사이버범죄를 정보통신망 침해범죄, 정보통신망 이용범죄, 정보통신망 이용 불법콘텐츠 범죄로 나누고 있다.

▶경찰청의 사이버범죄 유형
- 정보통신망 침해범죄
- 정보통신망 이용범죄
- 정보통신망 이용 불법콘텐츠 범죄

• 정보통신망 침해범죄

정당한 접근 권한 없이 또는 허용된 접근 권한을 넘어 정보통신망에 침입하거나 시스템, 데이터 프로그램을 훼손, 멸실 또는 변경하거나 정보통신망에 장애를 일으키는 범죄를 말한다. 여기에는 해킹, 서비스거부 공격, 악성 프로그램(바이러스) 유포 등의 행위가 포함된다.

• 정보통신망 이용범죄

정보통신망을 범죄의 본질적 구성요건에 해당하는 행위를 행하는 주요 수단으로 이용하는 범죄로서, 쉽게 말해 컴퓨터 시스템을 이용해 전통적인 범죄를 저지르는 행위를 말한다. 인터넷 사기(직거래 사기, 쇼핑몰 사기, 게임 사기), 사이버금융 범죄(피싱, 파밍, 스미싱, 메모리 해킹, 몸캠피싱), 개인·위치정보 침해, 사이버 저작권 침해, 스팸메일 발송 등이 이에 해당한다.

• 정보통신망 이용 불법콘텐츠 범죄

정보통신망을 통하여 법률에서 금지하는 재화, 서비스 또는 정보를 배포, 판매, 임대, 전시하는 범죄로서 정보통신망을 통해 유통되는 콘텐츠 자체가 불법적인 경우를 말한다. 사이버 음란물, 사이버 도박, 사이버 명예훼손·모욕, 사이버 스토킹 등이 이에 속한다.

스토리박스 〈보충설명 III-4〉

서비스거부 공격

정보통신망에 대량의 신호, 데이터를 보내거나 부정한 명령을 처리하도록 하여 정보통신망을 사용하지 못하게 하거나 성능을 떨어뜨리는 것과 같이 정보통신망에 장애를 일으키는 행위를 말한다. '디도스 공격'(distributed denial of service attack: DDos)으로 알려진 분산 서비스 거부공격은 N개의 불특정 시스템이 단일 네크워크를 대상으로 공격하는 N:1 유형이 주류를 이룬다. 통상 악성 프로그램을 유포시켜 좀비 컴퓨터를 만들고 악성 프로그램에 감염된 수천 또는 수만 개의 좀비 컴퓨터들을 동시에 작동시켜 특정 사이트나 서버를 공격하게 된다.

출처: 이원상, 채희정 (2010). 사이버범죄의 새로운 유형과 형사정책적 대안연구, 한국형사정책연구원, 90쪽

사이버금융 범죄의 종류

▶사이버금융 범죄의 종류
– 피싱
– 파밍
– 스미싱
– 메모리 해킹
– 몸캠피싱

- 피싱(phishing): 개인정보(private data)와 낚시(fishing)의 합성어로 설명되는데, password와 fishing의 합성어로 이해되기도 한다. 금융기관을 가장한 이메일을 발송하여 이메일에서 안내하는 인터넷 주소를 클릭하도록 만들어 금융정보를 입력하게 하고 피해자의 계좌로부터 범행 계좌로 돈을 이체하는 방식으로 범행이 이루어진다.
- 파밍(pharming): 악성코드에 감염된 피해자 컴퓨터를 조작하여 금융정보를 탈취하는 유형이다. 컴퓨터가 악성코드에 감염되면 정상적인 사이트에 접속해도 가짜 사이트로 유도가 되며 여기에서 금융정보가 탈취되고 범행 계좌로 돈이 이체된다.
- 스미싱(smithing): 문자메시지(SMS)와 피싱(phishing)의 합성어이다. 무료쿠폰 제공 등의 문자메시지를 보내어 인터넷 주소를 클릭하게 만드는 방식으로 악성코드를 스마트폰에 설치하고 이를 통해 피해자 모르게 소액결제가 이루어지게 하거나 개인정보와 금융정보를 탈취한다.
- 메모리 해킹: 피해자 컴퓨터의 메모리에 상주하고 있는 악성코드로 인해 정상 은행사이트에서 보안카드 번호의 앞뒤 2자리만 입력해도 부당하게 돈이 인출되도록

하는 수법이다.

- 몸캠피싱: 음란화상채팅('몸캠') 후에 영상을 유포하겠다고 협박하여 금전을 탈취하는 행위를 말한다.

출처: 조기영(2020). 사이버범죄의 현황과 대책, 동북아법연구, 13(3), 441-466, 447쪽.

▶사이버범죄 협약(부다페스트 협약)
– 전 세계 국가가 사이버범죄에 공동으로 대응하기 위해 마련한 국제적 협약

2001년 유럽평의회에서는 '사이버범죄 협약'(Convention on Cybercrime)을 채택하고 30개국이 이에 서명했다. 일명 '부다페스트 협약'으로도 알려져 있는데, 전 세계 국가가 초국가적 범죄인 사이버범죄에 공동으로 대응하기 위해 마련한 국제적 협약이다. 사이버범죄를 예방하고 관련 정보를 공유하며, 범죄자 처벌 등 발생한 사이버범죄에 좀 더 효과적으로 대응하기 위해 마련되었다. 사이버범죄 협약이 정한 사이버범죄의 유형은 다음과 같다.

- 컴퓨터 데이터와 시스템의 기밀성, 무결성 및 유용성에 대한 범죄(offences against the confidentiality, integrity and availability of computer data and systems)
  - √ 불법 접속(illegal access): 권한 없이 컴퓨터 시스템의 일부 또는 전체에 고의로 접속하는 행위
  - √ 불법 감청(illegal interception): 전자 마그네틱 등 컴퓨터 데이터를 컴퓨터 시스템 내에서 처리하거나 다른 컴퓨터 시스템으로 데이터를 비공개 전송하는 것을 기술적 방법을 통해 가로채는 행위
  - √ 데이터 손괴(data interference): 컴퓨터 데이터를 고의로 손상, 삭제, 파괴, 변경 또는 은닉하는 행위
  - √ 시스템 손괴(system interference): 권한 없이 고의로 컴퓨터 데이터를 입력, 전송, 손상, 삭제, 파괴, 변경 또는 은닉하여 컴퓨터 시스템의 작동을 심각할 정도로 방

해하는 행위

V 장치의 오용(misuse of devices): 범죄에 사용할 의도로써 컴퓨터 프로그램 등의 장치나 컴퓨터 비밀번호, 접속 코드 등의 데이터를 생산, 판매, 이용을 위한 조달, 수입, 배포, 이용 및 소유하는 행위

- 컴퓨터 관련 범죄(computer–related offences)

V 컴퓨터 데이터 위조(computer–related forgery): 컴퓨터 데이터의 진정성에 흠결이 있는 데이터를 마치 진정한 것처럼 합법적으로 인식되도록 하거나 행사할 목적으로 권한 없이 고의로 컴퓨터 데이터를 입력, 변경, 삭제 또는 은폐하는 행위

V 컴퓨터 관련 사기(computer–related fraud): 컴퓨터 데이터를 입력, 변경, 삭제 및 은폐하거나 컴퓨터 또는 컴퓨터 시스템의 정상적 작동을 방해함으로써 타인의 재산에 손실을 입히거나 자신 또는 타인의 경제적 이익을 획득하고자 하는 행위

- 콘텐츠 관련 범죄(content–related offences)

V 아동포르노 관련 범죄(offences related to child pornography): 아동포르노(child pornography)를 배포(distribution)할 목적으로 이를 제작하는 행위, 컴퓨터 시스템을 통하여 아동포르노를 이용하도록 하거나 제공하는 행위, 컴퓨터 시스템을 통하여 아동포르노를 전송 또는 배포하는 행위, 본인이나 타인을 위해 컴퓨터 시스템을 통하여 아동포르노를 획득(procuring)하는 행위, 컴퓨터 데이터 저장매체 또는 컴퓨터 시스템 내에 아동포르노를 소유(possessing)하는 행위를 권한 없이 고의로 범하는 행위

V 저작권 등 침해에 관한 범죄(offences related to infringements of copyright and related rights)

Ⅲ. 사이버 폭력

▶사이버 폭력
– 사이버 공간에서 타인에게 부정적인 감정을 유발하는 모든 형태의 폭력적 표현과 행위

사이버 폭력은 사이버 공간에서 정보통신망을 통해 타인에게 부정적인 감정을 유발하는 모든 형태의 폭력적 표현과 행위를 의미한다. 사이버 폭력은 사이버 공간에서 발생하는 범죄라는 점에서 사이버범죄의 한 유형으로서, 주된 범행동기가 타인에게 정신적, 심리적 고통을 가하는 데 있다. 사이버 폭력은 물리적 유형력을 가하는 형태가 아니라 언어적, 시각적 형태로 가해진다. 그래서 사이버 폭력의 영어 표현도 'cyber violence'보다는 괴롭힘의 의미가 강한 'cyberbullying', 'cyber harassment'나 공격성과 협박을 강조하는 'cyber aggression', 'cyber threat' 등이 더 자주 사용되는 편이다.

사이버 폭력의 개념을 정의할 때 폭력을 행사하는 구체적인 행위를 적시하기도 한다. 예를 들어, 사이버 폭력을 '정보통신서비스 제공자가 제공해 주는 정보통신망에서 타인에게 정신적 및 심리적인 고통을 주기 위한 목적으로 음란, 욕설, 허위 사실, 비난, 협박 등의 내용을 음향이나 문자, 부호, 동영상, 사진 등 표현물을 이용하여 게시, 배포, 링크, 전송, 전달 등을 하는 행위'로 정의할 수 있다.[18] 방송통신위원회에서 실시하는 '사이버 폭력 실태조사'에서도 사이버 폭력을 '사이버(인터넷, 휴대전화 등) 공간에서 언어, 영상 등을 통해 타인에게 피해 혹은 불쾌감을 주는 행위'로 정의하여, 폭력을 행사하는 방법을 언어와 영상으로 규정하고 있다. 그런데 사이버 폭력은 학교폭력의 한 유형으로서도 중요하게 다루어지고 있으며 현재 학교폭력예방법에는 사이버 폭력보다 의미가 좁은 '사이버 따돌림'이 규정되어 있다. 학생들 사이에 벌어지는 행위에 초점을 맞추어 사이버 따돌림을 '인터넷, 휴대전화 등 정보통신기기를 이용하여 학생들이 특정 학생들을 대상으로 지속적, 반복적으로 심리적 공격을 가하거나, 특정 학생과 관련된 개인정보 또는 허위 사실을 유포하여 상대방이 고통을 느끼도록 하는 모든 행위'라고 규정하고 있다. 종합해 보면 사이버 폭력은 그 개념 속에 기본적으로 다음과 같은 요소들을 포함하고 있는 범죄유형이라고 할 수 있다.

▶사이버 따돌림
– 정보통신기기를 이용하여 특정 학생들을 대상으로 상대방이 고통을 느끼도록 하는 지속적이고 반복적인 모든 행위

- 범행수단: 사이버 공간에서 정보통신기기를 이용
- 범행동기: 정신적, 심리적 고통 유발
- 폭력행위: 언어적, 시각적 표현

▶사이버 폭력의 특징
– 연결성과 개방성
– 집단성
– 익명성
– 영속성
– 기술 지배성
– 현실 공간에서의 물리적 폭력으로 이어지기도 함

사이버 폭력은 다른 폭력과 비교해 다음과 같은 특징을 가지고 있다.[19] 첫째, 사이버 공간 연결성과 개방성으로 인해 범죄피해가 빠르게 확산한다. 둘째, 사이버 공간의 집단성으로 인해 불특정 다수의 가해자가 피해자에게 가중된 피해를 주기도 한다. 셋째, 사이버 공간의 익명성으로 인해 가해자를 특정하기도 어렵고 가해의 진원지를 추적하기도 쉽지 않다. 넷째, 사이버 공간의 영속성으로 인해 폭력피해의 흔적을 완전히 없애고 피해자가 원상태로 회복하는 것이 불가능하다. 다섯째, 사이버 공간의 기술 지배성으로 인해 범죄가 고도의 기술과 결합하여 실행되는 경우 적절하게 대응하는 게 어렵다. 여섯째, 사이버 폭력은 유형력을 수반하지 않지만, 때에 따라서는 현실 공간에서 가해자가 피해자에게 가하는 물리적 폭력으로 이어지기도 한다.

사이버 폭력에는 다양한 하위 유형이 포함되며 연구자에 따라 구분하는 방법도 조금씩 다르다. 여기에서는 방송통신위원회에서 실시하는 '사이버폭력 실태조사'에서 적용하고 있는 유형을 소개한다.

〈표 III-1〉 사이버 폭력의 유형

유형	정의
사이버 언어폭력	인터넷, 휴대폰 문자 서비스 등을 통해 욕설, 거친 언어, 인신공격적 발언 등을 하는 행위
사이버 명예훼손	사실 여부와 상관없이 다른 사람/기관의 명예를 훼손하는 글을 인터넷, SNS 등에 올려 아무나(불특정 다수) 볼 수 있게 하는 행위
사이버 스토킹	특정인이 원치 않음에도 반복적으로 공포감, 불안감을 유발하는 이메일이나 쪽지를 보내거나, 블로그/미니홈피, SNS 등에 방문하여 댓글 등의 흔적을 남기는 행위

사이버 성폭력	특정인을 대상으로 성적인 묘사 혹은 성적 비하 발언, 성차별적 욕설 등 성적 불쾌감을 느낄 수 있는 내용을 인터넷이나 휴대폰을 통해 게시하거나 음란한 동영상, 사진을 퍼뜨리는 행위
신상정보 유출	개인의 프라이버시에 해당하는 내용을 언급 또는 게재하거나 신상정보(이름, 거주지, 재학 중인 학교 등)를 유포시키는 행위
사이버 따돌림	인터넷 대화방이나 스마트폰 카카오톡 등에서 상대방을 따돌리거나 안티활동을 하는 행위
사이버 갈취	온라인상에서 사이버 머니, 스마트폰 데이터, 게임 아이템 등을 강제로 뺏는 행위

요점 정리

사이버범죄의 개념과 특징

■ 사이버범죄는 컴퓨터, 통신, 인터넷 등을 이용하여 사이버 공간에서 행해지는 모든 유형의 범죄를 의미함.

■ 사이버범죄 변천 과정
- 1세대: 개별 컴퓨터 시스템 안에서 발생하는 전형적인 컴퓨터 범죄가 주를 이룸
- 2세대: 컴퓨터 범죄와 네트워크 범죄가 혼합된 형태
- 3세대: 전적으로 기술을 기반으로 행해지며 범죄가 자동화되는 경향이 있음

■ 사이버범죄의 특징
- 사이버 환경의 취약성에 비롯된 고도의 위험성이 있음
- 피해 대상이 무형물인 경우가 많음
- 범죄예방을 위한 감독이 어려움
- 범죄증거 확보가 어려움
- 피해의 규모가 국제적이고 초국가적임

사이버범죄의 유형

■ 데이비드 월: 무결성 범죄/컴퓨터 관련 범죄/컴퓨터 콘텐츠 범죄

- 경찰청: 정보통신망 침해범죄/정보통신망 이용범죄/정보통신망 이용 불법콘텐츠 범죄
- 사이버범죄 협약(부다페스트 협약): 컴퓨터 데이터와 시스템의 기밀성, 무결성 및 유용성에 대한 범죄/컴퓨터 관련 범죄/콘텐츠 관련 범죄/저작권 등 침해에 관한 범죄

사이버 폭력

- 사이버 공간에서 타인에게 부정적인 감정을 유발하는 모든 형태의 폭력적 표현과 행위를 의미함
- 범행수단: 사이버 공간에서 정보통신기기를 이용
- 범행동기: 타인의 정신적, 심리적 고통 유발
- 폭력행위: 물리적 유형력을 가하는 형태가 아니라 언어적, 시각적 형태로 가해짐
- 사이버폭력의 특징
  - 연결성과 개방성: 범죄피해가 빠르게 확산함
  - 집단성: 불특정 다수의 가해자가 피해자에게 가중된 피해를 줌
  - 익명성: 가해자를 특정하거나 가해의 진원지를 추적하기 어려움
  - 영속성: 피해의 흔적을 완전히 없애거나 피해자의 회복이 불가능함
  - 기술 지배성: 고도의 기술이 결합된 범죄의 경우 적절한 대응이 어려움
  - 현실 공간에서의 물리적 폭력으로 이어지기도 함

- 사이버 폭력의 유형
  - 사이버 언어폭력
  - 사이버 명예훼손
  - 사이버 스토킹
  - 신상정보 유출
  - 사이버 따돌림
  - 사이버 갈취

참고문헌

1. Sutherland, E. (1949). *White Collar Crime,* New York: Holt, Rinehart & Winston, p.9.
2. Edelhertz, H. (1970). *The Nature, Impact, and Prosecution of White Collar Crime,* Washington, D.C.: U.S. Government Printing Office.
3. FBI, 1989
4. Clinard, M. B. & Quinney, R. (1973). *Criminal Behavior Systems(2nd ed.),* New York: Holt, Rinehart & Winston, p.188.
5. Coleman, J. W. (1985). *The Criminal Elite: Understaning White-Collar Crime,* New York: St. Martin's Press.
6. 이장욱. (2017). "화이트칼라 범죄에 대한 형사규범학적 재정의: 법익(Rechtsgut) 개념을 중심으로", 한국공안행정학회보, 68, pp.223-248 & p.238.
7. Cliff, G., & Desilets, C. (2014). White Collar Crime: What it is and Where it's going", *Notre Dame Journal of Law,* Ethics & Public Policy, 28, pp.481-523.
8. 최인섭·최영신. (1996). "화이트 칼라 범죄에 관한 연구: 유형과 사례분석을 중심으로", 한국형사정책연구원.
9. Thio, A. (1983). *Deviant Behavior(2nd ed.),* Boston, MA: Houghton Mifflin Co., p.419.
10. Edelhertz, H. (1970). *The Nature, Impact, and Prosecution of White Collar Crime,* Washington, D.C.: U.S. Government Printing Office.
11. Moore, M. (1980). Notes toward a National Strategy to deal with White-Collar Crime, in Edelhertz, H. and C. Rogovin eds., *A national strategy for containing white-collar crime.* Lexington, MA: Lexington Books, pp.32-44.
12. 장홍근. (1992). "화이트칼라범죄의 성격과 대응방안", 연구보고서 92-18, 현대사회연구소.
13. Coleman, J. W. (1985). *The Criminal Elite,* New York: St. Martin's Press.
14. 강석구·이원상. (2013). "사이버범죄 관련 법령정비 방안", 한국형사정책연구원, p.21.

15. Wall, D. (2007). *Cybercrime: The transformation of crime in the information age*, Cambridge, UK: Polity Press.

16. 울리히 지버. (2011), "전 세계적 위험사회에서 복합적 범죄성과 형법: 막스플랑크 외국 및 국제 형법연구소의 연구현황", 한국형사정책연구원.

17. Wall, D. (2007). *Cybercrime: The transformation of crime in the information age*, Cambridge, UK: Polity Press.

18. 이승현·강지현·이원상. (2015). "청소년 사이버폭력의 유형분석 및 대응방안 연구", 한국형사정책연구원, p.31.

19. 이승현·강지현·이원상. (2015). "청소년 사이버폭력의 유형분석 및 대응방안 연구", 한국형사정책연구원, pp.34~36.

4-1부

STORYTELLING CRIMINOLOGY

범죄 대책 :사전예방

제4장 범죄예방의 의의 및 범죄예방 모형

제1절 범죄예방의 의의

I. 범죄학 이론 및 대책 총정리

▶모형 vs. 모델
– 양자는 같은 용어로서 이 책은 문맥에 따라 뉘앙스가 더 나은 용어를 선택해 사용했음.

범죄학은 사실학이자 실천학문이다. 따라서 범죄를 엄연한 사회적 사실로 간주하고, 범죄 현상의 흐름에 따라 실태 파악, 원인 규명, 대책 강구가 유기적으로 논의되어야 한다. 이때 대책에 대한 논의가 소홀해지면 자칫 실천학문으로서의 의미가 약해져 탁상공론으로 비칠 수 있다. 이 책은 제1권에서 '범죄학 루프'를 이용하여 이론과 대책을 함께 살펴봤는데, 주로 이론에 초점을 맞춘 상태에서 외국의 대책을 간단히 소개한 게 대부분이었다. 따라서 제4부에서는 범죄에 대한 대책을 사전예방과 사후대응으로 구분하여 더욱 체계적으로 살펴보고자 하는바, 특히 우리나라의 실례를 많이 소개하여 독자들이 범죄학의 현실성을 체감하도록 설계했다. 4–1부는 사전예방을 다루고 4–2부는 사후대응을 다룬다.

▶제1권에서 살펴본 범죄학 이론 구분
– 원인이론: 대다수 실증주의 이론들. 이것도 결국은 예방이론임.
– 예방이론: 억제이론(일반억제) & 생태학적 관점
– 사후대응이론: 비판주의 & 특별억제. 재범예방이 중요한 목표 중 하나임.

먼저 우리가 제1권에서 학습한 모든 이론과 대책을 개괄적으로 정리해보자. 〈표 IV–1〉에 주요 내용이 정리되어 있는바, 표 안의 이론들은 대부분 실증주의식 원인이론에 해당한다. 즉, 사회구조적 원인과 사회과정적 원인, 생물사회학적 원인을 다양한 수준(분석단위)에서 탐구하고 그 원인에 맞는 해결책을 제시하고 있다. 이러한 원인이론들을 통합한 이론 중 대표적인 것이 발달범죄학으로서 우리는 발달범죄학이 ① 조기개입 중시(부모에게 올바른 양육방법 교육, 아동의 인지발달 개선, 문제행동의 조기징후 발견·개선), ② 청소년기의 상호작용 기술과 사회적 기술 향상, ③ 성인기의 긍정적 상호작용 축적을 통한 유대 강화(사회적 자본 증가) 등을 대책으로 제시하고 있음을 이미 학습했다(*주1) 확인).

비판주의 관점은 범죄 원인 규명이 목적은 아니지만, 그것이 낙인과 처벌의 역효과를 경고한 것은 결과적으로 적절한 사후대응을 위한 대안 제시로 이어졌다. 대표적인 예가 '회복적 사법'으로서 전환처우, 재통합적 수치심 등의 정책은 효과적인 사후대응을 통한 재사회화와 재범예방의 차원에서 중요하게 논의되어야 한다.

마지막으로, 표 안에 정리되어 있지 않은 이론들이 있는데, 이들은 모두 합리적 선택을 강조하는 이론들로서 사회 일반을 잠재적 범죄자로 간주하기 때문에 범죄의 원인(i.e., 범죄자의 동기)에는 별로 관심이 없고 대부분 사전예방에 초점을 맞추고 있다. 억제이론과 생태학적 관점이 바로 예방이론으로서, 이중 억제이론은 보수적인 입장에서 체포와 처벌의 위협을 주요 억제 수단으로 삼고, 생태학적 관점은 중립적인 입장에서 사회환경 개선과 상황적 조작을 주요 예방 수단으로 삼는다. 아울러 억제정책의 주요 수단은 경찰, 검찰, 법원, 교정 등 형사사법기관의 법집행으로서, 일반대중의 범죄를 억제하고자 하는 일반억제와 범죄자의 재범을 억제하고자 하는 특별억제로 구분됨을 공부했다.

〈표 IV-1〉 범죄학 이론 및 대책 총정리

관점	사회구조적 관점			
논의 수준 (분석단위)	국가	도시 빈곤지역	도시 빈곤지역 (하위계층)	국가
이론	긴장(아노미)이론	사회생태학 · 사회해체이론 & 집합효율성이론	문화적일탈이론	비판주의
주요 학자	• 뒤르켐(1893, 1897) • 머튼(1938) • 메스너&로젠펠드 (1994)	• 파크&버지스(1925) • 쇼&맥케이(1942) • 샘슨&동료들(1997)	• 코헨(1955) • 클로워드&올린(1960)	• 마르크스&엥겔스(1848) • 베커(1963) • 테일러&동료들(1973) • 티프트&설리번(1980)
핵심 원인	• 불평등한 사회구조: 성공의 기회 부족 • 아메리칸드림: 경제제도(가치)의 압도적 영향력	• 구조적 열악성(빈곤, 주거 불안정, 인종적 이질성) • 전통적인 조직(가정, 학교, 자원단체) 붕괴 • 전통적인 가치와 규범, 통합 와해 • 집합효율성 약화	• 불평등한 사회구조 • 문화적 목표: 성공 • 지위 좌절 • 중산층 가치체계에 대한 반동 형성 • 일탈하위문화 • 갱으로서의 성공기회마저 차별적	• 낙인 • 법의 차별적 정의 및 적용: 범죄 재생산 = 계급구조 재생산 • 계급(성) 갈등 • 미디어 활용 • 관료제의 속성
대책 (정책적 함의)	• 구조적 불평등 개선 • 관습적 가치체계 확립: 교육을 통한 올바른 사회화 필요 • 경제 외 다른 사회제도가 부양하는 가치 강조 · 확산: 나눔, 헌신, 명예, 준법 등	• 시카고지역프로젝트(CAP): 지역조직 강화, 교육 및 캠페인 실시, 청소년 프로그램 후원 • 빈곤한 지역의 환경 개선 • 집합효율성 강화	• 청소년을 위한 동원(MFY): 청소년 교육과 취업 지원, 직접적 지원보다 자립 강조 • 가난과의 전쟁: 빈곤층 아동 무상교육(헤드 스타트), 청소년 교육 및 대학 진학 지원(업워드 바운드)	• 전환처우(다이버전) • 회복적 사법(재통합적 수치심) • 위계적 질서 타파 • 자본주의 해체

이상을 종합하면, 우리가 제1권에서 살펴본 이론들은 크게 원인이론, 사후대응이론, 예방이론으로 구분할 수 있다. 대부분의 실증주의 이론들이 원인이론에 해당하고, 비판주의와 특별억제가 사후대응이론에 해당하며, 합리적 선택을 강조하는 신고전주의 이론들과 일부 사회구조적 이론들(i.e., 일반억제 & 생태학적 관점)이 예방이론에 해당한다. 그런데 주의할 점은 자세히 살펴보면 모든 이론들이 범죄예방과 연관된다는 사실이다. 첫

관점	사회과정적 관점			생물사회학적 관점
논의 수준 (분석단위)	개인			개인
이론	사회통제	사회학습이론	일반긴장이론	생물사회학적 이론 & 잠재적속성이론
주요 학자	• 리이스(1951) • 레클리스(1967) • 허쉬(1969) • 티틀(1995) • 콜빈(2000)	• 서덜랜드(1939) • 버지스&에이커스(1966) • 에이커스(1973) • 사이크스&마짜(1957)	• 애그뉴(1992)	• 갓프레드슨&허쉬(1990)
핵심 원인	• 내적통제: 전통적 가치체계 내면화, 건강한 자아 이미지 • 외적통제: 감시 및 감독 • 사회유대: 사회관계의 질 (애착, 관여, 참여, 신념) • 통제의 불균형 또는 강제적이고 비일관적인 통제	• 차별접촉: 범죄적 정의에 많이 노출 & 범죄가치 내면화 • 차별강화: 범죄에 대한 보상으로 범죄 지속 = 합리적 선택 • 관습적 가치를 중화시키는 기술 습득: 변명 · 합리화	• 불공평한 긴장 • 강도와 심각성이 큰 긴장 • 사회적 통제가 약해진 상황과 관련된 긴장 • 범죄적 해결을 부추기는 긴장	• 범죄성향(기질) = 유전 + 환경 • 범죄 = 성향 + 환경 • 타고나거나 아동기에 형성된 성향의 영향이 크지만, 좋은 환경은 성향의 발현 억제 가능 • 약한 자기통제력 + 범죄 기회
대책 (정책적 함의)	• 조기개입 프로그램: 부모와의 애착 및 자기통제력 강화, 올바른 가치관과 건강한 자아 이미지 형성 • 청소년기: 학교 유대 강화, 학업성취 및 관여 증대 • 성인기: 고용과 재통합 강화	• 인지행동 프로그램 강조 • 친사회적 환경 제공: 친사회적 또래 상담, 토큰 경제 • 부모의 올바른 훈육기술 교육	• 긴장에 대한 올바른 대처: 인지적 적응, 감정적 적응, 행위적 적응 = 스트레스 매니지먼트	• 8세 이전 아동기의 건강한 양육: 강한 자기통제력 • 환경 변화를 통해 범죄성향 개선. 단, 어린 시절에 변화 가능성 큼. • 정상적인 뇌 발달이 이루어진 청소년: 대부분 일시적 문제

주1) 발달범죄학은 3대 관점 포괄. 주요 대책: ① 조기개입 중시(부모에게 올바른 양육방법 교육, 아동의 인지발달 개선, 문제행동의 조기징후 발견·개선) ② 청소년기의 상호작용 기술과 사회적 기술 향상 ③ 성인기 이후의 변화에도 주목: 긍정적 상호작용 축적을 통해 유대 강화(사회적 자본 증가), 수감을 대신할 재통합 프로그램 제안.
주2) 억제이론과 생태학적 관점은 합리적 선택을 강조하는 예방이론으로 분류할 수 있음. 참고로 집합효율성이론은 생태학적 관점에 포함됨.

째, 원인이론을 대표하는 발달범죄학이 제시하는 대책들은 간단히 말해 '사회적으로 성숙한 시민을 양성하는 접근'으로 이해되는바, 이것은 결국 사람에 대한 사전개입을 통해 범죄를 예방하고자 하는 것이다. 둘째, 비판주의와 특별억제가 적절한 사후대응을 통해 추구하는 목표 중 하나가 재범예방이라는 것은 주지의 사실이다.

II. 범죄예방의 개념 및 특성

범죄예방은 범죄의 발생을 사전에 방지하는 조치나 개입을 의미한다. 겉보기엔 매우 직관적이고 단순한 개념 같지만, 범죄학이 다루는 범죄예방에 대한 담론을 정확히 이해하기 위해서는 범죄예방의 개념적 특성을 명확히 규정해야 한다. 예컨대, 많은 예산을 들여 방범용 CCTV 100대를 우범지역에 설치했는데, 범죄는 감소하지 않고 주민이 느끼는 안전감은 향상됐다고 가정하자. 이를 두고 범죄예방이 효과적이었다고 말할 수 있는가? 또 다른 예를 들어보자. 셉테드 기법을 활용해서 감시를 강화하고 접근을 통제하는 것은 범죄예방이 분명하다. 그렇다면, 발달이론이 제안하는 어린 시절의 올바른 성장이나 청소년기의 유대 강화를 위해 국가가 개입하는 것은 범죄예방인가? 앞서 간단히 언급되긴 했지만, 보다 명확한 답변을 위해 범죄예방의 개념을 체계적으로 정리해보자.

1. 범죄예방의 중요성

▶사전예방이 사후대응보다 중요한 이유
– 인간적, 경제적, 효과적, 사회적
– 범죄학은 전통적으로 범죄예방에 더 관심이 많았음.

이 책은 범죄학의 목적을 '범죄문제를 해결하고 동시에 미래를 예측하여 더 나은 삶을 추구하는 것'이라 규정했다. 이때 구체적인 수단은 사전예방과 사후대응으로 구분할 수 있는바, 범죄학은 둘 중 사전예방을 더 중시한다고 할 수 있다. 예컨대, 범죄학의 태두인 베카리아와 벤담이 공리주의에 기반하여 형벌제도를 합리적으로 개선하고자 했던 이유는 결국 범죄를 예방하고자 함이었다. 경찰의 아버지로 불리는 로버트 필경이 경찰

개혁을 주도할 때의 일성도 범죄예방이 최종목표라는 선언이었다.[1] 실증주의가 범죄의 원인을 탐구한 결과 역시 다양한 예방조치의 논리적 토대가 된다. 그렇다면 왜 범죄학은 사전예방에 더 관심이 많을까? 상식적이고 선언적인 이유에서 한 단계 더 들어가 범죄예방이 중요한 이유를 구체적으로 살펴보자.[2]

① **범죄예방은 인간적이다.** 범죄행위는 피해자에게 신체적·정신적 고통과 재산적 손실을 야기한다. 이러한 피해는 범죄자를 처벌해도 원상회복되기 어려운 경우가 많다. 또한 사회 전체로도 엄청난 사회적 비용에 해당하는바, 영국의 「범죄와 무질서에 관한 법률(Crime and Disorder Act, 1998)」 제17조는 모든 지방정부로 하여금 의사결정과 업무수행에서 반드시 범죄로부터의 안전을 고려하도록 의무를 부과하고 있다.[3]

② **범죄예방은 경제적이다.** 범죄가 초래하는 비용은 피해 자체에 국한되지 않는다. 범죄자를 검거하고 처벌하는 데도 막대한 국가예산이 소요된다. 또한 처벌받은 범죄자는 경제적·사회적 능력이 떨어져 생산적이지 못한 구성원으로 전락할 수 있고, 가족에게 미치는 악영향도 커서 보이지 않는 사회적 손실이 매우 크다.

③ **범죄예방은 효과적이다.** 여기에서 효과란 비용효과가 아닌 억제효과를 말한다. 기존의 형벌이나 재사회화 프로그램을 통한 억제가 매우 제한적이라는 연구결과가 많았다. 이에 1980년대를 전후로 범죄예방이 대표적인 정책대안으로 등장했다. 범죄예방의 추가적인 효과는 형벌로 인한 낙인의 부작용도 없다는 점이다.

▶실증주의식 사회복귀모형에 대한 비판
– 마틴슨(1974)의 주장 확인(제1권 제4장 고전주의의 부활)

④ **범죄예방은 사회적이다.** 범죄예방은 빈곤 개선, 환경 개선, 주민 통합, 교육 지원 등 다양한 사회적 조치를 모색한다. 형벌 같은 사후대응에 집중하면 범죄자에 대한 비난과 책임추궁만 이뤄질 뿐 사회적 개선은 발생하지 않는다. 또한 범죄예방을

위해 취해지는 조치들이 비록 범죄율 감소로 이어지지 못하더라도 범죄 두려움을 줄일 수 있다면 실질적인 삶의 질 개선에 크게 기여할 수 있다고 평가된다.

2. 범죄두려움 감소

▶범죄두려움의 중요성
– 범죄피해보다 국민의 삶의 질에 더 큰 영향을 미침.
– 랩(2007)도 두려움을 예방정책의 목표에 명확히 포함시키고 있음.

범죄예방이 사회적으로 중요한 의미를 갖는 것은 자연스럽게 범죄두려움 감소를 정책목표에 포함시켜야 하는지에 대한 논의로 연결된다. 주지하듯, 범죄예방은 원래 객관적으로 측정 가능한 범죄를 사전에 억제한다는 개념으로서, 범죄율 감소가 현실적인 목표로 설정된다. 그런데 최근 범죄두려움에 대한 관심이 급증하면서 범죄두려움 감소도 범죄예방의 목표에 포함되어야 한다는 주장이 힘을 얻고 있다. 이 책은 제1권의 서두에서 우리 국민이 느끼는 삶의 질이 범죄피해 자체보다 범죄두려움에 더 큰 영향을 받는다는 연구를 소개했다.[4] 이는 비단 국내 상황을 넘어 세계적인 현상이라 할 수 있는바, 예컨대 범죄예방 분야에서 가장 많이 인용되는 학자들 가운데 한 명인 스티븐 랩(2007)[5]도 범죄두려움 감소를 정책목표에 명확히 포함시키고 있다.

▶범죄피해–두려움의 역설
– 범죄두려움이 직접적인 피해경험과 무관한 현상

여기에서 우리가 덧붙여 알아둬야 할 개념은 '범죄피해–두려움의 역설(victimization–fear paradox)'이다. 이 가설은 범죄두려움이 직접적인 피해경험과 무관하다는 것으로, '도덕적 공포' 현상을 생각해보면 쉽게 이해된다. 만약 범죄두려움이 범죄피해의 결과라면, 굳이 두려움을 예방의 정책목표로 삼을 이유가 없을 것이다. 범죄가 감소하면 당연히 두려움도 감소하기 때문이다. 하지만, 현실은 그렇지 않은바, 특히 여성, 장애인 등 사회적 약자가 느끼는 범죄두려움은 평균보다 훨씬 큰 것으로 잘 알려져 있다.

이상 살펴본 범죄학의 목적, 범죄예방의 사회적 중요성, 범죄두려움의 의미와 현실을 종합하면, 범죄두려움 감소가 범죄학 연구와 예방정책에 중요한 지침으로 작동해야 한다는 귀결에 이르게 된다. 그런데 범죄두려움에 대한 논의는 개론서의 범위를 넘어선다는 생각이다. 따라서 독자들은 범죄예방의 개념과 정책목표에서 범죄두려움이 중시되고 있다는 현대적 흐름만 명확히 이해하면 되겠다. 갈증이 해소되지 않는 독자들을 위해 범죄두려움을 설명하는 네 가지 모형을 〈보충설명 IV-1〉에서 간단히 소개하니 참고 바란다.

스토리박스 〈보충설명 IV-1〉

범죄두려움을 설명하는 네 가지 모형

- 범죄피해모형: 직간접적인 범죄피해경험이 두려움을 증가시킨다.
- 취약성모형: 신체적·사회적 취약성(예, 노약자, 여성, 1인가구 등)이 두려움을 증가시킨다.
- 무질서모형: 무질서한 상태(예, 쓰레기, 낙서, 빈집 등)나 무질서한 행위(예, 구걸, 매춘, 음주소란 등)가 두려움을 증가시킨다.
- 사회통제모형: 범죄와 무질서에 대응하는 주민들 간의 유대와 협력, 지역경찰에 대한 신뢰도 등에 따라 두려움이 좌우된다.

참고로, 연구자에 따라 취약성모형을 범죄피해모형에 포함시키거나, 모든 모형을 피해경험적 시각(피해모형+취약성모형)과 사회통제적 시각(무질서모형+사회통제모형)으로 양분하거나, 사회통제를 비공식 통제와 공식 통제로 세분하는 등 다양한 분류가 통용되고 있다.

출처: 정진성·장응혁. (2020). "여성의 성폭력두려움에 영향을 미치는 인식 요인", 「한국경찰연구」, 19(1), pp.252-253.

3. 범죄통제와의 비교

범죄예방의 개념과 관련해서 추가로 점검해야 할 사항은 '범죄통제(crime control)'와의

▶**제프리의 범죄통제 모형**
- 범죄억제모형: 형벌
- 사회복귀모형: 치료와 갱생
- 범죄예방모형: 사회환경 개선
- 주의: 범죄예방에 대한 모형과 구분해야 함!

비교이다. 간단히 말하면, 범죄통제는 범죄에 대한 모든 조치를 말하는 것으로 사전예방과 사후대응을 포괄하는 개념이다. 중세에는 응보와 복수가 범죄통제의 방식이었고, 근대 이후 고전주의 시대에는 합리적 형벌과 제재가 주된 통제방식이었으며, 실증주의 시대에는 치료와 갱생, 교화가 주요 패러다임으로 등장했다. 이들은 모두 사후대응의 방식이었는바, 본격적인 사전예방에 대한 관심은 1980년대를 전후로 급격히 증가했다고 보면 된다. 이러한 역사적 흐름을 반영하여 제프리(1990)[6]는 범죄통제의 모형을 형벌을 통한 '범죄억제모형', 치료와 갱생을 통한 '사회복귀모형', 사회환경개선을 통한 '범죄예방모형' 등 세 가지로 구분했다.[7]

그런데 통제라는 용어는 본디 '현상을 유지한다'는 뉘앙스가 강하다. 제1권에서 살펴본 사회통제이론들은 모두 기존의 질서와 가치체계를 유지하려는 목표가 강했음을 상기하자. 비공식적 사회통제와 공식적 사회통제의 개념도 크게 다르지 않다(제1권 필자비평 IX-1 참고). 따라서 범죄통제는 주로 형벌과 제재를 통해 범죄자와 시민의 '순응'을 끌어냄으로써 사회의 전통적인 가치와 규범을 보호하려 한다고 정리할 수 있다. 결국, 범죄통제는 넓게 해석할 경우 범죄예방을 포괄하는 개념이지만, 엄격히 해석하면 보수적인 이념을 추구하는 질서유지조치로 이해된다.

▶범죄예방의 본래 취지와 특징
– 취지: 중립적인 입장에서 범죄의 필요성·기회 감소나 성숙한 시민 양성을 통해 사전 방지
– 특징: 사회를 개선하고 삶의 질을 향상시키려는 적극적인 접근
– 단, 범죄예방을 넓게 해석할 경우 억제도 포함함.

반면, 범죄예방은 비교적 중립적인 입장에서 범죄의 필요성을 줄이거나(생태학적 관점의 사회구조 개선), 범죄가 발생할 기회를 감소시키거나(생태학적 관점의 물리구조 개선), 사회적으로 성숙한 시민을 양성함으로써(실증주의 미시 이론들) 사전에 방지하는 접근이다. 이는 기존 질서를 유지하거나 사회를 보호하는 차원에 국한되지 않는바, 적극적으로 사회환경을 개선하고 생활의 질을 향상시키기 위한 조치로 이해할 수 있다. 이러한 취지에서 랩(2007)[8]은 범죄학 이론과 정책이 범죄통제에 방점을 찍을 경우 사회적 개선의 중요성이 약화되고 범죄두려움에 대한 관심도 사라진다고 주장했다. 따라서 이 책은 범죄예방을 범죄통제의 범위에 포함되는 조치로 이해함과 동시에 범죄예방의 본래 취지와 특징을 명확히 강조하고자 한다.

다만, 범죄예방을 이렇게 규정할 경우 보수적인 통제 목적의 억제(deterrence)를 범죄

예방에 포함시킬 수 있느냐의 문제가 발생한다. 이 문제는 범죄예방을 넓고 직관적으로 해석하면 해결된다. 즉, 이 장의 서두에서 제시한 것처럼, '범죄 발생을 사전에 방지하는 조치나 개입'을 모두 범죄예방으로 해석하면 억제도 당연히 예방에 포함된다고 할 수 있다. 따라서 독자들은 일단 범죄예방의 개념이 광의와 협의로 구분되며, 그 기준은 억제의 포함 여부라고 정리하기 바란다.

- 협의의 범죄예방: 범죄의 필요성 또는 기회 감소(생태학적 관점) + 사회적으로 성숙한 시민 양성(실증주의 미시 이론들)
  = 이념적 중립의 입장 & 적극적인 사회환경 개선과 삶의 질 향상 추구

- 광의의 범죄예방: 협의의 범죄예방 + 억제
  - 억제 = 이념적 보수의 입장 & 소극적인 질서유지와 안정 추구

4. 범죄예방의 대상(범위)

마지막으로 정리할 사항은 범죄예방의 대상으로서, 이는 범죄사건에 대한 조치에 국한할 것인지 아니면 사람에 대한 개입을 포함할 것인지의 문제이다. 결론부터 말하면, 광의든 협의든 범죄예방의 개념은 사람에 대한 개입을 포함하고 있다. 따라서 서두에서 제기한 두 번째 질문에 대한 답은 '발달이론에 근거해 아동의 건강한 성장을 도모하는 국가의 사전적 개입은 범죄예방에 해당한다'이다. 앞으로 이 책은 범죄예방을 사건에 대한 조치와 사람에 대한 개입으로 구분하여 설명하고자 하는바, 둘 사이의 차이점을 명확히 이해해야 한다.

▶**범죄예방의 대상(범위)**
– 범죄사건에 대한 사전조치: 생태학적 관점
– 사람에 대한 사전개입: 범죄의 원인을 탐구하는 미시 이론들(사회화 이론, 생물사회학적 관점, 발달이론 등)
– 억제: 범죄사건 또는 일반 시민에 대한 사전조치(일반억제) + 범죄자에 대한 사후개입(특별억제)

범죄사건에 대한 사전조치

범죄사건에 대한 조치란 환경적·상황적 조작을 통해 범죄의 필요성이나 범죄기회를 감

소시키는 접근을 말한다. 여기에서 환경적 조작이란 사회구조적 조치(빈곤 완화, 실업률 개선 등)와 물리구조적 조치(방어공간 강화, 무질서 개선 등)를 포괄하는 개념이다. 상황적 조치란 특별히 범죄발생의 위험성이 큰 장소나 상황에서 범죄기회를 감소시키려는 접근인바, 이것은 인간의 합리성을 강조해서 범죄와 관련된 비용을 증가시키거나 이익을 감소시키는 방법으로 진행된다. 우리가 제1권에서 살펴본 생태학적 관점이 이러한 접근에 해당하는바(제1권 〈그림 VI-2〉 참고), 이 방식의 가장 큰 특징은 모든 개인을 잠재적 범죄자로 간주하고 장소에 집중하기 때문에 사람(i.e., 범죄의 동기)에는 큰 관심이 없다는 것이다.

사람에 대한 사전개입

그런데, 사람에 대한 개입을 통해서도 범죄예방은 가능하다. 앞에서 정리한 것처럼, 제1권에서 살펴본 실증주의 이론들은 각자의 범죄 원인을 제시하고 있다. 특히 미시 이론들(사회화 이론, 생물사회학적 관점, 발달이론 등)은 개인이 범죄적 가치를 학습하거나, 관습적 가치체계를 내면화하지 못하거나, 유대가 약하거나, 자기통제력이 부족하거나, 많은 스트레스를 잘 관리하지 못하는 등의 이유로 범죄를 저지른다고 주장한다. 그리고 정책적 대안으로서 조기개입 중시, 청소년기의 상호작용과 사회적 기술 향상, 성인기 이후의 긍정적 상호작용 축적을 통한 유대 강화 등을 제안한다. 사실 실증주의가 범죄의 원인(i.e., 위험요인)을 규명하려는 이유는 적절한 대책을 강구하기 위함인바, 범죄학이 중시하는 범죄예방은 원인이론들이 제안하는 정책을 결코 무시할 수 없고 그래서도 안 된다.

억제의 대상

이상 살펴본 사건에 대한 조치와 사람에 대한 개입은 모두 사전예방에 해당한다. 그런데 억제는 주지하듯, 사전예방에 해당하는 일반억제와 사후대응에 해당하는 특별억제로 구분된다. 이때 일반억제의 대상은 사회 일반의 범죄사건이라 할 수 있고, 특별억제의 대상은 구체적인 범죄자라 할 수 있는바, 결국 억제의 대상은 범죄와 범죄자 모두를 포함하게 된다. 물론 일반억제의 대상을 일반 시민이라 해도 전혀 문제없으니 여기에서는 크게 신경쓰지 말자.

비록 억제가 통제적 성격이 강해서 범죄예방의 본질적인 특징과 다소 차이가 있지만, 경찰, 검찰, 법원, 교정 등 형사사법기관들이 수행하는 업무는 공식적 사회통제로서 대부분 억제의 형태로 전개된다. 따라서 억제를 범죄예방에 포함시켜 논의하는 것은 합리적이며 논의의 실익도 매우 크다. 예컨대, 범죄예방을 논함에 있어 범죄예방순찰이나 지역사회경찰활동을 제외하는 것은 있을 수 없는 일로서, 실제로 억제는 곧이어 살펴볼 범죄예방모형들에서 매우 중요하게 다뤄진다.

5. 소결

이상을 종합하면, 범죄예방은 이념적인 치우침 없이 범죄의 필요성·기회를 감소시키거나 도덕적으로 성숙한 시민을 양성함으로써 범죄를 사전에 방지하고 범죄두려움을 감소시키는 접근이라 규정할 수 있다. 이에 따라 서두에서 제기된 질문에 답하자면, 범죄두려움은 범죄예방의 정책목표에 해당하고, 사람에 대한 개입 역시 범죄예방의 범주에 포함된다고 할 수 있다. 그런데 이러한 개념 규정은 소극적으로 현상 유지를 추구하는 범죄통제와의 비교를 위해 시도된 것으로서, 범죄예방을 좀 더 넓고 직관적인 의미로 해석하면 억제와 사후대응도 범죄예방의 범주에 포함된다 하겠다. 다만, 그중 특별억제와 비판주의의 회복적 사법으로 대표되는 범죄자의 재범예방은 4-2부에서 논의됨에 주의하자.

▶특별억제와 회복적 사법은 사후대응 파트에서 논의됨.

범죄학은 사전예방이 사후대응에 비해 더 인간적이고, 경제적이며, 효과적이고, 사회적인 장점을 가지고 있다고 본다. 따라서 전통적으로 사후대응보다 사전예방에 더 관심을 가져왔는데, 특히 현대범죄학에서는 그 중요성이 더욱 강조되고 있다. 이제 중요한 것은 지금까지의 논의를 뒷받침하기 위해 대표적인 예방이론가들은 범죄예방을 어떻게 분류하는지 살펴보는 것인바, 제2절에서 상세한 설명이 이어진다.

제2절 범죄예방모형

범죄예방의 개념을 종합적으로 살펴본 결과, 범죄예방은 이론적으로 다양한 접근이 가능함을 알 수 있었다. 이를 체계적으로 정리한 것이 범죄예방모형인데, 여기에서는 그 중 가장 대표적인 모형 두 가지를 소개하고자 한다. 그런 다음, 두 모형을 적절히 혼합해서 이 책의 범죄예방모형을 제시하고 전체적인 구성과 논의 전개 순서를 개괄한다.

I. 브랜팅햄과 파우스트의 모형: 공중보건모형을 적용한 3단계 분류

브랜팅햄과 파우스트(1976)[9]의 범죄예방모형은 가장 고전적이고 자주 인용되는 모형 중 하나이다. 그들은 질병예방을 위한 '공중보건모형'을 범죄예방에 적용해서 〈표 IV-2〉와 같은 3단계 분류법을 제시했다.[10]

1. 1차적 예방(Primary Prevention)

▶이웃감시(Neighborhood Watch) – 주민들끼리 서로 지켜주는 자발적 프로그램임. 용어에서 정부 기관이 민간을 통제한다는 느낌이 있는데, 사실은 그렇지 않음에 주의! 제5장 제2절 참고.

1차적 예방은 물리적·사회적 환경 중에서 범죄를 유발하는 조건을 개선하는 데 초점을 두는 접근으로서 사회 일반의 범죄를 예방하고자 한다. 그중 ① 환경설계는 셉테드를 필두로 한 환경범죄학의 원리를 적용하는 방법으로서, 접근통제 강화, 자연적 감시 증가, 영역성 강화 등을 주요 전략으로 취한다. ② 이웃감시와 주민순찰은 비공식적 사회통제와 관련된 방법으로서, 주민들이 자신의 주거지역을 스스로 통제하는 능력을 향상시키고 잠재적 범죄인에게는 적발의 위험을 증가시킨다. ③ 형사사법기관의 활동은 일반억제의 원리를 적용한 방법으로서, 적발과 처벌의 위험을 증가시킴과 동시에 주민의 범죄두려움을 감소시키는 효과가 있다. ④ 범죄의 실태를 알리고 주민과 형사사법기관

간 협력을 홍보하는 공중교육은 범죄와 예방활동에 대한 인식을 개선시킨다. ⑤ 민간분야의 경비 노력은 공식 기관의 억제정책에 시너지효과를 일으킨다. ⑥ 마지막으로, 사회적 예방은 집합효율성이론, 긴장(아노미)이론 등 사회구조적 이론들이 제안한 대책을 적용하는 방법으로서, 빈곤과 빈부격차의 감소, 공교육과 직업훈련 강화, 고용 개선 등의 조치는 범죄의 '근본 원인(root causes)'을 제거함으로써 범죄를 예방하고 두려움을 감소시키고자 한다.

2. 2차적 예방(Secondary Prevention)

2차적 예방은 우범자를 조기에 식별해서 범죄를 저지르기 전에 개입하려는 접근이다. ① 이를 위해서는 기본적으로 우범자와 위험요인을 정확히 식별하고 예측하는 능력이 전제되어야 한다. ② 2차적 예방의 가장 전형적인 방법은 상황적 예방으로서, 세부적이고 구체적인 문제를 찾아낸 다음 그 문제에 최적화된 개입을 시도한다. 물리적 디자인의 변화, 사회적 행동(무질서)의 개선, 감시 강화 등 다양한 방법이 가능한데, 이는 기본적으로 1차적 예방의 장소적·환경적 접근을 즉시적이고 직접적인 상황에 구체적으로 적용한 것으로 볼 수 있다. ③ 이러한 상황적 예방은 지역사회 경찰활동의 등장과 맥을 같이 하는바, 지역사회 경찰활동은 주민의 근심을 유발하는 범죄와 무질서 문제를 해결하기 위해 주민참여를 필수요소로 제시한다. ④ 대표적인 예로서, 약물남용은 폭력범죄를 촉진하는 주요 인자이기 때문에 이러한 문제를 미리 찾아내서 개입하는 방법이 적극 추천된다. ⑤ 또한, 학교는 문제 청소년을 찾아내고 효과적인 개입을 논하는 최적의 장소로서 2차적 예방의 중요한 역할을 담당할 수 있다. 이상을 통해 알 수 있는 점은 2차적 예방은 부모, 학교, 지역사회의 리더 등 문제를 잘 알고 우범자와 자주 접촉하는 사람들 간의 협력이 꼭 필요하다는 사실이다.

3. 3차적 예방(Tertiary Prevention)

3차적 예방은 실제 범죄자를 대상으로 재범을 막기 위해 개입하는 접근이다. 이는 특별억제에 해당하는 방법으로서, 체포, 기소, 수감(무력화), 갱생, 치료 등은 형사사법기관이 주로 수행하는 역할이다. 최근에는 회복적 사법이 유망한 대안으로 주목받고 있다. 또한, 민간에서도 일정 부분 3차적 예방의 역할을 담당하고 있는바, 기업이 운영하는 교정프로그램, 지역사회 내에서 이루어지는 전환처우(다이버전) 등이 대표적인 사례이다.

〈표 IV-2〉 브랜팅햄과 파우스트의 범죄예방모형

구분	접근방법	관련 이론 및 핵심 개념
1차적 예방 (일반인 대상)	• 환경설계: 건축설계, 방범등 설치, 접근통제, 건조물 표식 • 이웃감시: 감시, 주민순찰 • 일반억제: 체포 및 처벌, 양형 • 공중교육: 범죄 심각성, 범죄 두려움, 자위 방범 • 민간경비 • 사회적 범죄예방: 실업, 빈곤, 고용 및 직업 훈련	• 환경범죄학(셉테드) • 비공식적 사회통제 • 일반억제(정책) • 일반억제(홍보 · 인식) • 비공식 + 공식 시너지 • 사회구조이론들
2차적 예방 (우범자 대상)	• 식별 및 예측: 우범자 조기식별, 우범지역 분석 • 상황적 범죄예방: 문제점 파악, 상황별 개입 • 지역사회 경찰활동 • 약물남용: 예방 및 치료 • 학교 주변 범죄예방	• 범죄예측 • 상황이론들 • 주민참여 • 깨진유리창이론 • 다자간 협력
3차적 예방 (범죄자 대상)	• 특별억제: 체포, 기소, 수감(무력화), 갱생, 치료	• 특별억제(회복적 사법 & 민간참여)

출처: Lab, S. (2007). *Crime Prevention*. LexisNexis. p.26, [Table 2.1]. 필자 각색.

II. 톤리와 파링턴의 모형: 4종류로 유형화

브랜팅햄과 파우스트(1976) 이후 약 20년이 지나 톤리와 파링턴(1995)[11]은 범죄예방을 발달적 예방, 지역사회(사회적) 예방, 상황적 예방, 법집행 예방의 4종류로 구분했다. 브랜팅햄과 파우스트가 제시한 단계적 모형에 비해 체계가 덜 잡혀 보이지만, 사실은 시대 변화를 반영해서 더 포괄적이고 이론적 틀에 잘 맞춘 장점이 있다. 예컨대, 발달적 예방은 발달범죄학에 기초한 모형으로서 개인수준의 원인이론들이 제시하는 범죄 원인과 대책을 충실히 반영하고 있다. 이것은 브랜팅햄과 파우스트의 모형에서 설명이 부족한 유형인데, 앞서 살펴본 '범죄예방의 대상(범위)'을 고려하면 꼭 논의되어야 할 유형이다. 다른 유형들을 이론에 맞춰보면, 지역사회(사회적) 예방은 사회구조적 관점에 근거하고, 상황적 예방은 상황이론들에 근거하며, 법집행 예방은 억제이론에 근거한다고 볼 수 있다. 이들을 분석단위의 위계적 순서대로 나열해보면, 지역사회(사회적) 예방, 상황적 예방, 발달적 예방, 법집행 예방의 순으로 설명이 가능하다.[12]

1. 지역사회(사회적) 예방(Community/Social Prevention)

지역사회에 기반한 범죄예방은 지역사회에서 범죄를 유발하는 사회적 조건들을 변화시켜 범죄를 예방하려는 접근이다. 따라서 브랜팅햄과 파우스트의 '사회적 범죄예방'과 유사한 측면이 있다(〈표 IV-3〉 확인). 이 접근은 위험요인인 경제적 빈곤, 무질서를 개선하고, 보호요인인 지역조직, 유대와 결속을 강화하여 사회적 자본을 증진시키는 방법을 구사한다. 이러한 방법을 통해 궁극적으로 달성하고자 하는 목표는 공동체의 회복과 자정능력 향상이라 할 수 있다.

지역사회 범죄예방은 사회구조적 관점 중에서도 주로 집합효율성이론과 깨진유리창이론에 근거하는바, 이들에 대한 설명은 제1권의 '생태학적 관점'을 참고하기 바란다. 이때 엄격한 사회통제를 목적으로 등장한 깨진유리창이론이 1990년대 이후 집합효율성과 같은 비공식적 사회통제를 강조하는 방향으로 진화했음을 상기해야 한다. 그래야 두 이론이 범죄예방이라는 맥락에서 유사한 접근으로 이해될 수 있기 때문이다. 두 이론을 종합하면 결국 지역사회(사회적) 예방은 지역사회의 구조적 개선과 자정능력향상을 두 축으로 전개된다.

2. 상황적 예방(Situational Prevention)

▶**상황적 예방의 두 가지 이론적 전제**
1. 기회가 범죄를 양산한다.
2. 잠재적 범죄자는 합리적 존재로서 기회를 최대한 이용할 수 있는 선택을 한다(제6장 참고).

상황적 예방은 매우 즉시적이고 직접적인 장소적 특징과 상황을 변화시켜 범죄기회를 차단하고자 하는 접근이다. 이 접근은 합리적 선택을 가정하기 때문에 범죄 실행을 어렵게 만들거나 적발과 체포의 위험을 증가시키고(i.e., 비용 증가), 범죄로 인한 보상이나 이익을 감소시키는(i.e., 이익 감소) 전략을 구사한다. 개략적인 논리와 방법은 제1권 제4장의 '상황적 접근 소개'를 참고하기 바라고, 상세한 설명은 제6장에서 기술된다. 이것은 브랜팅햄과 파우스트의 2차적 예방 중 '상황적 범죄예방'과 동일하다.

상황적 예방은 일상활동이론, 범죄패턴이론, 합리적선택이론 등에 근거하는바, 독자들이 반드시 알아야 하는 것은, 어떻게 이 세 가지 이론들을 연결해서 상황적 예방이 효과적일 수 있다는 논리적 귀결로 이어지는가이다. 간단히 설명하면 다음과 같다. ① 범죄는 잠재적 범죄인이 보호받지 않고 있는 적당한 목표물(피해자, 피해품)을 마주할 때 발생한다(일상활동이론). ② 우리, 즉 잠재적 범죄인의 생활패턴은 거의 일정하기 때문에 범죄발생의 3요소가 수렴하는 시간과 장소는 생활패턴에서 크게 벗어나지 않는다(범죄패턴이론). ③ 우리가 실제 범죄 상황에서 의사를 결정하는 방식은 이익 극대화보다 적발과 체포의 위험을 최소화하는 데 훨씬 중점을 둔다(합리적선택이론). 이러한 논리 전개는 핫스팟과 핫타임의 존재를 잘 설명하고, 피해의 원인과 가능성도 잘 설명하며, 특히 상황적 기법이 효과적일 수 있음을 설득력 있게 보여준다. 따라서 경찰의 범죄예방활동은 상당부분 상황적 논리에 기초하고 있는바, 일반억제의 논리와 함께 경찰 활동의 두 축으로 간주할 수 있다.

〈표 IV-3〉 톤리와 파링턴의 범죄예방모형

구분	접근방법	관련 이론 및 핵심 개념	브랜팅햄&파우스트 모형과 비교
지역사회 (사회적) 예방	• 위험요인 개선: 빈곤, 무질서 • 보호요인 강화: 지역조직, 유대와 결속 (사회적 자본 증진) → 구조적 개선 & 자정능력 향상	• 집합효율성이론 • 깨진유리창이론	1차적 예방 중 사회적 예방과 유사
상황적 예방	• 범죄 실행의 난이도 증가 • 적발과 체포의 가능성 증가 • 범죄로 인한 보상이나 이익 감소 → 범죄의 기회 차단	• 상황이론들 (일상활동이론, 범죄패턴이론, 합리적선택이론)	2차적 예방 중 상황적 예방과 동일
발달적 예방	• 개인의 발달에서 위험요인 식별 • 위험요인 개선: 부모의 양육방식 개선, 빈곤층 아동의 인지능력 향상, 학교의 기술훈련 및 인성발달 프로그램 강화 → 개인의 건강한 발달	• 발달범죄학 (개인 수준의 실증주의 이론들)	새롭게 추가된 방법
법집행 예방	• 일반억제 • 특별억제	• 억제이론	3차적 예방(특별억제)에 일반억제 추가

3. 발달적 예방(Developmental Prevention)

발달적 예방은 개인의 발달 연구에서 발견된 위험요인과 보호요인을 적절히 조작해서 범죄 가능성을 차단하는 접근이다. 이 방법은 브랜팅햄과 파우스트(1976)의 모형에는 없는 방법인바, 개인 수준의 실증주의 이론들이 제시하는 범죄 원인과 대책을 충실히 반영하고 있다. 특히 발달범죄학의 강조점을 고려해서 아동기와 청소년기의 조기개입에 초점을 맞추고 있다.

▶**발달적 예방이 브랜팅햄과 파우스트 모형에 없는 이유 중 하나:** 1976년에는 발달범죄학이 아직 체계화되지 않았음. 물론 발달범죄학에 포함되는 다양한 사회화 이론들이 존재했지만, '발달적'이라는 개념이 정립되지 않은 상태였음.

대표적인 위험요인을 정리하면 다음과 같다. 개인적 위험요인에는 강한 충동성, 집중력 부족, 약한 공감능력, 사회인지적 기술의 결여, 낮은 지능 등이 있다. 가족 위험요인에는 부적절한 자녀양육, 가정폭력, 부모결손, 부모나 형제의 범죄, 낮은 사회경제적 지위 등이 있다. 학교와 또래 위험요인에는 폭력적인 학교문화, 교사의 부적절하고 일관성 없는 훈육, 또래로부터의 부정적 영향 등이 있다. 성인기 이후에도 부정적 상호작용이 지속되어 유대가 약화되고 스트레스가 쌓이면 범죄 위험성은 증가한다. 참고로 보호요인은 위험요인의 반대 개념으로 이해하면 된다.[13]

발달적 예방은 다양한 위험요인만큼 다양한 대책을 제시한다(〈표 IV-1〉 참고). 대표적인 정책 몇 가지를 예로 들면, 부모의 올바른 양육방식 교육, 빈곤층 아동의 조기교육을 통한 인지능력 향상, 학교의 기술훈련 및 인성발달 프로그램 강화 등이 있다.

4. 법집행 예방(Law Enforcement/Criminal Justice Prevention)

법집행을 통한 예방은 억제이론에 근거한 접근으로서 일반억제와 특별억제로 구분된다. 주지하듯, 일반억제는 일반 시민을 대상으로 한 범죄예방을 말하고, 특별억제는 범죄자를 대상으로 한 재범예방을 말한다. 따라서 법집행 예방은 경찰, 검찰, 법원, 교정 등 모든 형사사법기관이 가장 중요하게 생각하는 목표 중 하나에 해당한다. 이것은 브랜팅햄과 파우스트의 3차적 예방(특별억제)에 일반억제가 추가된 접근이다. 단, 주의할 점은 브랜팅햄과 파우스트가 일반억제를 언급하지 않은 게 아니라는 사실이다. 그들은 일반억제를 1차적 예방(체포 및 처벌, 양형)과 2차적 예방(지역사회 경찰활동)으로 구분해서 분류했다.

Ⅲ. 이 책의 범죄예방모형 및 논의 전략

1. 이 책의 범죄예방모형

앞에서 범죄학 이론과 대책을 총정리하고, 범죄예방의 개념과 두 대표 모형을 검토해봤다. 그 결과를 토대로 이 책은 범죄예방을 크게 범죄사건에 대한 사전조치와 사람에 대한 사전개입으로 구분하여 논하고자 한다. 이는 원칙적으로 제1권에서 언급한 것처럼 범죄학 이론을 '장소적 설명'과 '인적 설명'으로 구분하는 방식을 반영한 접근으로서, 장소적 설명은 주로 생태학적 관점을 포함하고 인적 설명은 개인 수준의 실증주의 원인이론들(사회화 이론, 생물사회학적 관점, 발달이론 등)을 포함함을 상기하자. 그런 다음 범죄사건에 대한 조치는 '일반 지역사회를 대상으로 하는 지역사회 예방'과 '위험요인이 많은 지역사회를 대상으로 하는 상황적 예방'으로 구분하고자 하는데, 이때 일반억제는 원칙적으로 일반 지역사회를 대상으로 하는 예방에 포함된다(〈표 IV-4〉).

▶이 책의 3단계 범죄예방모형: 장소적 설명과 인적 설명으로 구분(제1권 p.304 확인)
- 장소적 설명(kinds-of-place explanations, Stark, 1987): 지역사회 예방(1단계) & 상황적 예방(2단계)
- 인적 설명(kinds-of-people explanations, Cohen, 1966): 발달적 예방(3단계)
- 참고로, 재범예방을 포함시킬 경우 4단계 모형이 됨.

그런데 혹시라도 장소적 설명(생태학적 관점)을 브랜팅햄과 파우스트 모형에서와 같이 일반인 대상(1차적 예방)과 우범자 대상(2차적 예방)으로 이해하고 싶은 독자들은 그렇게 해도 괜찮다. 다만, 이 책이 강조하는 점은 지역사회 차원의 범죄예방은 원칙적으로 인간의 (제한된) 합리성을 가정하기 때문에 사람(i.e., 개인적 동기)에 따라 접근을 달리하지 않는다는 사실이다. 또한 상황적 예방을 우범자 대상으로 규정할 경우 발달적 예방과 충돌하는 문제도 있으니 주의하기 바란다.

결론적으로 이 책은 ① 일반 지역사회를 대상으로 하는 범죄사건에 대한 조치는 1단계로서 '지역사회 범죄예방'이라 칭하고, ② 위험요인이 많은 지역사회를 대상으로 하는 범죄사건에 대한 조치는 2단계로서 '상황적 범죄예방'이라 칭한다. ③ 마지막으로, 사람에 대한 사전개입은 실증주의 미시이론들이 제시하는 위험요인에 대한 개입으로서 발달범죄학의 대표성을 고려하여 3단계인 '발달적 범죄예방'이라 칭한다. 이 책의 3단계 분류법은 구조적으로 보면 브랜팅햄과 파우스트(1976) 모형과 매우 유사한데, 단계별 명칭은 톤리와 파링턴(1995) 모형을 많이 참고했다. 또한 제1권에서부터 이어진 범죄학 이론에 대한 논의와의 연결성을 유지하면서 두 모형을 적절히 혼합한 모형으로 이해할 수 있다.

〈표 IV-4〉 이 책의 범죄예방모형

예방 대상 (범위)	예방 수준 (단위)	이 책의 예방모형	브랜팅햄 & 파우스트 (1976)	톤리 & 파링턴 (1995)
범죄 사건	일반 지역사회 (1단계)	■ 지역사회 예방 • 사회구조 개선(집합효율성이론) • 물리구조 개선(셉테드) • 무질서 개선(깨진유리창이론) • 비공식적 사회통제(세 이론들 공통) • 일반억제(억제이론)	■ 1차적 예방 • 사회구조이론들 • 셉테드 • 비공식적 사회통제 • 일반억제	■ 지역사회 예방 • 집합효율성이론 • 깨진유리창이론
	위험요인 많은 지역사회 (2단계)	■ 상황적 예방 (상황이론들)	■ 2차적 예방 • 깨진유리창이론 • 상황이론들 • 범죄 예측 • 지역사회 경찰활동 • 다자간 협력	■ 상황적 예방 • 상황이론들
사람 (위험 요인 소지자)	개인 (3단계)	■ 발달적 예방 (실증주의 미시이론들)	■ 3차적 예방 • 특별억제	■ 발달적 예방 • 발달범죄학 ■ 법집행 예방 • 일반+특별억제

지금까지의 논의를 종합해서 이 책의 범죄예방모형을 제1권에서 살펴본 모든 이론들과 매칭시키면 다음과 같다. 첫째, 생태학적 관점은 '장소적 설명'으로서, 이중 상황이론들은 2단계인 상황적 예방에 해당하고, 나머지 이론들(집합효율성이론, 셉테드, 깨진유리창이론)과 비공식적 사회통제 기제는 1단계인 지역사회 예방에 해당한다(제1권 〈그림 VI-2〉 참고). 둘째, 개인 수준의 실증주의 원인이론들은 '인적 설명'으로서, 이들이 제시하는 개인의 위험요인에 대한 사전개입은 3단계인 발달적 예방에 해당한다. 셋째, 억제이론은 일반억제의 경우 장소적 설명으로서 1단계인 지역사회 예방에 해당한다. 특히 지역사회 경찰활동과 같이 범죄예방을 중시하는 경찰활동은 처벌의 확실성에 대한 인식을 높일 것으로 기대된다. 단, 전술한 대로, 특별억제와 비판주의의 회복적 사법은 재범

예방을 목표로 한다는 점에서 범죄예방의 범주에 포함되지만, 범죄자에 대한 사후대응이기 때문에 제4-2부에서 논의된다. 만약 재범예방을 앞의 두 모형에서와 같이 예방모형에 포함시킬 경우 이 책의 범죄예방모형은 4단계로 구분된다.

2. 이 책의 내용 전개와 강조사항

▶범죄학이 범죄예방에서 중시하는 사항
- 비공식적 사회통제
- 다자간 협력
- 범죄예측

전술한 범죄예방의 두 대표 모형을 유심히 살펴보면 범죄학이 사실학으로서 가지고 있는 특성을 잘 반영하고 있다. 즉, 특정한 조직이나 법, 제도를 언급하긴 하지만 그 자체에 중점을 두지 않고 범죄예방이라는 현실의 목표를 달성하기 위한 수단으로서 설명하고 있음을 알 수 있다. 이 책도 그러한 전개 방식에 따르고자 하는바, 범죄학이 범죄예방을 주제로 어떠한 탐구활동을 해왔는지 살펴보기 위해 사건과 사람을 기준으로 3단계 방식을 적용한다. 이 과정에서 독자들이 중요하게 고려해야 할 사항 몇 가지를 제시한다.

(1) 비공식적 사회통제의 중요성

현대 범죄학의 생태학적 관점은 원래 시카고학파의 사회생태학과 사회해체이론이 부활한 접근을 일컫는 용어였다. 그러다가 1980년대 이후 범죄예방에 대한 관심이 증가하면서 그 범위를 넓히기 시작했고, 1990년대 이후에는 지역사회 수준에서 차등적인 범죄율에 관심을 갖고 범죄예방을 목표로 진화한 이론들을 모두 포섭하게 되었다.[14] 이때 가장 중시된 기제들 가운데 하나가 주민참여를 통한 비공식적 사회통제로서, 집합효율성이론의 '집합효율성'과 셉테드의 '영역성'은 이미 비공식적 사회통제를 뜻하는 개념이었다. 아울러 통제 목적으로 발달한 깨진유리창이론도 결국은 비공식적 사회통제를 강조하는 방향으로 진화해갔다. 이러한 추세는 상황적 범죄예방에서도 마찬가지였는바, 독자들은 제1권 제6장에 설명되어있는 생태학적 관점을 복기하고, 거시적 예방이론과 정책이 대부분 주민참여와 비공식적 사회통제를 매우 중시함을 유념하기 바란다. 또한 사회통제의 전반적인 의미에 대해 정리하고 있는 제1권의 〈필자비평 IX-1〉을 꼭 확인하여 연결시키기 바란다.

(2) 다자간 협력 강조

일반억제에서의 다자간 협력. 억제이론과 정책에 대한 설명은 제1권 제4장에서 충분히 이뤄졌다. 따라서 앞으로 범죄예방을 논할 때 억제를 주제로 따로 설명하지 않고 3단계별 예방법을 설명하면서 자연스럽게 언급될 것이다.

억제는 형사사법기관들이 수행하는 공식적 사회통제이다. 이것은 특히 지역사회 수준에서 범죄예방을 논할 때 절대 빠질 수 없는 주제로서, 사실 형사사법기관들에 부여된 가장 중요한 역할 중 하나라 할 수 있다. 따라서 이들이 주축이 되어 범죄예방을 실천하는 접근은 합리적이라 할 수 있는바, 현대 범죄예방의 핵심 패러다임은 공공기관과 지역사회 간의 유기적인 협력이다.

사법권이 없는 주민들이 스스로 범죄예방을 실천하는 데는 법적·실질적 한계가 따른다. 또한 경찰력만으로 범죄를 억제하고자 했던 전통적인 경찰활동은 범죄현상이 점차 복잡·다양해지고 인권의식이 강화되는 현실에 직면하면서 이미 쓰라린 실패를 경험했다. 따라서 지역사회의 범죄문제는 어느 한 주체의 책임이 아니라 구성원 전체가 적극적으로 참여할 때 비로소 효과적으로 해결될 수 있는 문제로 인식되기 시작했다. 이것이 바로 '지역사회 경찰활동'으로서, 현대의 범죄예방은 다자간 협력을 통해 공식적 사회통제와 비공식 사회통제의 시너지 효과를 도모하는 접근으로 이해해야 한다.[15] 지역사회 경찰활동 자체가 다자간 협력을 강조하는 새로운 패러다임이긴 하지만, 이 책은 보다 진화된 예로서 '제3자 경찰활동'을 소개한다(제5장 제3절 참고).

발달적 예방에서의 다자간 협력. 이 책은 다자간 협력 패러다임이 비단 일반억제뿐만 아니라 발달적 예방을 이해할 때도 중요하다고 본다. 앞서 살펴본 것처럼 개인의 건전한 성장을 방해하는 위험요인은 개인, 가족, 학교, 지역사회 등 다양한 차원에서 복잡하게 얽힌 상태로 존재한다. 따라서 발달적 예방이 효과를 거두기 위해서는 다방면에서의 개입이 필수인바, 예컨대 '시애틀 사회발달 프로젝트'는 '서로 돌보는 지역사회' 프로그램을 개발하여 가족, 학교, 그리고 지역사회의 다양한 주체들이 상호 협력하는 모델을 제시하고 있다(제7장 참고).

(3) 범죄 예측의 현실화

빅데이터의 발달과 함께 범죄 예측은 현대 범죄학에서 매우 중요한 영역이 되어가고 있다. 사실 범죄를 정확히 예측할 수 있다면 범죄예방의 가능성은 전례 없이 증가할 것이다. 제1권에서 간단히 설명한 것처럼 범죄 예측은 ① 지역사회에서의 범죄사건 발생을 예측하는 '범죄사건 예측', ② 범죄조직(갱)의 범죄 위험성을 예측하거나 범죄자의 재범을 예측하는 '범죄자 예측', ③ 진범을 추정하거나 연쇄범죄자의 주거지, 다음 발생지 등을 예측하는 '범죄자 신원(동일성) 예측', ④ 범죄 피해를 당할 가능성이 큰 사람을 예측하는 '피해자 예측'으로 구분할 수 있다.

이 책의 범죄예방모형은 지역사회의 범죄사건 예방조치(지역사회 예방 & 상황적 예방)와 위험요인을 가지고 있는 개인에 대한 예방조치(발달적 예방)를 다룬다. 따라서 5장과 6장에서는 '범죄사건 예측과 예방'이 설명되고 7장에서는 '범죄자 예측과 예방'이 설명되면 적당하다. 그런데 범죄 예측은 신생 분야이고 사건 예측과 사람 예측이 분리되는 것보다 한꺼번에 논의할 때 실익이 더 크다. 따라서 이 책은 4-1부(사전예방)의 마지막인 7장에서 발달적 예방을 소개한 다음 범죄예측과 예방을 종합적으로 정리하고자 한다. 참고로 범죄자 신원(동일성) 예측은 수사 실무와 관련이 크고, 피해자 예측은 범죄 및 범죄자 예측과 중첩되는 부분이 많아 논의의 실익이 크지 않기 때문에 설명을 생략한다.

이 책은 제1권에서 데이터 – 패턴(횡적 현황 & 종적 추세) – 원인 – 대책으로 이어지는 개념의 연결성을 강조했다. 이제부터 예측과 예방을 다룰 때는 '빅데이터 – 범죄 예측 – 예방활동(대응)'으로 이어지는 연결성으로 진화해야 한다. 빅데이터에 기반한 범죄 예측은 다양한 데이터와 기법이 동원되지만, 독자들은 간단하게 범죄 데이터가 보여주는 패턴과 원인이론들이 제시하는 위험요인들(i.e., 원인)을 독립변수로 설정하여 분석한 결과로 이해하면 된다. 구체적인 분석기법에 대한 논의는 범죄학개론의 범위를 넘어선다.

20세기 말 이후의 사회문화적 맥락과 진화

▶사회문화적 맥락과 범죄예방의 진화 예시: 전통적 경찰활동 → 지역사회 경찰활동(다자간 협력 & 시민의식의 향상) → 문제지향적 경찰활동(개별적인 맞춤형 접근의 체계화) → 예측적 경찰활동(빅데이터의 발달)

범죄예방을 학습할 때 항상 위 세 가지 개념을 염두에 두면 도움이 된다. 이 책은 위 개념들이 현대 범죄학과 범죄예방을 이해하는데 필요한 사회문화적 맥락과 밀접하게 연관되어 있음을 강조한다. 대표적으로 '점차 복잡·다양해지는 현실과 그로 인한 개인주의화(개별화)', '시민(인권)의식의 향상', '빅데이터와 인공지능, 사물인터넷, 가상현실 등으로 대표되는 초연결과 초융합의 4차 산업혁명 시대' 등이 중요한 사회문화적 맥락이라 할 수 있는바, 이러한 맥락적 흐름을 잘 이해하면 범죄예방도 진화의 과정으로 설명할 수 있다. 즉, 1980년대 이전의 3대 관점을 이해하는 데만 사회문화적 맥락이 중요한 게 아니라 현대의 범죄학 이론과 대응을 이해하는 데도 맥락과 진화 과정에 대한 학습이 필수임을 명심하자.

예컨대, 제5장 제3절에서 다룰 지역사회 경찰활동은 전통적 경찰활동에 대한 패러다임의 전환으로서 지역사회와의 협력을 강조하는 패러다임으로 소개된다. 그런데 여기에서 독자들은 단순히 지역사회와의 협력을 강조하는 차원을 넘어 개별 지역사회의 특성에 따른 맞춤형 접근에 주목해야 하는바, 이러한 맞춤형 개별화는 현대의 복잡·다양성과 시민의식의 향상이 반영된 결과임을 깨달아야 한다. (조금 더 나아가서 이를 탈근대성의 영향이라 해도 큰 무리는 없어 보인다.) 그 이후 개별적인 맞춤형 접근의 필요성은 문제지향적 경찰활동을 통해 체계화되었고, 21세기에 들어서면서부터는 빅데이터 기술의 발달에 힘입어 예측적 경찰활동이 시도되는 진화의 과정을 거치고 있다 할 수 있다.

요점 정리

범죄예방의 의의

■ 범죄학은 전통적으로 사후대응보다 사전예방에 더 관심이 많았음.
- 예시: 고전주의(베카리아 & 벤담), 로버트 필의 경찰 개혁, 실증주의의 범죄원인 탐구
- 범죄예방의 구체적인 중요성: 인간적, 경제적, 효과적, 사회적

■ 협의의 범죄예방: 이념적 중립의 입장 & 적극적인 사회환경 개선과 삶의 질 향상 추구.
- 생태학적 관점: 범죄의 필요성 또는 기회 감소
- 실증주의 미시 이론들: 사회적으로 성숙한 시민 양성

■ 광의의 범죄예방: 협의의 범죄예방 + 억제
- 억제: 이념적 보수의 입장 & 소극적인 질서유지와 안정 추구

■ 현대의 범죄예방은 범죄두려움 감소도 중요한 정책목표로 간주함.

범죄예방모형

■ 이 책의 범죄예방모형은 가장 자주 인용되는 두 모형을 적절히 혼합하고 제1권에서 논의된 범죄학 이론을 포괄하여 3단계 모형을 제시함.
- 참고한 모형: 브랜팅햄과 파우스트(1976) 모형 & 톤리와 파링턴(1995) 모형

■ 지역사회 예방(1단계): 일반 지역사회의 범죄사건을 예방하고자 하는 모형으로서, 생태학적 관점의 집합효율성이론, 셉테드, 깨진유리창이론과 일반억제를 포괄하는 접근법임.

■ 상황적 예방(2단계): 위험요인이 많은 지역사회의 범죄사건을 예방하고자 하는 모형으로서, 생태학적 관점의 상황이론들을 포괄하는 접근법임.

■ 발달적 예방(3단계): 개인의 위험요인에 대한 사전개입을 통해 사회적으로 성숙한 시민을 양성하고자 하는 모형으로서, 실증주의의 원인이론들(주로 미시 이론들)을 포괄하는

접근법임.

- 범죄예방을 학습할 때 항상 염두에 두어야 할 세 가지: 주민참여를 통한 비공식적 사회통제의 중요성, 다자간 협력 강조, 범죄예측의 현실화.
  → 범죄예방과 대응도 사회현상으로서 반드시 사회문화적 맥락 안에서 진화의 과정으로 학습하는 것이 바람직함.

참고문헌

1. 임준태. (2009). 「범죄예방론」, p.282. 대영문화사.
2. 노성훈. (2020). 「노성훈 교수의 경찰학」, pp.339-340. 푸블리우스.; 최준혁. (2014). "사전예방 중심의 형사정책: 예방의 의미, 방법, 한계에 대하여", 「형사정책연구」, 25(2), pp.216-217.
3. 박현호. (2017). 「범죄예방 환경설계: CPTED와 범죄과학」, 박영사.
4. 장윤식·김수정·정진성. (2014). "범죄피해 및 범죄두려움이 삶의 질에 미치는 영향", 「경찰학연구」, 14(3), pp.33-66.; 정진성·장윤식. (2014). "방범용 CCTV에 대한 인식이 여성의 범죄두려움에 미치는 영향", 「한국경찰연구」, 13(2), pp.341-368.
5. Lab, S. P. (2007). *Crime Prevention: Approaches, Practices and Evaluations, p.24. LexisNexis.*
6. Jeffery, C. R. (1990). *Criminology: An Interdisciplinary Approach.* Englewood Cliffs, NJ: Prentice Hall.
7. 박현호·강용길·정진성. (2009). 「범죄예방론」, p.22. 경찰대학.
8. Lab, S. P. (2007). *Crime Prevention: Approaches, Practices and Evaluations,* p.24. LexisNexis.
9. Brantingham, P. J. & Faust, F. L. (1976). A Conceptual Model of Crime Prevention. *Crime and Delinquency,* 22, pp.284-296.
10. Lab, S. P. (2007). *Crime Prevention: Approaches, Practices and Evaluations,* pp.24-27. LexisNexis.
11. Tonry, M & Farrington, D. P. (1995). Strategic Approaches to Crime Prevention. *Crime and Justice,* 19, pp.1-20.
12. 노성훈. (2020). 「노성훈 교수의 경찰학」, pp.340-344. 푸블리우스.
13. Holcomb, J. E. & Lab, S. P. (2003). Evaluation: Building Knowledge for Crime Prevention. In H. Kary & J. Obergfell-Fuchs (eds.), *Crime Prevention: New Approaches.* Mainz, GER: Weisser Ring.

14. Pratt, T. C. & Cullen, F. T. (2005). Assessing Macro-Level Predictors and Theories of Crime: A Meta-Analysis. *Crime and Justice,* 32, pp.373-450.

15. Kubrin, C. E. & Weitzer, R. (2003). New Directions in Social Disorganization Theory. *Journal of Reserach in Crime and Delinquency,* 40(4), pp.374-402.

제 5 장 지역사회 범죄예방(1단계)

범죄과학의 또 다른 의미

이 장에서는 범죄예방의 1단계인 지역사회 범죄예방을 다루고 제6장에서는 2단계인 상황적 범죄예방을 다룬다. 이들은 곧 장소적 설명에 해당하는 생태학적 관점에 근거한 것으로, 사람에게는 큰 관심이 없다는 특징을 가지고 있다. 그런 차원에서 범죄사건에 대한 예방은 '범죄과학'과 매우 밀접한 관련이 있는 것으로 알려져 있는데, 여기에서의 범죄과학은 제1권에서 살펴본 '과학으로서의 범죄학' 개념과 사뭇 다르다. 범죄과학이란 용어가 점차 더 자주 사용되는 추세에 있기 때문에 맥락에 따라 정확한 해석이 요구되는바, 〈보충설명 V-1〉을 참고하기 바란다.

스토리박스 〈보충설명 V-1〉

범죄과학의 두 가지 의미

제1권에서는 범죄과학이 과학으로서의 범죄학을 뜻하는 개념으로 규정했다. 즉, 실증주의에 기반해서 과학적인 연구방법을 진리 탐구의 기본 도구로 삼는 접근을 범죄과학이라 칭했는바, 그것의 주요 목표는 범죄의 원인을 규명하는 것이었다.

그런데 유럽(특히 영국)에서 주도적으로 발달한 범죄과학(crime science)이이란 용어는 '과학적인 연구방법과 기술을 활용해서 범죄를 예방하거나 탐지·체포함으로써 범죄를 감소하고자 하는 다학제적 학문'을 일컫는다. 이는 합리적 선택을 가정하기 때문에 범죄자(i.e., 범죄의 동기나 원인)에는 별 관심이 없고, 범죄사건 자체에 초점을

▶범죄과학의 두 가지 의미
- 과학으로서의 범죄학: 구조적·개인적 원인 규명에 집중하는 실증주의(제1권 p.31 참고)
- 과학적인 범죄예측과 예방: 범죄자의 특성(동기, 원인)에는 무관심. 범죄사건의 발생 기회 메커니즘에 초점.

맞춘다. 또한 범죄과학은 범죄예방을 위해 주로 사회의 물리적 환경 개선과 상황적 조작을 시도하는바, 이를 통해 범죄의 기회를 감소시키는 것이 핵심 전략에 해당한다. 따라서 제5장과 6장에서 살펴볼 범죄사건 예방은 범죄과학의 전형적인 영역이라 할 수 있다.

출처: 박현호. (2017). 「범죄예방 환경설계」. 박영사. pp.10–11.

지역사회 범죄예방의 구조

▶지역사회 범죄예방의 구조
① 사회구조 및 물리구조 개선
② 비공식적 사회통제 강화
③ 지역사회 경찰활동과 진화

범죄예방의 1단계인 지역사회 범죄예방은 기본적으로 집합효율성이론, 셉테드, 깨진유리창이론에 근거한 접근이다. 여기에 추가로 일반억제의 원리를 적용한 경찰의 사전예방활동이 포함된다(〈표 IV–4〉 확인). 그리고 마지막으로 범죄예측에 근거한 예측적 경찰활동에 대한 논의가 필요한데, 이것은 전술한 대로 사전예방의 맨 뒷부분(제7장 제2절)에서 종합적으로 설명된다.

집합효율성이론, 셉테드, 깨진유리창이론, 억제이론에 대한 이론적 설명은 제1권에서 이루어졌다. 따라서 여기에서는 바로 지역사회 범죄예방의 구조에 대해 정리하고자 한다. 이 책은 ① 먼저 집합효율성이론, 셉테드, 깨진유리창이론이 제안하는 구조적 개선을 살펴본다. 집합효율성이론은 빈곤 개선, 실업률 감소, 주거 안정 등 사회구조적 개선을 주장하고, 셉테드는 방어공간 구축을 목표로 물리구조적 개선을 주장하며, 깨진유리창이론은 무질서한 환경과 행태 개선을 주장한다. ② 이들 세 이론은 모두 사회·물리 구조적 환경이 열악하면 집합효율성이나 영역성 등 비공식적 사회통제가 약화된다고 보는데, 이때 비공식적 사회통제가 구조적 여건보다 범죄에 더 직접적인 영향을 미치는 것으로 간주한다. 따라서 비공식적 사회통제는 현대의 지역사회 범죄예방에서 매우 중요한 기제로 비중 있게 다뤄져야 한다. ③ 마지막으로 이 책은 사전예방을 위한 경찰활동의 핵심 패러다임인 지역사회 경찰활동을 살펴본다. 지역사회 경찰활동은 공식적 사회통제의 대표적인 예인데, 주민참여를 강조한다는 점에서 비공식적 사회통제와의 결합 및 시너지 효과를 추구한다. 1960-70년대 격변의 시대를 거치며 등장한 지역사회 경찰활동은 이후 제3자 경찰활동, 문제지향적 경찰활동, 예측적 경찰활동으로의 진화를 경험했는바, 이 책은 이들의 특징을 다양한 맥락에서 추적해간다. 〈그림 V-1〉은 이 책이 다룰 지역사회 범죄예방의 전체적인 내용을 구조화하고 있다.

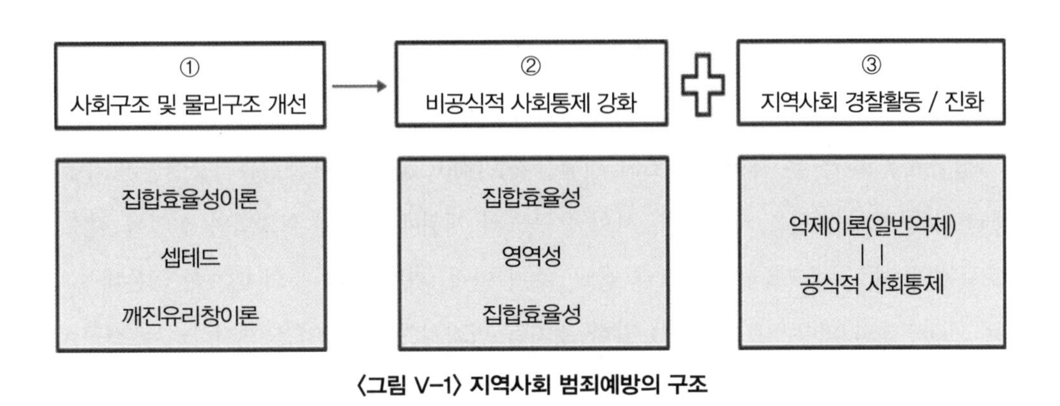

〈그림 V-1〉 지역사회 범죄예방의 구조

제1절 사회구조 및 물리구조 개선: 셉테드를 중심으로

▶사회구조 및 물리구조 개선
– 집합효율성이론이 제안하는 사회구조 개선: 경제 활성화, 실업률 감소, 소득 격차 해소 등은 이미 논의 되었으므로 생략함.
– 깨진유리창이론이 제안하는 물리적 무질서 개선은 셉테드 전략인 '유지관리'와 연관됨.
→ 따라서 이 책은 셉테드가 제안하는 물리구조 개선에 집중함.

생태학적 관점에 따르면 범죄예방은 일차적으로 구조적 개선과 비공식적 사회통제의 강화를 통해 가능하다. 이때 비공식적 사회통제(집단적 심리)가 구조적 여건과 범죄율 간의 매개변수로 설정되기 때문에 구조적 여건을 개선하는 것은 비공식적 사회통제를 강화시키는 방법이 되기도 한다(제1권 〈그림 VI–2〉 확인).

집합효율성이론은 사회적 구조의 개선을 제안하고 셉테드와 깨진유리창이론은 주로 물리적 구조의 개선을 제안한다. 사회적 구조의 개선에는 경제 활성화와 실업률 감소, 소득격차 해소, 공교육과 직업훈련 강화, 주거 안정, 가정 회복 등의 대책이 있는바, 이는 브랜팅햄과 파우스트(1976)[1]가 말한 것처럼 범죄의 '근본 원인'을 제거하려는 접근이다. 그런데 이에 대한 설명은 제1권에서 이미 다뤘고 앞 장의 〈표 IV–1〉에 잘 정리되어 있기 때문에 더 이상의 논의는 불필요해 보인다. 또한 제7장의 발달적 예방에서 범죄의 위험요인에 대한 논의가 유사하게 전개되므로 연관시켜 이해하면 충분할 것이다.

결국 이 책은 물리적 구조의 개선에 집중하고자 한다. 이때 깨진유리창이론이 제안하는 물리구조 개선은 쓰레기, 낙서, 빈집, 버려진 자동차 등 관리되지 않은 사소한 무질서를 개선하자는 것으로서 셉테드의 전략 중 하나인 '유지관리'와 연관된다. 따라서 여기에서는 셉테드가 제안하는 물리구조 개선만 살펴보도록 하겠다.

I. 셉테드의 개념 및 특징

셉테드는 물리적 환경설계를 통해 범행기회를 차단함으로써 '범죄와 범죄두려움'을 감소시키고자 하는 이론이자 실무이다. 범행기회를 차단한다는 것은 범죄발생의 3요소(잠재적 범죄자, 적당한 범행대상, 힘있는 보호자)가 시·공간적으로 수렴하는 것을 사전에 막는다는 의미이다. 크로우(2000)[2]는 셉테드의 현대적 의미를 설명하면서 "건축 환경의 적정한 디자인과 효과적인 활용이 범죄발생 및 범죄에 대한 두려움을 줄일 수 있고, 삶의 질을 향상시키는 학술적 그리고 실무적 접근이다"라고 주장했다.[3] 셉테드는 범죄과학의 대표적인 사례로서 범죄학, 건축학, 도시공학, 디자인, 생태학 등이 결합된 다학제적 학문이다. 이러한 셉테드가 범죄와 두려움을 감소시키는 기본 원리는 범죄자의 몸과 마음을 불편하게 만드는 것으로서, (1) 범행의 발각과 체포 위험도를 증가시키고, (2) 범행에 필요한 노력을 배가시키는 두 가지 원칙에 기반한다. 이를 구체적으로 실현하기 위해 다음과 같은 다섯 가지 전략을 구사한다.

▶셉테드의 특징
– 이론이자 실무
– 목표: 물리적 환경설계 → 범행기회 차단 → 범죄 및 두려움 감소
– 대표적인 범죄과학: 다학제적 학문

***참고로 셉테드의 창시자로 간주되는 제프리(1971)는 스키너의 행동주의 심리학에 영향을 받은 것으로 알려져 있음(임준태, 2009, p.32). 제1권의 사회학습이론 참고.**

Ⅱ. 셉테드의 5대 전략

① '접근통제(access control)' 강화는 잠재적 범죄인이 범행 대상(피해자 또는 피해품)에 쉽게 접근하지 못하도록 막는 전략이다. 이것은 동시에 사람의 이동을 일정한 공간으로 유도하고 때로는 출입의 흔적을 기록함으로써 범죄자에게 적발의 위험을 인지시킨다. 구체적인 방법으로는 안과 밖이 서로 보이는 펜스, 가시가 달린 관목 등의 '자연적 조치', 잠금장치, 출입차단기 등의 '기계적 조치', 경비원 등의 '조직적(인적) 조치'가 활용되고 있다.

▶셉테드의 원리 및 전략
– 원리: 적발과 체포 위험 증가 + 범행의 난이도 증가
– 전략: 접근통제, 감시, 영역성, 활동성 증대, 유지관리
– 유지관리는 깨진유리창 이론과 연관성이 큼.
– 전략은 상황에 맞게 상호보완적으로 운영되어야 함.

② '자연적 감시(natural surveillance)' 강화는 잠재적 범죄인과 범행 대상에 대한 가시성을 증가시키는 전략이다. 이것은 잠재적 범죄인에게는 발각과 체포의 두려움을 증가시키는 반면, 적법한 사용자에게는 안전감을 강화하여 시민들의 건전한 상호작용을 증대시킨다. 전통적으로는 방범등 설치 및 조도 강화, 가로수 관리, 담장 허물기, 건물 1층 및 계단에 투명창 설치, 아파트의 필로티 구조화 등 말 그대로 공적 장소 이용자들이 서로 잘 보이도록 만드는 자연적 조치를 포함한다. 여기에 점차 기계적, 조직적 감시가 추

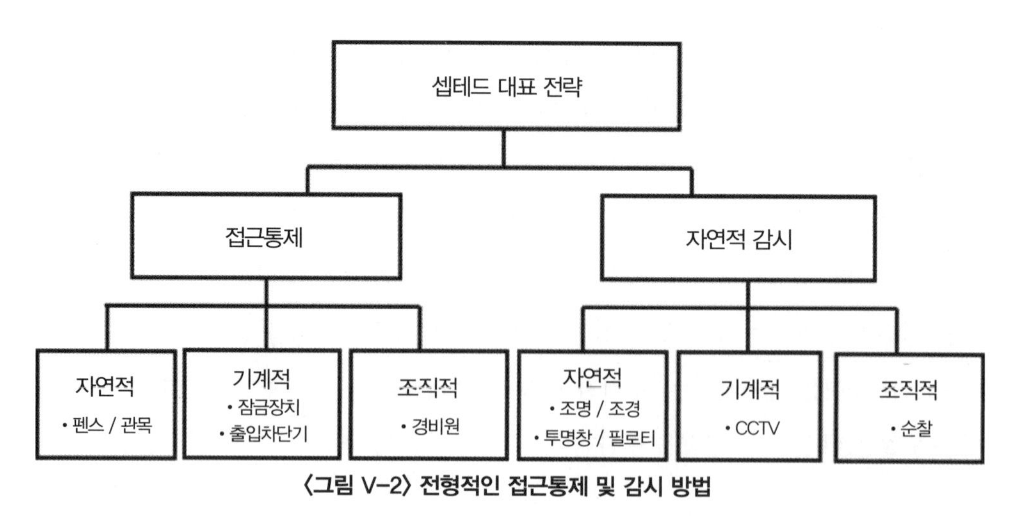

〈그림 V-2〉 전형적인 접근통제 및 감시 방법

출처: Crowe, T. & Fennelly, L. (2013). CPTED. Elsevier. 한국셉테드학회 편찬위원회(역). (2016). 「셉테드」. 기문당. p.38. 필자 각색.

가되는 방향으로 진화했는데, 대표적인 예로서 CCTV 설치, 경비원이나 경찰관의 순찰 등을 들 수 있다. 접근통제와 자연적 감시는 셉테드의 대표 전략으로서 〈그림 V-2〉와 같이 정리할 수 있다.

③ '영역성(territoriality)' 강화는 소유와 관리가 잘 이루어지고 있음을 명확히 알리는 전략으로서, 사적인 공간에의 침범을 막고 동시에 변명의 여지를 없애는 효과가 있다. 구체적인 방법으로는 울타리, 관목, 현관 바닥재, 잔디 등으로 공적·사적 영역을 구분하고 표지판 등으로 분명하게 표시하는 조치가 있다. 영역성 강화는 우리 동네라는 공동체의식과 애착을 증진시켜 주민들 스스로 지역사회를 지키는 능력 향상으로 이어진다.

④ '활동성 증대(activity support)'는 공적인 공간에 대한 시민들의 사용을 활성화시키는 전략으로서, 이는 자연스럽게 제인 제이콥스(1961)[4]가 강조한 '거리의 눈(street with eyes)'을 증가시키고 사용자들의 안전감을 증대시킨다. 구체적인 방법으로는 가로의 벤치

나 휴식 공간, 놀이터, 근린공원 등을 설치하는 조치가 있다. 이러한 시설은 주민들의 휴식, 레저, 스포츠, 독서 등의 활동을 유도하여 건전한 상호작용을 증대시킴으로써 삶의 만족도를 향상시킬 수 있다. 참고로 시민들의 건전한 상호작용은 비공식적 사회통제를 강화시키기 위한 조건으로도 간주되기 때문에 매우 중요하게 고려되어야 한다(〈그림 V-4〉 참고).

⑤ 마지막으로 '유지관리(maintenance and management)'는 공공장소나 시설물이 처음 설계될 때의 상태로 계속 사용될 수 있도록 보존하는 전략이다. 깨진 가로등이나 낙서를 발견하면 신속히 교체하거나 지우고, 벤치 등 공공시설이 파손되면 즉시 강한 재질로 복구하는 등의 조치를 취해야 한다. 이것은 깨진유리창이론과 연관된 개념으로서, 유지관리가 부실할 경우 자칫 질서를 어지럽혀도 된다는 메시지로 비춰질 수 있기 때문에 부수적인 전략이 아니라 매우 중요한 핵심요소로 간주된다. 참고로 깨진유리창이론에서는 무질서한 환경을 중범죄와 지역사회 쇠락의 원인으로 설명한다.

이상의 5대 전략은 상호보완적으로 운영되어야 한다. 예컨대, 안과 밖이 서로 보이는 펜스나 관목은 접근통제의 역할과 함께 영역성을 강화할 수 있다. 그런데 만약 펜스가 높고 양쪽에서 서로 볼 수 없는 구조라면 접근통제에는 유리하겠지만 감시 기능을 떨어뜨리는 문제가 발생한다. 그렇듯, 활동성 증대나 유지관리도 그 자체에만 목적을 두지 말고 어떻게 하면 감시나 접근통제, 영역성 강화에 기여할 수 있을지 함께 고려해야 한다. 결국 실제 셉테드 전략의 실행은 지역사회의 여건에 따라 맞춤형으로 진행되어야 효과를 기대할 수 있다.

Ⅲ. 셉테드의 진화

그런데 셉테드는 분명 건축 디자인을 통해 외형적 변화에 집중하는 접근이다. 영역성 강화를 주요 전략 중 하나로 내세우지만, 그것도 결국엔 환경 디자인을 통해 구현되는 전략이다. 따라서 초기(1970년대 중반)에는 직관적이고 실행이 용이해서 정책적으로 각광받았지만, 과연 범죄예방에 효과적인가 하는 질문은 항상 꼬리표처럼 따라다녔다. 특히, 논리적인 측면에서 만약 잠재적 범죄인이 정말 합리적이라면 변화된 환경에 쉽게 적응할 것이라는 비판이 진지하게 제기되었다.

2세대 셉테드: 사회문화적 환경개선

▶2세대 셉테드
– 물리적 환경개선에서 사회문화적 환경개선으로 패러다임 전환 = 영역성의 실질적 강화 도모

이에 셉테드는 1990년대 이후 2세대 셉테드로 진화하면서 주민참여를 통한 실질적인 영역성 강화에 집중하기 시작했다. 즉, 경찰 등 공공기관이 주도하던 접근에서 주민이 주체적으로 추진하는 방식으로 바뀐 것이다. 예컨대, 시민모임을 활성화하고, 자위방범 등 자치활동을 적극 지원하며, 청소년의 건전한 활동을 장려함으로써 기존의 '물리적 환경개선'에서 '사회문화적 환경개선'으로 패러다임을 전환했다. 우리나라의 대표적 사례인 마포구 염리동 소금길 환경개선에 주민들이 직접 참여해서 페인팅 작업을 하는 식의 접근은 이웃끼리도 모르고 지냈던 지역사회에 새로운 활력을 불어넣은 것으로 평가된다. 이후 성공적으로 정착한 셉테드는 2011년을 기점으로 '친환경적이고 지속가능하며 기술적으로 진보된 접근'을 추구하는 3세대 셉테드로 진화하고 있다.[5]

방어공간 개념에 주목!

▶셉테드를 학습하면서 방어공간 개념을 모르면 안 됨!
– 네 가지 구성요소: 영역성, 자연적 감시, 이미지, 환경

사실 제프리(1971)[6]가 셉테드를 처음 주창했을 때는 별 관심을 끌지 못했다. 그런데 1년 후 뉴먼(1972)[7]이 제프리의 이론을 토대로 '방어공간이론'을 발표하면서 엄청난 선풍을 일으켰다. 이때 학자적 양심이 강했던 뉴먼은 모든 공을 제프리에게 돌렸고, 이 때문에 현재도 제프리가 셉테드의 창시자로 인정받고 있다.

뉴먼이 제안한 방어공간(defensible space) 개념은 이름부터 멋지고 설득력도 매우 크다. 어둡고, 인적이 드물고, 관리되지 않고, 아무나 드나드는 곳은 누가 봐도 범죄유발환경이다. 이를 조금만 신경 쓰면 밝고, 인적이 많고, 잘 관리되고, 접근이 통제되는 곳으로 만들 수 있는데, 이러한 곳에서 범행하기는 쉽지 않다. 그래서 뉴먼은 이러한 장소를 방어공간이라 명명하고, 실제 공간적 특성에 따라 범죄율 차이가 큰 점을 근거로 내세워 방어공간 조성에 힘써야 한다고 주장했다.

그가 구체적으로 제시한 방어공간의 구성요소는 '영역성', '자연적 감시', '이미지', '환경' 등 네 가지이다. 여기에서 이미지는 물리적인 디자인이 시민에게 안전감을 느끼게 하는 정도나 능력을 말한다. 환경(milieu)은 근처에 경찰관서가 존재한다거나 또는 혼잡한 상업지역으로 둘러싸여 있다는 등의 주변 여건으로서 이 역시 범죄 안전에 영향을 미칠 수 있다. 영역성과 자연적 감시는 앞서 살펴본 셉테드 전략들과 동일한 개념이다.

이러한 방어공간 개념은 실제로 범죄억제환경을 구축하는 과정에서 필히 상황적 예방과 결합될 수밖에 없는바, 독자들은 셉테드와 상황적 접근을 꼭 함께 학습하기 바란다. 이런 취지에서 셉테드의 대가인 크로우(2013)는 양자 간 관계에 대해 "상황적 범죄예방은 셉테드보다 더 통합적이며, 특정 장소의 범죄문제에 중점을 두고 다른 모든 범죄예방 및 집행 전략들을 혼합시킨 것이다"라고 규정했다.[8]

▶셉테드와 방어공간 개념은 실제 범죄억제환경을 구축하는 과정에서 필히 상황적 예방과 결합됨!

Ⅳ. 셉테드 적용 사례

1. 외국의 사례

(1) 미국: 두점원법(Two-Clerks Law)

범죄율 감소에서 가장 주목할만한 셉테드 사례는 두점원법이다. 미국 플로리다주 게

인스빌(Gainesville)시에서는 1986년 4월 소위 「두점원법(Two-Clerks Law)」이라 불리는 편의점 행정조례를 시행했다. 이 조례는 강도 취약 시간대인 저녁 8시부터 새벽 4시 사이에 반드시 두 명 이상의 점원을 배치하도록 강제했다. 또한 계산대의 위치를 밖에서 잘 보이는 곳으로 옮기고, 유리창에 붙은 광고물을 모두 제거하며, 주차장의 조도 기준을 보다 밝은 수준으로 상향시키는 조치를 명령했다. 그밖에 CCTV의 성능 향상과 위치 조정, 현금보유한도 제한, 종업원에 대한 범죄예방교육 의무화 등을 시행한 결과, 7년 동안 강도사건이 80%나 감소했다. 큰 비용을 들이지 않고 이러한 엄청난 효과를 경험한 플로리다주는 이 조례를 주법으로 확대했고, 이후 버지니아, 오클라호마, 캘리포니아, 텍사스 등 여러 주법과 외국의 입법모델이 되었다.

(2) 영국: 방범환경설계제도(Secured By Design: SBD)

▶참고로 유럽에서는 셉테드를 '사회적으로 책임성 있는 디자인(Designing Out Crime: DOC)'이라 부르기도 함(박현호, 2017, p.27).

셉테드는 미국에서 기원했지만, 영국을 필두로 유럽에서 더욱 체계적으로 발달한 게 사실이다. 특히 우리나라의 셉테드가 영국의 사례를 벤치마킹한 경우가 많기 때문에 영국의 대표적인 정책과 법규는 중요하게 다뤄져야 한다. 기본적으로 영국의 셉테드는 부총리실과 내무부가 주도하여 중앙집권적이고 통일적이며 동시에 법규로 제정되는 경우가 많아서 '다기관 협력'이 일반화된 규범으로 작동하고 있다.

▶방범제품에 대한 인증 시 'Police Preferred Spec.' 로고 부착

방범환경설계제도(SBD). SBD는 영국의 대표적인 셉테드 정책으로서, 건물의 신축, 재건축, 리모델링 시 사전에 정해진 셉테드 기준을 충족할 경우 범죄로부터 안전한 시설임을 인증하는 제도를 말한다. 인증 절차를 통과한 시설에 대해서는 〈그림 V-3〉의 우측 그림과 같은 인증서가 수여되고 건물 외곽에는 좌측 그림과 같은 로고가 부착되어 외부에서 인식할 수 있도록 하고 있다. 지금은 이 제도가 확대되어 건물뿐만 아니라 방범창, 펜스 등 방범제품에 대한 인증도 실시되고 있다.

SBD는 1989년 전국경찰지휘관협회(ACPO)가 주도해서 시작되었다. 그래서 이는 경찰

이 주도하는 대표적인 셉테드 인증제도로 평가된다. 협회에서는 이 제도를 원활히 운영하기 위해 '셉테드 경찰관(ALO)'을 양성하고 있는데, 셉테드 경찰관은 2주 간의 전문가 교육과정을 통과한 전문가로서 이들이 SBD 인증심사를 주도한다. 이 제도는 1998년 「범죄와 무질서에 관한 법률(Crime and Disorder Act: CDA)」이 제정되면서 더욱 활성화되었다.[9]

▶ACPO: Association of Chief Police Officers)

▶ALO: Architectural Liaison Officer

〈그림 V-3〉 SBD 로고 및 인증서

범죄와 무질서에 관한 법률(CDA). CDA는 지방정부가 지역 전문가 및 주민과 함께 지역 내의 범죄와 무질서 문제를 파악하고 종합적인 전략을 수립하여 체계적이고 지속적으로 저감을 위해 노력하도록 주문한다. 이때 주요 구성원들 간에는 '범죄와 무질서 저감을 위한 협력 파트너십'을 형성하도록 강제하고 있다. 참고로 이처럼 다양한 주체들 간의 협력을 강조하는 파트너십은 자연스럽게 '제3자 경찰활동(TPP)'에 대한 논의로 이어지는바, TPP에 대한 설명은 이 장의 제3절에서 지역사회 경찰활동과 함께 다뤄진다.

▶TPP: Third Party Policing

특히 이 법 제17조는 지방정부의 모든 기관과 부서가 어떤 정책을 추진하든 반드시 범죄와 무질서에 대한 감축과 예방을 통해 지역사회 안전을 고려하도록 의무화하고 있다. 이에 근거하여 부총리실에서는 「보다 안전한 장소: 도시계획체계와 범죄예방(Safer Places: The Planning System and Crime Prevention)」이라는 셉테드 지침서를 제작하여 전국 지방정부에 배포함으로써 각 지방정부가 실정에 맞는 셉테드 정책을 보다 구체적으로 시행하도록 강력히 권장하고 있다.[10]

2. 국내 사례

(1) 우리나라의 셉테드 발달 개요

우리나라의 셉테드는 경찰청에서 2005년 3월 '셉테드 프로그램 추진계획'을 수립하고, 4월 경기도 부천시의 3개 지역을 대상으로 시범적으로 실시한 후, 9월 '범죄예방을 위한 설계지침' 책자를 발간하여 건설교통부(현 국토교통부) 등에 배포하면서 본격화된 것으로 볼 수 있다. 2006년 경찰종합학교(현 경찰인재개발원)에서 셉테드 전문가 양성교육을 시작하는 등 경찰청의 지속적인 노력은 건설교통부 등 관련 정부 부처의 호응을 끌어내어 2007년부터 혁신도시 개발에 셉테드 지침을 반영하기 시작했다. 또한 건설관리청에서도 행정중심복합도시(예, 세종시)를 설계하면서 셉테드 지침을 반영하기 시작했고, 지방자치단체로는 서울시가 최초로 2008년 뉴타운 건설에 셉테드 지침을 반영하기 시작했다. 2010년 3월에는 한국셉테드학회(KCA)가 창립되어 경찰청 등 정부 기관들과 함께 셉테드 발전을 위해 협업하고 있다.

(2) 법제화 및 인증제도

전술한 대로 우리나라의 셉테드는 영국 사례를 모델로 발달했다고 할 수 있다. 따라서 영국의 CDA와 SBD 제도를 벤치마킹하여 법제화와 인증제도라는 두 가지 방향으로 발전을 꾀했다.

법제화

경찰청에서는 2010년 국토해양부(현 국토교통부) 소관 6가지 법령에 '범죄예방' 규정을 삽입하도록 요청했다. 이에 국토해양부에서는 2011–2012년 사이 「건축법」을 제외한 모든 법령을 경찰청의 요구대로 개정했다. 그리고 2014년 5월 건축법이 개정되어 건축물에 대한 범죄예방규정이 마련되고 공동주택 및 다중생활시설 등을 건축할 때 셉테드 기준이 적용되도록 의무화되었다. 건축법의 개정은 우리나라 셉테드의 매우 중요한 성취로 간주할 수 있으므로 해당 조항을 소개한다.[11]

▶**국토해양부 소관 6가지 법령**
– 건축법, 도시 및 주거환경 정비법, 도시재정비 촉진을 위한 특별법, 국토기본법 시행령, 국토의 계획 및 이용에 관한 법률 시행령, 도시개발법 시행규칙

- 제53조의2 제1항. 국토교통부장관은 범죄를 예방하고 안전한 생활환경을 조성하기 위하여 건축물, 건축설비 및 대지에 관한 범죄예방 기준을 정하여 고시할 수 있다.
- 제53조의2 제2항. 대통령령으로 정하는 건축물은 제1항의 범죄예방 기준에 따라 건축하여야 한다.

위 조항의 대통령령에 해당하는 「건축법 시행령」 제63조의6에는 다가구주택, 아파트, 연립주택 및 다세대주택 등에 대해 범죄예방 기준을 따르도록 의무화하고 있는바, 구체적인 내용은 해당 법령을 참고하기 바란다. 그리고 우리나라의 지자체 90% 이상은 조례에 셉테드 원칙을 반영하고 있는바, 이처럼 광범위한 법제화 현황은 우리나라의 범죄예방을 논할 때 셉테드를 빼놓을 수 없음을 방증한다. 참고로 〈보충설명 V–2〉는 독자들이 셉테드에 대해 느끼는 현실감을 강화하기 위해 건축법 제53조의2 제1항에 따른 「범죄예방 건축기준 고시」에서 '범죄예방 공통기준'에 해당하는 조항을 소개한다.

스토리박스 〈보충설명 V-2〉

범죄예방 건축기준 고시(국토교통부고시 제2021-930호)

- **제4조(접근통제의 기준)** ① 보행로는 자연적 감시가 강화되도록 계획되어야 한다. 다만, 구역적 특성상 자연적 감시 기준을 적용하기 어려운 경우에는 영상정보처리기기, 반사경 등 자연적 감시를 대체할 수 있는 시설을 설치해야 한다.

② 대지 및 건축물의 출입구는 접근통제시설을 설치하여 자연적으로 통제하고, 경계 부분을 인지할 수 있도록 하여야 한다.

③ 건축물의 외벽에 범죄자의 침입을 용이하게 하는 시설은 설치하지 않아야 한다.

- **제5조(영역성 확보의 기준)** ① 공적 공간과 사적 공간의 위계(位階)를 명확하게 인지할 수 있도록 설계하여야 한다.

② 공간의 경계 부분은 바닥에 단을 두거나 바닥의 재료나 색채를 달리하거나 공간 구분을 명확하게 인지할 수 있도록 안내판, 보도, 담장 등을 설치하여야 한다.

- **제6조(활동의 활성화 기준)** ① 외부공간에 설치하는 운동시설, 휴게시설, 놀이터 등의 시설(이하 "외부시설"이라 한다)은 상호 연계하여 이용할 수 있도록 계획하여야 한다.

② 지역 공동체(커뮤니티)가 증진되도록 지역 특성에 맞는 적정한 외부시설을 선정하여 배치하여야 한다.

- **제7조(조경 기준)** ① 수목은 사각지대나 고립지대가 발생하지 않도록 식재하여야 한다.

② 건축물과 일정한 거리를 두고 수목을 식재하여 창문을 가리거나 나무를 타고 건축물 내부로 범죄자가 침입할 수 없도록 하여야 한다.

- **제8조(조명 기준)** ① 출입구, 대지경계로부터 건축물 출입구까지 이르는 진입로 및 표지판에는 충분한 조명시설을 계획하여야 한다.

② 보행자의 통행이 많은 구역은 사물의 식별이 쉽도록 적정하게 조명을 설치하여야 한다.

③ 조명은 색채의 표현과 구분이 가능한 것을 사용해야 하며, 빛이 제공되는 높이와 각도를 조정하여 눈부심 현상을 줄여야 한다.

- **제9조(영상정보처리기기 안내판의 설치)** ① 이 기준에 따라 영상정보처리기기를 설치할 경우에는 「개인정보보호법」 제25조 제4항에 따라 안내판을 설치하여야 한다.

② 제1항에 따른 안내판은 주·야간에 쉽게 식별할 수 있도록 계획하여야 한다.

인증제도

▶우리나라의 셉테드 인증제도는 아직 법적인 강제력이 없는 임의(자율) 인증임.

먼저 한국셉테드학회에서는 영국의 SBD 인증제도를 벤치마킹하여 2010년 6월부터 아파트 등 건축물에 대한 셉테드 인증을 시작했다. 현재는 '범죄예방 환경설계 인증에 관한 규정'을 마련해서 더욱 체계적으로 인증을 실시하고 있는데, 한 가지 아쉬운 점은 민간단체가 임의(자율)로 부여하는 인증이기 때문에 공신력이 약하다는 사실이다.

경찰청에서는 2013년부터 편의점 방범인증제도, 2014년부터 원룸 방범인증제도를 실시하고 있다. 현재는 다양한 건물과 시설에 대해 '범죄예방 우수 시설 인증제도'를 실시하고 있고, 범죄 위험성이 큰 주차장에 대해서도 '범죄예방 우수 주차장 인증제도'를 실시하고 있다. 그런데 경찰청이 실시하는 인증제도 역시 아직은 모두 법적인 강제력이 없는 임의(자율) 인증으로서, 셉테드학회와 경찰청에서는 인증의 법적 제도화를 위해 계속 노력하고 있다.[12]

범죄예방진단팀(CPO)

'범죄예방진단팀(CPO)'이란 지역사회와 함께 범죄예방대책을 마련하기 위해 거리, 공

▶CPO: Crime Prevention Officer

원, 공공시설, 건축물 등 특정 장소나 시설의 물리적·사회적 요인을 분석하여 범죄취약 요소를 파악하는 경찰관으로서, 이들의 임무는 지역사회와의 협력관계를 구축하고 경찰의 범죄예방역량을 강화하는 것이다. CPO 제도는 2016년부터 영국의 '셉테드 경찰관(ALO)' 제도를 벤치마킹하여 운영되고 있는데, 그해 5월 발생한 '강남역 화장실 살인사건'을 계기로 전국 경찰관서로 확대 시행되었다. 이후 경찰청은 국내 셉테드의 확대와 지역사회와의 협력 필요성이 커짐에 따라 CPO 인력확보를 위해 지속적으로 노력했는바, 2019년부터는 시도경찰청과 1급지 경찰관서에 원칙적으로 2명의 CPO를 배치하고 있다.[13]

다만 아직은 이들의 전문성이 영국의 ALO 수준에 달하는지 의문이다. 따라서 앞으로 좀 더 체계적인 교육훈련이 이루어지고, 전문가임을 인정하는 인증제도가 마련되면, 범죄예방 전문경찰관으로서 이들의 역할과 임무가 더욱 확대될 것이다. 이 주어진 임무와 목표를 달성하는 데 큰 도움이 될 것이다.

Ⅴ. 소결

제프리와 뉴먼 이후 50년이 지나 지금은 3세대 셉테드가 진행되고 있다. 국내에서는 최근 스마트시티 조성사업에 셉테드 원리가 적용되어 몇몇 도시는 지역 전체가 방어공간으로 구축되고 있다.[14] 이처럼 셉테드는, 비록 일부 호사가들이 얕은 지식이나 보여주기식 정책으로 폄훼하지만, 실제 유럽과 우리나라에서 가장 활발히 추진되고 있는 범죄예방 정책 중 하나이다. 그런 만큼 실로 엄청나게 많은 정책 사례와 법률, 제도가 존재하는데, 범죄학 학습자라면 이 책에서 소개한 정도의 기본 개념과 원리, 대표적인 사례들은 반드시 알아야 할 것이다.

효과성: 범죄 두려움 포함

셉테드의 효과성과 관련해서 이 책이 강조하고 싶은 점은 셉테드로 건축된 방어공간의 효과성이 범죄예방에만 있지 않고 안전감, 즉 범죄두려움 감소에도 있다는 사실이다.[15] 앞에서 범죄예방의 개념을 설명하면서 범죄두려움 감소가 효과성 평가의 기준이 된다고 규정한 사실을 기억하기 바란다(제4장 제1절). 필자는 셉테드와 경찰활동을 강의할 때 항상 현대의 예방정책을 평가할 때는 두려움 감소를 중요한 정책 목표로 삼아야 한다고 강조한다. 사실, 복잡·다양해지는 현대사회에서 특정한 정책을 통해 범죄를 획기적으로 예방하기란 결코 쉽지 않다. 하지만 시민이 느끼는 안전감을 향상시키는 것은 다양한 정책을 통해 얼마든지 가능하다. 실제로 우리 국민이 범죄로부터의 안전감을 삶의 질의 가장 중요한 지표 중 하나로 생각한다는 사실은 범죄 정책의 목표에 두려움 감소를 당연히 포함시킬 것을 요구한다. 따라서 비록 셉테드가 범죄율을 감소시키지 못하더라도 주민들이 환영하고 만족하며 안전감을 느낀다면 충분히 정책적 가치가 있다고 평가할 수 있을 것이다.

셉테드에 대한 비판

셉테드는 실제 적용되는 단계에서 상황적 범죄예방과 결합되는 경향이 있기 때문에 셉테드에 대해 지적되는 일반적인 문제점은 상황적 예방에 대한 지적과 유사한 부분이 많다. 따라서 전이 현상, 부정적인 사회현상 등에 대한 설명은 제3장을 참고하기 바란다.

위험관리 과정. 여기에서는 보다 일반적인 차원에서 셉테드를 '위험관리 과정(risk management process)'으로 이해할 필요성을 간단히 언급하고자 한다. 위험관리에 대한 국제표준인 'ISO 31000'에서는 위험(risk)을 '기대하는 목표에 대한 불확실성에 대한 영향'이라 정의한다. 우리말로는 위험이 부정적인 뉘앙스를 가지고 있지만, 그것은 danger를 번역할 때의 느낌이다. 반대로 risk는 불확실성에 대한 느낌이 강해서 잘만 관리하면 긍정적인 결과를 기대할 수도 있다는 개념이다. 즉, risk는 보통 '관리(management)'와 함께 쓰이는 용어이고, 또 위험관리는 목표보다 과정을 중시하는 개념으로 이해하면 된다. 따라서 셉테드를 위험관리의 과정으로 이해한다는 것은 '셉테드의 목표를 달성하기

▶ISO: International Organization for Standardization(국제표준화기구)

위해 불확실성을 지속적으로 모니터링하고 변화되는 환경에 역동적으로 대응하는 것'을 의미한다.[16]

▶셉테드를 '위험관리 과정'으로 이해하는 이유
- 물리적 환경 변화에 대한 인간의 빠른 적응성
- 현대의 비즈니스 모델은 목표만큼 과정을 중시함
→ 결국 셉테드의 성공적인 실행을 위해서는 방어공간을 구축하고 운영하는 과정이 체계적이고 지속적인 환류의 과정으로 정립되어야 함.

이 책이 셉테드를 위험관리의 과정으로 이해해야 한다고 강조하는 이유는 두 가지이다. 첫째, 셉테드를 하나의 완성품으로 이해하는 경향이 있는데, 이러한 정적인 접근은 인간의 빠른 적응성을 무시한 태도이다. 2세대 셉테드의 등장 배경에서 설명한 것처럼, 인간은 변화된 환경에 빠르게 적응하는 존재로서 방어공간을 구축하는 것 자체로 목표를 달성한다고 생각하면 큰 오산이다.[17] 둘째, 현대의 비즈니스 모델에서는 목표 달성 못지않게 과정을 중시한다. 우리가 잠시 후 경찰활동에서 살펴볼 문제지향적 경찰활동도 '조사-분석-대응-평가'로 구성되는 프로세스 모델(SARA)을 기본 틀로 삼아 실행된다. 따라서 셉테드는 ① 여러 이해관계자들 간의 소통을 기반으로 문제를 파악하고, ② 문제를 해결하기 위한 전략과 계획, 목표를 수립하고, ③ 전략과 계획을 실행하기 위한 자원을 투입하고, ④ 전략과 계획 실행 및 목표달성에 대한 엄격한 평가를 실시하고, ⑤ 잘된 부분은 강화하고 미흡한 부분은 개선하는 등의 체계적인 환류 과정으로 실천되어야 한다.

사실 모든 범죄예방의 성공적 실행을 위해서는 이러한 과정적 개념이 꼭 필요하다는 게 필자의 사견이다. 국내에서는 셉테드 협의체를 활성화하고 이러한 과정적 운영모델을 실천하기 위해 적극 노력하고 있다.[18]

제2절 비공식적 사회통제 강화

톤리와 파링턴(1995)[19] 모형에서 지역사회 범죄예방은 위험요인인 경제적 빈곤, 무질서를 개선하고, 보호요인인 지역조직, 유대와 결속을 강화하여 사회적 자본을 증진시키는 방법을 구사한다. 이를 해석하면, 경제적 빈곤이나 무질서는 구조적 개선의 대상인 반면, 지역조직과 유대, 결속은 사회적 자본으로서 지키고 발전시켜야 할 대상이다. 이러한 방법을 통해 궁극적으로 달성하고자 하는 목표는 공동체의 회복과 자정능력 향상으로서, 이는 곧 비공식적 사회통제의 강화를 의미한다. 따라서 이 책도 구조적 개선을 통한 비공식적 사회통제의 강화가 범죄예방의 효과성을 담보하기 위한 핵심 기제라고 설명한다. 단, 비공식적 사회통제의 강화를 위해서는 구조적 개선 외에도 몇 가지 체계적인 노력이 더 필요함은 당연하다.

전술한 대로, 집합효율성이론, 셉테드, 깨진유리창이론은 모두 1990년대 이후 진화를 거치면서 비공식적 사회통제를 매우 강조하고 있다. 그런데 사실 비공식적 사회통제가 자주 쓰이는 용어임에도 불구하고 왠지 개념을 정의할라치면 모호하다는 생각이 든다. 그래서 제1권의 〈필자비평 IX-1〉에서 범죄학에서 사용되는 모든 사회통제의 개념을 간단히 정리했으니 참고하기 바란다. 여기에서는 비공식적 사회통제의 개념과 강화 방법을 좀 더 구체적으로 살펴보고자 한다.

I. 비공식적 사회통제의 개념

사회통제(social control)란 가족이나 학교, 직장, 지역사회와 같은 집단의 구성원들에 대해 규칙·규범을 준수하도록 개인의 행위를 강제하는 것을 말한다. 이중 지역(거시) 수준의 사회통제에는 공식적 사회통제와 비공식적 사회통제 두 가지가 있다. 공식적 사회

▶비공식적 사회통제
– 관습이나 공동체의 동의에 기초하여 의무이행을 강제하고 질서를 유지하는 기제.
– 공식적 사회통제를 보완하는 새로운 접근방식 제공 = 주민참여.

통제는 사회적 의무를 어길 때 적용되는 처벌의 내용을 명문화한 법이나 규칙에 근거한다. 대표적으로 경찰, 검찰, 법원, 교정이 공식적인 사회통제기관에 해당한다. 이에 비해 비공식적 사회통제는 법률이나 기타 성문화된 규칙에 근거하지 않고 관습이나 공동체의 동의에 기초하여 의무이행을 강제하고 질서를 유지한다. 비공식적 사회통제의 주체는 가족이나 동료집단 등 기초적인 집단에서부터 지역사회의 조직에 이르기까지 다양하게 존재한다.

비공식적 사회통제는 지역사회 범죄예방의 핵심 기제로서 기존의 조직화 된 수단에 의해서만 이루어지던 통제방식에 새로운 접근방식을 제공한다. 공식적 예방활동이 효과를 보기 위해서는 주민의 참여가 무엇보다 중요하다. 공공기관의 사회통제는 항상 인력이나 재원의 부족 때문에 한계에 부딪히는바, 시민에 의한 비공식적 사회통제는 이를 훌륭하게 보완하고 범죄와 범죄두려움 감소에 실질적인 역할을 한다. 지역 주민들은 목격한 범죄를 경찰에 신고하는 것에서부터 비행청소년에 대한 훈계, 자발적 순찰 등의 방법으로 예방활동에 참여한다. 이처럼 자발적인 주민 활동의 사회통제 잠재력은 기본적으로 '우리 지역사회에서는 불건전한 행동이 용납되지 않는다'는 메시지를 전달하는 데 있다. 따라서 비공식적 사회통제가 더욱 효과적으로 작동하기 위해서는 지역사회의 통합과 연대가 강해야 하는바, 그럴수록 더 많은 구성원이 비공식적 사회통제에 참여하게 되어 더 많은 사람들이 집단규범을 준수하고 훈계나 배제와 같은 집단의 제재효과도 더욱 커지기 때문이다.[20]

Ⅱ. 비공식적 사회통제의 강화

1. 사회적 강화

뒤르켐이 강조한 것처럼, 사회통제는 사회적 사실로서 이것이 성공적으로 달성되기 위해서는 구성원들이 가치와 규범을 공유해야 한다. 특히 다양한 가치가 공존하는 현대 사회에서는 '규범 공유'가 비공식적 사회통제의 전제 조건이라 해도 과언이 아닐 것이다.

규범을 공유하는 집단이 형성되기 위해서는 먼저 사회적 상호작용이 활발히 이루어져야 한다. 건전한 상호작용은 서로를 이해하고 친근감을 형성하는 데 기여한다. 이웃 간에 애착이 생기면 지역의 문제를 내 문제처럼 생각하고 해결하려 한다. 이 과정에서 주민들은 서로의 안전을 걱정하며 범죄와 무질서 문제를 함께 해결해야 한다고 생각한다. 사소한 문제부터 함께 해결해가면서 서로에 대한 신뢰가 싹트고 지역사회에 대한 책임의식이 강화된다. 이러한 책임의식은 규범 공유로 이어지고 결국 선순환을 통해 비공식적 사회통제가 자연스럽게 달성된다(〈그림 V-4〉).

▶상호작용의 의미
–제1권 제7장(pp.362–365) 참고.

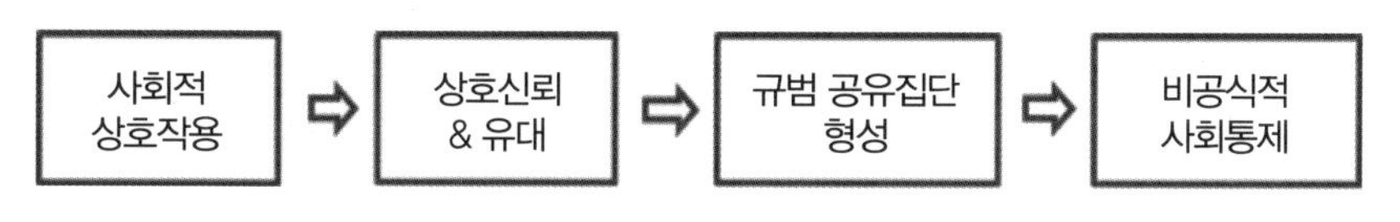

〈그림 V-4〉 비공식적 사회통제의 형성 과정*

출처: 박현호 외(2009). 「범죄예방론」. 경찰대학. p.72. 필자 각색.

*상호신뢰와 유대는 샘슨이 사용한 'mutual trust and social cohesion'을 번역한 표현임(제1권 p.306).

이때 건전한 상호작용 못지않게 중요한 강화 요인들이 존재하는바, 구성원들의 사회경제적 지위나 이해관계가 유사하고 문화적으로 동질한 특성을 가진 집단일수록 규범을 공유할 가능성이 커진다. 샘슨[21]이 집합효율성이론을 주창하면서 '집중된 불이익', '주거 불안정', '인종적 이질성'을 선행요인으로 제시한 것과 유사한 맥락이라 하겠다. 실제 연구에 의하면, 소득이 낮고 문화적으로 이질적인 주민들에게서는 공동의 행동규범이 잘 나타나지 않는 것으로 드러났다. 이러한 지역의 주민들은 동질감이 약해서 서로 신뢰하지 못하고 공동체에 대한 책임의식을 크게 느끼지 않는다고 한다.[22]

그런데 주의할 점은 이러한 지역적 특성이 비공식적 사회통제의 강화 노력을 퇴색시키는 것이 아니라 오히려 더 집중적인 노력을 요구한다는 사실이다. 또한, 주민들의 자발적인 노력을 기대하기 힘든 상황이라면 경찰 등 공식기관의 개입 노력이 한층 더 강화될 필요가 있을 것이다. 이러한 문제 인식은 자연스럽게 비공식적 사회통제와 공식적 사회통제의 통합 필요성에 대한 논의로 이어지는바, 이는 잠시 후 설명된다.

2. 물리적 강화

비공식적 사회통제의 강화에 여러 가지 물리적 요인들이 영향을 미치는데, 이들은 상당 부분 셉테드 원리와 연관된 내용으로 볼 수 있다. 예를 들어, 건물의 유형과 형태는 지역의 사회적 상호작용과 우호관계 형성에 영향을 미친다. 뉴먼(1972)[23]에 따르면 고층건물과 복합건물은 사회적 상호작용을 곤란하게 하여 비공식적 사회통제의 발현에 악영향을 미친다. 거리의 교통량도 지역의 상호작용 형태에 영향을 끼치는 것으로 나타났는바, 교통이 혼잡한 거리는 상호작용을 어렵게 하고 범죄 두려움을 증가시킨다. 따라서 자동차 교통 위주의 도시 설계는 지양될 필요가 있는데, 이는 이미 1961년에 제이콥스가 비판한 문제이기도 하다. 건전한 상호작용을 증대시킬 수 있는 대안적인 방법들은 셉테드의 5대 전략 중 '활동성 증대'를 참고하기 바란다.

그 밖에도 지역의 크기와 거주밀도, 시설물의 위치, 이웃 간의 물리적 근접성 등이 규범을 공유하는 집단 형성과 통합에 영향을 미치는 것으로 드러났다. 첫째, 지역사회의 규모가 크고 거주밀도가 높으면 사람들의 특성이 다양하고 개인주의적 성향이 강해서 상호교류와 통합이 쉽지 않다. 둘째, 공원이나 주민회관 같은 공공시설은 지역의 중심부에 위치하는 것이 상호작용 증대에 좋은 영향을 미치지만, 상업시설은 외부인의 진입이 많고 두려움을 증가시키기 때문에 외곽에 위치하는 것이 낫다. 셋째, 이웃 간의 물리적 근접성은 사회집단 형성의 기본 요소라 할 수 있다. 이는 첫 번째 요인과 연관 지어볼 때 밀집도가 높은 대도시에서 비공식적 사회통제의 발현이 어려울 것이라 짐작케 한다. 이러한 어려움은 전술한 대로 비공식적 사회통제 강화를 포기해야 한다는 의미가 아니라 더 체계적이고 장기간의 노력이 필요하다는 의미로 해석해야 한다. 그리고 이러한 지역에서 공식적 사회통제와의 통합 노력이 더욱 요구된다 하겠다.[24]

Ⅲ. 비공식적 사회통제의 활동 예시

주민들이 스스로 지역사회를 지키려는 노력은 다양하게 전개되어왔다. 이 책에서는 브랜팅햄과 파우스트(1976)의 설명에 따라 이웃감시와 주민순찰을 대표적인 사례로 소개한다. 이들은 확실히 지역사회의 자정능력을 향상시키고 잠재적 범죄인에게는 엄격한 경고의 메시지를 전파하는 데 매우 효과적이다.

1. 이웃감시(Neighborhood Watch) 프로그램

이웃감시 프로그램은 구역감시(Block Watch), 가정감시(Home Watch), 지역사회감시(Community Watch) 등 여러 이름으로 불리는데, 이것은 기관에 의한 민간 감시가 아니라 주민들끼리 서로를 지켜주기 위해 생겨난 프로그램이다. 그래서 '이웃 지켜주기'로 번역되는 경우가 있으니 주의 바란다.

▶이웃감시 프로그램
- 주민들이 서로 지켜주는 프로그램('이웃 지켜주기')
- 주민들 간의 유대와 규범공유, 협력 강화에 기여
- 1960년대 제노비스 신드롬에서 시작.
- 공식적 사회통제와의 결합으로 발달.

지역주민들이 서로 친밀한 관계를 유지하고 이웃의 습관이나 일상 활동에 대해 잘 알게 되면 자신들의 영역에서 의심스러운 사람이나 행동을 쉽게 발견할 수 있다.[25] 또한 공통으로 느끼는 문제들을 파악하고 미리 대처하기 위해 조직적으로 움직일 수 있다. 이러한 유대와 규범공유, 협력은 지역 주민과 외부 방문객들에 대한 훌륭한 통제기제가 된다. 사회해체이론의 정신에 따라 버식과 그라스믹(1993)[26]은 지역의 자정능력을 강화하기 위해 또래 네트워크, 가족, 지역 사업체, 교회, 학교, 동호회 등 다양한 지역조직이 활성화되고 이들을 중심으로 감시와 신고, 개입이 강화되어야 한다고 주장했다.[27] 단, 이것이 과거의 자경단은 아니므로 제압이나 체포와 같은 물리적인 개입은 장려되지 않고, 대신 주로 설득이나 경고와 같은 구두 개입이 이루어진다.[28]

이웃감시의 가장 큰 기능은 말 그대로 감시인바, 성공적인 감시는 장소의 합법적인 사용자와 불법적인 사용자를 구분해내는 것이다. 이를 위해 지역조직의 회원들과 주민들은 경찰의 실질적인 눈과 귀가 되어야 한다. 필자가 경험한 일화를 소개한다. 필자는

2006년 여름 박사학위논문 작성에 필요한 데이터를 수집하기 위해 미시간주의 주도인 랜싱(Lansing) 지역을 한 달 정도 돌아다녔다. 방문 목적은 관리가 잘 안 되어 경고 딱지를 받은 주택과 그 주변 환경을 조사하는 것이었고, 방문 지역은 주로 그러한 주택이 위치한 중하류층 동네들이었다. 방문 활동은 미리 준비한 체크리스트를 채우고 증거로서 사진을 촬영하는 것이었는데, 필자를 수상히 여긴 주민들의 신고로 최소 5번 이상 경찰이 출동했었다. 실제로 경찰과 조우한 건 한 번이었는데 신분과 활동사항을 밝힌 후 무사히 자리를 떠났고, 나머지 경우는 모두 필자가 현장을 떠나는 도중 경찰이 도착하는 모습을 목격하고 놀라서 도망친 경우였다. 당시엔 필자도 경찰관이었고 불법행위를 한 것도 아니었는데, 왜 놀랐는지 잘 모르겠다. 하기야 지금도 놀라는 건 마찬가지이니 어쩌면 본능적인 반응인가보다.

▶체크리스트 = 환경조사서(제1권 p.77 참고)

1960년대 중반 시작. 이웃감시 활동은 격변의 시기였던 1960년대 중반 뉴욕에서 발생한 키티 제노비스 강간살인사건을 계기로 촉발되었다. 지금은 잘못된 기사로 판명되었지만, 당시 뉴욕타임스는 38명의 목격자가 피해자를 돕기는커녕 신고조차 하지 않았다고 보도하여 시민들의 공분을 자아냈다. 이 기사는 심리학 분야에서 '방관자 효과(bystander effect)' 또는 '제노비스 신드롬(Genovese syndrome)'이라 불리는 현상을 탐구하게 만들었다. 이 기사로 인해 일부 지역의 시민들은 스스로 지역조직을 만들어 범죄를 감시하고 신고하는 활동을 시작했다. 경찰 당국은 시민들에게 더욱 적극적으로 신고에 동참해주길 권고했고, 1972년부터는 '전국보안관협회(NSA)'가 주도하여 이웃감시 조직을 전국적으로 확대하기 시작했다.

▶이웃감시가 시작된 시기는 다음 절에서 살펴볼 지역사회 경찰활동의 성장 시기와 동일함에 주목하자!

▶NSA: National Sheriffs' Association

비공식적 사회통제와 공식적 사회통제의 결합. 이러한 이유로 이웃감시 조직은 점차 지역사회와 경찰의 가교역할을 담당하게 되었다. 그러다가 1970년대 중반 이후 지역사회 경찰활동이 성장하면서 지역경찰은 이웃감시에 대한 조언자 역할을 담당하기 시작했다. 2002년 전국보안관협회와 미 법무부의 재정 지원을 받아 설립된 '전국 이웃감시 프로그램(NNWP)'은 점차 기능을 확대하여 현재는 범죄예방뿐만 아니라 재난 감시와 응급사태 대응까지 수행하고 있다.

▶NNWP: National Neighborhood Watch Program

결국 이웃감시 프로그램은 자발적인 시민 활동으로 시작되어 지금은 정부와 경찰의 관리·지원 속에 공식적 사회통제와 결합된 대표적인 비공식적 사회통제 사례로 평가된다. 미국의 경우 약 38%의 시민이 이웃감시에 참여하고 있고,[29] 영국, 캐나다, 호주, 뉴질랜드, 그리고 아시아 국가들에서도 활발히 시행되고 있다.[30] 그런데 우리나라에서는 이웃감시라는 명칭에서 일제 강점기의 호구조사나 북한의 5호담당제가 연상되어서 그런지 이러한 명칭의 자치 프로그램은 존재하지 않는다. 대신 경찰이 주도해서 시민조직과 협력하는 방식의 협력치안 프로그램은 다수 존재하는바, 이는 제3절의 지역사회 경찰활동에서 살펴본다.

▶약 38%의 참여도는 저술의 연도를 고려했을 때 2008년경 기준으로 볼 수 있음.

범죄 해결사(Crime Stopper). 이웃감시가 점차 경찰과의 협력관계로 진전됨에 따라 신고포상제도 등과 병행되는 경우가 많다. 범죄 해결사 프로그램이 대표적인 신고포상제도로서 범죄의 심각성에 따라 100달러에서 2,000달러 정도의 현금보상을 제공한다. 신고자의 안전을 위해 익명성이 철저히 보장됨은 당연하다. 이것은 1976년 뉴멕시코주에서 처음 시작된 이후 미 전역으로 빠르게 확대되었고, 지금은 서구는 물론 우리나라에서도 매우 일반화된 제도이다.[31]

2. 주민순찰(Citizen Patrol) 프로그램

사실 주민순찰도 발달과정과 성격을 보면 이웃감시 프로그램의 한 요소에 해당한다. 그런데 정적인 감시와 신고를 넘어 적극적으로 취약지역을 순찰하는 것은 범죄에 대한 감시는 물론 발견 기능을 한층 강화시키기 때문에 이웃감시의 핵심 활동이라 할 수 있다.[32]

▶주민순찰 프로그램
– 이웃감시의 핵심 활동
– 서구의 대표적인 사례: 수호천사
– 우리나라의 대표적인 사례: 자율방범대

수호천사(Guardian Angels). 미국에서 가장 널리 알려진 주민순찰의 예는 수호천사이다. 이것은 1979년 뉴욕에서 '용맹한 13명의 지하철 안전순찰대'라는 이름으로 지하철 범죄를 예방하는 활동을 하면서 시작되었는데, 현재는 전국적인 대규모 시민운동 조직으로 성장했다.

수호천사는 자신들의 유니폼인 티셔츠와 붉은 베레모를 쓰고 공원, 상가, 거주지역 등에서 범죄가 많이 발생하는 취약지역을 직접 순찰하며 범죄를 예방하고 범인을 검거한다. 또한 지역주민을 대상으로 범죄예방 교육, 범죄예방에 대한 능동적인 참여운동 전개, 길 안내, 만취자·노약자 보호 등 봉사활동을 전개한다. 현재는 세계적인 네트워크가 구성되어 있으며, 본부는 영국 런던에 위치하고 있다. 아시아지역은 일본에서 학교 주변을 중심으로 순찰대를 조직하여 운영하고 있는 것이 대표적인 사례로 꼽힌다.[33]

우리나라의 자율방범대. 우리나라의 자율방범대는 1953년 11월 한국전쟁이 끝난 후 국내에 남아있던 공비토벌에 투입된 경찰력을 보충하기 위해 리·동 단위로 '주민 야경대'가 발족되어 주민들이 윤번제로 방범순찰을 하던 것에서 비롯되었다. 그런데 이 주민 야경대는 1962년 유급 방범원으로 전환되면서 시민 자율방범의 의미가 사라졌다. 유급 방범원 제도는 1989년 방범원의 지위를 지방공무원으로 전환하면서 폐지되었는데, 1990년 10월 '범죄와의 전쟁' 선포로 인해 자율방범조직의 필요성이 다시 제기되었다. 이에 파출소 단위로 시민 자율방범조직이 재정비되고 인원도 확충하면서 현재에 이르고 있다.

현재 자율방범대는 '지역주민이 마을 단위로 자율적으로 조직하여 관할 지구대 및 파출소와 상호협력관계를 맺고 범죄예방활동을 수행하는 봉사조직'으로 정의된다. 이들은 경찰과 합동 또는 자체적으로 3–5인이 조를 편성하여 주로 심야 취약시간대에 순찰활동을 전개한다. 이때 범죄신고, 부녀자 안전귀가, 청소년 선도 및 보호, 경찰과의 합동출동 등 다양한 활동을 병행한다. 2018년 기준 전국에 4,200여 개의 조직이 있고 약 10만 명의 대원이 활동하고 있다. 2011년 기준 4,752건의 신고사건에 경찰과 합동출동해서 657명의 형사범을 합동검거하기도 했다.

자율방범대는 순수한 시민봉사조직으로서 대원 대부분이 생업에 종사하고 있기 때문에 그들의 자발적인 의지가 없으면 운영되기 힘든 구조를 가지고 있다.[34] 이에 경찰청에서는 대원들의 안정적인 봉사활동을 지원하기 위해 유관기관과 적극 협력하고 있는바, 대표적인 예로서, 민방위 기본교육의 면제, 단체 상해보험 가입, 검거유공자에 대한 포상과 보상금 지급 등의 제도보완이 있다. 향후 더 많은 시민이 참여할 수 있도록 법적·제도적 장치가 보완되면 우리나라의 비공식적 사회통제는 물론 지역사회 경찰활동의 모범사례로 자리매김할 것이다.[35]

Ⅳ. 소결

지역사회의 자정능력을 의미하는 비공식적 사회통제는 서두에서 밝힌 대로 범죄예방의 효과성을 담보하기 위한 핵심 기제로 간주된다. 그런데 이것이 실질적인 효과를 거두려면 '우리 동네에서는 불건전한 행동이 절대 용납되지 않는다'는 메시지가 분명히 전파되어야 한다. 그러기 위해서는 공식적 사회통제, 특히 경찰의 협력과 지원이 반드시 병행되어야 한다. 점점 대담해지고 흉포화되는 최근의 범죄성향에 비추어 볼 때 경찰의 지원 없이 섣부른 주민 대응이 이루어지면 오히려 선의의 피해자가 나올 우려가 존재한다. 따라서 현대의 범죄예방에서는 비공식적 사회통제와 공식적 사회통제의 통합이 선택이 아닌 필수로 간주됨을 명심해야 한다. 앞에서 살펴본 이웃감시와 주민순찰의 사례도 대부분 통합의 방향으로 전개되었음을 알 수 있다.[36]

비공식적 사회통제와 공식적 사회통제의 시간적 발달순서

현대의 범죄예방을 논할 때는 일반적으로 공식적 사회통제의 한계를 보완하기 위해 비공식적 사회통제가 강조되고 있다고 설명한다. 그런데 역사적으로는 비공식적 사회통제가 당연히 공식적 사회통제보다 훨씬 앞서서 발달했음이 당연하다. 그래서 위에서와 같이 주민자치의 한계를 보완하기 위해 경찰의 협력과 지원이 필요하다는 주장도 매우 일리가 있다. 비공식적 사회통제의 개념을 온전히 이해한 지금은 이것이 어쩌면 인간이 사회적 공동체를 형성하면서부터 시작되었을 거라 짐작할 수 있다. 따라서 역사가 반복되듯, 비공식적 사회통제도 현대에 다시 강조되고 있는 개념으로 생각하면 된다. 독자들의 이해를 돕기 위해 국내 사회학계의 거목인 김경동 교수의 저술 내용을 〈보충설명 V-3〉으로 제시하니 참고 바란다.

스토리박스 〈보충설명 V-3〉

비공식적 사회통제

사람들이 어떤 행동을 공인하거나 부인하는 것을 문서화하지 않고 미묘하게 뜻을 나타낼 때 우리는 비공식적 사회통제가 작용한다고 본다. 이런 통제는 규모가 작고 친숙한 사람들의 원초적인 집단 속에서 주로 일어나고 또 효과적이다. 얼굴을 찌푸리든가, 점잖게 이견을 나타내든가, 오랫동안 묵묵부답이라든가, 빗대는 농담, 숙덕공론 같은 것으로 비공식적 사회통제는 이루어진다.

하지만 사회는 규모가 커지고 그 구조가 복잡하게 되면, 이차집단의 영향력도 늘어나고 사회통제 역시 공식화할 필요가 생긴다.

공식적 사회통제

이질적이고 복합적인 사회에서는 서로 친숙하게 아는 사람들이 드물고 서로의 행동에 대해서 연대책임 같은 것을 느끼지 못하므로 자연히 좀 더 공식화한 통제기제가 필요하게 된다.

정식으로 국가의 권위에 의해서 법을 만들고, 국가의 권위가 위양한 사법제도에 의하여 위법자를 다스리고 처리한다. 그런데 이러한 공식적 사회통제의 주된 접근은 두 가지로 크게 나누어진다. 첫째는 일탈자를 고립시키거나 처벌함으로써 사회를 그로부터 보호하자는 것이고, 둘째는 일탈자를 재사회화·갱생시켜서 사회에 복귀시키자는 접근이다.

출처: 김경동. (2007). 「현대의 사회학」, 박영사. pp.416-417.

▶주의: 여기에서의 공식적 사회통제는 사후대응을 의미함. 최근 범죄학에서는 사전예방도 공식적 사회통제의 주요 부분으로 다뤄짐. 제3절 지역사회 경찰활동 참고

제3절 지역사회 경찰활동

I. 등장 배경

근대경찰 이전: 자경주의

▶1829년 런던수도경찰청 설립
– 범죄학의 실증주의가 등장한 시기와 일치!

오랜 자치의 역사를 가진 영미법계에서는 치안의 영역에 있어서도 '자경주의(vigilantism)' 전통이 강하다. 앞 절에서 설명한 '이웃감시'는 사실 근대식 경찰 개념이 등장하기 훨씬 이전부터 자경의 목적으로 시행되었던 활동으로 이해할 수 있다. 참고로 미국에서 연일 터지는 총기 사고에도 불구하고 규제가 쉽지 않은 이유 역시 일정 부분 이러한 역사적 맥락에 기인한다고 볼 수 있다. 자경주의 정신은 1829년 최초의 근대경찰조직으로 평가되는 런던수도경찰청이 설립될 당시에도 그대로 이어졌는바, 이때 내무부장관이었던 로버트 필은 '경찰이 시민이고 시민이 경찰'이며 '경찰은 지역사회의 복지와 이익을 위해 봉사할 것'을 강조했다(〈보충설명 V-4〉 확인).[37]

영미식 근대경찰의 특징

▶영미식 근대경찰이라 칭하는 이유
– 유럽 대륙의 국가경찰과 매우 다른 역사와 특징을 갖고 있기 때문임. 범죄학에서의 논의는 특별한 언급이 없는 한 영미식을 전제로 한다고 생각하면 됨. 각국 경찰의 역사와 제도에 대해서는 경찰학 참고.

미국의 경찰학자 데이비드 베일리(1985)[38]는 영미식 근대경찰의 특징을 다음과 같이 세 가지로 규정했다. 첫째, 근대경찰의 기준은 '공공경찰(public police)'이다. 기존에는 범죄나 무질서 등 사회문제를 시민/민간경찰이 처리해왔지만, 더 이상 이런 문제에 효과적으로 대처할 수 없게 되어 공공경찰이 이를 대체하게 되었다. 둘째, 근대경찰은 '분화된 경찰(specialized police)'이다. 기존의 경찰은 다양한 업무를 처리해왔지만, 근대경찰은 주로 범죄자나 질서 위반자에 대해 물리적 강제력을 행사하는 제한된 직무만을 수행했다. 셋째, 근대경찰은 '전문화된 경찰(professional police)'이다. 일정한 자격조건(신체, 지능, 인성 등)을 갖춘 사람만이 경찰업무를 담당할 수 있었으며 체계적인 직무관리를 통해 업무수행정도가 일정한 품질을 유지하도록 했다. 이를 위해 런던수도경찰은 직원에 대

한 교육·훈련을 체계화하고, 규율과 감독을 제도화했다.[39]

참고로, 영국의 경찰은 근대화 이후 이러한 특징을 중심으로 발전했지만, 미국의 경찰은 19세기 동안 외형만 영국식을 벤치마킹한 채 실제로는 정치권과 밀접하게 연관된 엽관주의가 성행했다. 그래서 이를 '정치적 모델'이라 칭하는데, 이는 필연적으로 부패의 만연으로 이어져 비난의 대상이 되었다.[40] 그러다가 20세기 이후 미국 근대경찰의 아버지로 불리는 오거스트 발머(August Vollmer)가 캘리포니아주 버클리 경찰서를 중심으로 경찰 전문화 운동을 주도하면서 비로소 전문성을 갖춘 근대경찰로 탈바꿈했다.[41] 이러한 영미식 '전문경찰 모델'을 전통적 경찰활동이라 칭한다. 이제부터는 미국의 사례를 위주로 논의가 이루어진다.

▶미국 경찰의 정치적 모델(political model)
- 19세기 미국의 경찰관서는 외형만 영국식 전문경찰 모델을 따라 하고 실제 운영은 정치권과 밀접하게 연관된 엽관주의 형태로 운영되었음.
- 20세기 이후에야 오거스트 발머의 주도하에 전문경찰 모델로 운영됨.

경찰 전문화의 문제점 = 전통적 경찰활동의 문제점

1930년대 이후 미국 경찰의 전문화는 순찰차, 양방향 무전기, 전화기와 같은 새로운 기기를 도입해서 범죄신고에 최대한 빠르게 반응할 수 있는 대응적 경찰전략을 정착시켰다. 이러한 혁신은 경찰활동의 효율성을 증대시키긴 했지만, 결과적으로 경찰과 지역사회를 단절시키는 부작용을 낳았다.[42] 더 심각한 문제는 단절을 넘어 경찰과 지역사회가 서로 갈등하는 관계로 악화되었다는 사실이다. 특히 소수인종과 저소득층이 밀집한 지역에서 갈등이 심했고 강압적인 경찰의 행태에 일련의 폭동으로까지 이어졌다. 1967년 존슨 대통령의 지시에 따라 인종 폭동의 원인을 조사하기 위해 소집된 '커너 위원회(the Kerner Commission)'는 최종 조사보고서에서 전문화 모델에 기반한 공격적이고 불공정한 경찰활동이 갈등과 폭동의 원인인 것으로 결론 내렸다. 경찰업무의 효율성과 전문성만 추구하다가 경찰이 지역사회의 일부분이며 지역사회를 위한 봉사자라는 사실을 간과한 결과였다.[43]

새로운 패러다임의 등장 = 지역사회 경찰활동

1967년 대통령 위원회는 전통적 경찰활동의 문제점을 해결하기 위한 대안으로서 법집행 시 시민의 참여 확대, 악화된 지역사회의 감정을 순화시키기 위한 정책 시행, 팀 경찰활동의 시범운영을 통한 대민 서비스 강화, 경찰의 직무만족도 향상 등을 위한 33가지 권고사항을 보고했다. 이러한 일련의 혼란과 수습 과정을 거치면서 1980년대 이후 경찰과 지역사회 간의 양방향 소통과 협력을 기반으로 하는 지역사회 경찰활동이 본격적으로 시행되기 시작했다.[44]

스토리박스 〈보충설명 V-4〉

로버트 필경이 제시한 9가지 경찰 원칙

① 경찰은 군대에 의한 폭압이나 엄격한 법적 처벌이 이루어지지 않도록 미연에 범죄와 무질서를 예방해야 한다.

② 경찰의 임무를 완수하기 위해 필요한 힘은 시민의 지지와 승인 및 존중에 전적으로 의존한다는 사실을 결코 잊어서는 안 된다.

③ 경찰에 대한 시민의 지지와 승인 및 존중을 확보한다는 것은 법을 수호하는 경찰의 업무에 대한 시민의 자발적인 협력을 확보한다는 것과 똑같은 의미이다.

④ 시민의 협력을 확보하는 만큼 경찰의 목적 달성을 위한 강제와 물리력 사용의 필요성이 줄어든다.

⑤ 시민의 지지와 승인은 결코 여론에 영합해서 얻어지는 것이 아니라, 지속적으로 공정하고 치우침 없는 법집행을 통해서 확보된다. 즉, 절대적으로 중립적인 정책, 부나 사회적 지위 등 어떤 것에도 상관없이 시민을 동등하게 대하는 방식, 언제나 예의와 친절 및 건강한 유머를 견지하는 태도, 그리고 국민의 생명을 지키고 보호하기 위해 자신을 희생할 준비를 통해 얻어지는 것이다.

⑥ 경찰의 물리력은 반드시 자발적 협력을 구하는 설득과 조언, 경고가 통하지 않을

때에만 사용해야 하며, 그때도 필요 최소한의 정도에 그쳐야 한다.

⑦ 경찰이 곧 시민이고 시민이 곧 경찰이라는 인식을 바탕으로 항상 경찰-시민 간 협력관계를 유지해야 한다. 경찰은 공동체의 복지와 존립을 위해 봉사하도록 고용된 공동체의 일원일 뿐이다.

⑧ 경찰의 역할은 법을 집행하는 것임을 항상 명심해야 한다. 결코 유무죄를 판단해 단죄하는 사법부의 권한을 행사하는 것처럼 보여서는 안 된다.

⑨ 경찰의 효율성은 범죄와 무질서의 감소나 부재로 판단되는 것이지, 결코 범죄나 무질서를 진압하는 가시적인 모습으로 인정받는 것이 아니다.

출처: 강용길 외 3인. (2018). 「생활안전경찰론」. 경찰대학 출판부. p.39.

Ⅱ. 지역사회 경찰활동의 개념 및 특징

지역사회 경찰활동(Community Policing)은 전통적 경찰활동에 대한 대안으로서 1980년대 이후 본격화된 경찰활동의 새로운 '패러다임'이다. 이것은 범죄학에서 범죄예방을 논할 때 가장 자주 등장하는 제도 중 하나이기 때문에 독자들은 반드시 등장 배경과 개념, 특징을 명확히 알아야 한다. 그 전에 일단 범죄예방에서 지역사회 경찰활동의 위치를 복기해보자. ① 범죄예방의 1단계인 '지역사회 범죄예방'에 속한다. ② 브랜팅햄과 파우스트(1976) 모형이 제시한 일반억제이론에 기반한 형사사법기관의 활동, 즉 공식적 사회통제에 해당한다. ③ 기본적으로는 공식적 사회통제에 해당하지만, 지역사회의 협력을 필수요소로 강조하기 때문에 공식적 사회통제와 비공식적 사회통제가 결합된 대표적인 접근이다.

등장 시기에 주목! 이 책은 지역사회 경찰활동이 1960-70년대의 혼란한 시기를 거치

▶지역사회 경찰활동이 발달한 시대적 배경을 보면 비판주의와 현대범죄학을 관통하는 시점과 일치함. 따라서 지역사회 경찰활동은 전통적 경찰활동에 반한 패러다임의 대전환으로 이해하는 것이 바람직함.

면서 논의되고 본격화된 점을 강조한다. 이러한 시대적 배경은 제1권에서 다룬 범죄학의 비판주의와 현대범죄학을 관통하는 시점과 일치한다. 실제로 비판주의와 지역사회 경찰활동은 독특했던(급진주의) 시대적 배경을 에너지 삼아 패러다임의 대전환을 이룬 이론과 정책의 대표주자로 간주할 수 있다. 따라서 지역사회 경찰활동을 학습하다 보면 다양하고 유사해 보이는 용어들(예, 핫스팟 경찰활동, 지역중심 경찰활동, 제3자 경찰활동, 이웃지향적 경찰활동, 문제지향적 경찰활동 등)이 자주 등장하고 어떻게 구별할지 막막한 경우가 있는데, 걱정하지 말고 모두 지역사회 경찰활동의 패러다임에 속한다고 정리하면 된다. 그중 이 책에서는 추가적인 논의가 꼭 필요한 정도의 특징을 가진 제3자 경찰활동과 문제지향적 경찰활동을 진화된 경찰활동으로서 살펴볼 것이다. 우리가 비판주의와 현대범죄학에서 살펴본 사상의 변화 흐름을 그대로 적용해서 잘 구조화하면 지역사회 경찰활동을 이해하는 데 큰 도움이 된다. 마지막으로, 현대범죄학에서 확장된 영역에 해당하는 범죄예측과 예측적 경찰활동에 대한 설명이 필요한데, 이것은 범죄자 예측을 포함하는 포괄적인 개념이기 때문에 제7장에서 독립된 절로 설명하겠다.

1. 지역사회 경찰활동의 개념

경찰활동의 새로운 패러다임으로서 이념이자 정책이다!

지역사회 경찰활동은 지역사회와 친근한, 지역사회 밀착형 경찰활동으로 이해할 수 있다. 이것은 경찰과 시민이 협력함으로써 범죄 발생과 두려움, 사회적·물리적 무질서를 해결할 수 있다는 일반적인 인식에 기초한다.[45] 또한 이것은 경찰이 단지 법집행 공무원으로서가 아니라 지역사회의 일원이자 시민의 후원자로서 시민과의 협력을 통해 공동체의 삶의 질을 개선할 수 있다는 믿음에 근거한다. 따라서 지역사회 경찰활동은 하나의 구체적인 프로그램을 지칭하는 용어가 아니라, '지역공동체의 치안을 담당하는 두 축인 경찰과 시민이 서로 협력하여 범죄와 무질서 문제를 해결하고 안전감과 삶의 질을 향상시키자'는 이념이자 정책의 방향이다. 이러한 개념 규정은 앞에서 셉테드를 이론이자 실무라 정의한 것과 유사한 이치이다. 다시 말해, 지역사회 경찰활동은 그 자체로 정책의 지향점과 목표를 담고 있는 이념이며 동시에 구체적인 전략과 전술을 제안하는 정책인 것이다.[46]

범죄학의 관점 변화와 시대적 배경을 공유한다!

이 책이 지역사회 경찰활동을 패러다임이라 강조하는 이유 중 하나는 전술한 대로 범죄학 관점들의 변화와 시대적 배경을 공유하기 때문이다. 과학주의에 기반한 실증주의는 전통적 경찰활동의 시대와 유사하며, 1960-70년대 혼란기를 거치면서 양자가 신랄한 비판의 대상이 된 점도 유사하다. 실증주의는 비판주의 시대를 거쳐 중립적인 입장에서 원인이론들의 성장과 통합을 추구했고, 전통적 경찰활동은 갈등과 폭동을 거쳐 대통령 자문위원회의 권고 아래 지역사회 경찰활동으로 전환되었다. 따라서 지역사회 경찰활동은 기본적으로 통제와 사후대응보다는 중립적인 입장에서 문제해결과 사전예방을 지향하며, 집단화된 획일적 접근보다는 개별화된 맞춤형 접근을 선호한다고 규정할 수 있다.*

▶참고로, 지역사회 경찰활동을 탈근대성(포스트모더니즘)에 접목시키기에는 약간 무리가 따르지만, 분명 지나친 근대성(모더니즘)으로부터 거리를 두려는 접근임에는 틀림 없음.

지금까지 설명한 내용을 정리하면, 지역사회 경찰활동의 개념은 지역주민과의 협력, 범죄예방 지향, 개별화된 맞춤형 문제해결 등 세 가지 키워드로 규정할 수 있다. 전술한 대로 지역사회 경찰활동이라는 패러다임 안에 핫스팟 경찰활동, 지역중심 경찰활동, 제3자 경찰활동, 이웃지향적 경찰활동, 문제지향적 경찰활동 등 유사한 용어들이 등장하는데, 이들은 모두 개별적인 정책으로서 각자 고유한 강조점이 있는 것으로 정리하면 된다. 예컨대, 핫스팟 경찰활동은 범죄다발지역을 집중적으로 관리하려는 정책이고, 제3자 경찰활동은 치안책임을 지역의 다른 주체들에게 분담하려는 정책이며, 문제지향적 경찰활동은 다양한 지역의 문제를 체계적인 프로세스에 따라 해결하려는 정책이다. 참고로 지역중심 경찰활동과 이웃지향적 경찰활동은 지역사회 경찰활동을 약간 다르게 표현한 용어로 이해해도 무방할 것이다(〈보충설명 V-6〉 참고). 이렇게 관계를 정리하는 것은 예컨대 실증주의 관점 안에 각자 개성을 가진 여러 이론이 존재하는 것과 유사한 이치이다.

▶지역사회 경찰활동 개념의 세 가지 키워드
- 지역주민과의 협력
- 범죄예방 지향
- 개별화된 맞춤형 문제해결

전통적 경찰활동과의 구체적인 비교

지역사회 경찰활동의 개념을 좀 더 구체적으로 파악하기 위해 반대 개념인 전통적 경찰활동과 비교해보자. 〈표 V-1〉은 스패로우(1988)[47]가 제시한 양자 간의 비교표인데, 내용이 어렵지 않으니 꼭 읽어보기 바란다. 그런데 양자 간의 비교는 사실 지역사회 경찰활동의 특징을 파악하는 것이기도 하다. 따라서 이 표의 내용은 다른 학자들이 제시한 지역사회 경찰활동의 특징과 함께 〈표 V-2〉에서 총정리된다. 독자들은 지금부터 지역사회 경찰활동의 특징이 무엇인지 잘 정리해가기 바란다.

〈표 V-1〉 전통적 경찰활동과 지역사회 경찰활동의 비교

질문	전통적 경찰활동	지역사회 경찰활동
① 누가 경찰인가?	• 정부기관이 법집행을 책임진다.	• 경찰이 시민이고, 시민이 경찰이다.
② 경찰과 다른 공공서비스 기관과의 관계는?	• 업무의 우선순위를 놓고 종종 갈등한다.	• 경찰은 삶의 질을 향상시킬 책임 있는 공공서비스 기관들 중 하나이다.
③ 경찰의 역할은?	• 범죄 해결	• 광범위한 지역사회 문제 해결
④ 경찰의 업무효율성은 어떻게 측정되는가?	• 적발건수와 검거율	• 범죄와 무질서 제거
⑤ 최우선 순위는?	• 범죄와 폭력	• 지역사회를 어지럽히는 모든 문제
⑥ 경찰이 특별히 취급하는 대상은?	• 사건	• 시민의 문제와 걱정거리
⑦ 경찰의 업무효과성은 무엇이 결정하는가?	• 대응시간	• 시민의 협조
⑧ 시민의 서비스요청에 대한 경찰의 시각은?	• '진짜' 경찰업무가 없는 경우에만 대응한다.	• 경찰의 중요한 역할이자 좋은 기회이다.
⑨ 경찰에게 프로페셔널리즘이란?	• 심각한 범죄에 신속하고 효과적으로 대응하는 것	• 지역사회와의 밀접한 상호작용을 유지하는 것
⑩ 가장 중요한 정보는 무엇인가?	• 범죄정보(특정 범죄나 일련의 범죄 관련 정보)	• 범죄자정보(개인 또는 집단의 활동에 대한 정보)
⑪ 경찰 책임성의 가장 핵심적인 내용은?	• 중앙집권, 규칙과 규정 준수, 법치행정	• 지역공동체의 필요에 대한 책임성 강조

⑫ 중앙부서의 역할은?	• 요구되는 규칙과 지시를 제공하는 것	• 조직적 가치를 전파하는 것
⑬ 언론접촉부서의 역할은 무엇인가?	• 현장경찰관들에 대한 비판적 여론을 차단하는 것	• 지역사회와의 원활한 소통 창구
⑭ 위반행위에 대한 소추를 어떻게 생각하는가?	• 경찰활동의 중요한 목표이다.	• 경찰활동의 여러 도구 중 하나이다.

출처: 노성훈(2020). 「노성훈 교수의 경찰학」. 푸블리우스. pp.360−361. 필자 각색.

2. 지역사회 경찰활동의 특징

많은 학자들이 지역사회 경찰활동의 특징을 자신만의 방식으로 규정해왔는데, 그중 가장 많이 인용되는 것은 개리 코드너(1999)[48]의 설명이다. 따라서 여기에서는 코드너가 제시한 특징을 소개하는바, 그의 설명방식은 위계적으로 체계화된 모습을 가지고 있어 필자가 매우 선호한다.

코드너는 지역사회 경찰활동의 특징을 철학적, 전략적, 전술적, 조직적 차원에서 다음과 같이 정리했다. 용어에서 짐작할 수 있듯, 코드너의 설명은 추상적인 이념적 특징(철학)에서 출발하여 구체적인 실행적 특징(전략 및 전술)으로 진행된다. 그리고 마지막에 이념과 전략·전술을 실천하는 데 필요한 조직적 혁신을 제시한다.[49]

(1) 철학적 요소

철학적 요소는 지역사회 경찰활동의 근간을 이루는 이념적 사상과 믿음을 의미하는 것으로서, 여기에는 '시민의 참여(citizen input)', '경찰기능의 확대(broad function)', '개별적인 서비스(personal service)'가 포함된다.

① **시민의 참여.** 경찰의 정책과 우선순위를 결정할 때 시민의 참여가 필수적이다. 현

▶미국 경찰활동의 모델 시대적 정리
- 정치적 모델(1840-1930)
- 전문경찰 모델(1930-1970)
- 민주적 모델(1980-현재)
- 출처: Police Chief Magazine, IACP, https://www.policechiefmagazine.org/broken-windows-and-policing/

대의 민주주의 사회에서는 시민이 경찰의 의사결정에 적극적으로 참여해서 의견을 개진하고 영향력을 발휘해야 한다. 이것이 바로 경찰활동의 '민주적 모델'이다. 시민의 참여는 비단 업무적인 협력에서뿐만 아니라 경찰활동 전반에 대한 시민의 지지와 승인을 끌어내는 데 큰 도움이 된다. 시민의 지지와 승인은 로버트 필경이 강조했던 경찰 원칙으로서, 이를 위해 경찰은 시민들로 구성된 자문위원회를 운영하고, 여론을 수렴하기 위해 공청회를 개최하며, 정기적으로 치안만족도조사를 실시한다.

② **경찰기능의 확대.** 경찰의 기능은 기존의 범죄와 무질서에 대한 검거 위주의 사후 대응에서 보다 광범위한 예방적 활동으로 확대되어야 한다. 범죄통제와 질서유지는 물론 범죄두려움 감소, 공공서비스 제공, 범죄피해자 지원 등에 더욱 집중해야 한다. 더 나아가 주민과 협의하여 지역사회 내에 존재하는 다양한 문제와 갈등 요인을 찾아내고 해결함으로써 지역사회의 전반적인 안전감과 삶의 질 향상에 기여해야 한다.

③ **권한배분을 통한 개별적인 서비스 제공.** 시민의 협력을 끌어내기 위해서는 그들을 진정한 파트너로 인정해야 한다. 전통적(전문적) 경찰활동에서 시민을 통제의 대상으로 간주하고 '경찰 vs. 시민'의 이분법 아래 사회질서와 경찰활동을 위협하는 적대적 세력으로 묘사하던 관행을 과감히 청산해야 한다. 경찰은 시민 하나하나를 인격적 주체로 존중하고 친절한 태도를 견지해야 한다. 경찰과 시민 사이에 인격적 관계가 형성되면 시민도 경찰을 지역공동체의 일원으로 인식하게 된다.

이러한 인격적 관계에 기반한 지역사회 경찰활동은 지역의 고유한 특징과 가치, 개인의 요구를 반영해야 한다. 그러려면 지역경찰에게 충분한 권한과 재량이 주어져야 한다. 결국 지역사회 경찰활동이 원활히 전개되기 위해서는 지역의 다양성과 개성을 인정하고 합당한 권한배분이 전제되어야 하는바, 맞춤형 서비스의 제공은 시민의 만족도를 향상시켜 협력관계가 더욱 견고해지는 선순환으로 이어진다.

(2) 전략적 요소

전략적 요소는 철학적 요소를 실천하기 위한 실행개념으로서, 여기에는 '경찰운영의 방향전환(reoriented operation)', '예방 중심(prevention emphasis)', '담당구역 중심(geographic focus)'이 포함된다.

① **경찰운영의 방향전환.** 기존에 해오던 경찰운영방식을 전면적으로 재검토하여 새로운 방향으로 전환시킨다. 이때 핵심은 지역사회와의 상호작용과 협력을 증진하는 방향으로의 전환이다. 예컨대, 순찰방식에 있어서 시민과의 대면접촉 및 상호작용을 늘리기 위해 자동차순찰을 줄이고 도보순찰 비중을 높인다. 도보순찰은 경찰이 항상 곁에 있다는 느낌을 제공해 두려움을 감소시킨다. 또한 신고출동에 있어서는 모든 신고사건에 획일적으로 빠르게만 반응하는 것보다 신고내용과 상황에 따라 긴급출동, 전화상담, 경찰서 방문상담 안내, 타 기관 이첩 등 적절한 방식으로 대응하는 것이 신고자의 경찰 신뢰를 향상시킨다. 범죄수사에 있어서도 가해자 중심의 수사관행에서 벗어나 피해자에 대한 보호와 사후관리를 중시하는 방향으로 전환할 필요가 있다.

② **예방 중심 경찰활동.** 사후적 대응보다 사전적 예방 중심의 경찰활동을 전개한다. 범죄취약지점을 분석하고 반복적으로 문제를 일으키는 위험요인을 파악하여 적절한 수단을 동원해 개입한다. 이때 지역사회에 존재하는 다양한 자원들을 적극적으로 활용한다. 예컨대, 청소년비행에 대해 경찰력만으로 위법행위를 단속하고 처벌하려 하지 말고, 학교와 가정, 지역사회에 존재하는 다양한 위험요인을 파악하고 다양한 자원들을 적극 활용하여 사전예방에 힘써야 한다. 청소년을 선도하기 위한 멘토링과 교육지도, 건전한 활동에의 참여 증대를 위한 레크리에이션 프로그램 등을 경찰과 지역사회가 함께 운영할 수 있다. 또한 상황적 예방 전략을 통해 취약장소의 낙후된 방범환경을 개선시킬 수 있다.

③ **담당구역 중심 경찰활동.** 경찰활동의 책임성과 전문성을 담당구역 중심으로 전환한다. 전통적 경찰활동에서는 근무시간을 중심으로 책임성이 정의되고 담당기능(예, 수사, 교통, 예방 등)을 중심으로 전문성이 정의되었다. 하지만 지역사회 경찰활동에서는 경찰관 개인에 대한 책임성과 전문성이 오롯이 담당구역에서의 활동으로 평가된다. 따라서 경찰관은 담당구역에 대한 이해도를 높이고 주민과의 신뢰 관계를 구축하기 위해 노력해야 한다. 이를 통해 지역사회에 대한 정보를 수집하고 문제 발생 시 주민과 함께 공동으로 대응하게 된다.

(3) 전술적 요소

전술적 요소는 철학적·전략적 요소를 구체적인 프로그램으로 전환하여 실행하는 데 필요한 요소로서, 여기에는 '긍정적 상호작용(positive interaction)', '파트너십(partnerships)', '문제해결(problem solving)'이 포함된다.

① **긍정적인 상호작용.** 경찰과 시민 간의 접촉을 증가시키는 것이 항상 좋은 것만은 아니다. 따라서 단순히 접촉의 빈도를 증가시키는 것에 집중하면 안 되고, 긍정적인 상호작용의 기회로 만들어야 한다. 첫째, 소극적 의미로는 법집행 과정에서 불가피하게 수반되는 접촉의 부정적 속성을 최소화하기 위해 노력하는 것을 말한다. 이를 위해 절차적 공정성을 준수해야 하고, 시민에게 의견 개진의 기회를 충분히 제공해야 하며, 시민을 친절하고 인격적으로 대우해야 한다. 둘째, 적극적 의미로는 순찰과 신고출동 등 경찰활동 속에서 시민과 더욱 적극적으로 소통하는 것을 말한다. 이때 경찰관은 시민의 필요와 요구사항을 면밀히 파악해야 하고, 시민의 신뢰와 협력를 얻기 위한 좋은 기회로 활용해야 한다.

② **파트너십 형성.** 효과적인 범죄예방과 문제해결을 위해서는 경찰과 시민이 치안서비

스를 공동생산(co−production) 하는 주체가 되어야 하는바, 이를 위해서는 지역사회 내의 다양한 주체들 간 파트너십을 형성해야 한다. 경찰, 지자체, 학교 등 공적 주체와 시민단체, 종교단체, NGO 등 사적 주체가 상호협력하고 각자 보유한 자원과 권한을 이용하여 지역사회의 안전문제를 해결하기 위한 방안을 도출해야 한다. 파트너십이란 주체들 간 대등한 협력관계를 의미하기 때문에, 자칫 경찰이 주도하고 다른 주체들은 보조하는 방식으로 진행되면 안 된다. 그럴 경우 진정한 파트너십이 아니라 형식적인 네트워크 정도에 머무를 위험이 존재한다. 참고로, 제3자 경찰활동은 치안서비스 공동생산의 구체적인 사례들을 잘 보여준다.

③ **문제해결 지향적 경찰활동.** 전통적 경찰활동은 사건 신고가 들어오면 신속히 출동해서 해결하는 것이 주요 임무였다. 하지만, 지역사회 경찰활동은 신고사건이 왜 반복적으로 발생하는지를 파악해서 지역사회와 함께 최선의 해결책을 도출하는 데 중점을 둔다. 즉, 수동적인 사후대응이 아닌 능동적인 사전조치를 강조하고 있다. 이를 위해서는 일시적인 협력과 대응이 아니라 문제해결을 위한 표준화된 프로세스가 준비되어야 한다. 대표적인 예로서 문제지향적 경찰활동은 표준화된 문제해결 과정을 특징으로 내세운다.

(4) 조직적 요소

조직적 요소는 지역사회 경찰활동이 성공적으로 실시되기 위해 꼭 필요한 경찰조직의 혁신과 관련된 요소로서, 여기에는 '구조(structure)', '관리(management)', '정보(information)'가 포함된다.

① **구조의 혁신.** 지역사회 경찰활동을 위해서는 위계적이고 경직된 조직구조를 수평적이고 유연한 모습으로 재구조화해야 한다. 이를 통해 현장경찰관들에게 폭넓은 권한과

책임을 위임하여 담당구역에서 발생하는 문제에 대해 자율적인 재량과 책임감을 가지고 업무를 수행할 수 있도록 보장해야 한다. 또한 조직 내 계층 간 높이를 낮추고 상급자와 하급자 간 소통을 증진시켜 관료제의 단점인 경직성과 비효율성을 개선해야 한다.

② **관리의 혁신.** 지역사회 경찰활동에 부합하는 관리·감독방식과 리더십이 필요하다. 관리자는 지역사회 경찰활동이 추구하는 가치와 목적이 모든 의사결정, 교육, 각종 지침에 반영될 수 있도록 명문화해야 한다. 직원을 관리할 때는 엄격한 규율에 의하는 것보다 옆에서 노하우를 지도하는 방식이 바람직하다. 지역사회 경찰활동의 성공을 위해서는 현장경찰관의 자발성과 능력을 최대치로 끌어올리는 것이 중요하다.

③ **정보의 혁신.** 지역사회의 문제를 효과적으로 해결하기 위해서는 정확하고 객관적인 정보가 꼭 필요하다. 이를 위해 범죄와 무질서, 지역사회의 특징, 경찰관의 신상, 시민의 인식과 태도 등 광범위한 정보를 수집·분석·관리하기 위한 정보관리시스템을 구축해야 한다. 그리고 현장경찰관은 구축된 정보관리시스템에 언제든 접속해서 활용할 수 있어야 한다. 경찰관 개인의 성과를 평가할 때에는 검거율 등 정량적 평가기준 대신 지역사회 경찰활동의 품질과 문제해결 지향적 활동의 구체적 내용에 대한 정성적 평가를 실시하는 것이 바람직하다.

스토리박스 〈보충설명 V-5〉

스콜닉과 베일리(1988)가 정리한 지역사회 경찰활동의 특징

지역사회 경찰활동의 특징을 정리한 다른 사례들 가운데 스콜닉과 베일리(Skolnick & Bayley, 1988)의 정리를 간단히 소개한다.

① 지역사회 경찰활동은 지역사회에 기반을 둔 범죄예방활동이다.

범죄예방에 대한 책임은 경찰과 지역사회 모두에 있다. 따라서 경찰은 지역사회가 책임 있는 주체로서 능동적으로 참여할 수 있도록 적극행정을 펼쳐야 한다. 그 일환으로 경찰은 주민과 긴밀한 유대를 맺고 지역사회 문제에 책임을 갖는 여러 기관과 협력해야 한다. 이를 통해 결국 지역사회의 자정능력인 비공식적 사회통제가 강화될 수 있도록 촉매자(catalyst) 또는 촉진자(facilitator)의 역할을 수행해야 한다. 지역사회 경찰활동의 최종목표는 범죄자 검거가 아니라 주민의 안전확보에 있다.

② 경찰의 순찰은 주민에 대한 제반 서비스를 강화하는 방향으로 전환되어야 한다.

순찰차 속에서 시민과 격리된 채로 지역을 관찰하는 것은 통제 위주의 접근으로서 지역사회 경찰활동의 이념과 맞지 않는다. 일선 경찰관들을 제반 행정업무로부터 해방시켜 관할지역(담당구역) 내의 예방순찰과 주민 관심사 청취에 더 많은 시간을 할애하도록 독려해야 한다. 이를 위해서는 자전거순찰이나 도보순찰을 강화하여 주민과의 대면접촉을 늘려야 한다. 또한 자전거나 도보순찰 과정에서 사업장·가정을 방문하여 취약점을 점검하고 지역 내의 각종 모임에 참석하여 의견 청취와 정책홍보를 병행하는 것이 중요하다.

③ 지역사회 경찰활동은 주민에 대한 책임성을 중시한다.

전통적 경찰활동에서는 범죄신고에 신속히 대응하여 범인을 검거하는 데 초점을 맞췄지만, 지역사회 경찰활동은 어린이, 노약자, 빈곤자 등 사회적 약자를 보호하고 제반 사회문제를 해결하라는 다양한 역할을 부여한다. 따라서 지역경찰은 그에 따른 합당한 재량권과 자율성을 보장받고, 자신의 책임 하에 광범위하고 장기적인 관점에서 주민의 삶의 질 향상에 기여해야 한다.

④ **경찰조직을 분권화하고 정책결정과정에 주민이 참여해야 한다.**

주민은 감시하고 통제해야 할 대상이 아니라 문제해결을 위한 정책결정의 주체이다. 따라서 기존에 경찰중심으로 이루어졌던 범죄대책 결정과 집행과정에 주민의 참여가 확대되어야 한다. 이러한 일련의 정책결정과 집행이 원활히 이루어지기 위해서는 중앙집권적인 경찰조직이 분권화되어야 한다. 지역경찰이 지역문제에 대한 최고의 전문가로서 주민과 함께 정책을 마련하고 자율적으로 정책을 집행하며 오롯이 책임질 수 있는 제도적 여건이 마련되어야 하는 것이다. 이러한 분권과 재량의 개념은 현장의 모든 경찰관 개개인에게도 해당되는 개념으로서, 지역사회 경찰활동에서는 유능한 인재를 발굴하고 육성할 필요성이 더욱 중요해진다.

출처: 박현호 외 2인. (2009). 「범죄예방론」. 경찰대학. pp.93-95.

(5) 지역사회 경찰활동의 특징 총정리

앞의 〈표 V-1〉과 코드너(1999)[50]의 설명, 스콜닉과 배일리(1988)[51]의 설명을 토대로 지역사회 경찰활동의 특징을 정리하면 〈표 V-2〉와 같다. 여기서 주의할 점은 철학 단계의 3요소가 각각 전략, 전술 단계의 3요소와 직접 연관되지만, 조직의 3요소와는 그렇지 않다는 것이다. 따라서 아래에서는 철학 단계의 3요소를 기준으로 각 요소가 전략과 전술 단계에서 어떻게 실천되어야 하는지 설명한 다음, 이 모두를 위해 어떤 조직적 혁신이 필요한지 설명하도록 하겠다. 이러한 취지에서 전술적 요소와 조직적 요소의 사이에 있는 화살표는 간소한 쌍방향 모양을 띠고 있다.

① '시민의 참여'라는 철학적 요소는 경찰활동의 민주적 모델을 지향하는바, 이를 실천하기 위해서는 지역사회와의 협력을 증진시키는 방향으로 경찰이 운영되어야 한다. 이때 단순히 접촉(상호작용)의 양을 늘리려 하지 말고, 시민을 진정한 파트너로 인정한 다

음 인격적으로 대우해서 긍정적인 상호작용이 증가하도록 노력해야 한다.

② '경찰기능의 확대'라는 철학적 요소는 경찰활동이 소극적인 사후대응에서 벗어나 적극적으로 지역사회의 안전과 삶의 질 향상에 기여할 것을 주문한다. 이를 실천하기 위해서는 지역사회의 다양한 자원을 활용해서 예방 중심의 활동을 전개해야 하는바, 지역사회 내 다양한 주체들과 상생의 파트너십을 형성하고 치안서비스를 공동생산하기 위해 노력해야 한다. 치안서비스 공동생산의 구체적인 사례는 제3자 경찰활동에서 찾아볼 수 있다.

③ '권한배분을 통한 개별적인 서비스 제공'이라는 철학적 요소는 지역의 주민이 원하고 지역의 특색에 맞는 맞춤형 경찰활동을 지향하는바, 이것이 현실화 되면 시민 만족도 향상과 협력치안 강화가 선순환되는 시발점으로 작동할 수 있다. 따라서 이를 실천하기 위해서는 현장경찰관에게 권한과 책임을 부여해서 담당구역 중심으로 경찰활동을 전개해야 한다. 이때 주민과 함께 문제를 찾아내고 원인을 파악하고 적절히 대응하는 등의 프로세스를 따르고 표준화하는 노력을 경주해야 한다. 이를 강조하는 접근이 문제지향적 경찰활동이다.

이러한 특징을 가진 지역사회 경찰활동이 원활히 실행되려면 경찰 내부의 조직적인 혁신이 반드시 필요하다. 반세기 넘게 지속되어 온 전통적 경찰활동에서 패러다임의 전환에 해당하는 수준의 변화를 원하면서 조직 혁신을 도모하지 않는다는 것은 어불성설이다. 관료제의 단점인 경직성과 비효율성을 개선하기 위해 상하 간 소통을 강조하는 조직구조의 혁신이 필요하고, 현장경찰관의 자발성과 능력을 최대치로 끌어내기 위해 관리방식의 혁신이 필요하며, 효과적인 문제해결과 성과평가를 위해 정확하고 객관적인 정보를 활용할 수 있도록 정보의 혁신이 필요하다.

〈표 V-2〉 지역사회 경찰활동의 특징 정리

특징	①	②	③
철학적 요소	■ **시민의 참여** • 정책과 우선순위 결정에 참여 • 시민의 지지와 승인 획득 • 경찰이 시민이고 시민이 경찰이다! ▶경찰활동의 민주적 모델	■ **경찰기능의 확대** • 범죄 · 무질서에 대한 사후대응에서 훨씬 다양한 문제들에 대한 사전예방으로 확대: 범죄두려움 감소, 공공서비스 제공, 피해자 지원 등(시민의 모든 걱정거리) ▶지역사회의 안전감과 삶의 질 향상에 기여	■ **권한배분을 통한 개별적인 서비스 제공** • 지역경찰의 권한과 재량 강화 • 시민 개개인과 지역의 특성에 맞는 맞춤형 개별 서비스 제공 ▶시민 만족도 향상 & 민경협력 강화의 선순환
↓	↓	↓	↓
전략적 요소	■ **경찰운영의 방향전환** • 도보순찰 강화 • 신고출동 시 우선순위 설정 및 대응방식 다양화 • 범죄수사 시 피해자에 대한 보호와 사후관리 중시 ▶지역사회와의 상호작용과 협력 증진	■ **예방 중심 경찰활동** • 범죄 취약지점 분석, 위험요인 파악, & 적절한 개입 • 상황적 접근을 통한 취약장소 환경 개선 ▶지역사회의 다양한 자원 적극 활용	■ **담당구역 중심 경찰활동** • 경찰관의 책임성과 전문성 모두 담당구역에서의 활동으로 평가 • 담당지역에 대한 이해와 주민과의 신뢰관계 증진 ▶지역사회 문제해결에 민경이 공동 대응
↓	↓	↓	↓
전술적 요소	■ **긍정적인 상호작용** • 소극적 의미: 법집행 과정에서 절차적 공정성 준수, 시민의 의견개진 허용, 인격적인 대우 • 적극적 의미: 순찰 및 신고출동 과정에서 시민의 필요와 요구사항 청취 ▶상호작용의 양보다 질이 중요	■ **파트너십 형성** • 지역사회 내 다양한 주체들과 협력관계 구축: 공적 주체(경찰, 지자체, 학교) + 사적 주체(시민단체, 종교, NGO) ▶치안서비스의 공동생산 = 제3자 경찰활동	■ **문제해결 지향적 경찰활동** • 문제발생 후 대응이라는 소극적 접근 탈피 • 적극적으로 문제의 원인을 파악하고 지역사회와 협력하여 사전 예방조치 강구 ▶문제해결을 위한 표준화된 프로세스 **= 문제지향적 경찰활동**
⇕	⇕	⇕	⇕

조직적 요소	■ 구조의 혁신 • 현장경찰관에게 보다 광범위한 권한과 책임 위임 • 계층 간 높이를 낮추고 상하 간 소통 증진 ▶관료제의 단점인 경직성과 비효율성 개선	■ 관리의 혁신 • 지역사회 경찰활동의 가치와 목표 명문화 • 규정에 근거한 엄격한 관리보다 친절하게 노하우를 지도하는 방식 선호 ▶현장경찰관의 자발성과 능력을 최대치로 끌어내기	■ 정보의 혁신 • 문제 분석과 효과성 평가 위한 정보관리시스템 구축 • 경찰관 개인과 관서에 대한 평가 시 정성평가 적극 활용 ▶정확하고 객관적인 정보 활용

3. 유사 용어 및 진화

(1) 유사 용어

지역사회 경찰활동은 전통적 경찰활동에 대한 반동으로서 등장한 패러다임이다. 역사적 맥락과 사상적 배경이 비판주의 관점과 유사해서 지역사회와의 협력, 인권 강화와 시민의식 향상, 개별적인 맞춤형 처우, 분권 및 재량, 다원주의 등의 키워드가 비슷하게 적용된다. 또한 경찰활동의 방향을 소극적인 사후대응에서 적극적인 사전예방으로 전환시킨 정책 실무이기도 하다. 따라서 1980년대 이후 다양한 용어들이 지역사회 경찰활동을 표방하며 등장했는데, 이들은 모두 ① 시민참여 및 지역사회와의 협력, ② 경찰기능 확대 및 사전예방 강조, ③ 분권 및 맞춤형 문제해결이라는 대원칙을 공유하는 가족이라고 보면 된다. 대표적인 유사 용어로서 '지역중심 경찰활동'과 '이웃지향적 경찰활동'이 있는데, 이들은 〈보충설명 V-6〉으로 제시하니 참고 바란다.

스토리박스 〈보충설명 V-6〉

지역사회 경찰활동의 유사 용어

■ **지역중심 경찰활동(Community-Oriented Policing: COP)**

지역중심 경찰활동은 사실상 지역사회 경찰활동과 동일한 개념이다. 트로야노비치와 버케로(1990)는 지역중심 경찰활동에 대해 '지역사회와 경찰 사이의 새로운 관계를 증진시키는 조직적인 전략이자 원리'라고 설명했다. 최종목표는 지역사회의 전반적인 삶의 질 향상에 있고, 이 목표를 달성하기 위해 경찰과 지역사회가 마약, 범죄와 범죄에 대한 두려움, 사회적·물리적 무질서, 그리고 전반적인 지역의 타락과 같은 당대의 문제점들을 확인하고 우선순위를 결정한 다음 함께 협력할 것을 전제로 제시했다. 이러한 전제를 토대로 지역중심 경찰활동은 문제가 발생하거나 심화되기 전에 미리 예방해야 하고, 시민의 범죄피해나 다른 응급사태에 대해서도 적극적으로 대응할 것을 주문했다. 이를 위해 각 경찰관은 담당하고 있는 상설 순찰구역에서 분권화된 '작은 서장'으로서의 역할을 책임감 있게 수행해야 한다고 주장했다.

스콜닉과 베일리(1988)도 유사한 주장을 펼쳤는바, 이들의 활동 시기를 보면 지역사회 경찰활동이 어느 정도 보편화된 시점에 해당한다. 따라서 지역중심 경찰활동에 대해 보다 넓은 활동 영역을 주문하고(i.e., 범죄피해 및 다른 응급사태에 대한 대응), 보다 체계적인 문제해결 프로세스를 강조하는(i.e., 문제점 파악 - 우선순위 결정 - 협력을 통한 해결) 진화된 특징을 가지고 있다.

■ **이웃지향적 경찰활동(Neighborhood-Oriented Policing: NOP)**

이웃지향적 경찰활동은 지역사회 경찰활동의 두 축인 주민과 경찰의 역할 가운데 주민의 자정능력을 조금 더 강조하는 특징이 있다. 즉, 비공식적 사회통제 강화를 핵심에 놓고 이를 공식적 사회통제가 지원하는 형태를 주장한다. 대표적인 학자인 윌리엄스(1985)는 지역사회의 범죄문제는 주민들이 이를 기피하거나 대처할 능력이 부족해서 심각해지는 것이라고 주장했다. 또한 경제적 궁핍은 소외를 당연하게 만들고 지역조직의 쇠퇴는 주민자치의 동력을 상실시키기 때문에, 구조적인 개선과 지역조직 활성화가 수반되어야 한다고 주장했다. 지역경찰은 물리적인 환경의 개선과 지역조직의 활성화를 위해 노력하고, 주민들은 지역경찰과 협력하여 이웃감시, 자율순찰 등의 자치활동을 경주해야 한다.

참고로, 지역사회의 구조적인 개선과 지역조직 활성화라는 개념들이 등장하면 독자들은 자연스럽게 사회해체이론을 떠올려야 한다.

출처: 강용길 외 3인. (2018). 「생활안전경찰론」. 경찰대학 출판부. pp.30-31.

(2) 진화

그런데 지역사회 경찰활동의 패러다임에 속하는 일부 경찰활동은 나름의 특색을 넘어 상당히 진화된 수준의 특징을 가지고 있다. 대표적인 예가 제3자 경찰활동과 문제지향적 경찰활동으로서, 앞에서 설명한 대로, 제3자 경찰활동은 치안서비스의 공동생산 이념을 구체적으로 실천한 것이고, 문제지향적 경찰활동은 문제해결을 위한 프로세스를 체계적으로 표준화한 특징이 있다. 따라서 이 책은 두 경찰활동을 좀 더 자세히 살펴보고자 하는데, 참고로 문제지향적 경찰활동은 21세기 이후 활발해진 예측적 경찰활동의 기본 모델로 평가되기 때문에 제4장의 내용과 연결하여 정리하기 바란다.

▶유사 용어 및 진화
- 지역중심 경찰활동과 이웃지향적 경찰활동은 지역사회 경찰활동과 거의 유사한 용어로 간주됨.
- 반면, 제3자 경찰활동과 문제지향적 경찰활동은 상당히 진화된 형태로서 각각의 특징을 살펴봐야 함.

Ⅲ. 제3자 경찰활동

1. 치안서비스의 공동생산

제3자 경찰활동에는 지역사회 경찰활동의 핵심 이념인 치안서비스의 '공동생산'이 잘 구체화 되어 있다. 공공서비스의 공동생산이란 지역주민과 같은 공공서비스의 수혜자들이 공공서비스 공급에 직접 참여하는 것을 의미한다. 따라서 지역사회 경찰활동은 경찰이 주도하는 치안활동에 지역사회가 단순히 협력하거나 보조한다는 의미를 넘어 치안활동의 주체로서 적극 참여할 것을 요청한다. 즉, 경찰과 지역사회는 상호 협력하는 공동운명체로서 지역의 문제에 대해 함께 책임지고 함께 해결하는 노력을 경주해야 한다.[52]

2. 제3자 경찰활동의 개념

▶참고로 영국의 셉테드와 관련된 CDA(범죄와 무질서에 대한 법률)를 설명하면서 제3자 경찰활동이 언급되었음.

제3자 경찰활동은 지역주민들에게 치안책임을 분담시켜 범죄예방의 효과를 높이려는 전략이다. 개념적으로는 "범법과 무관한 사람들로 하여금 다른 사람들의 질서위반을 간접적 수단으로 최소화하거나, 혹은 범죄가 발생할 가능성을 줄이기 위해 계획된 행동들에 동참해줄 것을 설득하거나 강제하는 경찰활동"을 의미한다.[53] 여기에서 제3자의 범위에는 건물 관리자, 환경 감시원, 사회단체 종사자, 업소 주인, 지방정부 공무원, 기타 경찰업무를 도울 의사나 능력을 가진 모든 사람이 포함된다. 보통은 자발적인 협력을 끌어내려고 하지만 경우에 따라 협력할 의사가 없는 사람에게 강제적 수단을 동원해 협력의무를 부과하기도 한다. 특히 불법행위나 무질서가 반복적으로 발생하는 장소와 상황에 대한 관리책임이 있는 사람에게는 이러한 강제적 수단이 종종 적용되는바, 예컨대, 주취폭력이 빈발하는 주점의 업주, 마약거래의 소굴이 된 건물의 주인에게 범죄발생에 대한 도의적 또는 법적 책임을 물을 수 있다.[54]

3. 제3자 경찰활동의 예시

영국의 경찰학자 마이클 스콧(2011)[55]은 지역사회의 다양한 주체들로 하여금 치안책임을 공유하게 만들기 위한 단계적 방법을 제시하고 있다. 압박의 정도가 가장 낮은 단계에서부터 높은 단계의 순서로 설명하면 다음과 같다.[56] 이러한 방법들은 실무에서 활용되고 있고 우리나라의 경찰활동에도 시사하는 바가 크므로 주의 깊게 살펴봐야 한다.

① 교육과 홍보

다양한 범죄예방교육과 홍보를 통해 시민들에게 범죄에 대한 정보를 제공하고 범죄피해를 당하지 않는 요령, 피해를 당했을 때 대처법 등에 대해 교육한다. 또한 법위반의 가능성이 높은 우범자들(예, 비행청소년)에게는 범법행위의 심각성을 알리고 부주의나 태만으로 인해 법을 어기지 않도록 안내한다.

② 직접적으로 전하는 비공식적 요청

문제에 대해 책임이 있는 특정인에게 경찰이 구체적인 조치를 취하도록 직접 요청한다. 비록 법적 의무를 수반하지 않는 비공식적 요청이지만 경찰이 요청했기 때문에 당사자는 요청을 무시했을 때 불리한 결과가 발생할 수 있다고 생각하고 요구받은 조치를 취할 수 있다. 예컨대, 건설업자에게 건물을 지을 때 주거침입의 가능성을 낮추는 방식으로 출입구, 잠금장치, 창문을 설계하라고 요청할 수 있다.

③ 공격적이고 적극적인 요구

직접 전한 비공식적 요청이 받아들여지지 않을 때 경찰은 책임 있는 당사자에게 좀 더 공격적이고 적극적인 요구를 할 수 있다. 일반적으로 경찰은 특정한 문제의 발생실태와 함께 당사자에게 일정한 책임이 있다는 사실을 입증할만한 자료를 제시하여 당사자가 문제해결에 대한 의무감을 느끼도록 한다. 예컨대, 미국의 세인트루이스 경찰서는 주거용 건물이 마약 거래 장소로 사용되는 문제를 해결하기 위해 해당 주거지의 매매자금을 대출해 준 금융업체에게 조치를 취하도록 요구했다. 이 업체는 자신의 대출행위가 범죄에 악용되었다는 점을 인식하고 대출금을 회수함으로써 거주자를 떠나도록 만들었다.

④ 문제해결 역량을 갖춘 다른 서비스기관에 의뢰

범죄예방에 대한 책임 일부를 지역사회 내 정부기관 또는 비영리기관 등이 담당하도록 한다. 경찰이 다루는 문제들의 상당 부분은 이러한 기관들이 담당업무를 제대로 수행하지 못해서 발생하기도 한다. 버려진 빈집이나 방치된 공원, 제대로 치료받지 못한 마약중독자, 잘 관리되지 못한 정신질환자 등이 지역사회 내 문제를 야기할 수 있다. 따라서 경찰은 담당기관에게 이러한 문제들을 우선적으로 해결하도록 요구할 수 있다. 예컨대, 영국의 랭커셔 경찰은 지역 내 쓰레기 처리장이 도난차량을 거래하는 장소로 악용되는 문제를 해결하기 위해 시청의 환경 담당부서에게 문제해결을 의뢰했다. 담당부서는 해당 쓰레기 처리장을 환경기준 위반으로 단속했고 결국 사업을 그만두도록 만들었다.

⑤ 새로운 부서의 신설 촉구

지역의 어떤 문제에 대해 경찰이나 기존의 다른 주체가 나서서 해결하기 어려운 경우 그 문제를 전담할 새로운 부서의 신설을 촉구한다. 예컨대, 미국 캘리포니아주의 글렌데일 경찰은 주간에 인력시장의 주변 노상에 모여든 노동자들이 일으키는 음주, 시비, 소란, 쓰레기 투기, 교통혼잡 등 무질서 문제를 해결하고자 노동자들이 모일 수 있는 별도의 센터 설립을 추진했다. 이를 위해 지역의 건축자재 납품업체로부터 시설을 짓는데 필요한 자재를 기부받고, 교통당국으로부터는 토지를 제공받아 센터 건물을 신축했다. 또한 민간 자선단체로부터 봉사자들의 후원을 받아 센터를 운영하기까지 했다.

⑥ 신상공개를 통해 망신 주기

문제 발생에 책임이 있는 주체가 그 문제를 해결하기 위한 노력을 기울이지 않는 경우 대중에게 신상을 공개하는 방식으로 압박한다. 이러한 방식은 명성을 중요하게 생각하는 개인, 사업체, 기관에 적용할 때 더 효과적일 수 있다. 예컨대, 경찰서에서 범죄예방 차원의 안전기준에 따라 자동차, 경보체계, 주책, 아파트, 주차장 등을 평가한 다음 순위를 매겨 대중에게 공개함으로써 압박감을 부여할 수 있다.

⑦ 경찰서비스 제공 거부

경찰이 범죄피해 위험성을 낮추기 위한 예방조치를 취하라고 요청했음에도 불구하고 이를 거부하여 결국 문제가 발생한 경우에는 경찰이 더 이상 그 문제와 관련된 서비스를 제공하지 않을 수 있다. 예컨대, 어떤 셀프 주유소에서 운전자가 휘발유 요금을 지불하지 않고 도주하는 사건이 자주 발생해서 경찰이 분석한 결과 선불시스템 미비가 주 원인으로 드러났다고 가정하자. 이에 경찰이 선불시스템 구축을 요청했으나 업주가 이를 거부해서 이후 동일한 사건이 또 발생했다면, 경찰은 업주의 수사나 예방조치 요청을 거부할 수 있다.

⑧ 비용 청구

경찰서비스를 통해 직접적인 이익을 얻는 개인에게 경찰활동에 소요된 비용을 청구한다. 경찰서비스는 공공재로서 모든 납세자가 공평하게 누려야 함에도 만약 특정 개인이 지나치게 많은 경찰자원을 사용했다면 이에 대한 비용을 지불하도록 하는 게 합리적이다. 예컨대, 업주가 정보시스템에 대한 관리를 소홀히 해서 오작동으로 인한 신고출동이 반복적으로 발생한다면 불필요한 출동에 소요된 비용을 업주에게 청구할 수 있다.

⑨ 법률 제정을 통한 강제

특정 사업체나 조직, 개인에게 법률을 통해 안전과 질서를 유지할 책임을 부과하는 방법이다. 예컨대, 술을 취급하는 업소가 사업장 내에서 범죄나 무질서를 예방하는 조치를 취하도록 의무화하는 것이다.

⑩ 민사소송 제기

개인이나 조직에게 예방적 조치에 대한 책임을 부과하기 위해 경찰이 민사소송을 제기하는 방법이다. 예컨대, 미국 캘리포니아주 오클랜드 경찰은 한 모텔 프랜차이즈 업체가 마약 거래, 성매매, 기타 관련 범죄의 발생을 적절히 통제하지 않았다는 이유로 범죄로 인해 발생한 피해에 대한 민사소송을 제기한 바 있다.

▶**Premises Liability(건물·시설물 관리자의 법적 책임, PL)**
– 범죄피해가 발생한 건물·시설물의 소유자나 관리자에게 '설계, 관리, 운영에 있어 합리적인 주의를 기울이지 않은 책임'을 묻는 것.
– 민사상 불법행위(tort)로 간주되며, 최근 소송이 급증하고 있음.
– 범죄예방의 법규화는 PL에 대한 소송을 급증시킬 것으로 예상됨.

셉테드 관련 제3자 경찰활동의 가능성. 셉테드에서 설명한 것처럼, 영국의 「범죄와 무질서에 관한 법률(CDA)」은 범죄예방을 위한 정부 기관들의 의무와 협력을 강제하고 있다. 또한 이와 관련해서 1998년 제정된 「인권법(Human Rights Act)」은 제1조에서 재물 등에 대한 소유권의 평화로운 향유를 규정하고 있고, 제8조에서 가정생활의 평화로운 향유 권리를 명시하고 있다. 따라서 만약 이러한 권리가 도시계획이나 건축설계의 부실로 인해 침입절도나 강도가 발생해서 침해될 경우, 이 법을 근거로 건축회사나 사업체, 지방정부를 상대로 소송을 제기할 수 있다. 이러한 법률적 변화는 제3자 경찰활동을 활성화시키는 촉매제로 평가되는바,[57] 우리나라의 셉테드가 영국의 모델을 벤치마킹하여 관련 법규의 제정을 다양하게 추진하고 있기 때문에 우리 경찰도 예상되는 법적인 분쟁과 제3자의 치안책임 가능성을 적극 검토할 필요가 있다(본문 옆 주석 PL 참고).

Ⅳ. 문제지향적 경찰활동(Problem-Oriented Policing: POP)

지역사회 경찰활동은 협력치안이라는 새로운 이념을 제안하고, 그 이념을 실행하기 위한 전략과 전술을 제시하는 포괄적인 패러다임이다. 이 패러다임은 시민참여, 경찰기능의 확대, 권한배분을 통한 개별적인 서비스 제공이라는 세 가지 대명제를 기준으로 이들을 어떻게 실행에 옮겨야 하는지 당위적으로 설명하고 있다. 그런데 아쉽게도 지역경찰이 현장에서 직면하는 여러 문제 상황에 대해서는 어떻게 처리해야 하는지에 대한 구체적인 지침이 부족하다. 물론 패러다임적 성격을 가진 지역사회 경찰활동이 꼭 구체적인 문제해결 가이드라인까지 제시할 필요는 없다. 하지만, 현장 경찰관의 입장에서는 실질적인 문제해결이 당위적 제언보다 더 중요한 과제일 수 있다. 따라서 문제지향적 경찰활동은 지역사회 경찰활동의 이념 하에 지역사회가 당면한 문제들을 찾아내고 해결하는 과정을 체계적인 일련의 프로세스로 제시한다.

이를 정리하면, 지역사회 경찰활동이 이념적이고 일반적인 전략·전술을 제시하는 데 반해 문제지향적 경찰활동은 구체적인 문제해결 방법과 과정을 제시하기 때문에 지역사회 경찰활동을 현실화시키는 접근으로 이해할 수 있다.[58] 그런데 양자의 관계에 대해 학자마다 의견을 달리하는 게 사실이다. 어떤 이들[59]은 이 책과 같이 문제지향적 경찰활동을 지역사회 경찰활동의 중요한 실천 전략이자 진화된 형태로 간주하는 반면, 어떤 이들[60]은 문제지향적 경찰활동을 지역사회 경찰활동의 대안적 접근으로 간주한다. 하지만, 확실한 것은 지역사회 경찰활동과 문제지향적 경찰활동의 조합이 경찰활동의 효과성을 가장 크게 향상시킬 수 있다는 점에는 대부분 동의한다는 사실이다. 그래서 비록 지역사회 경찰활동과 문제지향적 경찰활동이 전략상 분리되어 논의될지라도, 실제로는 지역사회 경찰활동이라는 주제 하에 동종의 모델로 평가되는 경우가 많다.[61]

▶문제지향적 경찰활동과 지역사회 경찰활동의 관계
– 이 책은 문제지향적 경찰활동이 지역사회 경찰활동의 중요한 실천 전략이자 진화된 형태로 간주함.
– 특히, 실제 문제해결을 위한 체계적인 프로세스를 제시한 것이 특징임 → 지역사회 경찰활동의 실천성 강화

독자들은 양자의 관계에 대한 논란을 너무 심각하게 받아들일 필요가 없다. 기본적으로 이 책이 규정하는 방식에 따르면서 다른 방식의 관계 설정이 가능하다는 점만 알아두면 되겠다. 우리가 집중해야 하는 부분은 문제지향적 경찰활동의 등장과 발달과정이다. 지금은 문제지향적 경찰활동이 문제해결 프로세스를 강조하는 접근으로 간주되지만, 1979년 처음 등장할 때는 전통적 경찰활동에 대한 반발로서 외형적 전문화(인력보강, 장비 현대화 등)에만 신경 쓰지 말고 실제 경찰의 목적인 지역사회의 다양한 문제해결에 집중하자는 취지가 강했다. 그래서 명칭도 '문제지향적' 경찰활동이라 붙여진 것이다.

1. 문제지향적 경찰활동의 등장

위스콘신 대학의 법학 교수이자 시카고 경찰국의 전 시니어 리더십 멤버였던 허만 골드슈타인은 1979년 전통적 경찰활동을 비판하고 새로운 형태의 문제지향적 경찰활동을 제안하는 논문을 발표했다.[62] 이 논문이 발표된 해는 급진주의 시대의 끝자락으로서 전통적 경찰활동에 대한 비판이 매우 일상적이었고 그 대안으로 지역사회 경찰활동이 주목받던 시기였다. 이러한 분위기에서 골드슈타인이 던진 일성은 '수단이 목적보다 우선시되는 기현상(means over ends syndrome)'이었다. 이는 전문경찰 시대가 경찰의 목적인 지역사회의 문제해결보다 그 수단인 외적인 전문화(채용확대, 중앙집권적 관리, 장비 보강 등)와 소극적인 사후대응에만 몰두하던 행태를 비판한 것이었다.

▶골드슈타인이 규정한 '문제'
– 시민이 경찰에 신고하게 만드는 모든 곤란한 상황(예, 가출청소년, 과속차량, 범죄두려움 등) → 지역경찰의 업무영역 확대

골드슈타인에게 지역사회가 당면한 문제란 범죄뿐만 아니라 가출청소년, 과속차량, 심지어 범죄두려움에 이르기까지 시민이 경찰에 신고하게 만드는 모든 곤란한 상황을 의미했다. 그는 경찰이 해결해야 할 문제를 이처럼 광범위하게 설정하고 각 문제에 특화된 방식을 사용하여 효과적으로 해결해야 한다고 주장했다. 그리고 그가 제안한 '문제지향적 접근'을 효과적으로 실행에 옮기기 위해서 다음과 같이 체계적인 프로세스가 필요하다고 주장했다.

- 무엇이 문제인지 정확히 찾아내기
- 문제에 대한 연구를 통해 원인과 결과 밝혀내기
- 현재 시행되고 있는 대응에 대해 자료를 수집하고 장단점 파악하기
- 실행가능한 다양한 대응방안 탐구하기
- 대응의 효과성 평가하기

아울러 골드슈타인은 문제지향적 경찰활동을 실행하기 위해 다음과 같은 경찰관서의 조직적 변화가 필요하다고 주장했다.

- 경찰 관리자는 일선경찰관들이 자신의 분야에서 스스로 문제를 결정하도록 신뢰하라.
- 문제해결에 필요한 시간을 충분히 부여하라.
- 범죄분석을 담당하는 부서에서는 지역경찰관들에게 지역의 경향과 패턴을 파악할 수 있는 자료를 제공하도록 제도를 개선하라.
- 대중의 정보와 비평에 대해 더욱 공개적이고 적극적으로 수용하라.

2. 문제해결과정: SARA 모델

골드슈타인이 처음 문제지향적 경찰활동을 제안했을 때는 문제해결 프로세스가 초점이 아니라 능동적으로 문제를 찾아내고 해결하는 것 자체가 초점이었다. 이를 확장한 에크와 스펠만[63]은 1987년 경찰관서에서 문제지향적 경찰활동을 실행할 수 있도록 4단계의 문제해결 과정인 SARA 모델을 제시했다. 이 때문에 현대의 문제지향적 경찰활동은 체계적인 문제해결 프로세스로 인식된다. 또한 범죄예방과 문제해결을 위해 지역사회의 다양한 자원을 활용하도록 주문한다는 점에서 지역사회 경찰활동의 기본 이념을 수용한다고 볼 수 있다.

SARA 모델은 조사(scanning) – 분석(analysis) – 대응(response) – 평가(assessment)로 구성된 문제해결 프로세스이다. 이에 대한 이해를 돕기 위해 '비즈니스 프로세스'를 잠깐 살펴보자. 비즈니스 프로세스(business process)는 원래 기업활동과 관련된 용어로서 '고객을 위해 가치를 창조하는 시작과 끝이 있는 업무 활동의 집합'을 말한다. 예컨대, 제품 디자인, 마케팅, 판매, 회계 및 재무관리, 제조, 물류, 공급망 관리, 고객 관리와 같은 기업활동에서 목표를 달성해가는 일련의 단계를 의미하며, 각각의 고객에게 양질의 제품이나 서비스를 창조하여 가치를 제공하는 것이 목적이다. 현대사회로 갈수록 공공영역과 민간영역의 교류·협력이 더욱 강해져 공공서비스의 시작(생산)에서 마무리(제공, 평가)까지 전반을 기획할 때도 비즈니스 프로세스 개념이 사용되고 있다. 이는 최근 정책을 평가할 때 결과만 중시하던 관행(i.e., outcome evaluation)에서 벗어나 처음 계획했던 과정이 제대로 실행되었는지 검토하는 과정평가(process evaluation)가 주목받는 것과 관련 있다. 그만큼 현대사회에서는 공공영역에서도 체계화된 업무 프로세스를 확립하고 철저히 준수하는 것이 정책의 목표를 달성하는 데 꼭 필요한 핵심요소로 간주된다.[64]

(1) 조사(Scanning)

문제지향적 경찰활동은 지역에서 반복적으로 발생하고 있는 문제를 파악하는 것에서부터 시작한다. 그리고 각 문제가 지역사회와 경찰에 어떤 영향을 미치는지 확인한다. 이때 문제가 얼마나 자주 발생하고 있으며 얼마나 오랫동안 지속되어 왔는지 확인하는 것은 필수이다. 이러한 조사를 토대로 문제들의 우선순위를 정하고 어떻게 대응할지에 대한 개략적인 목표를 설정한다.

(2) 분석(Analysis)

분석단계에서는 각종 데이터(범죄통계, 112 신고전화, 타기관 보유 및 학술자료, 주민설문 등)를 분석하여 문제의 현황과 원인을 정확히 파악한다. 그리고 현재 그 문제에 대해 대응하고 있는 실태를 파악해서 장단점을 정리한다. 이때 문제의 범위를 최대한 좁혀서 최대한 구체적으로 상황과 원인을 파악하는 것이 중요하다.

(3) 대응(Response)

문제의 실상과 원인 분석이 끝나면 최적의 대응책을 도출한다. 브레인스토밍을 통해 혁신적이고 창의적인 아이디어를 발굴하거나, 이미 유사한 문제를 경험한 타지역의 사례를 조사하여 벤치마킹할 수도 있다. 여러 대안들 중 하나를 선택한 후 구체적인 대응계획을 수립하고 책임자(부서)를 정한다. 대응의 목적을 구체적으로 설정하고 계획을 실행에 옮긴다. 이때 지역사회 내의 여러 기관 및 시민단체(조직)와 적극적인 협력을 모색하는 것이 중요하다.

(4) 평가(Assessment)

마지막으로 평가단계에서는 대응이 적절했는지 여부를 평가하는데, 이를 위해 대응 전후의 질적·양적 데이터를 수집해서 분석한다. 평가의 종류에는 전술한 대로 과정평가와 결과평가가 있는바, 과정평가에서는 대응이 계획대로 진행됐는지를 평가하고 결과평가에서는 대응의 목적이 제대로 달성되었는지를 평가한다. 또한 애초에 원인 분석이 제대로 이루어졌는지에 대한 평가도 이 과정에서 수행할 수 있다. 중요한 점은 평가로 인해 SARA 모델이 종료되는 게 아니라 새로운 시작의 출발점이 된다는 사실이다. SARA를 순환모형으로 간주하는 중요한 장점 중 하나는 정책(대응)의 효과가 지속되고 있는지 확인할 수 있다는 점이다. 보여주기식 일회성 정책이 아니라면 효과성의 유지는 매우 중요한 평가요소가 된다.

3. SARA 모델의 적용

SARA 모델은 문제지향적 경찰활동의 이념을 실천하는 가교역할을 한다. 동시에 실행과정과 목표달성을 평가하는 기준이 되기도 한다. 지역사회 경찰활동이나 문제지향적 경찰활동의 1979년 버전에 비해 훨씬 구체적인 실행 전략을 제시하는 SARA 모델은 발표 이후 많은 경찰관서의 관심을 끌게 되었다. 이에 미국 법무부에서는 SARA 모델의 확산을 돕기 위해 위스콘신 대학의 연구자들에게 재정지원을 통해 웹 기반 '문제지향적 경찰활동 센터'를 개설했다. 2002년 개설된 이 웹사이트에는 '주점 내부와 주변에서 발생하는 폭행사건', '주거지역에서의 난폭운전' 등과 같이 각각의 문제 상황에 특화된 가이드

▶문제지향적 경찰활동 센터(Center for POP)
–웹 주소: https://popcenter.asu.edu/content/about
– 현재는 애리조나 주립대학교의 공공안전대학에서 운영중임(2023년 2월 4일 확인)

라인과 문제해결 방법을 제공함으로써 일선 경찰의 문제해결 실무에 큰 도움이 되고 있다.[65]

4. 소결

문제지향적 경찰활동은 지역사회 경찰활동의 다자간 협력 패러다임을 수용하면서 동시에 지역사회 경찰활동의 적용성을 높이기 위해 구체적인 실행과정을 제시하는 특징이 있다. 특히 모든 행정에는 인력과 예산, 장비의 한계가 있기 마련인바, 지역사회와 협력하여 문제의 우선순위를 정해서 사안에 따라 집중도를 달리하는 접근은 현실적으로 매우 주효한 전략이다.

V. 우리나라의 지역사회 경찰활동 사례

이 책의 범죄예방모형에서 지역사회 경찰활동은 공식적 사회통제와 비공식적 사회통제의 결합을 상징한다(《그림 V-1》 확인). 따라서 우리나라의 지역사회 경찰활동 역시 시민과 함께하는 '협력치안'을 중심으로 간단히 설명하고자 한다. 그 전에 독자들이 우리나라의 협력치안 개념에 대한 감을 잡을 수 있도록 역사적 맥락을 간단히 소개한다.

▶지역경찰제도에 대한 설명은 범죄학의 범위를 넘어서므로 경찰학 저술을 참고하기 바람.

우리나라의 협력치안 역사 개요. 우리나라에서 협력치안이 본격적으로 시도된 시점은 2003년 9월 지역경찰제도가 생겨나면서부터로 볼 수 있다. 사실 우리나라는 미국 등 서구와 달리 이미 오래전부터 파출소를 중심으로 지역밀착형 경찰활동을 실시해 왔다. 하지만, 이러한 형태적인 지역밀착은 지역사회 경찰활동의 이념과 취지를 실천하기 위한 것이 아니라 주민에 대한 통제와 감시, 신속한 신고출동 등 전통적인 경찰활동을 효율적으로 수행하는 데 초점이 맞춰져 있었다.

20세기 후반 우리나라에도 지역사회 경찰활동 개념이 소개되면서 이를 도입하기 위한 움직임이 본격화되었는데, 그 시초는 1999년의 '경찰 대개혁'으로 간주된다. 이때 우리 경찰은 오랜 기간 정치권력의 집행자로서 시민을 억압하고 통제하던 도구의 이미지를 탈피하고 진정으로 시민을 위한 서비스 중심의 경찰로 거듭나기 위해 노력했다. 경찰 개혁의 이념적 틀은 지역사회 경찰활동 패러다임이었고, 이를 실천하기 위해 시민경찰학교 운영, 청소년 보호활동, 범죄예방간담회 개최, 자율방범대 활성화, 순찰방식의 개선 등을 추진했다.[66] 그러다가 파출소 체제의 한계를 극복하기 위해 2003년 9월 「지역경찰조직 및 운영에 관한 규칙」(경찰청 훈령 제409호)이 제정되면서 지역경찰이 현재의 모습으로 정비되고, '안전과 자유의 조화'라는 국가의 설립과 존재 이유를 실천하기 위해 규제와 봉사업무를 분리하기 시작했다.[67]

하지만 지역경찰제도가 우리나라에 지역사회 경찰활동을 성공적으로 정착시켰다는 평가는 아직 섣부르다. 오히려 애초에 2-4개 파출소를 통합하여 지구대를 창설하면서 발생한 인력부족문제를 해소하기 위한 임시방편에 불과했다는 비판도 존재한다. 실제로 지역사회가 치안활동의 대등한 파트너로 참여한다든지, 지역사회 맞춤형 문제해결을 지향한다든지, 지역경찰의 재량과 자율성을 충분히 보장한다든지 등의 핵심 요소들은 제대로 반영되지 않고 있다.[68] 따라서 우리나라의 협력치안은 아직 미성숙 단계라고 볼 수 있다. 그럼에도 불구하고 우리 경찰이 시민과 동행하려는 노력은 현재진행형이며, 대개혁 이후 추진되었던 다음 몇 가지 활동은 주목할만하다. 참고로 자율방범대에 대한 설명은 제2절의 비공식적 사회통제 활동 사례를 확인하기 바란다.

1. 시민경찰학교 운영

시민의 경찰행정 참여를 통한 신뢰 증진과 협력기회의 확대에는 여러 가지 방법이 있다. 그중 시민들이 경찰의 업무를 이해하는데 가장 효과적인 방법은 직접 체험의 기회를 갖는 것이다. 경찰청은 2001년부터 각 경찰서 단위로 지역주민의 이해와 협력을 강화하기 위해 경찰의 분야별 업무를 담당 경찰관이 소개하고 직접 체험의 기회를 제공하는 '시민경찰학교'를 운영하고 있다. 경찰의 사건접수와 신고출동, 현장에서의 조치요령 등을 경찰관과 함께 직접 수행해보고 유치장 및 경찰 시설을 견학하는 등의 활동이 포함되어 있다. 또한 시민경찰학교를 수료한 시민들은 경찰보조업무에 자발적으로 참여할 수 있는 기회를 제공받는다. 이는 협력치안의 기반을 조성하는 데 크게 기여할 수 있다. 2019년 이후에는 경찰서 내 운영방식에서 확대되어 각 지역의 부녀회, 문화센터 등을 방문해서 교육을 실시하는 '찾아가는 시민경찰학교'도 병행되고 있다.[69]

2. 청소년 보호활동

지역사회의 문제들 가운데 최근 가장 주목받는 이슈는 청소년 범죄와 학교폭력이다. 이는 청소년의 건강한 성장이라는 목표를 생각했을 때 단순히 범죄에 강력히 대응하는 접근보다는 경찰과 학교당국, 학부모, 지방자치단체 등 관련 주체들이 모두 관심을 갖고 예방에 힘써야 할 문제이다. 또한 이미 사건에 연루된 청소년에 대해서는 재범방지와 사회복귀에 초점을 맞추고 인성과 사회성 함양을 도모해야 한다.

이에 경찰은 다양한 청소년 교육 프로그램을 운영하고 있는데, 다음 세 가지 프로그램이 대표적인 예이다. ① '범죄예방교실'은 경찰관이 직접 학교를 방문해서 학생들에게 스스로 범죄를 회피하고 방어할 수 있는 요령을 가르치고, 고충상담 등 개별 면담과 질의응답을 수행한다. ② '사랑의 교실'은 비행청소년을 대상으로 재범 방지교육과 인성교육을 실시한다. 이것은 경찰과 불교방송(BBS), 한국청소년육성회 등이 상호협력해서 운영하는 프로그램인데, 적절한 사후대응을 통한 재범예방이 목적이므로 사후대응 파트와 연결시켜 학습하기 바란다. ③ '명예경찰 포돌이·포순이 소년단'은 학교별로 학교장의 추천을 받아 경찰에 대한 홍보와 경찰 관련 활동에 대한 봉사 등을 실시한다. 청소년의 건전한 활동에의 참여는 허쉬가 강조한 사회유대의 요소 중 하나임을 참고하자.

이 밖에도 퇴직 경찰관이나 퇴직 교사, 자원봉사자들을 활용한 '배움터 지킴이(학교

보안관)' 제도, '아동안전 지킴이(실버 폴리스)' 제도가 운영되고 있는데 이들은 주로 학교 폭력을 예방하고 아동에 대한 납치 및 유괴, 실종을 방지하는 역할을 수행한다.[70]

3. 범죄예방 간담회 개최

경찰활동에 대한 주민참여를 통해 정책을 결정하는 것은 경찰과 시민의 상호작용을 증진하고 지역의 특성에 맞는 맞춤형 경찰행정을 실천하는 데 도움이 된다. 이를 위해 경찰은 협력단체와 시민단체 인사들을 초청하여 '범죄예방 간담회'를 정기적으로 개최하고 있다. 2018년부터는 관련 예산이 증액되어 방범협력단체 지원사업으로 확대되었는바, 교육, 워크숍, 합동순찰, 캠페인 등 다양한 프로그램이 운영되고 있다.[71]

4. 순찰방식의 개선

탄력순찰. 우리나라 지역경찰의 활동 대부분은 순찰을 통해 이루어진다. 따라서 전통적인 경찰활동이 추구하던 획일적인 정선순찰에서 벗어나 보다 탄력적이고 주민의 요구에 부합하는 순찰활동이 전개되어야 한다. 이에 지역경찰은 2017년부터 공동체 치안활동의 일환으로서 주민이 원하는 장소와 시간에 순찰을 집중하는 주민밀착형 '탄력순찰'을 전개하고 있다. 이를 위해 주민의 요구와 더불어 112 신고건수를 종합적으로 분석하여 순찰의 우선순위를 정하고 있다. 주민은 경찰청이 운영하는 '순찰신문고' 홈페이지를 방문하거나 휴대폰의 '스마트 국민제보' 앱을 이용해서 희망하는 순찰 시간과 장소를 신청할 수 있다.[72]

▶**정선순찰**
– 가급적 지역 전체에 비슷한 영향을 미칠 수 있도록 미리 정해진 노선에 따라 전개하는 순찰방식.

핫스팟 집중(포화)순찰. 지역경찰은 작은 경찰서처럼 제반 업무를 수행하기 때문에 자체 인력만으로 충분한 순찰을 실시하기 어렵다. 이에 경찰청은 2014년 경찰서 산하에 기동순찰대를 신설하여 취약 시간대 범죄다발지역을 집중적으로 순찰하게 했다. 이때 경찰이 운영하는 지리적 범죄분석 프로그램인 '지오프로스(Geopros)'를 활용해서 핫스팟을 선정하고, 중요사건 발생 시에는 즉각 초기대응하는 역할도 부여했다.[73]

안심귀갓길 & 여성안심구역. 최근에는 여성과 아동 등 범죄취약계층에 초점을 맞춘 집중순찰을 강화하고 있는바, '안심귀갓길'과 '여성안심구역'이 대표적인 예이다. 안심귀갓길은 처음에 야간시간대 여학생들을 순찰차에 탑승시켜 귀갓길 안전을 돕는 형태였으나, 지금은 밤늦게 귀가하는 여성들이 안심하고 이동할 수 있는 경로를 미리 지정해놓고 순찰인력을 집중시켜 범죄위험과 불안감을 낮추는 방식으로 운영되고 있다. 2018년 말 기준 전국에 2,875개소가 운영되고 있다. 여성안심구역은 재개발지역이나 원룸촌, 1인가구 밀집지역과 같이 범죄 취약지역을 지정해서 취약시간대 집중순찰을 실시하는 제도이다. 2018년 말 기준 전국에 501개소가 지정되어 있다.

이러한 취약장소에 대해서는 지방자치단체와 협의하여 셉테드 원리를 적용한 환경개선도 병행되고 있다. 감시용 CCTV와 비상벨 추가설치가 대표적인 예이다.[74]

Ⅵ. 정리 및 평가

1. 진화의 과정

지역사회 경찰활동은 셉테드만큼이나 오래된 약 50년의 역사를 가지고 있다. 따라서 효과성에 대해 많은 연구가 진행되었고, 연구결과는 다양했으며, 단점을 보완하고 장점을 강화하기 위한 변이와 진화가 계속 진행되어왔다. 그중 이 책은 경찰 외 다른 주체들의 협력을 더욱 구체적으로 강조하는 '제3자 경찰활동'과 경찰이 해결해야 할 문제의 범위를 넓히고 해결 과정을 체계화시킨 '문제지향적 경찰활동'을 진화의 예로 설명했다. 그리고 제7장에서는 예측적 경찰활동을 문제지향적 경찰활동이 진화된 사례로 설명할 예정인데, 보다 구체적으로는 SARA 모델에서 분석 국면(Analysis)이 고도화되고 대응 국면(Response)의 선택과 집중이 한층 강화된 접근으로 이해할 수 있다. 여기에서는 먼저 진화의 과정을 체계적으로 정리하고자 하는바, 이것은 독자들이 복잡·다양한 지역사회 경찰활동의 개념과 유사용어들을 명확히 이해하는 데 도움이 될 것이다.

(1) 와이즈버드와 에크의 경찰활동 분류 모형

이 책은 지역사회 경찰활동의 진화 과정을 설명하는 도구로서 와이즈버드와 에크(2004, p.45)[75]가 제시한 분류법을 차용한다. 그들은 〈그림 V-5〉와 같이 경찰활동을 분류하는 기준으로서 ① 얼마나 특정한 문제, 시간, 장소에 집중하는지(집중도, x축)와 ② 얼마나 다양한 지역사회의 자원을 사용하는지(다양성, y축) 두 가지를 사용했다. 전통적 경찰활동(전문경찰 모델)은 두 기준에서 모두 낮은 수준으로서 경찰력에만 의존해서 획일적인 순찰과 소극적인 사후대응에 집중하는 특징을 잘 보여준다. 이에 비해 핫스팟 경찰활동은 집중도가 강하고, 지역사회 경찰활동은 다양성이 높은 수준이며, 문제지향적 경찰활동은 집중도와 다양성이 모두 강한 접근으로 설명하고 있다.

▶'one-size-fits-all' 모델: 와이즈버드와 에크는 전통적 경찰활동을 '획일적인' 모델이라 비유함.

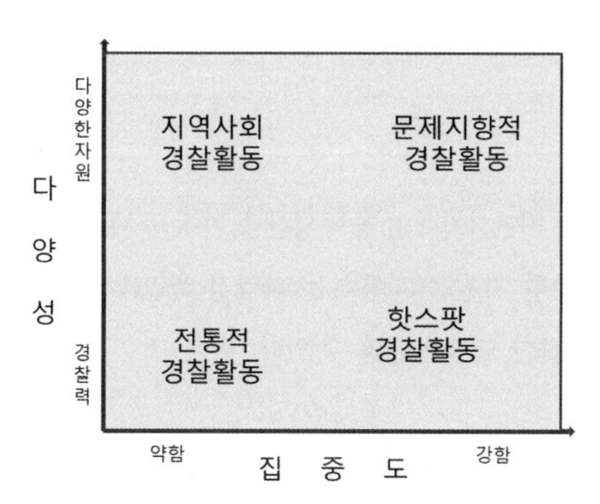

〈그림 V-5〉 와이즈버드와 에크의 경찰활동 분류 모형

이들 세 가지 경찰활동에 대해 와이즈버드와 에크(2004)는 경찰활동의 '혁신(innovation)'이라 표현하며 진화의 결과임을 명시하고 있다. 그런데 여기서 주목할 점은 그들도 세 가지 경찰활동에 대한 구분이 명확하지 않고 실무에서 혼용되고 있는 사실을 인정하고 있다는 점이다. 특히 지역사회 경찰활동은 이념적 특징이 강하고 개념적 포괄성이 커서 명확히 분류되기 어려운 사실을 환기하면서, 다만 분류 목적으로 다양한 자원을 활용하는 특징을 부각시키고 있다(p.46). 따라서 독자들은 그들이 제시한 두 가지 기준에 따라 경찰활동의 특징이 구분될 수 있다는 점만 명확히 이해하면 되고, 이 책이 제시하는 진화의 과정도 같은 맥락에서 모호성과 중첩성이 존재할 수 있음을 이해하기 바란다.

(2) 이 책이 제시하는 지역사회 경찰활동의 진화 모형

와이즈버드와 에크(2004)의 분류 모형을 차용하여 이 책은 지역사회 경찰활동이 〈그림 V-6〉과 같이 진화한 것으로 정리한다. ① 먼저, 지역사회 경찰활동은 집중도와 다양성 두 기준에서 모두 '일반적인' 수준인 것으로 규정하고 출발한다. 이는 와이즈버드와 에크가 집중도를 낮게 평가한 것과 대비되는데, 이 책은 지역사회 경찰활동이 분권과 재량을 강조하는 것 자체가 이미 지역사회에 특화된 상당한 집중도를 요구하는 것이라고 판단한다(〈표 V-2〉 확인).

② 제3자 경찰활동은 치안서비스의 공동생산을 가장 구체적으로 실천하는 접근이다. 따라서 지역사회의 다양한 자원을 사용하는 다양성 측면에서 지역사회 경찰활동에 비해 더욱 '구체적'으로 진화한 모형이라 할 수 있다.

③ 문제지향적 경찰활동은 지역사회에서 경찰이 처리해야 할 문제의 범위를 넓히고 실제로 문제를 해결하는 방법을 체계적인 프로세스로 제시하는 특징이 있다. 이때 가용

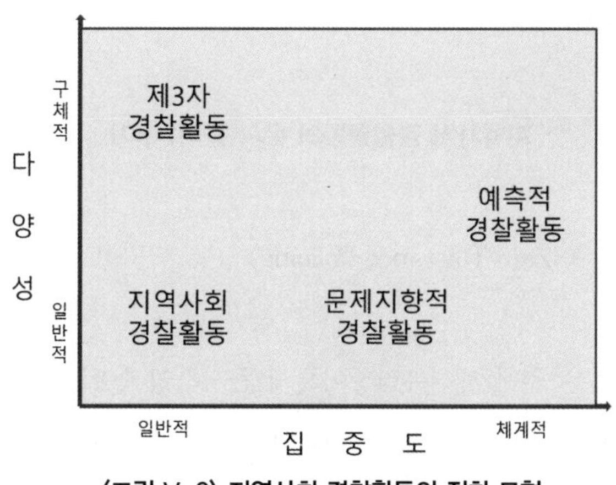

〈그림 V-6〉 지역사회 경찰활동의 진화 모형

자원(인력, 예산)의 한계를 인식하고 항상 문제의 우선순위를 정하도록 주문한다. 따라서 지역사회 경찰활동에 비해 집중하는 문제가 특정되어 있고 그것을 해결하는 과정이 매우 '체계적'인 특징을 가지고 있다.

④ 제4장에서 살펴볼 예측적 경찰활동은 일반적으로 문제지향적 경찰활동이 진화된 사례로 간주된다.[76] 이것은 전술한 대로 문제지향적 경찰활동의 SARA 모델에서 분석 국면(Analysis)이 훨씬 고도화되고 따라서 대응 국면(Response)에서 선택과 집중이 한층 강화된 접근으로 볼 수 있다. 그런데 이때 빅데이터를 수집·분석하고 예측된 사건과 사람에 대한 경찰활동을 실시하는 과정에서 인권과 사생활 침해에 대한 우려를 불식시키기 위해 지역사회의 동의와 참여가 더욱 강조된다. 따라서 예측적 경찰활동은 문제지향적 경찰활동에 비해 다양성 측면에서도 더욱 구체적인 실천이 요구되는 접근법이다. 다만 제3자 경찰활동만큼의 구체성을 요하진 않기 때문에 〈그림 V-6〉에서와 같이 y축의 중간에 위치시켰다.

▶**무관용 경찰활동 = 삶의 질 경찰활동**
– 깨진유리창이론에서 무질서를 삶의 질의 문제로 규정했음.

▶**정보기반 경찰활동 = 데이터기반 경찰활동 = 증거기반 경찰활동**
– 문제지향적 경찰활동과 예측적 경찰활동의 중간 단계로 이해할 수 있음.

스토리박스 〈보충설명 V-7〉

지역사회 경찰활동의 유사 용어: 추가

■ 무관용 경찰활동(Zero Tolerance Policing)

무관용 경찰활동은 원래 깨진유리창이론에 근거하여 무질서를 강력히 통제함으로써 중범죄를 예방하고자 시작되었다. 1990년대 초 뉴욕시의 지하철 등지에서 시행된 사례가 대표적이다. 하지만 1990년대 중후반 보수적인 이념적 색채가 약화되고 인권침해와 무관용 정책의 효과성에 대한 의문이 제기되면서 깨진유리창이론과 정책도 점차 집합효율성을 강조하는 방향으로 전환되었다(제1권 pp.308–310 참고). 그러면서 21세기 이후에는 무관용 경찰활동보다 '삶의 질 경찰활동(quality-of-life policing)'으로 불리는 경향이 강해졌는데, '삶의 질'이라는 용어가 부착된 이유는 깨진유리창이론에서 무질서를 삶의 질을 저해하는 문제로 규정한 것과 관련이 있다. 따라서 독자들은 여기에서의 삶의 질이 보편적인 개념이라기보다 무질서를 겨냥한 용어로 이해하는 것이 바람직하다.

■ 정보기반 경찰활동(Intelligence-Led Policing)

정보기반 경찰활동은 지역사회에 대한 다양한 정보수집과 분석을 통해 조직범죄, 중범죄자, 상습범 등의 범죄를 예방하고 검거하는 접근법을 말한다. 이것의 핵심은 다양한 데이터를 수집해서 정밀하게 분석하는 데 있는바, 문제지향적 경찰활동에서 분석 국면이 고도화된 것으로 평가할 수 있다. 앞에서 예측적 경찰활동도 문제지향적 경찰활동에 비해 분석과 대응 국면이 강화된 것으로 설명했는데, 정보기반 경찰활동은 그 중간쯤에 위치하는 것으로 이해하면 된다(〈그림 V-6〉 참고). 실제로 2008년 LA 경경찰국장이었던 브래튼은 예측적 경찰활동을 도입하면서 예측적 경찰활동이 기존의 지역사회 경찰활동이나 정보기반 경찰활동을 더욱 강력하게 만들어 줄 것이라 주장했는바, 일반적으로 정보기반 경찰활동은 '데이터기반 경찰활동'이나 '증거기반 경찰활동' 등과 자주 혼용된다(제7장 제2절 참고).

출처: 강용길 외 2인. (2021). 「생활안전경찰론」. 경찰대학 출판부. pp.43–45.

2. 지역사회 경찰활동에 대한 평가

(1) 효과성

와이즈버드와 에크의 효과성 분석(메타 연구)

경찰활동의 효과성에 대한 연구는 매우 많고 그 결과는 다양하다. 와이즈버드와 에크(2004, p.57)[77]는 그들이 제시한 두 가지 기준인 집중도와 다양성에 따라 실증연구들을 분석하여 그 결과를 〈표 V–3〉과 같이 제시했다. 분석에 사용된 연구들은 범죄, 무질서, 두려움 감소 여부로 효과성을 평가한 사례들이었다. ① 먼저, 전통적 경찰활동에 대해서는 경찰력 증대, 획일적 순찰, 신속 대응, 사후 수사, 가정폭력사범 일괄 체포 등의 정책을 평가한 연구들을 종합한 결과, 일관된 효과성을 발견할 수 없었고, 효과가 있다고 해도 약한 수준에 불과했다. ② 지역사회 경찰활동은 대면접촉이 이루어지거나 특히 시민을 존중하는 접촉이 이루어질 경우 약에서 중간 정도의 효과를 보였고 두려움도 감소한 것으로 드러났다. 그런데, 신문광고를 활용한 비대면 경찰활동은 아무리 지역사회 경찰활동을 표방한다 해도 일관되지 않거나 약한 효과에 머물렀다. ③ 핫스팟 경찰활동은 사건 수사만 반복될 경우 일관되지 않거나 약한 효과에 머물렀다. 그런데 집중적인 순찰과 법집행이 병행될 경우 범죄와 무질서가 상당히 감소하는 효과를 보였다. ④ 문제지향적 경찰활동은 대체로 모든 영역(범죄, 무질서, 두려움)에서 중간 정도의 효과를 보였는데, 이것이 핫스팟에서 전개될 경우에는 더욱 강한 효과를 보였다.

〈표 V-3〉 경찰활동의 효과성

	약한 집중도	강한 집중도
다양한 자원 활용	■ 일관되지 않거나 약한 효과 • 비대면 지역사회 경찰활동(예, 신문 광고) ■ 약에서 중간 정도 효과 • 지역사회 경찰활동 중 대면접촉 • 시민을 존중하는 접촉(두려움 감소)	■ 중간 정도 효과 • 문제지향적 경찰활동 ■ 강한 효과 • 핫스팟에서 문제 해결
경찰력에 의존	■ 일관되지 않거나 약한 효과 • 경찰력 증대 • 획일적 순찰 • 신속 대응 • 사후 수사 • 가정폭력사범 일괄 체포	■ 일관되지 않거나 약한 효과 • 반복된 수사 ■ 중간에서 강한 정도 효과 • 집중적인 법집행 • 핫스팟 순찰

지역사회 경찰활동의 효과성 종합

경찰활동에 대한 효과성 평가는 비단 범죄, 무질서, 두려움을 대상으로만 이루어지지 않는다. 특히 지역사회 경찰활동은 그 취지에 비추어 주민이 느끼는 만족감과 경찰의 법적 정당성에 대한 신뢰도가 중요한 평가 기준으로 간주된다. 길과 동료들(2014)[78]의 연구에 따르면, 대부분의 실증연구에서 지역사회 경찰활동을 실시하는 지역의 시민일수록 경찰이 지역사회에서 범죄예방과 질서유지 활동을 효과적으로 수행한다고 인식했다. 또한 경찰이 시민을 존중하고 공정하게 대하고 있다고 인식하여 경찰에 대한 높은 신뢰도를 보였다.[79]

이상을 종합하면, 지역사회 경찰활동은 ① 예방순찰과 법집행의 집중도가 강해질 경우 범죄와 무질서에서 감소효과를 보일 수 있고, ② 존중에 기반한 대민 접촉이 활발해질 경우 두려움 감소와 만족도 향상, 경찰에 대한 신뢰 증대가 가능하며, ③ 다양한 자원을 활용해서 우선순위에 따른 선택과 집중을 실시할 경우 범죄, 무질서, 두려움이 모두 감소할 수 있다고 정리할 수 있다. 하지만, 분명 예외가 존재하며 우리나라의 실증연구는 더욱 일관되지 않은 결과를 보여주는 한계가 있다.[80] 따라서 지역사회 경찰활동에 대한 무조건적인 신뢰나 일방적인 비판은 바람직하지 않아 보인다. 지역사회 경찰활동이 표방하는 것처럼, 지역사회의 실정에 맞는 맞춤형 경찰활동을 주민과 함께 지속적으로 수행하고 시민의 신뢰를 확보할 수 있다면, 주민이 느끼는 안전감과 삶의 질이 한층 향상될 것으로 기대된다.[81]

(2) 한계 및 고려사항

마지막으로, 지역사회 경찰활동에 대한 냉정한 비판을 몇 가지 제시하고자 하는바, 이는 향후 성공적인 시행을 위한 고려사항으로 간주될 수 있다.[82]

경찰의 의욕과 법집행 능력 감소. 일선 현장의 경찰관들은 사실 법집행과 질서유지를 매우 중시한다. 그런데 시민과의 친근한 대면접촉을 강조하고 범죄와 무질서 외에 사소해 보이는 문제까지 해결할 것을 요구하면 별로 달가워하지 않는다. 솔직히 그럴 시간도 없다는 불평불만이 현실인바, 심할 경우 경찰관으로서의 정체성에 회의를 느끼기도 한다. 또한 다양한 문제를 처리하다 보면 정작 법집행이 필요할 때 소홀해지는 문제가 발생하며, 자신의 업무수행에 대한 평가가 객관적으로 이루어지는지에 대한 의구심도 갖게 된다.

경찰의 부정부패와 정치집단화 가능성. 미국 경찰이 20세기 초 전문경찰을 표방하며 개혁을 단행한 배경에는 19세기 동안의 지역밀착형 경찰활동이 정치집단화하고 부패했던 문제가 있었다. 따라서 지역경찰에게 많은 권한과 재량을 부여하고 지역밀착을 강조하면 자칫 지역경찰에 대한 통제 부족과 부패 가능성이 우려되는 게 사실이다.

시민의 사생활과 인권침해. 게다가 지역밀착은 경찰과 시민이 친밀한 관계를 형성할 것을 권장하는바, 이는 자칫 과도한 사생활 개입으로 이어질 수 있다. 또한 이 상태에서 증가한 권한과 재량의 범위를 적절히 다스리지 못할 경우 심각한 인권침해가 발생할 우려도 존재한다.

과다한 인력과 비용 소요. 이상의 문제들을 효과적으로 제어하기 위해서는 각 경찰관에게 충분한 시간이 보장되어야 하는바, 이는 결국 많은 인력의 충원을 필요로 하게 되고 당연히 비용 문제가 수반된다.

그런데 지역경찰 개인의 입장에서는 많은 시간과 재량이 주어졌을 때 어떤 활동을 어떻게 수행해야 하는지에 대한 교육과 지침이 보다 명확히 주어지길 원한다. 또한 자신의 업무수행이 어떻게 평가되는지에 대해서도 분명한 이해가 필요하다. 따라서 지역사회 경찰활동이 성공적으로 실시되기 위해서는 지역경찰에게 주민의 목소리를 경청하고 신뢰관계를 구축하라고 요구하는 것처럼, 경찰 수뇌부도 지역경찰의 목소리를 경청하고 신뢰관계를 구축하기 위해 노력해야 할 것이다. 이것은 사실 조직 내 양방향 소통을 강조하는 말로서, 코드너가 제시한 지역사회 경찰활동의 네 번째 요소인 조직적 요소에 해당하는 내용이다.

요점 정리

사회구조 및 물리구조 개선

- 사회구조 개선: 집합효율성이론이 제안하는 경제 활성화, 실업률 감소, 소득격차 해소, 공교육과 직업훈련 강화, 주거 안정, 가정 회복 등으로서 범죄의 '근본 원인'을 제거하여 필요성을 감소시키려는 접근임.

- 물리구조 개선: 셉테드가 제안하는 접근통제, 자연적 감시, 영역성, 활동성 증대, 유지관

유지관리 등 5대 전략으로서 물리적인 환경설계를 통해 범죄의 기회를 차단하려는 접근임. 참고로, 깨진유리창이론이 제안하는 무질서 개선은 셉테드의 유지관리와 연관됨.

- 셉테드의 진화: 초기(1970년대 초중반)에는 물리적인 건축 환경의 변화에 집중했지만, 1990년대 이후 2세대 셉테드부터는 주민참여를 통한 영역성 강화에 집중했음. 이러한 변화는 물리적 환경개선에서 사회문화적 환경개선으로 진화되었다고 표현되기도 함.

- 방어공간 & 상황적 범죄예방과의 결합: 방어공간은 어둡고, 인적이 드물고, 관리되지 않고, 아무나 드나드는 범죄유발환경을 밝고, 인적이 많고, 잘 관리되고, 접근이 통제되는 범죄억제환경으로 바꾸는 작업의 산물임. 현대의 셉테드는 방어공간을 구축하는 과정에서 더 즉시적이고 직접적인 상황적 범죄예방과 통합적으로 운영되고 있음.

- 법제화 및 인증제도: 우리나라의 셉테드는 주로 영국의 사례를 벤치마킹해서 발달하고 있음. 따라서 영국의 범죄와 무질서에 관한 법률(CDA) 제17조와 방범환경설계제도(SBD)는 반드시 알아둬야 함. 우리나라도 현재 건축법을 비롯해 몇몇 법제화 사례가 있고, 아파트 인증제도나 범죄예방 우수 시설 인증제도가 시행되고 있음. 단, 아직 실질적인 강제력을 가진 인증제도는 시행되지 않고 있음.

비공식적 사회통제 강화

- 개관: 집합효율성이론, 셉테드, 깨진유리창이론은 모두 1990년대 이후 진화의 과정을 거치면서 비공식적 사회통제를 매우 강조하고 있음. 집합효율성이론과 깨진유리창이론은 집합효율성이라는 용어를, 셉테드는 영역성이라는 용어를 주로 사용함. 결국 지역사회 수준에서 범죄사건을 예방하고자 하는 현대의 접근법은 공동체의 회복과 자정능력 향상을 핵심 기제로 간주하고 있음.

- 비공식적 사회통제의 강화: 비공식적 사회통제는 공식적 사회통제의 한계를 보완하는 새로운 접근법으로서 주민의 적극적인 참여가 핵심임. 비공식적 사회통제의 실질적인 강화를 위해서는 지역공동체의 규범에 대한 공유가 필수 전제조건인바, 이러한 규범 공유를 위해서는 상호신뢰와 유대가 강화되어야 함. 제1절에서 살펴본 사회구조와 물리

구조의 개선은 주민들 간의 건전한 상호작용을 촉진시켜 상호신뢰와 유대 강화에 기여할 수 있음.

■ 대표적인 활동 사례: 이웃감시와 주민순찰 프로그램이 있는데, 이들은 1960–70년대 혼란기에 등장한 자경 프로그램으로서 잠재적 범죄인에게 엄격한 경고의 메시지를 전파하는 데 매우 효과적임.

■ 공식적 사회통제와의 결합: 현대의 범죄예방에서는 비공식적 사회통제가 효과를 거두기 위해 공식적 사회통제와의 결합이 매우 중시되고 있음. 지역사회 경찰활동이 양자 간 통합의 대표적인 사례임.

지역사회 경찰활동

■ 패러다임의 대전환: 1960–70년대 혼란기를 거치면서 전통적 경찰활동에 대한 반동으로 등장함. 이러한 시대적 배경은 범죄학의 실증주의가 비판주의를 거쳐 현대범죄학으로 진화되는 시기와 일치함. 따라서 지역중심 경찰활동, 이웃지향적 경찰활동, 핫스팟 경찰활동, 제3자 경찰활동, 문제지향적 경찰활동, 삶의 질(무관용) 경찰활동, 정보기반 경찰활동 등 다양한 용어들은 지역사회 경찰활동의 패러다임 안에서 각각의 특징을 가진 개별 접근으로 이해하는 것이 바람직함.

■ 지역사회 경찰활동의 특징 및 진화

• 지역사회와의 협력 = 시민의 참여: 이것은 지역사회 경찰활동이 경찰활동의 민주적 모델을 지향하는 관점임을 의미함. 이때 단순히 상호작용의 양을 늘리는 것보다는 시민을 진정한 파트너로 인정하고 인격적으로 대우함으로써 긍정적인 상호작용이 증가하도록 노력해야 함.

• 범죄예방 지향 = 경찰기능의 확대: 이것은 지역사회 경찰활동이 소극적인 사후대응에서 벗어나 적극적으로 지역사회의 안전과 삶의 질 향상에 기여할 것을 주문함. 이를 위해 지역사회의 다양한 자원을 활용해서 예방 중심의 경찰활동을 전개해야 하는 바, 지역사회 내의 다양한 주체들과 상생의 파트너십을 형성하고 치안서비스를 공동

생산하려는 노력이 요구됨. 치안서비스 공동생산의 구체적인 실천은 '제3자 경찰활동' 으로 진화됨.

- 권한배분을 통한 개별적인 맞춤형 서비스 제공: 이것은 지역사회 경찰활동이 지역의 특색에 맞는 맞춤형 경찰활동을 지향하는 관점임을 의미함. 이를 위해 현장경찰관에게 권한과 책임을 부여해서 담당구역 중심으로 경찰활동을 전개해야 하는바, 이때 주민과 함께 문제를 찾아내고 우선순위에 따라 적절히 대응하는 체계적인 프로세스가 요구됨. 이러한 맞춤형 문제해결 프로세스를 강조하는 접근은 '문제지향적 경찰활동' 으로 진화됨. 그리고 문제지향적 경찰활동은 문제의 정확한 진단과 원인 파악이 강조되면서 정보기반 경찰활동과 예측적 경찰활동으로 진화된 것으로 정리할 수 있음.

■ 지역사회 경찰활동에 대한 평가

- 효과성: 예방순찰과 법집행의 집중도가 강해질 경우 범죄와 무질서 감소가 가능함. 존중에 기반한 대민 접촉이 활발해질 경우 두려움 감소와 만족도 향상, 경찰에 대한 신뢰 증대가 가능함. 다양한 자원을 활용해서 우선순위에 따른 선택과 집중을 실시할 경우 범죄, 무질서, 두려움이 모두 감소할 수 있음.

- 한계: 하지만 효과성에 대한 평가는 연구에 따라 다르며, 실제 운영에 있어 경찰의 의욕과 법집행 능력 감소, 경찰의 부정부패와 정치집단화 가능성, 시민의 사생활과 인권침해, 과다한 인력과 비용 소요 등의 문제점도 존재함. 따라서 지역사회 경찰활동에 대한 무조건적인 신뢰나 일방적인 비판은 바람직하지 않고, 장기적인 관점에서 경찰과 시민이 진정한 치안의 주체로서 상호협력하는 문화가 형성되어야 할 것임.

참고문헌

1. Brantingham, P. J. & Faust, F. L. (1976). A Conceptual Model of Crime Prevention. *Crime and Delinquency,* 22, pp.284-296.
2. Crowe, T. D. (2000). *Crime Prevention Through Environmental Design in the Twenty-First Century.* Boston, MA: Butterworth-Heinemann.
3. 박현호. (2017). 「범죄예방 환경설계: CPTED와 범죄과학」, p.5. 박영사.
4. Jacobs, J. (1961). *The Death and Life of Great American Cities.* New York: Random House.
5. 박현호. (2017). 「범죄예방 환경설계: CPTED와 범죄과학」, pp.42-45. 박영사.
6. Jeffery, C. R. (1971). *Crime Prevention Through Environmental Design.* Beverly Hills, CA: Sage.
7. Newman, O. (1972). *Defensible Space: Crime Prevention Through Urban Design.* New York: Macmillan.
8. Crowe, T. D. & Fennelly, L. J. (2013). CPTED: *Crime Prevention Through Environmental Design.* Elsevier. 한국셉테드학회 편찬위원회 역(2016), p.9. 기문당.
9. 박현호. (2017). 「범죄예방 환경설계: CPTED와 범죄과학」, pp.66-69. 박영사.
10. 박현호. (2017). 「범죄예방 환경설계: CPTED와 범죄과학」, pp.51-52. 박영사.
11. 박현호. (2017). 「범죄예방 환경설계: CPTED와 범죄과학」, pp.171-180. 박영사.
12. 박현호. (2017). 「범죄예방 환경설계: CPTED와 범죄과학」, pp.75-78. 박영사.
13. 강용길·박종철·이영돈. (2021). 「생활안전경찰론」, pp.77-79. 경찰대학 출판부.
14. 박현호. (2017). 「범죄예방 환경설계: CPTED와 범죄과학」, p.45. 박영사.
15. Crowe, T. D. & Fennelly, L. J. (2013). CPTED: *Crime Prevention Through Environmental Design.* Elsevier. 한국셉테드학회 편찬위원회 역(2016), pp.305-312. 기문당.
16. 박현호. (2017). 「범죄예방 환경설계: CPTED와 범죄과학」, p.154. 박영사.
17. 박현호. (2017). 「범죄예방 환경설계: CPTED와 범죄과학」, p.154. 박영사.
18. 강용길·박종철·이영돈. (2021). 「생활안전경찰론」, pp.78-79. 경찰대학 출판부.
19. Tonry, M & Farrington, D. P. (1995). Strategic Approaches to Crime Prevention. *Crime and Justice,* 19, pp.1-20.

20. 박현호·강용길·정진성. (2009). 「범죄예방론」, pp.70-71. 경찰대학.
21. Sampson, R. J., Raudenbush, S., & Earls, F. (1997). Neighborhoods and Violent Crime: A Multilevel Study of Collective Efficacy. *Science*, 277, pp.918-924.
22. 박현호·강용길·정진성. (2009). 「범죄예방론」, pp.71-72. 경찰대학.
23. Newman, O. (1972). *Defensible Space: Crime Prevention Through Urban Design*. New York: Macmillan.
24. 박현호·강용길·정진성. (2009). 「범죄예방론」, pp.72-73. 경찰대학.
25. 박현호·강용길·정진성. (2009). 「범죄예방론」, p.102. 경찰대학.
26. Bursik, R. J. & Grasmick, H. G. (1993). *Neighborhoods and Crime*. New York: Lexington Books.
27. Lab, S. P. (2007). *Crime Prevention: Approaches, Practices and Evaluations*, p.76. LexisNexis.
28. https://en.wikipedia.org/wiki/Neighborhood_watch. (2023년 2월 26일 확인)
29. 박현호·강용길·정진성. (2009). 「범죄예방론」, p.102. 경찰대학.
30. Lab, S. P. (2007). *Crime Prevention: Approaches, Practices and Evaluations*, p.77. LexisNexis.
31. 박현호·강용길·정진성. (2009). 「범죄예방론」, p.103. 경찰대학.
32. Lab, S. P. (2007). *Crime Prevention: Approaches, Practices and Evaluations*, p.78. LexisNexis.
33. 박현호·강용길·정진성. (2009). 「범죄예방론」, p.103. 경찰대학.
34. 노성훈. (2020). 「노성훈 교수의 경찰학」, p.378. 푸블리우스.
35. 강용길·박종철·이영돈. (2021). 「생활안전경찰론」, p.80. 경찰대학 출판부.
36. Kubrin, C. E. & Weitzer, R. (2003). New Directions in Social Disorganization Theory. *Journal of Reserach in Crime and Delinquency*, 40(4), pp.374-402.
37. 노성훈. (2020). 「노성훈 교수의 경찰학」, p.358. 푸블리우스.
38. Bayley, D. H. (1985). *Patterns of Policing: A Comparative International*

Analysis. New Brunswick, NJ: Rutgers University Press.

39. 노성훈. (2020). 「노성훈 교수의 경찰학」, pp.49-51. 푸블리우스.
40. 정진성. (2015). "주요 외국의 빅데이터 기반 범죄예방시스템 운영현황 및 성과 분석", 「범죄 빅데이터를 활용한 범죄예방시스템 구축을 위한 예비 연구(II)」, 제3부. p.195. 한국형사정책연구원.
41. 노성훈. (2020). 「노성훈 교수의 경찰학」, p.51. 푸블리우스.
42. 정진성. (2015). "주요 외국의 빅데이터 기반 범죄예방시스템 운영현황 및 성과 분석", 「범죄 빅데이터를 활용한 범죄예방시스템 구축을 위한 예비 연구(II)」, 제3부. p.195. 한국형사정책연구원.
43. 노성훈. (2020). 「노성훈 교수의 경찰학」, p.358. 푸블리우스.
44. 강용길·박종철·이영돈. (2021). 「생활안전경찰론」, pp.35-37. 경찰대학 출판부.
45. Trojanowicz, R. C. & Bucqueroux, B. (1990). *Community Policing: A Contemporary Perspective.* p.5. Cincinnati, OH: Anderson.
46. 임준태. (2009). 「범죄예방론」, pp.572-573, p.577. 대영문화사.; Adams, T. F. (2006). *Police Field Operations.* Upper Saddle River, NJ: Pearson Prentice Hall.
47. Sparrow, M. K. (1988). *Implementing Community Policing.* U.S. Department of Justice.
48. Cordner, G. (1999). Elements of Community Policing. In I. Gaines & G. Cordner (eds.), *Policing Perspectives: An Anthology*, pp.137-149. LA: Roxbury Publishing Company.
49. 강용길·박종철·이영돈. (2021). 「생활안전경찰론」, pp.38-40. 경찰대학 출판부.; 노성훈. (2020). 「노성훈 교수의 경찰학」, pp.361-366. 푸블리우스.
50. Cordner, G. (1999). Elements of Community Policing. In I. Gaines & G. Cordner (eds.), *Policing Perspectives: An Anthology,* pp.137-149. LA: Roxbury Publishing Company.
51. Skolnick, J. H. & Bayley, D. H. (1988). *Community Policing: Issues and Practices around the World.* Washington, D.C.: National Institute of Justice.

52. 노성훈. (2020). 「노성훈 교수의 경찰학」, p.366. 푸블리우스.

53. Buerger, M. E. & Mazerolle, L. G. (1998). Third-Party Policing: A Theoretical Analysis of an Emerging Trend. *Justice Quarterly,* 15(2), pp.301-327.

54. 노성훈. (2020). 「노성훈 교수의 경찰학」, p.367. 푸블리우스.

55. Scott, M. (2011). Policing for Prevention: Shifting and Sharing the Responsibility to Address Public Safety Problems. In N. Tilley (ed.), *A Handbook for Crime Prevention and Community Safety,* pp.385-409. London: Willan Publishing.

56. 노성훈. (2020). 「노성훈 교수의 경찰학」, pp.367-371. 푸블리우스.

57. 박현호. (2017). 「범죄예방 환경설계: CPTED와 범죄과학」, p.53. 박영사.

58. 최선우. (2017). 「커뮤니티 경찰활동: 경찰과 커뮤니티」, pp.316-317. 박영사.

59. Birzer, M. L. & Roberson, C. (2007). *Policing: Today and Tomorrow.* Upper Saddle River, NJ: Pearson Prentice Hall.

60. Eck, J. E. & Spelman, W. (1987). What Ya Gonna Call? The Police as Problem-Busters. *Crime and Delinquency,* 33(1), pp.31-52.; Goldstein, H. (1990). Problem-Oriented Policing. New York: McGraw Hill.

61. 임준태. (2009). 「범죄예방론」, pp.587-588. 대영문화사.

62. Goldstein, H. (1979). Improving Policing: A Problem-Oriented Approach. *Crime and Delinquency,* 25(2), pp.236-258.

63. Eck, J. E. & Spelman, W. (1987). *Problem Solving: Problem-Oriented Policing in Newport News.* Washington, D.C.: Police Executive Research Forum.

64. 정진성. (2015). "주요 외국의 빅데이터 기반 범죄예방시스템 운영현황 및 성과 분석", 「범죄 빅데이터를 활용한 범죄예방시스템 구축을 위한 예비 연구(II)」, 제3부. p.187. 한국형사정책연구원.

65. 정진성. (2015). "주요 외국의 빅데이터 기반 범죄예방시스템 운영현황 및 성과 분석", 「범죄 빅데이터를 활용한 범죄예방시스템 구축을 위한 예비 연구(II)」, 제3부. p.200. 한국형사정책연구원.

66. 노성훈. (2020). 「노성훈 교수의 경찰학」, pp.371-372. 푸블리우스.

67. 강용길·박종철·이영돈. (2021). 「생활안전경찰론」, pp.22-23. 경찰대학 출판부.

68. 노성훈. (2020). 「노성훈 교수의 경찰학」, p.375. 푸블리우스.; 이창무. (2006). "경찰 범죄예방 활동의 질적 평가: 지역경찰제를 중심으로", 「한국경찰학회보」, 8(1), p.51-74.

69. 강용길·박종철·이영돈. (2021). 「생활안전경찰론」, p.81. 경찰대학 출판부.

70. 강용길·박종철·이영돈. (2018). 「생활안전경찰론」, pp.69-70. 경찰대학 출판부.

71. 강용길·박종철·이영돈. (2021). 「생활안전경찰론」, pp.80-81. 경찰대학 출판부.

72. 노성훈. (2020). 「노성훈 교수의 경찰학」, p.357. 푸블리우스.

73. 노성훈. (2020). 「노성훈 교수의 경찰학」, p.356. 푸블리우스.

74. 노성훈. (2020). 「노성훈 교수의 경찰학」, pp.356-357. 푸블리우스.

75. Weisburd, D. & Eck, J. E. (2004). What Can Police Do to Reduce Crime, Disorder, and Fear? *The Annals of the American Academy of Political and Social Science,* 593, p.45.

76. 정진성. (2015). "주요 외국의 빅데이터 기반 범죄예방시스템 운영현황 및 성과 분석", 「범죄 빅데이터를 활용한 범죄예방시스템 구축을 위한 예비 연구(II)」, 제3부. pp.187-188. 한국형사정책연구원.

77. Weisburd, D. & Eck, J. E. (2004). What Can Police Do to Reduce Crime, Disorder, and Fear? *The Annals of the American Academy of Political and Social Science,* 593, p.57.

78. Gill, C., Weisburd, D., Telep, C. W., Vitter, Z., & Bennett, T. (2014). Community-Oriented Policing to Reduce Crime, Disorder and Fear and Increase Satisfaction and Legitimacy among Citizens: A Systematic Review. *Journal of Experimental Criminology,* 10(4), pp.399-428.

79. 노성훈. (2020). 「노성훈 교수의 경찰학」, p.378. 푸블리우스.

80. 노성훈. (2020). 「노성훈 교수의 경찰학」, p.379. 푸블리우스.

81. 노성훈. (2020). 「노성훈 교수의 경찰학」, p.380. 푸블리우스.

82. 강용길·박종철·이영돈. (2021). 「생활안전경찰론」, pp.40-41. 경찰대학 출판부.

제 6 장 상황적 범죄예방(2단계)

제1절 상황적 범죄예방의 의의 및 기본원칙

Ⅰ. 상황적 범죄예방의 의의

상황적 범죄예방은 지역사회 범죄예방에 비해 훨씬 즉시적이고 직접적인 특징이 있다. 위험요인이 많다고 판단되는 지역에서 특정한 문제, 장소, 시간을 목표로 접근한다. 그런 의미에서 제5장에서 살펴본 문제지향적 경찰활동을 상황적 접근으로 보는 견해가 존재한다.[1] 실제로 문제지향적 경찰활동 웹사이트를 보면 상황적 범죄예방과 25가지 기법을 소개하고 있어 양자가 밀접한 관계임을 알 수 있다.[2] 또한 조치의 대상이 매우 구체적이다 보니 실질적으로 특정 장소나 사람의 범죄피해를 예방하는 것과 유사한 의미를 갖는바, 이 때문에 상황적 범죄예방은 피해에 대한 논의와도 밀접히 연관된다.

우리는 제1권에서 상황적 범죄예방의 이론적 배경과 논리, 실행기술 25가지를 간단히 살펴봤다(제1권 제4장 참고). 그리고 톤리와 파링턴(1995)[3] 모형을 설명하면서 일상활동이론, 범죄패턴이론, 합리적선택이론을 논리적으로 연결해서 왜 상황적 접근이 효과적일 수 있는지를 다시 정리했다. 여기에 추가로 언급이 필요한 이론은 '생활양식이론(life-style theory)'으로서 힌델랑과 동료들(1978)[4]은 개인의 생활양식과 행위선택이 범죄피해 가능성에 중요한 영향을 미친다고 주장했다. 예컨대, 싸움이 빈번한 술집에 가는 행위, 범죄다발지역에 위치한 편의점에서 일하는 행위선택 등은 피해의 확률을 확연히 높이는 의사결정이다.[5] 그런데 범죄피해에 대한 논의는 피해자를 다루는 제4-2부에서 진행되므로 지금은 상황적 범죄예방과 생활양식이론이 범죄피해와 밀접한 관련이 있다는 사실만 알아두자.

셉테드와 상황적 범죄예방의 진화 및 통합

▶셉테드, 상황적 범죄예방, 문제지향적 경찰활동은 서로 밀접히 연관되어 있으므로 통합의 관점에서 이해하는 것이 바람직함.

현대범죄학 이론의 가장 뚜렷한 특징은 설명력 강화를 위한 진화와 통합이다. 이 책은 범죄예방도 전반적으로 진화와 통합을 통해 대응력을 강화해온 것으로 평가한다. 앞에서 예로 든 문제지향적 경찰활동은 지역사회 경찰활동의 진화된 형태로서 상황적 예방의 특성을 가지고 있다.

여기에서 강조하는 대표적인 진화와 통합의 사례는 셉테드와 상황적 범죄예방이다. 이 책에서는 기존의 예방모형들을 참고하여 양자를 따로 논의하지만 사실 두 접근은 중첩되는 부분이 상당히 많다. 예컨대, 범죄예방에서 가장 흔히 거론되는 방범용 CCTV에 대해 잠깐 살펴보자. 방범용 CCTV의 이론적 근거는 셉테드의 '자연적 감시' 개념과 일상활동이론의 '힘있는 보호자' 개념에서 찾을 수 있다. 두 이론은 각자 진화의 과정을 거치면서 CCTV가 수행하는 자연적 감시는 좀 더 구체적인 '기계적 감시'로 규정되었고(〈그림 V-2〉 확인),[6] 힘있는 보호자의 역할은 좀 더 구체적인 '장소 관리자'의 역할로 규정되었다(제1권 〈그림 IV-2〉 참고).[7] 이것은 방범용 CCTV가 지역사회 범죄예방과 상황적 범죄예방에 모두 해당할 수 있음을 의미하는데, 실무에서는 굳이 어떤 이론에 근거한 것인지 또는 어떤 접근법에 해당하는지 따질 이유가 없다. CCTV는 심지어 범죄자를 체포하고 수사하는 핵심 단서로 사용되기도 하는바, 결국 범죄예방 기법(i.e., 방범용 CCTV)은 어떤 상황에서 사용되느냐에 따라 지역사회 예방으로도 상황적 예방으로도 간주될 수 있다고 보면 된다. 또 다른 예로서 방범창은 영국의 SBD(범죄예방환경설계) 인증의 대상으로서 접근통제를 대표하는 셉테드 기법인 동시에 범죄대상물 강화를 대표하는 상황적 기법이기도 하다.

Ⅱ. 상황적 범죄예방의 등장 및 이론적 배경

상황적 범죄예방은 1970년대 영국 내무부에서 특정한 범죄유형, 장소, 상황에 적합한 개입방법을 찾고자 노력하면서 시작된 것으로 평가된다. 상황이론가들은 이러한 개입이 성공을 거두려면 범죄유형과 상황별로 범죄자가 어떤 판단을 하는지 따져봐야 한다고 주장한다.[8] 범죄자는 잡히지 않으면서 더 많은 이익을 얻고 싶어 하기 때문에, 적발과 체포의 확률을 높이고 이익을 감소시키면 범죄를 포기할 것이란 논리가 상황적 범죄예방의 기본토대가 된다. 따라서 범죄자는 합리적으로 선택하는 이성적인 존재임을 가정하고 그가 적당한 '기회'라고 생각하는 상황을 제거하자는 것이 영국 내무부의 관심을 끌게 되었다.[9]

▶기회이론
– 일반적으로 상황이론들을 기회이론이라 칭하는바, 이들은 '범죄의 기회'를 감소시키고자 함.
– 긴장(아노미)이론이나 문화적일탈이론에서 언급하는 기회는 '성공의 기회'를 의미하므로 구별이 필요함 (제1권, p.391 & 401 참고)

상황적 범죄예방은 상황이론들로 불리는 일상활동이론, 범죄패턴이론, 합리적선택이론 등을 논리적 배경으로 삼고 있다.[10]

1. 일상활동이론(Routine Activity Theory)

코헨과 펠슨(1979)[11]의 일상활동이론은 실증주의식 사회구조적 관점에 대한 의구심에서 출발했다. 사회해체이론 등 전통적인 거시 이론에 따르면 1960년대 이후 미국사회의 구조적 여건이 개선되었기 때문에(경제성장, 학력증가, 복지향상 등), 범죄율이 감소해야 했다. 하지만 현실은 범죄율 급등이었는바, 그들은 이 아이러니한 현상에 대한 새로운 설명이 필요하다고 생각했다.

▶코헨(Lawrence E. Cohen)
– 일탈하위문화이론을 주창한 Albert K. Cohen과 상이한 인물임에 주의.

이론 전개를 위해 코헨과 펠슨이 가장 먼저 확정한 것은 잠재적 범죄자의 수가 시대를 불문하고 동일한 수준으로 존재한다는 가정이었다. 이는 잠재적 범죄자가 이미 동기화되어 있는 합리적 존재이기 때문에 범죄의 동기(원인)를 탐구할 필요가 없음을 의미했다. 그래서 일상활동이론에서는 그동안 실증주의가 탐구한 개인적 원인이나 사회구조적인 원인에 대한 설명이 전혀 사용되지 않았다. 대신, 코헨과 펠슨은 실제로 범죄가 발생

▶제1권의 보충설명 II-2 참고.

하는 '기회' 메커니즘이 시대의 변화에 따라 변한다고 생각했고, 그러한 기회의 증가가 범죄율 증가의 원인이라고 주장했다.

범죄발생의 기회

▶VIVA 모델: 적절한 대상의 특징
– 가치, 이동 용이성, 가시성, 접근성

범죄가 발생하는 '기회'란 잠재적 범죄자가 보호되지 않고 있는 적절한 대상(피해자 또는 피해품)을 직접 대면하는 상태를 말한다. 즉, 〈그림 VI–1〉의 좌측 도식에서와 같이 범죄발생의 3요소가 시·공간적으로 수렴하는 상태가 '기회'로 작동하는 것이다. 그런데 여기에서 한 가지 더 고려해야 할 사항이 있는바, 그것은 적절한 대상의 특징이다. 아무리 가치가 큰 사람이나 물건이라 해도 예컨대, 움직일 수 없을 정도로 무겁거나 눈에 잘 띄지 않는다면 적절한 대상이라 할 수 없다. 이에 코헨과 펠슨은 〈그림 VI–1〉의 우측 도식처럼 적절한 대상의 특징을 가치(value), 이동 용이성(inertia), 가시성(visibility), 접근성(access)으로 규정하고 이를 VIVA 모델이라 명명했다.

▶제1권 〈그림 IV–2〉와 함께 정리 필요.

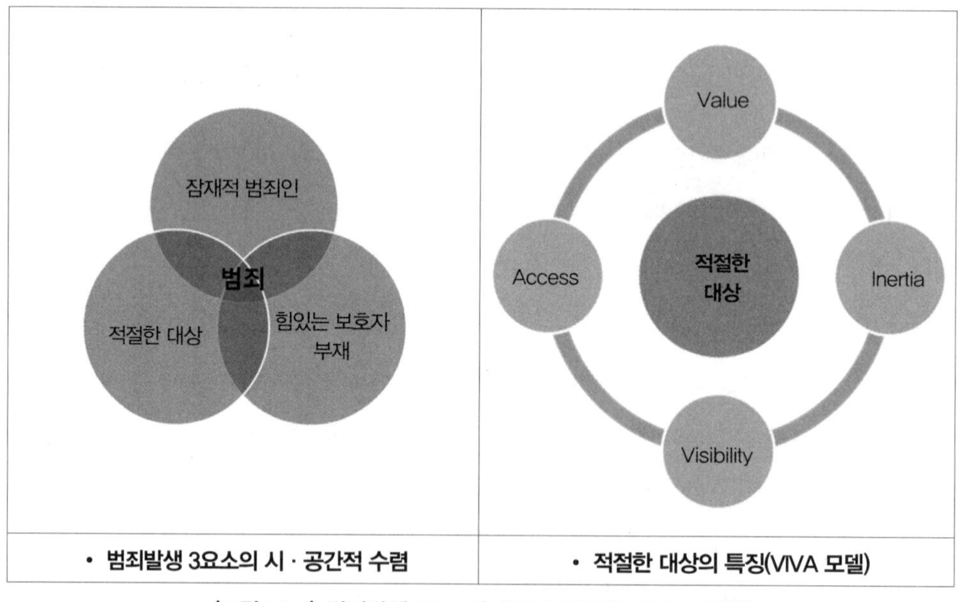

〈그림 VI–1〉 범죄발생 3요소의 수렴과 적절한 대상의 특징*

시대적 변화의 부산물

그럼 어떻게 시대의 변화가 기회의 증가로 이어졌는지 조금 더 살펴보자. 코헨과 펠슨은 1960년대 이후 빠른 경제성장과 인권의식의 향상이 미국인의 일상활동 변화로 이어졌다고 진단했다. 이전보다 훨씬 많은 사람들이 사회에 진출하면서 외부활동이 급증했는데, 특히 여성의 급증한 사회활동은 가정 내외에서 동시에 범죄기회 급증을 초래했다. 가정 외부에서는 여성을 비롯한 약자들의 피해가 급증했고, 가정 내부에서는 빈집의 증가로 인해 침입범죄가 급증했다. 게다가 과학기술의 발달은 고가의 상품과 귀중품을 소형화시켜 매력적인 범죄의 표적이 급증하기도 했는바, 이를 설명하는 것이 VIVA 모델이다. 당시 침입절도율을 가장 잘 예상할 수 있는 방법은 그 해에 팔린 텔레비전의 무게를 보면 된다는 속설이 있을 정도로 범죄는 사회 발전의 의도치 않은 부산물로 간주할 수 있었다. 결국 코헨과 펠슨에게 범죄의 증가는 범죄인의 증가나 범죄동기의 증가로 인한 것이 아니라, 단지 우리의 일상활동이 변했기 때문이었다.

2. 범죄패턴이론(Crime Pattern Theory)

우리의 일상활동에는 일정한 패턴이 존재한다. 이 패턴은 사람들과 물리적(예, 이동수단, 도시구조), 사회적(예, 직업, 종교, 문화) 환경과의 상호작용 속에서 결정되는바, 범죄기회가 지역에 따라 차별적으로 분포하는 이유와 과정을 잘 설명해준다. 예컨대, 소수의 중범죄인을 제외한 대부분의 잠재적 범죄인은 정상적인 직업을 가지고 있는 이성적인 존재로서, '집(residence) – 직장(work) – 여가장소(recreation)'를 오가는 일상적인 활동 중에 해당 지역의 특성과 범죄기회를 알게 되고, 적절한 시기와 장소를 골라 범행을 저지른다. 이것이 범죄에도 패턴이 생기는 이유인바, 브랜팅햄 부부(1984)[12]는 이에 착안하여 '일상활동의 패턴 → 기회의 패턴 → 범죄의 패턴'으로 이어지는 범죄패턴이론을 주창했다.

범죄의 패턴

〈그림 VI-2〉는 잠재적 범죄인의 일상활동 공간 및 패턴을 보여주는 도식이다. 이를 구체적으로 살펴보면 다음과 같은 특징이 나타난다. ① 잠재적 범죄인은 교점(집, 직장, 여가장소)과 행로 주변을 따라 범죄기회를 물색한다. 이는 또한 범죄피해의 장소와도 밀접한 관련이 있다. ② 행로로부터 약간 떨어진 곳에서 범죄기회를 찾기도 하지만, 대부분은 그들이 잘 알고 있는 지역으로부터 멀리 가려고 하지 않는다(activity space = crime site). ③ 자신들이 쉽게 인식될 수 있는 완충지역(buffer zone)에서는 범죄를 피하려 한다.

그런데 이러한 패턴은 범죄 유형에 따라 다르게 나타나기도 한다. 예를 들어, 인종 간 공격(증오범죄)이나 강도, 상점절도 등은 일상활동의 경계지역에서 많이 발생하는 경향이 있다. 그 이유는 경계지역에 서로 잘 모르는 사람들이 모일 가능성이 크기 때문인바, 실제 브랜팅햄 부부는 플로리다주 탈라하시의 주거침입절도를 분석한 결과, 부유지역과 빈곤지역의 경계에서 집중적으로 발생한 것을 알아냈다. 그들은 그 이유를 부유지역은 빈곤지역의 잠재적 절도범들에게 매력적인 대상이 되지만, 그들이 잘 모르는 부유지역 깊숙이까지는 들어가기 꺼려하는 습성이 있기 때문이라고 설명했다.

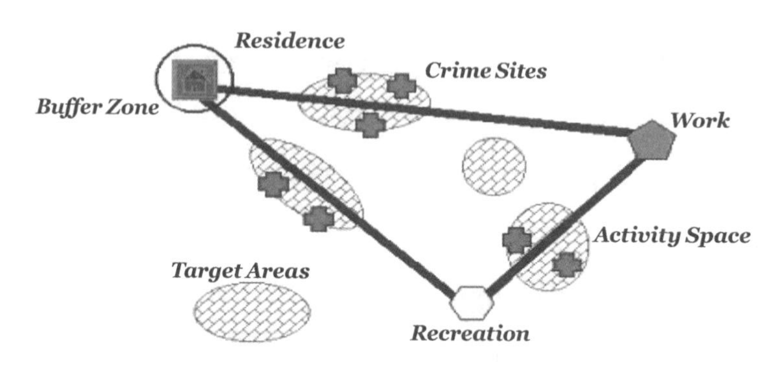

〈그림 VI-2〉 잠재적 범죄인의 일상활동 공간 및 패턴

출처: Rossmo, K. (2000). Geographic Profiling. Boca Raton, FL: CRC Press.

이러한 범죄패턴이론의 주장은 결과적으로 빅데이터의 발달과 동행하면서 맵핑과 지리적 프로파일링, 핫스팟 분석기법의 발달에 영향을 미쳤다. 최근에는 시공간 분석과 근접-반복 모델링, 위험지역 분석 등의 고급화로 이어지면서 범죄 예측의 이론적 토대로 자리 잡았다. 그런데 구체적인 예측기법에 대한 설명은 개론서의 범위를 넘어서므로 독자들은 범죄패턴이론에 기반해서 다양한 범죄사건 예측이 시도되고 있다는 사실만 알아두기 바란다. 범죄 예측은 제7장에서 설명된다.

3. 합리적선택이론(Rational Choice Theory)

그렇다면 과연 잠재적 범죄인은 일상적인 패턴의 활동 중에 보호받지 않고 있는 적절한 대상을 만났을 때 항상 범죄를 저지를까? 대답은 당연히 '아니다'이다. 이제 관건은 잠재적 범죄인의 선택에 달려있는바, 클락과 코니시(1985)[13]는 잠재적 범죄인의 선택구조를 설명하기 위해 다음과 같은 합리적선택이론을 제안했다.

합리적 선택의 기본 원리: 보호자의 역할 중요

합리적선택이론은 인간의 합리성을 전제로 각각의 상황에 따른 잠재적 범죄자의 의사결정과정을 설명한다. 주지하듯 기본 주장은, 잠재적 범죄자는 가능한 적은 비용으로 많은 것을 취하려 하기 때문에 범죄대상에 대한 접근을 어렵게 하고 보호자의 수와 역량을 늘림으로써 범죄를 예방할 수 있다는 것이다. 그런데 여기서 주목해야 할 점은 대부분의 잠재적 범죄자가 큰 보상보다는 작은 위험을 훨씬 더 중시한다는 사실이다. 이는 보호자의 역할이 매우 효과적일 수 있음을 시사하는바, 이에 고무된 펠슨(1986)[14]은 힘있는 보호자의 개념을 확대하여 '가까운 통제자', '장소 관리자', '힘있는 보호자' 등 세 가지 유형으로 세분화했다(제1권 〈그림 IV-2〉 참고). 가까운 통제자는 부모, 교사, 고용주, 친구 등 잠재적 범죄자에게 직접적인 영향력을 행사할 수 있는 사람을 말하고, 장소 관리자는 경비원과 같이 아파트, 상업용 건물, 공원 등의 취약시설을 관리하는 사람을 의

▶**합리적 선택의 기본 원리**
– 이익 극대화 & 위험 최소화
– 중요 포인트: 대부분 범죄자는 큰 보상보다 작은 위험을 훨씬 중시함 → **보호자의 역할이 중요함 시사.**

미하며, 힘있는 보호자는 경찰이나 경호원 등 범행대상을 공적·사적으로 보호할 수 있는 사람을 가리킨다.[15]

합리적 선택의 실제: 복잡, 다양 & 매우 구체적

▶**합리적 선택의 실제**
– 복잡, 다양 & 매우 구체적
– 중요 포인트: 장기적인 이익과 위험보다는 단기적·즉시적인 이익과 위험에 훨씬 큰 관심을 가짐 → **기회 감소를 추구하는 상황적 접근의 효과성 시사.**

범죄행위의 시작, 목표의 선정, 범죄 포기 등의 각 단계마다 의사결정이 이루어진다. 비록 제한적이긴 하지만 잠재적 범죄자는 자신에게 주어진 정보와 시간적·물리적 자원에 근거해서 나름 합리적인 의사결정을 한다. 펠슨과 클락(1998)은 범죄 선택의 실제를 이해하기 위해서는 언제나 매우 구체적인 유형의 범죄를 분석해야 한다고 주장했다. 그 이유는 범죄마다 제각각의 다른 목적들이 있으며 이러한 목적들은 서로 다른 상황적인 요인에 영향을 받기 때문이다.

예컨대, 차량 절도범에는 운전을 즐기기 위한 범인(joyriders), 차량내부의 스테레오나 귀중품을 훔치려는 범인, 훔친 차량을 통째로 팔거나 부속품을 갖기 위해 분해하는 범인, 다른 범죄에 이용하기 위해 훔치는 범인, 단순히 집에 귀가하기 위해 훔치는 범인 등 다양한 종류가 있다. 이들은 각기 다른 계산법을 가지고 있는바, 조이라이더의 경우에는 엔진이 강하고 운전하기에 신나는 차량을 선택할 것이지만, 부품을 훔치려는 경우에는 되팔기에 유리하고 비싼 차량을 선택할 것이다.

그런데 여기에서도 주목해야 할 점이 있다. 범인의 계산법은 범죄로 인해 발생하는 미래의 이익과 비용을 고려하기보다는 대부분 가장 분명하고 즉시적인 계산에 기초를 둔다고 한다. 다시 말해, 대부분의 범인은 범행(예, 마약)의 장기적인 효과나 최종적인 처벌의 결과를 생각하기보다는 주로 단시일 내의 즉각적인 쾌락이나 범행 현장에서 문제가 발생하는 위험성에 더 큰 관심을 갖는 것이다. 이는 범죄기회를 감소시키려는 상황적 접근이 효과적일 수 있음을 시사한다.[16]

Ⅲ. 범죄기회의 10가지 원칙

앞에서 소개했지만, 이상의 이론적 논의를 연결시키면 다음과 같은 정리가 가능하다. ① 범죄는 잠재적 범죄인이 보호받지 않고 있는 적절한 목표물(피해자, 피해품)을 마주할 때 발생한다(일상활동이론). 이들 세 요소가 시·공간적으로 수렴하는 상태를 범죄의 '기회'라 한다. ② 우리, 즉 잠재적 범죄인의 생활패턴은 거의 일정하기 때문에 범죄발생의 3요소가 수렴하는 시간과 장소는 생활패턴에서 크게 벗어나지 않는다(범죄패턴이론). 이에 근거해서 지리적 프로파일링과 핫스팟 분석 등이 이루어지고 궁극적으로 범죄 예측이 실현되고 있다. ③ 우리가 실제 범죄 상황에서 의사를 결정하는 방식은 이익 극대화보다 적발과 체포의 위험을 최소화하는 데 훨씬 중점을 둔다. 그리고 장기적인 이익이나 위험을 고려하기보다는 단기적인 이익이나 위험에 더 큰 관심을 갖는다(합리적선택이론). 이는 보호자의 역할이 중요하고, 기회를 감소시켜 범죄를 예방하고자 하는 상황적 접근이 효과적일 수 있음을 시사한다.

이상을 토대로 상황적 범죄예방의 기초가 되는 범죄기회의 10가지 원칙을 정리하면 다음과 같다. 이는 펠슨과 클락(1998)[17]이 "기회가 범죄를 양산한다"는 대원칙을 구체화시킨 것이다.[18]

(1) 기회는 흔한 재산범죄뿐만 아니라 모든 유형의 범죄를 유발하는 데 중요한 역할을 한다.

예컨대, 술집과 클럽에 대한 연구들은 건물 디자인과 운영 관리가 어떻게 폭력을 유발하거나 예방하는 데 중요한 역할을 하는지 잘 보여준다. 주점의 크기가 큰 경우, 젊은 남성들이 주 고객일 경우, 손님들 간에 서로 잘 모르는 경우, 경험이 적은 종업원들이 많은 경우가 그렇지 않은 경우에 비해 폭력의 가능성을 증가시킨다.

(2) 범죄기회는 매우 구체적이다.

예컨대, 운전을 즐기려는 차량절도범과 부품을 훔치려는 차량절도범은 상이한 기회 패턴을 가지고 있다. 이는 법률적으로는 동일한 범죄이지만 실제로는 서로 다른 목적과 수법을 가지고 있음을 의미한다. 범죄기회이론은 이러한 차이를 구별하도록 도와서 상황에 따라 특별한 대응이 이루어지도록 주문한다.

(3) 범죄기회는 시간과 장소에 따라 집중되는 경향이 있다.

심지어 범죄다발지역 내에서도 주소지에 따라 꽤나 큰 차이를 보인다. 시간적 차원에서도 하루 중 특정한 시간, 일주일 중 특정한 요일에 범죄가 집중되는 것은 매우 일반적인 현상으로서 범죄기회가 그렇게 차등적으로 분포하기 때문이다.

(4) 범죄기회는 사람들의 일상활동에 따라 변한다.

잠재적 범죄자와 피해자의 움직임은 일상활동(예, 직장, 학교, 여가)에 따라 결정된다. 예컨대, 침입절도범의 경우 주간에 거주자가 직장이나 학교에 가서 빈 시간을 택한다. 반대로 상점 절도범은 야간 시간을 선호한다. 노점상들이 다중이 운집하는 장소를 찾는 것처럼 소매치기나 날치기꾼들도 그러한 장소를 찾아다닌다.

(5) 하나의 범죄는 또 다른 범죄의 기회를 양산한다.

예컨대, 침입 범죄에 한 번 성공한 범죄자는 동일한 장소를 또 찾을 것이다. 때로는 자신의 의지와 상관없이 범죄를 실행하는 과정에서 새로운 범죄를 저지르기도 한다. 주거침입절도범이 강도나 성폭행을 저지르는 경우가 전형적인 예이다.

반 다이크(Van Dijk, 1994)가 '범죄사슬(crime chain)'이라고 개념화한 현상도 이 원칙에 해당한다. 예컨대, 자전거를 절도당한 청소년은 다른 사람의 자전거를 훔쳐도 된다고 생각할 것이다. 이는 제2, 제3의 피해자를 계속 양산해내는 악순환의 사슬로 이어진다.

(6) 어떤 물건은 더 많은 범죄기회를 제공한다.

이는 앞에서 살펴본 VIVA 모델과 연관된 원칙이다. 현금은 최고의 기회를 제공하고, 점차 소형화·경량화되는 고가의 전자제품, 귀금속 등이 매력적인 범죄대상에 해당한다.

(7) 사회적 · 기술적 변화는 새로운 범죄기회를 양산한다.

참고로 이는 일상활동이론의 기본취지와 연관된 내용이기도 하다. 예컨대, 인기 있는 신상품은 일반적으로 개발(innovation stage) – 성장(growth stage) – 대량생산(mass market stage) – 포화(saturation stage)의 네 단계를 거치는바, 수요가 증가하는 성장과 대량생산 단계에서 범죄피해의 가능성이 가장 높아진다. 그러다가 대부분의 수요자가 소유하고 있는 포화 단계가 되면 피해 가능성이 낮아진다.

(8) 범죄는 기회를 줄임으로써 예방할 수 있다.

상황적 범죄예방을 통해 범죄기회를 감소시키는 방법은 모든 형태의 범죄에 적용될 수 있다. 단, 구체적인 상황에 맞게 특정한 전략을 구사해야 한다.

(9) 범죄기회를 줄이는 것이 꼭 범죄의 전이로 이어지는 것은 아니다.

대규모의 전이는 거의 발생하지 않으며, 소규모의 전이도 그렇게 흔한 현상은 아니다. 오히려 최근에는 집중적인 기회감소정책이 주변 지역의 범죄도 감소시키는 '이익의 확산(diffusion of benefits)'효과가 보고되고 있다. 그 이유 중 하나는 범죄자가 정책의 정도와 범위를 실제보다 더 강하고 넓게 생각하기 때문일 것이다. 이익의 확산효과는 범죄기회의 열 번째 원칙이다.

(10) 집중적인 기회감소정책은 폭넓은 범죄감소효과를 가져올 수 있다.

제2절 상황적 범죄예방의 진화 및 논란

▶상황적 범죄예방의 두 가지 기본 전제
1. 기회가 범죄를 양산한다.
2. 잠재적 범죄자는 합리적 존재로서 기회를 최대한 이용할 수 있는 선택을 한다.

미국과 유럽에서 1980년대 이후 범죄예방이 큰 관심을 끌면서 상황적 범죄예방도 차츰 주축으로 성장해갔다. 그러다가 1990년대 이후 셉테드 및 지역사회 경찰활동(특히 문제지향적 경찰활동)과 온전히 결합하면서 범죄 위험 지역에 대해 가장 즉시적이고 직접적인 개입을 목적으로 적극 시행되고 있다. 앞에서 셉테드가 스키너의 행동주의 심리학에 영향을 받았다고 했다. 그와 유사하게, 클락(1992)[19]에 의하면, 상황적 범죄예방도 교도소 내에서 시도된 상황적 요소의 조작에 따른 제소자들의 '행동연구모델(action research model)'에 기반해서 시작된 것으로 알려져 있다.[20] 즉, 범죄자의 특성이나 동기에는 관심을 두지 않고 순전히 행동의 변화만으로 상황적 범죄예방의 가능성이 제기된 것이다. 우리가 앞에서 살펴본 상황이론들도 보호자의 역할 가능성, 기회감소를 추구하는 상황적 범죄예방의 효과 가능성을 설득력 있게 제시하고 있다. 이론적 배경을 종합해보면, 상황적 범죄예방은 앞에서 살펴본 대로 두 가지 기본 전제와 범죄기회의 10가지 원칙에 기반한다고 할 수 있다. 그렇다면 효과적인 예방법은 기본적으로 ① 기회를 감소시키고, ② 잠재적 범죄자가 마주한 기회를 잘 이용하지 못하도록 조치를 취하면 될 것이다.

이러한 개념과 원칙에 기반해서 많은 학자들이 구체적인 상황적 기법을 제시했다. 이 책은 그중 가장 대표적인 두 가지 사례를 제시하는바, 독자들은 이를 진화의 과정으로 이해하면 된다. 그런데 범죄학의 모든 이론과 정책에는 논란이 있기 마련인바, 상황적 범죄예방도 제법 논란이 큰 분야 중 하나이다. 따라서 이 절은 먼저 상황적 기법의 두 사례를 살펴보고 이어서 논란에 대해 검토한다.

Ⅰ. 클락의 3가지 방법과 12가지 기술

클락은 1992년 3가지 방법과 12가지 기술을 제안했다.[21] 세가지 방법은 '범행에 필요한 노력 증가시키기', '적발과 체포의 위험 증가시키기', '범죄로 인한 이익 감소시키기'로 구분되었다. (1) 범행에 필요한 노력 증가시키기에는 ① 범죄대상 강화, ② 접근통제, ③ 범죄자 우회, ④ 촉진물 통제 등 4가지 기술이 포함된다. 이중 ③ 범죄자 우회는 범행을 대체할 수 있는 수단을 제공하는 기술이다. 예컨대, 벽면에 보드나 판넬을 설치해서 그곳에 낙서를 하도록 하거나, 청소년들에게 적당한 모임 장소를 제공해서 열린 공간이나 도로에서 벗어나도록 하는 조치가 가능하다. ④ 촉진물 통제는 총기나 알코올, 공중전화(마약판매에 사용 우려 존재) 등 범죄를 촉진할 수 있는 물건이나 상황을 제한하는 기술이다.

(2) 적발과 체포의 위험 증가시키기에는 ① 출입시 검색, ② 공식적 감시, ③ 고용에 의한 감시, ④ 자연적 감시 등 4가지 기술이 포함된다. 이중 ① 출입시 검색은 잠재적 범죄자를 적발하기 위한 기술이다. 대표적인 사례로 공항 검색대나 상품에 전자센서를 부착하는 조치가 있다.

(3) 범죄로 얻는 이익 감소시키기에는 ① 목표물 제거, ② 소유물 표시, ③ 유혹 제거, ④ 규칙 설정 등 4가지 기술이 포함된다. 이중 ① 목표물 제거는 상점 계산대에서 현금 보유한도를 제한하거나 정확한 버스요금납부를 제도화해서 거스름돈을 없애는 등의 조치로 가능하다. 이와 유사하게 ③ 유혹 제거란 매력적인 대상을 제거하는 기술을 의미한다. 예컨대, 고급 스포츠카를 도로에 주차하거나 인기 있는 스포츠팀의 재킷을 학교에 입고 가는 행위를 금지하는 조치가 가능하다. 마지막으로 ④ 규칙 설정은 대중이나 고용된 직원에게 행동의 표준을 알리는 기술로서, 그들에게 자신의 행동이 감시되고 있다는 공지 역할을 한다.[22]

〈표 VI-1〉 상황적 범죄예방을 위한 클락의 3가지 방법과 12가지 기술

방법 (Ways)	노력 증가 (Increasing the Effort)	위험 증가 (Increasing the Risk)	보상 감소 (Reducing the Rewards)
기술 (Techniques)	범죄대상 강화 (Target Hardening)	출입시 검색 (Entry/Exit Screening)	목표물 제거 (Target Removal)
	접근통제 (Access Control)	공식적 감시 (Formal Surveillance)	소유물 표시 (Identifying Property)
	범죄자 우회 (Deflecting Offenders)	고용에 의한 감시 (Surveillance by Employees)	유혹 제거 (Removing Inducements)
	촉진물 통제 (Controlling Facilitators)	자연적 감시 (Natural Surveillance)	규칙 설정 (Rule Setting)

Ⅱ. 코니시와 클락의 5가지 방법과 25가지 기술

▶5가지 방법으로의 진화
- 기본 원칙: 잠재적 범죄자의 몸과 마음을 불편하게 하고 얻을 게 별로 없다는 메시지를 전하라 = 노력 증가, 위험 증가, 보상 감소
- 추가된 원칙: 잠재적 범죄인의 동기를 약화시켜라 = 자극(충동) 감소, 변명 제거

클락(1992)의 3가지 방법 12가지 기술은 발표 이후 다양한 찬반 논란을 거쳐 잠재적 범죄인의 동기에 영향을 미칠 수 있는 요소들을 포함시키는 방향으로 수정되었다. 상황적 범죄예방은 이미 동기화되어 있는 범죄자를 가정하지만, 상황적 요소가 동기를 강화시키거나 약화시킬 수 있음은 분명한 사실이다. 예컨대, 라이벌 축구팀의 경기 시 응원단을 분리하지 않으면 예기치 못한 감정싸움이 발생할 수 있다. 또는 주차금지 표지판을 세우거나 '바보만이 음주운전 한다'는 등의 호소문을 게시하는 것은 불법의 동기를 억제시킬 수 있다. 이에 코니시와 클락(2003)[23]은 기존의 3가지 방법에 '자극(충동) 감소'와 '변명 제거'방법을 추가하고, 각 기술을 보다 정교하게 세분화하여 5가지 방법과 25가지 기술로 새롭게 정립했다. 이 새로운 상황적 범죄예방 기법은 〈표 VI-2〉와 같은바, 각 기술에 대한 구체적인 예시는 다음과 같다.

〈표 VI-2〉 범죄기회 감소를 위한 5가지 방법과 25가지 기술

방법 (Ways)	노력 증가 (Increasing the Effort)	위험 증가 (Increasing the Risk)	보상 감소 (Reducing the Rewards)	자극(충동) 감소 (Reduce Provocations)	변명 제거 (Remove Excuses)
기술 (Techniques)	범죄대상물 강화 (Harden targets)	보호 강화 (Extend guardianship)	목표물 은폐 (Conceal targets)	좌절 · 스트레스 감소 (Reduce frustration & stress)	규칙 설정 (Set rules)
	시설물 접근통제 (Control access to facilities)	자연적 감시 지원 (Assist natural surveillance)	목표물 제거 (Remove targets)	논쟁 회피 (Avoid disputes)	경고문(안내문) 세우기 (Post instructions)
	출입시 검색 (Screen exits)	익명성 감소 (Reduce anonymity)	소유물 표시 (Identify property)	감정적 충동 감소 (Reduce emotional arousal)	양심에 경고 (Alert conscience)
	범죄자 우회 (Deflect offenders)	장소관리자 활용 (Utilize place managers)	(암)시장 관리 (Disrupt markets)	동료의 압박 중화 (Neutralize peer pressure)	준법 지원 (Assist compliance)
	도구/무기 통제 (Control tools/ weapons)	공식적 감시 강화 (Strengthen formal surveillance)	범죄 이익 차단 (Deny benefits)	모방 차단 (Discourage imitation)	마약과 술 통제 (Control drugs & alcohol)

출처: Lab, S. (2007). Crime Prevention. LexisNexis. p.207, [Table 11.2]. 필자 각색.

(1) 노력 증가: 범행에 필요한 노력을 증가시키는 방법

① 범죄대상물 강화

• 차량의 이동을 막는 시정장치, 은행이나 택시 등에서 강도를 방지하는 가림판, 수정이나 손상을 방지하는 포장

② 시설물 접근통제

• 신원 확인용 인터폰, 전자(마그네틱) 카드 이용 출입, 수화물 검사

③ 출입시 검색

• 출입증 사용, 반출문서 검색, 상품에 전자태그 부착

④ 범죄자 우회

• 도로 폐쇄, 여성용 화장실 분리 설치, 술집 분산

⑤ 도구/무기 통제

• '스마트' 총기(사용이 허가된 사람만 사용할 수 있는 총기), 도난당한 휴대폰 사용 정지, 청소년들에게 스프레이캔 판매 제한

(2) 위험 증가: 적발과 체포의 위험을 증가시키는 방법

① 보호 강화

• 조심을 일상화하기(야간에는 혼자 다니지 않기, 사용 중임을 표시하기, 휴대폰 등 귀중품은 휴대하기), 지역사회 감시

② 자연적 감시 지원

• 가로등 설치 또는 조도 개선, 방어공간 디자인, 신고자 지원

③ 익명성 감소

• 택시기사에 대한 ID 부여, 운행불편에 대한 신고카드 작성, 교복 착용

④ 장소관리자 활용

• 버스에 CCTV 설치, 편의점 내 종업원 복수로 배치, 자경활동 보상

⑤ 공식적 감시 강화

• 교통위반 카메라, 침입경보, 경비원 배치

(3) 보상 감소: 범죄로 얻는 이익을 감소시키는 방법

① 목표물 은폐

• 주차 전용공간 설치(길거리 주차 삼가기), 전화번호부에 성별 미기재, 현금이나 귀

중품 수송차량 미표시

② 목표물 제거

- 탈착 가능한 카 오디오, 여성전용 휴게실, 충전카드식 공중전화

③ 소유물 표시

- 재물에 소유자 표식, 자동차 고유번호 및 부품 표식, 가축에 소유자 표식

④ (암)시장 관리

- 전당포 감시, (신문)광고 통제, 노점상 등록제 시행

⑤ 범죄 이익 차단

- 제품에 서명해놓기, 낙서 제거, 과속 방지턱 설치

(4) 자극(충동) 감소: 범죄동기가 악화되는 걸 막는 방법

① 좌절·스트레스 감소

- 효율적인 줄서기와 공손한 서비스, 좌석 공간 확대, 마음을 안정시키는 음악과 조명

② 논쟁 회피

- 라이벌 축구팀 팬의 관중석 분리, 술집 내 과밀화 제한, 택시요금 정액제

③ 감정적 충동 감소

- 폭력적인 성인물 통제, 축구장 매너 강조, 인종비방 금지

④ 동료의 압박 중화

- "음주운전은 바보들이나 하는 짓이다", "'아니오'라고 말해도 괜찮다", 학교내 문제아들 분산

⑤ 모방 차단

- 파손된 물건·시설 신속 복구, TV 폭력(성인)물 차단, 범행수법을 상세히 다루는 미디어 사전검열

(5) 변명 제거: 범행에 대한 변명거리를 없애는 방법

① 규칙 설정
- 임대차 계약서 작성, 괴롭힘(희롱) 방지 규정, 호텔 이용 시 등록 필수

② 경고문(안내문) 세우기
- "주차 금지", "사유 재산", "캠핑 시 이용한 불 완전히 끄기"

③ 양심에 경고
- 도로변에 속도표시판 설치, 세관신고서에 서명, "상점들치기는 절도이다"

④ 준법 지원
- 도서관 체크아웃 간소화, 공중화장실 개선, 쓰레기통 비치

⑤ 마약과 술 통제
- 술집에서 음주정도 측정, 만취자에 대한 판매거절 등 종업원 개입, 술 없는 행사 권장

Ⅲ. 상황적 범죄예방에 대한 논란

대표적인 상황이론가인 클락(1997)[24]은 「상황적 범죄예방: 성공사례 연구(Situational Crime Prevention: Successful Case Studies)」라는 책을 출판하면서 23개의 성공사례를 소개했다. 그리고 2001년 논문에서는 100개 이상의 검증된 성공사례를 제시하기도 했다. 몇 가지 예를 들면 다음과 같다.

- 영국 런던에서 자동차 내에서의 매춘을 예방하기 위해 가로를 차단한 사례
- 영국 런던에서 우체국 강도를 예방하기 위해 차단 스크린을 설치한 사례
- 스웨덴에서 1980년대 수표 사기를 막기 위해 신분증 제시를 요구한 사례
- 호주에서 공공장소에서의 주취를 통제하기 위해 책임 있는 음주 관행을 조성한

사례

- 미국에서 편의점 강도를 줄이기 위해 현금 사용을 줄인 사례
- 스코틀랜드에서 교통신호등에 자동카메라를 설치한 사례
- CCTV 설치와 항공기 화물 검색

그런데 상황적 기법은 종류가 워낙 다양하고 적용의 범위와 강도가 상황에 따라 다르기 때문에 범죄예방효과에 대해 일관된 주장을 하기 어렵다. 이것은 또한 피상적이고 단기적인 미봉책에 불과하다는 비판을 받고 있고, 인권침해 논란도 상당히 큰 분야이다. 따라서 상황적 범죄예방이 발달적인 진보를 이루려면 이러한 논란을 정확히 인지하고 문제점을 꾸준히 개선·보완해야 할 것이다.

1. 범죄의 전이(displacement)

가장 일반적인 논란은 범죄의 전이(풍선)효과로서, 이는 상황적 범죄예방을 시행한 장소의 범죄가 줄어드는 것이 아니라 실제로는 다른 취약 장소로 옮겨갔을 뿐이라는 비판이다. 이에 동조하는 학자들은 동기화된 범죄자는 자신의 물질적 필요나 공격성을 분출하기 위해 다른 목표물이나 장소, 시간을 찾기 때문에 예방조치가 취해진 장소에서는 일시적으로 감소할 수 있지만, 사회전체의 범죄는 줄어드는 것이 아니라고 주장한다.

이익의 확산. 상황적 범죄예방을 옹호하고 전이효과에 반대하는 학자들은 한 지역의 상황적 조치가 인근 지역의 범죄율까지 감소시키는 이익의 확산 효과가 발견된다고 주장한다(범죄기회의 10가지 원칙 중 열 번째 원칙 참고). 이는 잠재적 범죄자가 상황적 조치의 정도와 범위를 실제보다 과대평가하는 경향이 있기 때문이다. 잠재적 범죄자의 이러한 특징은 상황적 범죄예방에 대한 홍보와 전시가 매우 중요함을 시사한다. 동시에 상황적 범죄예방의 효과성은 잠재적 범죄자들의 인식에 달려있기 때문에 그들이 기계적인

변화에 적응하고 심적으로 안도하면 예방효과가 빠르게 사라지는 문제가 지적된다. 예컨대, 영국에서 음주측정기가 처음 도입되었을 때는 실제 단속확률이 낮음에도 큰 억제효과가 있었는데, 차츰 사람들이 그 사실을 인식하면서부터는 단속의 실제 확률을 높여도 웬만해선 기대만큼의 억제효과가 나타나지 않았다.[25]

2. 범죄의 근본원인(root causes)에 대한 관심 약화

상황적 범죄예방은 범죄의 근본원인은 다루지 않고 증상만 다루는 피상적 접근이라는 비판이 존재한다. 이것이 문제되는 이유는 설령 개선을 보인다 해도 장기적인 효과는 담보할 수 없기 때문이다. 전술한 대로 사람들은 변화된 상황에 잘 적응하기 때문에 진짜 범죄예방효과를 거두기 위해서는 경제적 지원, 실업률 개선, 공교육 강화, 차별 철폐 등 구조적인 개선이 필요할 것이다. 그런데 제한된 자원과 인력을 상황적 조치에만 집중시키면 구조적 개선 노력이 상대적으로 약해지고 대중의 관심에서 멀어질 우려가 있다.

▶상황적 범죄예방은 범죄의 근본원인에 대한 접근, 즉 구조적 개선을 반대하지 않음.

즉시적인 범죄예방 + 안전감 향상 등 효과. 이에 대한 반론은 상황적 범죄예방이 구조적 개선을 반대하지 않는다는 사실이다. 따라서 실제 자원을 운영하는 정책 당국에서는 두 가지 접근을 균형 있게 시행하는 것이 바람직하다. 또한 클락(2005)[26]은 상황적 범죄예방에 즉시적인 범죄예방효과뿐만 아니라 안전감을 향상시키는 긍정적인 측면이 존재한다고 강조한다. 특히 최근의 상황적 접근은 전술한 대로 셉테드, 문제지향적 경찰활동과 종합적으로 병행되기 때문에 지역사회의 참여로 인한 주민만족도 향상과 민관의 관계 개선에도 효과가 기대된다.

3. 부정적인 사회현상 초래

상황적 범죄예방의 확대에 따른 부정적인 사회현상에 대한 우려가 다음 몇 가지 차원에서 제기된다. (1) 감시의 일상화와 목표물에 대한 과도한 보호조치는 사회적 불신을 초래하고 나만 안전하면 된다는 이기적 개인주의를 조장할 수 있다. (2) 엄청난 수의 각종 CCTV, 전자 태그, 감지 신호기 등은 국가에 의한 민간 감시와 통제를 강화시켜 과거 전체주의 사회에서 경험했던 '빅 브라더(Big Brother)' 현상이 발생할 수 있다. (3) 이미 어려운 환경에 처해있는 빈곤층 지역은 스스로 상황적 조치를 취하기 어려워 치안환경의 차별이 악화될 수 있다. 이러한 차이는 자칫 범죄의 전이가 이 지역으로 집중될 가능성도 있어 이중고가 우려된다.

긍정적 사회현상 가능. 상황적 범죄예방을 옹호하는 학자들은 부정적인 사회현상에 대한 우려가 기우에 불과하며 오히려 긍정적인 사회현상이 가능하다고 주장한다. (1) 최신 과학기술을 이용한 감시와 보호는 대중이 원하는 조치로서 자연스러운 시대적 흐름으로 봐야 한다. 전술한 대로 이 과정에서 경찰 등 공공기관과 지역사회가 협력하기 때문에 오히려 공동체가 회복되고 책임 있는 자치가 가능해진다. (2) 국가의 감시와 통제에 대한 우려도 과도한 것인바, 대중이 원하고 지역사회가 동참하는 과정에서의 (절차적) 정의가 확보된다면 오히려 긍정적인 효과가 더 클 것이다. (3) 상황적 범죄예방은 빈곤층 지역에서 더 집중적으로 시행되기 때문에 치안환경의 차별 악화가 아니라 균형을 맞추는 접근이다. 범죄의 전이 역시 우려만큼 명백한 현상이 아니다.

▶부정적인 사회현상에 대한 우려를 불식시키기 위해서는 지역사회와의 협력을 통해 절차적 정의가 확보되도록 노력해야 함.

참고로 랩(2007)[27]의 저술에 정리되어 있는 논쟁 7가지를 〈보충설명 VI-1〉로 제시한다. 대부분 본문에서 설명이 됐지만 빠진 점도 있으니, 독자들은 본문과 보충설명을 비교해서 정리해두기 바란다.

▶(행동주의) 심리학적 논리
– 원문에는 사회심리학(social psychology)이라 나와 있는데, 필자가 각색했음. 조심스럽지만 저자의 실수로 판단됨.
– 사회심리학과 행동주의 심리학의 차이는 제1권 제7장 도입부 참고.
– 기본적으로 합리적 선택은 행동주의 심리학, 규범적 선택은 사회심리학과 연관된다고 볼 수 있음(제1권 필자비평 VII-2 참고).

스토리박스 〈보충설명 VI-1〉

상황적 범죄예방을 둘러싼 7가지 논쟁

비 판	반 론
1. 너무 간단하고 이론적 배경이 약하다.	• 일상활동이론, 범죄패턴이론, 합리적 선택이론 등 세 가지 범죄기회이론들에 근거한다. 또한 (행동주의) 심리학적 논리를 활용한다.
2. 효과가 있는지 의문이다. 범죄를 단지 전이시킬 뿐이며 가끔 문제를 악화시킨다.	• 많은 실증연구들에 따르면 상황적 범죄예방은 범죄를 줄일 수 있다. 또한 전이현상도 거의 발생하지 않는다.
3. 범죄의 근본원인에 대한 관심을 약화시킨다.	• 즉각적인 감소효과를 통해 사회에 혜택이 돌아간다.
4. 보수적이고 관리적인 접근에 불과하다.	• 상황적 범죄예방은 가능한 것만 약속하는바, 최소한 비용 효과적이고 사회적으로도 충분히 받아들여지고 있다.
5. 이기적이고 배타적인 사회를 조장한다.	• 상황적 범죄예방은 빈곤층에게 상위층 만큼의 보호를 제공한다.
6. 빅 브라더 현상을 초래하고 개인의 자유를 침해한다.	• 민주적인 절차를 통해 이러한 위험을 방지할 수 있다. 사람들은 상황적 조치가 범죄로부터 자신을 보호할 수 있다면 기꺼이 약간의 불편함과 침해를 견뎌낼 수 있다.
7. 오히려 피해자를 비난한다.	• 피해자들에게 범죄위험에 대한 정보와 회피할 수 있는 방법을 알림으로써 그들에게 힘이 되고 있다.

요점 정리

상황적 범죄예방의 의의

- 상황적 범죄예방은 지역사회 범죄예방에 비해 훨씬 즉시적이고 직접적으로 범죄 기회를 감소시키고자 함. 이러한 의미에서 일상활동이론, 범죄패턴이론, 합리적선택이론 등 상황이론들을 기회이론이라 칭함.

- 셉테드, 상황적 범죄예방, 문제지향적 경찰활동: 셉테드와 상황적 범죄예방은 일반적으로 분리되어 논의되지만, 사실 두 접근은 중첩되는 부분이 많음. 예컨대, 방범용 CCTV는 셉테드의 '자연적 감시' 전략과 일상활동이론의 '힘있는 보호자' 개념에 기반한 정책이고, 방범창은 셉테드의 '접근통제' 전략과 상황적 예방의 '범죄대상물 강화' 개념에 기반한 정책임. 따라서 현대의 거시적 범죄예방에서는 셉테드와 상황적 예방을 통합적으로 이해하는 것이 바람직함. 또한 지역사회 경찰활동과 그 진화된 형태인 문제지향적 경찰활동은 상황적 범죄예방을 실천하는 주요 통로로 볼 수 있음.

범죄의 기회

- 상황이론들의 시사점: 범죄는 잠재적 범죄인이 보호받지 않고 있는 적절한 목표물을 마주할 때 발생하는바, 이들 세 요소가 시 · 공간적으로 수렴하는 상태를 범죄의 기회라 함. 잠재적 범죄인을 포함한 일반인의 생활패턴은 거의 일정하기 때문에 범죄 기회의 시 · 공간적 분포도 생활패턴에서 크게 벗어나지 않음. 일반인이 실제 범죄 상황에서 의사를 결정하는 방식은 이익의 극대화보다 적발(체포) 위험의 최소화를 훨씬 중시함. 따라서 기회를 감소시켜 범죄를 예방하고자 하는 상황적 접근은 매우 효과적일 수 있음. 이를 바탕으로 펠슨과 클락(1998)은 "기회가 범죄를 양산한다"는 대원칙을 제시함.

- 코니시와 클락(2003)의 5가지 방법과 25가지 기술: 이것은 클락(1992)의 3가지 방법과 12가지 기술이 진화된 형태임. 5가지 방법에는 '노력 증가', '위험 증가', '보상 감소', '자극(충동) 감소', '변명 제거' 등이 있음. 여기서 주의할 점은, 비록 상황적 범죄예방이 이미 동기화된 범죄인을 가정하지만(i.e., 범죄의 원인이나 범죄자의 동기에는 무관심), 다양한 상황적 요소가 범죄 동기를 강화시키거나 약화시킬 수 있음에 주목함. 이에 코니시

와 클락(2003)은 '자극(충동) 감소'와 '변명 제거'를 새롭게 추가함.

- 상황적 범죄예방에 대한 논란: 상황적 기법은 종류가 워낙 다양하고 적용의 범위와 강도가 상황에 따라 다르기 때문에 그 효과성과 부작용에 대한 논란이 끊이지 않음. 대표적인 논란으로서 '전이효과 vs. 이익의 확산', '근본원인에 대한 관심 약화 vs. 즉시적인 예방과 안전감 향상 효과', '부정적인 사회현상 초래 vs. 긍정적 사회현상 가능' 등이 있음. 성공적인 상황적 접근을 위해서는 이러한 논란을 정확히 인지하고 문제점을 꾸준히 개선하려는 노력이 필요함.

참고문헌

1. 임준태. (2009). 「범죄예방론」, pp.572-573, p.587. 대영문화사.; Moore, M. H. (1994). Research Synthesis and Policy Implications. In D. P. Rosenbaum (ed.), *The Challenge of Community Policing: Testing the Promises*. Thousand Oaks, CA: Sage.
2. https://popcenter.asu.edu/content/situational-crime-prevention-0. (2023년 2월 26일 확인)
3. Tonry, M & Farrington, D. P. (1995). Strategic Approaches to Crime Prevention. *Crime and Justice,* 19, pp.1-20.
4. Hindelang, M., Gottfredson, M. R., & Garofalo, J. (1978). *Victims of Personal Crime: An Empirical Foundation for a Theory of Personal Victimization*. Cambridge, MA: Ballinger.
5. Lab, S. P. (2007). *Crime Prevention: Approaches, Practices and Evaluations,* p.202. LexisNexis.
6. Crowe, T. D. (2000). *Crime Prevention Through Environmental Design in the Twenty-First Century*. Boston, MA: Butterworth-Heinemann.
7. 정진성·황의갑. (2012). "방범용 CCTV의 범죄예방효과에 관한 연구: 천안아산 지역 읍면동을 중심으로", 「한국공안행정학회보」, 21(1), p.189.
8. Clarke, R. V. (1995). Situational Crime Prevention. In M. Tonry & D. P. Farrington (eds.), *Building a Safer Society: Strategic Approaches to Crime Prevention*. Chicago: University of Chicago Press.
9. Lab, S. P. (2007). *Crime Prevention: Approaches, Practices and Evaluations,* p.200. LexisNexis.
10. Lab, S. P. (2007). *Crime Prevention: Approaches, Practices and Evaluations,* pp.201-202. LexisNexis.
11. Cohen, L. E. & Felson, M. (1979). Social Change and Crime Rate Trends: A Routine Activities Approach. *American Sociological Review,* 44, pp.588-608.
12. Brantingham, P. J. & Brantingham, P. L. (1984). *Patterns in Crime*. New

York: MacMillan.

13. Clarke, R. V. & Cornish, D. B. (1985). Modeling Offenders' Decisions: A Framework for Research and Policy. In M. Tonry & N. Morris (eds.), *Crime and Justice: An Annual Review of Research,* 6. Chicago, IL: University of Chicago Press.
14. Felson, M. (1986). Linking Criminal Choices, Routine Activities, Informal Control, and Criminal Outcomes. In D. B. Cornish & R. V. Clarke (eds.), *The Reasoning Criminal: Rational Choice Perspectives on Offending.* pp.119-128. Spring-Verlag.
15. 박현호·강용길·정진성. (2009). 「범죄예방론」, p.49. 경찰대학.; Cheong, J. (2008). *Neighborhood Disorder, Dilapidated Housing, and Crime: Multilevel Analysis within a Midsized Midwestern City Context.* A Dissertation for Ph.D., Michigan State University.
16. 박현호·강용길·정진성. (2009). 「범죄예방론」, pp.49-50. 경찰대학.
17. Felson, M. & Clarke, R. V. (1998). *Opportunity Makes the Thief: Practical Theory for Crime Prevention.* London: Research, Development and Statistics Directorate.
18. 박현호·강용길·정진성. (2009). 「범죄예방론」, pp.53-59. 경찰대학.; https://popcenter.asu.edu/content/situational-crime-prevention-0. (2023년 2월 26일 확인)
19. Clarke, R. V. (1992). *Situational Crime Prevention: Successful Case Studies.* Albany, NY: Harrow and Heston.
20. 임준태. (2009). 「범죄예방론」, p.142. 대영문화사.
21. Clarke, R. V. (1992). *Situational Crime Prevention: Successful Case Studies.* Albany, NY: Harrow and Heston.
22. Lab, S. P. (2007). *Crime Prevention: Approaches, Practices and Evaluations,* pp.203-205. LexisNexis.
23. Cornish, D. B. & Clarke, R. V. (2003). Opportunities, Precipitators, and

Criminal Decisions: A Reply to Wortley's Critique of Situational Crime Prevention. In M. J. Smith & D. B. Cornish (eds.), *Theory for Practice in Situational Crime Prevention.* Monsey, NY: Criminal Justice Press.

24. Clarke, R. V. (1997). *Situational Crime Prevention: Successful Case Studies (2nd ed.).* NY: Harrow and Heston.
25. Felson, M. & Clarke, R. V. (1998). *Opportunity Makes the Thief: Practical Theory for Crime Prevention.* London: Research, Development and Statistics Directorate.
26. Clarke, R. V. (2005). Seven Misconceptions of Situational Crime Prevention. In N. Tilley (ed.), *Handbook of Crime Prevention and Community Safety.* Portland, OR: Willan Publishing.
27. Lab, S. P. (2007). *Crime Prevention: Approaches, Practices and Evaluations,* p.209. LexisNexis.

제7장 발달적 범죄예방(3단계) / 범죄 예측

제1절 발달적 범죄예방

▶발달적 범죄예방
– 목적: 사회적으로 성숙한 시민 양성
– 방법: 다양한 위험요인(범죄자의 동기) 제거
– 주의사항: 조기개입 중시, 개인의 특성에 맞는 다양한 차원의 개입 필요.

지역사회 범죄예방과 상황적 범죄예방은 지역 차원에서 범죄사건을 예방하려는 접근으로서 개인의 특성이나 범죄 동기(원인)에는 별 관심이 없다. 그에 비해 발달적 범죄예방은 사회적으로 건강하고 성숙한 시민을 양성하여 범죄를 예방하고자 하는 개인 차원의 사전개입으로서, 범죄의 원인으로 간주되는 위험요인들을 제거하는 것이 핵심이다. 제4장에서 설명한 것처럼 대표적인 위험요인에는 다음과 같은 것들이 있다. 개인적인 요인에는 강한 충동성, 부족한 집중력, 약한 인지능력, 낮은 학습능력, 미흡한 상호작용 및 문제해결 능력, 부족한 사회적 기술, 낮은 자기존중감 등이 있고, 가족적 요인에는 부적절한 자녀양육, 가정폭력, 부모나 형제의 범죄, 낮은 사회경제적 지위 등이 있으며, 학교와 또래 위험요인에는 폭력적인 학교문화, 교사의 부적절하고 일관성 없는 훈육, 또래로부터의 부정적 영향 등이 있다. 성인기 이후에도 부정적 상호작용이 지속되고 스트레스가 쌓이면 범죄 위험성은 증가할 수 있다.

발달적 범죄예방은 미시 수준의 실증주의 원인이론들 또는 이들을 종합한 발달범죄학에 근거한 접근으로서 독자들은 제1권에서 설명된 타고난 성향, 사회화와 상호작용, 사회심리학, 범죄궤적, 전환점, 사회적 자본 등의 개념을 복기하기 바란다. 또한 발달범죄학이 제시하는 대책도 이 절의 논의가 시작되는 출발점이자 중복된 내용이 많으니 꼭 확인 바란다. 특히 아동 발달의 차원에서 조기개입이 중시된다는 점은 상식적으로 알아

둘 필요가 있다. 또한, 한 가지 방식의 획일적인 개입보다는 개인과 가족의 특성에 맞게 다양한 방식이 복수로 적용되는 접근이 중요하다는 점도 꼭 기억하자.

여기에서는 랩(2007)의 저서에 포함된 제퍼슨 홀콤[1]의 설명에 따라 개인에 대한 개입, 가족에 대한 개입, 다방면에서의 개입으로 구분하여 대책을 기술한다. 다른 범죄예방 접근(1·2단계)에 비해 간결하게 소개되는데, 그 이유는 발달적 예방이 덜 중요해서가 아니라 이미 제1권의 범죄원인이론들에서 언급되었기 때문으로 이해하자. 먼저 발달범죄학에 근거한 발달적 범죄예방의 특징을 요약한 다음 구체적인 대책을 서술한다.

I. 발달적 범죄예방의 특징

첫째, 발달적 범죄예방은 아이들의 성장과정에 따라 다른 요인들이 영향을 미치는 것으로 가정한다. 어떤 요인들은 어린시절이나 초기 청소년기의 범죄행위를 설명할 수 있는 반면 다른 요인들은 후기 청소년기 또는 성인기의 범죄행위를 보다 더 잘 설명할 수 있다고 본다. 예컨대, 부모의 영향이 절대적인 아동기에는 부모의 양육방법이나 학대·방임이 아이의 행동에 결정적인 영향을 미친다. 그러다가 청소년기에 이르면 부모의 영향보다는 또래의 영향이 훨씬 중요해지며 학업환경, 학업성취도 등도 큰 의미를 갖게 된다.

둘째, 발달적 범죄예방은 삶이라는 시간적 과정 속에서 범죄자 개인에게 발생하는 변화를 연구한다. 그렇기 때문에 단순히 범행의 유무만이 아니라 범죄행위의 보다 다양한 측면들을 설명할 수 있다. 특정 연령대에 어떠한 유형의 범죄가 어느 정도 만연한지 살펴볼 수 있다. 또한 처음으로 범죄를 저지르는 범행 개시연령은 평균적으로 몇 세인지, 최종적으로 범행을 그만둘 때까지 소요되는 기간(범죄자 경력기간)은 어느 정도인지, 나이가 들수록 범죄 심각성은 점점 강화되는 약화되는지, 범죄의 유형은 다양해지는지, 단순해지는지 등의 질문에 대한 해답을 제공할 수 있다.

Ⅱ. 개인에 대한 개입

개인에 대한 직접적인 개입은 크게 세 가지 방식으로 전개된다. 첫째, 취학 전 아동의 인지능력과 학습능력을 향상시키는 접근이다. 이것은 특히 빈곤층 아동을 대상으로 이루어지며 가급적 올바른 부모 교육과 병행하여 시너지효과를 기대한다. 둘째, 초·중등 청소년의 문제해결기술과 대인 간 상호작용능력을 향상시키는 접근이다. 이것은 친사회적인 태도와 행동, 자신감과 자기통제력 강화를 목표로 한다. 셋째, 타고난 속성을 가진 아동의 지속적인 문제행동을 해결하기 위해 약물과 심리치료를 실시하는 접근이다. 이것은 대체로 인지적·사회적 프로그램들과 병행될 때 효과적인 것으로 평가된다.

인지 · 학습능력 향상 & 올바른 부모 교육

그동안 많은 개입 프로그램들이 미취학 아동의 인지능력과 학습능력 향상을 목표로 시행되었다. 대부분 유치원 과정에서(특히 빈곤층 아동을 대상으로) 이루어지는데 일반적으로 가정방문이 병행된다. 대표적인 사례인 '헤드 스타트(Head Start)', '예일 아동복지 프로젝트(the Yale Child Welfare Project)', '시라큐스 가족발달 프로그램(the Syracuse Family Development Program)' 등은 아동의 학업능력 향상, 문제행동 및 비행 감소에 매우 효과적인 것으로 드러났다.[2] 특히 이러한 조기개입 프로그램들이 아동의 출생 전후로 실시되는 바람직한 부모 교육과 병행될 경우, 아동뿐만 아니라 부모와 가족 전체의 건강한 성장에 큰 도움이 되었다. 이들 프로그램의 장기적인 효과에 대한 연구에 따르면, 비록 연구가 소수이긴 하지만, 분명 아동 발달에 긍정적인 영향을 미치고 비용 측면에서도 매우 효율적인 것으로 드러났다.[3]

문제해결기술 · 상호작용능력 향상 & 자기통제력 강화

두 번째 개입 방식은 초·중등학교에 다니는 청소년들을 대상으로 문제를 해결하는 기술과 타협하는 방법, 대인 간 상호작용능력과 자기통제력을 향상시키고자 한다. 이를 위해 친사회적인 행동방식을 교육·강화시키고, 학업성적을 향상시키며, 사회적 자신감과 사회적 기술을 배양하는 프로그램들이 다수 시행되었다. 대표적인 사례인 '대안적 사고 증진 전략(PATHS)'의 효과성 평가연구에 따르면, 프로그램 참가자와 비참가자들 사이에서 문제행동에 상당한 차이를 보였다.[4] 그런데 주의해야 할 점은 프로그램의 구성과 질적 수준도 중요하지만 얼마나 집중적이고 지속적으로 시행하느냐가 결과에 큰 영향을 미친다는 사실이다.

▶PATHS: Promoting Alternative Thinking Strategy

약물치료 및 심리상담

지속적인 문제행동을 보이는 아동들, 예컨대, '주의력 결핍 과잉행동 장애(ADHD)'와 같은 타고난 속성을 가진 아동들에 대해서는 약물치료와 심리상담이 효과적인 것으로 드러났다. 모핏(1993)이 '생애지속형'(만성적 범죄인)으로 분류한 '신경심리적 장애'를 가진 아이들에 대해서는 일반적인 인지능력 향상이나 사회적 기술 함양 프로그램만으로는 큰 효과를 기대하기 어렵다. 따라서 약물치료와 심리상담이 필수로 적용되는 상태에서 인지적·사회적 프로그램들이 병행되어야 한다.[5]

▶ADHD: Attention Deficit Hyperactivity Disorder

Ⅲ. 가족에 대한 개입

가족 차원의 개입은 가정환경을 개선하고, 부모의 양육기술과 부모–자녀 관계를 향상시키기 위해 시행된다. ⑴ 가정환경 개선은 3세 이전의 성장과정이 신체·인지 발달을 결정하는 가장 중요한 요인이기 때문에 반드시 필요한 개입이다. ⑵ 부모의 양육기술과 부모–자녀 관계의 향상은 자녀가 부모에게 느끼는 애착과 가족 유대를 강화하여 문제행동을 자제하는 훌륭한 기제로 작동한다.

가정환경 개선

▶3세 이전 성장과정의 중요성: 뇌의 변연계와 '경험–기대 기전' 참고(제1권 생물사회학적 관점)

출생 전과 직후의 영양 관련 프로그램들은 부모에게 자녀 양육법, 균형 잡힌 영양식, 사회유대 관련 기술 등을 가르치고, 임산부와 영아에게 중요한 의료·영양 서비스를 제공한다.[6] 이러한 프로그램들은 3세 이전의 성장과정이 신체·인지 발달을 결정하는 가장 중요한 요인이라는 사실에 기반한다.[7] 많은 건강 관련 요인들이 지능, 공격성, 과잉행동과 연관되어 있고, 이것들은 다시 반사회적·일탈 행위의 위험요인이 된다. 평가연구에 따르면, 영양 관련 프로그램들이 유치원 과정 프로그램들과 병행될 경우 아동 건강문제의 빈도와 심각성이 감소되고 또한 아동학대와 방임의 가능성이 줄어드는 것으로 드러났는바,[8] 건강문제와 학대·방임은 반사회적 행위와 일탈의 심각한 위험요인이다.

부모의 양육기술과 부모–자녀 관계 향상

가족에 대한 조기개입을 시도하는 많은 프로그램들은 부모의 양육기술을 향상시키고자 한다. 일반적으로 사회학습의 원칙을 토대로 구성되는 프로그램들은 양육에 있어 다음과 같은 절차를 중시한다. ① 자녀의 문제행동 찾아내기, ② 부모가 기대하는 바람직한 행동에 대해 자녀와 분명하고 일관된 방식으로 소통하기, ③ 자녀의 친사회적 행동에는 합당한 보상을 주고 반사회적 행동에는 그에 상응하는 조치 취하기.[9]

▶토큰경제란 규범을 준수할 경우 포인트를 얻고, 이 토큰을 이용해서 물건을 사거나 귀가시간을 연장받는 등의 혜택을 누릴 수 있는 프로그램을 말함(제1권 제7장 참고).

부모와 자녀 간 소통을 늘리고 토큰경제를 더 자주 사용하는 것은 가족 간의 관계를 향상시키고 자녀의 문제행동을 감소시키는 데 효과적인 것으로 드러났다. 부모의 외면과 심하고 비일관적인 처벌은 비행의 아주 강한 위험요인이라는 점을 고려할 때, 이러한 개입의 목표는 궁극적으로 부모와 자녀의 관계를 향상시키는 데 있다 하겠다.[10]

소결

기능적이지 못한 가정환경은 부모의 적절한 감시·감독, 긍정적인 롤 모델링(역할 따라하기), 행동 강화(reinforcements), 아동의 인지 및 행동 발달을 저해하여 건강하고 친사회적인 아동과 어른을 만들어내지 못한다. 이를 개선하기 위해 시행된 다양한 프로그램들,

예컨대, 출산 전 임산부와 태아를 돌보기 위한 방문 프로그램, 부모 교육, 유치원 프로그램, 학교 기반 자녀-부모 훈련 프로그램 등은 다양한 위험요인들을 제거하여 반사회적 행동을 줄이는 데 큰 효과를 보였다.[11] 하지만 이들 프로그램의 장기적인 효과에 대해서는 아직 더 검증이 필요한 실정으로서, 장기적인 효과를 담보하기 위한 지속적이고 다방면의 노력이 요구됨과 동시에 효과성 평가연구도 더 체계적으로 수행되어야 한다.[12]

Ⅳ. 다방면에서의 개입

심각하고 폭력적인 청소년과 성인 범죄자들 대부분은 어린 시절부터 복수의 문제와 위험요인을 가지고 있다.[13] 낮은 학업성적과 애착, 감정적·정신적 건강 문제, 가정환경에서의 다양한 문제들은 각기 독립적으로 존재하는 것이 아니라 서로 중복되고 악순환되는 문제들이다. 따라서 몇몇 종합적인 개입 프로그램들이 다양한 측면에서 동시에 문제를 해결하기 위해 시행되었는데, 이처럼 보다 체계적이고 통합된 예방법은 개별 프로그램에 비해 훨씬 효과적일 것이라 기대된다. 예컨대, '다계통치료법(MST)'은 부모와 가족에 대한 개입, 사회-인지 전략, 학업능력 향상 서비스를 병행해서 광범위한 위험요인과 문제행동들을 다루고자 시행되었다.[14] MST는 주로 빈곤층과 청소년 범죄자에 대한 개입을 목적으로 시행되었는데, 평가연구에 의하면 재범을 포함해서 많은 문제행동을 상당히 감소시키는 것으로 드러났다.[15]

▶**다계통치료법**(Multi-Systemic Therapy)
– 범죄나 문제행동으로 가정에서 이탈할 위험성이 있는 아동·청소년을 대상으로 실시되는 집중적인 가족·지역사회 기반 개입 프로그램

시애틀 사회발달 프로젝트(Seattle Social Development Project). '종합적인 발달적 범죄예방 전략'의 대표적인 사례로는 시애틀 사회발달 프로젝트가 있다. 이것은 '서로 돌보는 지역사회(Communities That Care)' 프로그램을 개발한 것으로 유명하다.[16] 이 지역사회 돌봄 프로그램의 특징은 지역사회와 연구자들이 협업해서 ① 특정 상황에서의 특별한 위험요인들을 평가한 다음, ② 보호요인을 강화하고 위험요인을 감소시키는 데 성공적이었

▶SSDP: 제1권 p.400 참고

던 개입방법을 각 상황에 맞게 매칭시킨다는 것이다.[17] 이러한 접근이 시도되는 바탕에는 건강한 행동은 '긍정적인 믿음과 명확한 기대의 결과물'이라는 신념이 존재한다. 여기에서 긍정적인 믿음과 분명한 기대는 아동의 전념, 애착, 그리고 사람·집단·제도에 대한 유대에 큰 영향을 받는다.

시애틀 사회발달 프로젝트에 대한 평가연구에 따르면, 성공적인 개입을 위해서는 몇 가지 요소가 필수적인 것으로 드러났다. 첫째, 아동은 자신의 삶을 관장하는 중요한 사람들과 조직에 대해 의미 있는 공헌을 할 수 있는 기회를 부여받아야 한다. 따라서 아동과 가족을 위한 개입은 단순히 부정적인 행동을 회피하는 수준을 넘어 적극적으로 긍정적인 행동에 참여할 것을 권장해야 한다. 그래야만 진정한 행동과 태도 변화를 기대할 수 있다.

둘째, 아동과 가족은 삶의 기회를 잘 활용할 수 있는 기술과 능력을 갖추어야 한다. 왕따 방지 프로그램, 조기 교육 프로그램, 양육 기술 훈련, 인지 능력 함양 프로그램과 같은 개입은 개인의 의사결정 능력과 지적 능력 향상, 학업성적 향상, 자기 존중감 향상을 목표로 시행된다. 이러한 기술과 능력을 갖추고 보호요인을 소유하게 되면 아동과 가족은 삶에서 더 나은 선택을 할 수 있고 긍정적인 기회를 더욱 잘 활용할 수 있어 건강한 사회구성원으로 살아가게 된다.

마지막으로, 아동은 반드시 자신의 노력에 대한 인정과 긍정적 강화를 받아야 한다. 또한 어떤 행동이 제지당할 때는 왜 부적절한지에 대한 설명을 꼭 해줘야 한다. 가장 중요한 것은 긍정적인 행동과 부정적인 행동을 할 때 항상 일관된 조치가 취해져야 한다.[18] 평가연구에 따르면, 시애틀 프로젝트는 폭력, 마약, 음주 등 많은 비행문제를 감소시키는데 매우 성공적이었다.[19]

제2절 범죄 예측과 예측적 경찰활동

I. 범죄 예측의 의의

범죄 예측은 크게 범죄사건 예측, 범죄자 예측, 범죄자 신원(동일성) 예측, 피해자 예측 등 네 영역으로 구분된다. 이중 범죄자 신원(동일성) 예측은 진범을 밝히려는 수사에 해당하고, 피해자 예측은 범죄 및 범죄자 예측과 중첩되는 부분이 많아 논의의 실익이 크지 않다. 따라서 이 책에서는 범죄사건 예측과 범죄자 예측을 설명하고자 하는바, 전자는 지역(장소)을 대상으로 이루어지기 때문에 제5장과 6장을 관통하는 주제이고, 범죄자 예측은 개인을 대상으로 이루어지기 때문에 제7장과 연관된 주제이다. 그런데 제4장에서 밝힌 대로, 범죄 예측은 신생 분야이고 사건과 사람 구분 없이 예측에 대해 종합적으로 이해하는 것이 중요하므로 이 절에서 함께 설명한다.

본격적으로 범죄 예측을 살펴보기에 앞서 범죄 데이터가 보여주는 패턴을 알고 있어야 한다. 제1권에서 설명한 것처럼, 범죄나 범죄자를 예측하고 그 결과를 토대로 예방조치를 취한다는 것은 특정 장소나 특정인이 높은 범죄 가능성을 가지고 있기 때문에 가능한 것이다. 만약 그렇지 않고 장소나 사람의 특성과 무관하게 무작위로 발생한다면 예측의 필요성은 사라지고, 단순히 인구수에 따라 법집행을 수행하면 충분할 것이다. 이에 저명한 범죄학자인 셔먼(1989)[20]은 1980년대 접수된 미니애폴리스 경찰서의 911 신고전화를 분석한 결과, 도시 전체 주소의 3.5%에서 신고전화의 50%가 접수된 것을 밝혀냈다. 시애틀의 경우에도 범죄의 절반이 도시 전체 도로의 4.5%에서 발생한 것으로 드러났다. 또한 사람의 경우에는 극소수의 만성적 범죄인이 전체범죄의 절반 이상을 저지르고, 심지어 피해도 일부 피해자가 반복적으로 많은 피해를 당하는 것은 잘 알려진 사실이다.

1. 범죄 예측의 현실

만약 범죄를 정확히 예측할 수 있다면 범죄예방의 가능성은 매우 높아질 것이다. 실제로 21세기 이후 빅데이터의 발달과 다양한 분석기법의 고도화는 범죄 예측의 정확도를 급격히 증가시켰다. 따라서 이제는 범죄 예측이 더 이상 영화나 상상 속의 이야기가 아니라 현실의 이야기로서 우리가 꼭 알아야만 하는 주제가 되었다. 이에 따라 최근 범죄 예측에 대한 언론보도가 줄을 잇고 있는데, 가장 눈에 띄는 것 중 하나는 시카고대학의 연구팀이 인공지능(AI)을 이용해서 일주일 내 특정 구역에서의 범죄 발생 가능성을 예측한 결과, 정확도가 무려 90%에 달했다는 기사이다. 2022년 7월 영국의 과학전문지 뉴사이언티스트 등이 보도한 내용에 따르면, 시카고대학 연구팀은 예측을 위해 2014~2016년 사이 발생한 구역별 범죄 데이터를 학습시켰는데, 이 데이터에는 범죄발생, 체포, 자동차 번호판 등의 간단한 기록이 포함되었다.[21] 범죄 예측에 대한 정책화는 우리나라도 예외가 아니어서 경찰청은 2021년부터 '범죄위험도 예측·분석 시스템(Pre-CAS, 프리카스)'을 전국 경찰관서에서 시행하도록 했다. 프리카스는 범죄사건 예측을 위해 5대 범죄, 112 신고, 1인 가구, 교통사고, 경찰관 수, 풍속관리 등 12가지 변수를 사용했다.[22]

▶Pre-CAS: Predictive Crime Risk Analysis System

범죄자 예측은 제한적인 실정. 그런데 장소를 대상으로 한 범죄사건 예측에 비해 범죄자를 예측하는 것은 훨씬 어렵고 제한적으로만 실시되고 있다. 범죄자 예측은 주로 ① 범죄조직 간의 폭력사태 위험성이나 특정 조직원의 범행을 미리 파악하는 것과 ② 특정 전과자의 재범 가능성을 예측하는 것으로 구분된다. 전자인 갱단의 범죄 가능성은 경찰(예, 잠입수사관)이나 민간 정보원으로부터 수집되는 갱단에 대한 범죄정보, 활동정보, 조직구성 변화정보 등을 토대로 예측되고, 후자인 개인의 재범 가능성은 범죄경력이나 보호관찰, 가석방 기록 등을 토대로 예측된다. 범죄자 예측은 범죄사건 예측에 비해 정확도가 떨어지고, 또한 인권침해를 비롯해 형사사법의 기본원리(예, 무죄추정의 원리)에 어긋나는 문제가 발생할 수도 있기 때문에 세심한 주의를 요한다.[23]

2. 예측적 경찰활동의 출현

유사 용어 및 진화

범죄 예측에 대한 학계의 관심은 경찰활동 실무와 분리해서 논할 수 없다. 특히 지역사회 경찰활동이 본격화된 이후 범죄예방의 중요성이 강조되면서 경찰은 학계와 협력하여 데이터 분석을 강화하고 실무에 적용하기 위해 계속 노력해왔다. 앞에서 살펴본 문제지향적 경찰활동이 대표적인 예로서, 각종 데이터를 분석해서 문제를 파악하고 원인을 규명하고 우선순위에 따라 문제를 해결하는 과정은 이제 거의 표준화된 절차가 되었다. 이러한 문제지향적 경찰활동을 모태로 데이터 분석을 강조한 용어들이 다수 등장했는데, '정보기반 경찰활동(Intelligence-Led Policing)', '데이터기반 경찰활동(Data-Driven Policing)', '증거기반 경찰활동(Evidence-Based Policing)' 등이 대표적인 예이다. 그리고 이들이 빅데이터 기술과 접목되며 등장한 용어가 바로 '예측적 경찰활동(Predictive Policing)'이라 할 수 있다.

미국 법무부 산하 국립사법연구소(NIJ)는 2009년 11월과 2010년 6월 두 차례에 걸쳐 예측적 경찰활동에 대한 심포지엄을 개최했다. 이때 예측적 경찰활동이란 "다양한 분석기법을 활용하여 경찰개입이 필요한 목표물을 통계적으로 예측함으로써 범죄를 예방하거나 해결하는 제반 활동"이라고 정의되었다. 예측적 경찰활동은 윌리엄 브래튼(William J. Bratton)이 로스앤젤레스 경찰국(LAPD) 국장으로 재직하던 시절 시작된 것으로 평가된다. 그는 2008년 LAPD가 예측기법을 활용해서 갱단의 폭력을 미리 파악하고 실시간 감시활동을 효과적으로 수행하고 있다고 공표하면서, 이러한 새로운 접근법이 기존의 지역사회 경찰활동이나 정보기반 경찰활동을 더욱 강력하게 만들어 줄 것이라고 주장했다.

▶NIJ = National Institute of Justice

▶브래튼은 1990년대 초 뉴욕의 무관용 경찰활동을 이끌었던 사람임(제1권 p.309 참고).

참고로 예측적 경찰활동과 거의 동시대에 등장한 유사 용어로서 스마트 경찰활동이 있다. 미국 법무부 산하 사법지원국(BJA)에서는 2009년 스마트 경찰활동 운영계획을 공표하고 스마트 경찰활동을 지원하기 위해 10개 경찰관서에 약 400만 달러의 지원금을 전달했다. 이때 스마트 경찰활동이란 "범죄예방과 해결을 위해 좀 더 과학적인 방법을 동원

▶BJA = Bureau of Justice Assistance

해서 데이터를 분석하고 그 결과에 기반한 경찰활동, 즉 증거기반 경찰활동을 장려하는 전략적 접근"을 말한다고 규정했는데, 독자들은 스마트 경찰활동이 예측적 경찰활동과 거의 동일한 개념이라 생각하면 된다.

이상을 종합하면 예측적 경찰활동은 '빅데이터 – 범죄 예측 – 예방 활동'으로 이어지는 과정의 예방 실무에 해당한다. 또한 지역사회 경찰활동의 다자간 협력 이념을 공유하고 문제지향적 경찰활동의 표준화된 문제해결 프로세스를 기반으로 하면서, 기존의 데이터 분석을 중시한 경찰활동들의 최신 버전이라 정리할 수 있다.[24]

예측적 경찰활동이 당면한 문제

우리는 초기 실증주의가 혁명적인 과학기술의 발전에 자만하여 인간의 행동을 너무 단순하게 간주한 탓에 심각한 인권침해 등의 문제를 초래했다고 학습했다. 그런 실수를 다시 범하지 않으려면 빅데이터 기술로 예측하고 경찰 실무에 적용함에 있어 진지한 사회적 합의가 수반되어야 한다. 실제로 미국 오클랜드에서는 2014년 초 뉴욕 스타일의 실시간 예측 및 대응 시스템(DAS, 후술됨)을 도입하려다 시민과 인권단체의 강한 반발에 부딪혀 업무범위를 대폭 축소한 사례가 있다.

이러한 문제에 대응하기 위해 오바마 대통령의 행정명령으로 2014년 12월 발족한 '21세기 경찰활동에 대한 태스크포스(Task Force on 21st Century Policing)'는 경찰활동의 업무 목표를 '지역사회와 법집행 기관 간의 강력한 협력관계를 구축하는 것'이라고 명백히 밝혔다. 또한 시카고 경찰국의 갱 범죄 및 피해 예방프로그램인 '당사자 공지(Custom Notification)'에서는 예측된 고위험자를 설득하고 새로운 삶을 지원하기 위해 지역사회의 대표자들, 봉사단체, 인권단체를 참여시킴으로써 인권침해 우려를 불식시키고 있다.[25] 이 밖에도 몇 가지 문제들에 대한 인지가 필요한바, 이 절의 마지막에서 종합적으로 정리된다.

Ⅱ. 범죄사건 예측과 예측적 경찰활동

1. 미국 산타크루즈 경찰서의 프레드폴(PredPol)

등장 배경과 예측기법

▶PredPol: Predictive Policing

실제로 범죄를 예측하고 경찰활동에 체계적으로 적용한 최초의 사례는 미국 캘리포니아주 LA 경찰국(LAPD)과 산타크루즈 경찰서(SCPD)에서 시행한 프레드폴(PredPol)로 알려져 있다. 이중 스토리가 좀 더 흥미로운 산타크루즈 사례를 간단히 살펴보고자 한다. 산타크루즈는 인구 6만 명 정도의 소도시인데, 2010년 인구가 5,500명 증가할 때 경찰인력은 반대로 2000년 이후 20%나 감소했다. 이러한 불균형은 결국 범죄 증가로 이어져 2011년 상반기에는 주거침입절도, 차량절도 등 재산범죄가 25% 증가하는 등 심각한 사회문제로 대두되었다. 이러한 상황에서 보다 효과적이고 효율적인 범죄대응전략이 요구되었는바, 산타크루즈 경찰서는 UCLA 산타클라라 대학 연구팀과 함께 프레드폴 프로그램을 개발하게 되었다.

연구를 주도했던 몰러(G. Mohler) 교수는 수학자이자 데이터과학자로서 여진을 예측하는 데 사용되는 알고리즘(근접-반복 모델링과 유사)을 적용해서 재산범죄를 예측하고자 했다. 따라서 프레드폴 소프트웨어의 핵심은 특정 시간대에 범죄가 증가할 것으로 예상되는 지점을 계속 찾아내는 것이다. 이를 위해 컴퓨터 알고리즘은 과거 범죄발생 데이터를 이용해서 미래 발생확률을 150x150 미터 격자지도에 표시해준다. 이때 범죄 데이터베이스에는 범죄 유형과 발생 장소, 발생 시간이 포함되고, 확률을 계산할 때 최근 범죄일수록 더 큰 가중치가 부여된다. 이러한 프레드폴 예측기법의 특징은 순전한 범죄정보(유형, 위치, 시간) 외에는 어떤 개인정보나 지역사회 데이터도 이용되지 않았다는 점이다. 이것은 분석 결과에 대한 이해가 쉽고, 인권침해 문제나 프라이버시 논란을 피하는 데도 유리한 장점이 있었다.[26]

프레드폴의 실행과 효과성

경찰관들은 교대근무에 임하기 전에 탐색된 핫스팟에 대한 정보를 제공받고 다른 지역보다 핫스팟에서 더 많은 시간을 순찰하도록 지시받는다. 또한 근무 중에도 온라인 시스템에 접속해서 실시간으로 업데이트되는 핫스팟 정보를 확인할 수 있다. 하지만, 현장 경찰관들이 무조건 핫스팟 지도에만 의존하는 것은 아니다. 경찰서는 직원들에게 예측 지도를 기존의 경험이나 정보를 보충하는 수단으로 사용할 것을 권장한다. 이러한 접근은 현장 경찰관들의 업무수행도를 전반적으로 상향 표준화시킨 것으로 평가되는데, 특히 신임 경찰관들에게 큰 도움이 되었다.

산타크루즈 경찰서의 프레드폴은 침입절도에서 특히 효과적인 것으로 드러났다. 프로그램이 시행된 2011년 7월과 그 이전인 2010년 7월을 비교한 결과 침입절도가 27% 감소했고, 시행 전후 6개월을 비교했을 때는 14% 감소효과를 보였다. 이러한 효과는 일시적인 것이 아니었는바, 2013년 7월에는 전체범죄가 전년 동기 대비 29% 감소해 효과의 지속성이 입증되었다.

범죄감소 뿐만 아니라 프레드폴에 대한 경찰관들의 지지도 매우 강한 것으로 드러났다. 시행 초기에는 프레드폴에 의한 기계적인 지시를 일방적으로 전달할 경우 자칫 경찰관들의 경험과 노하우를 무시한다는 느낌을 줄 수 있다는 우려가 제기되었다. 하지만, 실제 프레드폴을 경험한 경찰관들이 대부분 긍정적인 퍼포먼스를 보이면서 자발적인 동의가 이뤄지기 시작했다. 이것은 입소문을 타고 빠르게 퍼져 경찰관들에게 큰 동기부여가 되었고, 이후 프레드폴은 현장 경찰관들의 지지 속에 성공적으로 정착되었다.[27]

2. 뉴욕 경찰국(NYPD)의 다스(DAS)

▶PILOT: Predictive Intelligence-Led Operational Targeting

LAPD와 SCPD의 프레드폴 시행 이후 미국과 영국을 중심으로 다양한 예측과 예방이 시도되었다. 예컨대, 미국 루이지애나주 슈레브포트(Shreveport) 경찰서의 '정보기반 예측 프로그램(PILOT)'은 범죄 정보와 더불어 911 신고전화, 경범죄(무질서), 계절적 지표 등을 이용해서 1개월 이후의 범죄증가 핫스팟을 예측하고 선제적으로 대응했다. 영국에서는 2013년 켄트(Kent) 경찰서의 프레드폴 적용이 대표적인 사례로 꼽힌다.[28] 이를 토대로 런던경찰청 등 다수의 경찰관서들이 머신러닝 알고리즘을 적용해 예측력을 대폭 강화시킨 모델을 적용하고 있는데, 2018년 이후 예측적 경찰활동 도입이 본격화되고 있다.

우리나라도 예외가 아니어서 경찰청에서는 2021년부터 '프리카스(Pre-CAS)'로 불리는 '범죄위험도 예측·분석 시스템'을 운영하기 시작했다. 이것은 CCTV를 활용한 AI 인식시스템으로서, 뉴욕 경찰국의 '공간지각시스템(DAS)'을 벤치마킹한 것으로 알려져 있다. 따라서 DAS를 먼저 살펴보고 이어서 프리카스를 간단히 검토하고자 한다.

▶DAS: Domain Awareness System

DAS 개요

DAS는 범죄 예측과 함께 실시간 감시와 대응을 강조하는 특징이 있다. CCTV와 탐지기를 이용한 감시는 오랫동안 경찰활동의 필수도구였는데, 최근에는 획기적인 기술발전에 힘입어 새로운 차원의 엄청난 데이터를 생산해낸다. 예를 들어, NYPD는 자동차번호판탐지기를 통해 2011년 기준 약 1,600만 건의 번호판 데이터베이스를 가지고 있었다. 이러한 정보들을 효과적으로 활용하기 위해 NYPD는 마이크로소프트(MS)사와 손잡고 DAS를 개발했는바, 이것은 도시 내 3천 대의 감시카메라, 2백 대 이상의 자동차번호판탐지기, 2천 대의 방사선센서, 그리고 경찰 데이터베이스의 각종 정보를 실시간으로 수집하고 분석한다. 또한 맵핑 기능이 추가되어 경찰이 과거보다 훨씬 쉽게 상황을 파악하는데 도움을 준다.

DAS는 이전의 개별적 분석시스템과는 차원이 다르게 사람, 사물, 장소 간 연관성을 밝혀낼 수 있는 정보를 실시간으로 제공한다. 이를 통해 예컨대 버려진 가방과 같은 테러 위협을 효과적으로 감지할 수 있다. 또한, NYPD는 DAS를 이용해서 용의자와 연관된 차량이 현재 어디에 있는지, 과거 수개월 동안 어디에 있었는지를 추적할 수 있다고 홍보한다. 자동차번호판을 용의자(차량) 정보와 비교해서 차량 소유자와 관계된 모든 범죄기록을 즉시 제공할 수도 있다. 2013년 4월 발생한 보스턴 마라톤 대회 폭발사건 이후

NYPD는 2013년 11월 열린 뉴욕 마라톤 대회의 경주로를 DAS를 이용해 샅샅이 감시하기도 했다.[29]

DAS 운영

DAS는 매일 24시간 운영되며 오로지 적법한 법집행과 공공안전을 증진시키기 위해서만 사용된다. NYPD의 모든 활동과 마찬가지로 어떤 사람도 인종, 피부색, 종교, 나이, 국적, 성별, 장애, 정치성향 등을 이유로 DAS의 감시 목표가 되거나 감시받지 않는다. 또한 DAS는 프라이버시가 법적으로 보호되지 않는 공공장소와 공공활동에 대해서만 사용된다.

모든 NYPD 보유 CCTV에는 대중이 인식할 수 있는 표지를 부착한다. 그리고 NYPD는 DAS에 이용되는 다른 기관들의 CCTV에도 이러한 표지를 부착하도록 권고한다. 경우에 따라서는 운영 가이드라인에서 지정된 기술이 다른 관할이나 부서에서 사용되는 기술이나 시스템과 연동될 수 있는데, 그럴 경우에는 뉴욕시 정부의 대테러위원장과 법무위원장의 개별 지침에 따른 통제를 받아야 한다. 이러한 운영 가이드라인은 인권과 프라이버시 침해를 막고 합법적인 사용과 관리를 위해 제정되었다.[30]

3. 우리나라 경찰청의 프리카스(Pre-CAS)

▶CPO: Crime Prevention Officer(셉테드 확인)

경찰청은 2018년부터 2020년까지 약 25억 원의 예산을 투입하여 범죄위험도 예측·분석 시스템(프리카스) 개발을 진행했다. 2021년 1월부터 4월까지 시범운영 후 사용자인 CPO(범죄예방진단팀)와 지역경찰의 의견을 청취한 다음 동년 5월부터 전국으로 확대 시행했다.

프리카스는 범죄예방의 실효성을 확보하기 위해 범죄위험과 관련된 다양한 자료를 분석하고 그 결과를 바탕으로 구역 단위(100m x 100m)의 범죄위험도를 예측한다. 분석에 사용되는 변수는 5대 범죄, 112 신고, 거주인구, 1인 가구, 교통사고, 경찰관 수, 용도지역,

주택유형별 면적·가구 수, 지역 안전등급, 풍속관리, 지역 내 총생산, 지역 유형(도시형, 도농복합형, 관광형 등) 등 12가지이다. 회귀분석과 머신러닝, 딥러닝 등 AI 예측알고리즘을 활용해서 절도, 폭력, 성폭행, 강도, 무질서 등 다섯 가지의 문제유형별 발생확률을 1~10등급으로 분류하는데, 이 결과는 2시간 단위로 지도를 통해 확인할 수 있다.

프리카스는 일선경찰관의 업무수행 효율성을 높이기 위한 종합시스템으로서 범죄예측 결과 뿐만 아니라 다음과 같은 기능들도 탑재하고 있다.

- CCTV, 비상벨, 셉테드 사업지, 112 신고, 유흥업소 등 범죄예방 정보 제공
- 생활안전포털·112시스템과 연동, 탄력순찰 및 범죄예방진단 정보 제공
- 관내 위험도가 높은 지역을 순찰차 태블릿을 통해 자동 현출

그런데 프리카스는 프로그램의 접근성 때문에 아직 경찰서 단위의 CPO에 비해 일선 지역경찰의 활용이 활발하지 않은 것으로 평가된다. 그래서 2027년까지 시스템 고도화를 거쳐 순찰차량과 지역경찰 개인이 수시로 접속하고 더욱 편리하게 사용할 수 있는 환경을 조성할 계획이다. 독자들은 현재 우리나라에서도 범죄예측에 대한 시도가 활발히 진행되고 있고 이를 범죄예방에 효과적으로 사용하기 위해 시스템 고도화 사업이 한창 진행 중이라고 정리하면 되겠다.[31]

Ⅲ. 범죄자 예측과 예측적 경찰활동

전술한 대로 범죄자 예측은 범죄조직 간의 폭력사태 위험성을 미리 파악하는 것과 특정 개인의 재범 가능성을 예측하는 것 두 가지로 구분할 수 있다. 이 책에서는 각 방식을 대표하는 프로그램을 하나씩 순서대로 소개한다.

1. 시카고 경찰국의 당사자 공지(Custom Notification)

시카고 경찰국은 2013년 7월부터 폭력감소 실행계획의 일환으로서 '당사자 공지' 프로그램을 시작했다. 당사자 공지 프로그램은 범죄조직원들 가운데 폭력범죄의 가해자나 피해자가 될 위험성이 큰 사람을 찾아내서 미리 경고하는 프로그램을 말한다. 시카고 경찰국의 정보분석관들은 특히 총기범죄에 연루된 인물들에 대한 정보를 지속적으로 수집·검토하면서, 그들의 특정 행동이나 소속 갱의 움직임, SNS(사회관계망서비스) 분석 등을 통해 위험성을 평가한다.

위험성이 큰 인물들에 대해서 주거가 명확한 경우 당사자 공지를 실시하는데, 이때 지역사회의 대표자나 자원봉사자(특히, 과거 유사한 경험을 가진 자), 또는 대상자에게 긍정적인 영향을 미칠 수 있는 사람들이 공지 과정에 참여한다. 공지는 주로 대상자의 집에서 이루어지지만 때로는 길거리나 수감된 상태에서 이루어지기도 한다. 경찰관과 지역사회 대표 등으로 이루어진 팀은 대상자에게 프로그램의 취지와 목적을 설명하고 '당사자 공지 레터(letter)'를 교부한다. 이러한 사전 경고에도 불구하고 만약 범죄행위로 체포되면, 관할구역 책임자는 형사팀에 연락해서 가능한 최고 수준의 기소가 이루어지도록 하고, 이를 위해 검찰청과 긴밀히 협조한다.[32]

효과성

▶NNSC: National Network for Safe Communities

'안전한 지역사회 구축을 위한 전국네트워크(NNSC)'는 2014년 보스턴 등 세 도시에서 당사자 공지 프로그램의 효과성을 분석했는데, 그 결과는 매우 고무적이었다. 노스캐롤라이나주의 하이포인트에서는 마약 관련 범죄가 44-56% 감소했고, 신시내티에서는 폭력조직원이 연루된 살인사건이 41% 감소했으며, 보스턴에서는 청소년 살인범죄가 63%나 감소했다. 이러한 예방효과는 당사자 공지를 받지 않은 다른 조직원들에게서도 드러나 이익의 확산 효과가 발생한 것으로 평가되었다. 시카고의 경우에도 매우 긍정적인 변화를 시사하는 보도가 지속되었다.[33]

2. 플로리다 소년사법부의 재범 예측

2010년을 앞두고 미국의 전체 성인 수감자 수는 감소 추세였지만 일부 주에서는 오히려 증가하면서 수감 시설이 한계를 보였다. 대표적인 예가 플로리다주로서 2008년과 2009년 사이 수감자 수가 1,527명(1.5%) 늘어 50개 주 가운데 증가율 2위를 기록했다. 그런데 이는 성인범이 증가해서가 아니라 재범을 저지른 소년범이 증가했기 때문이었다. 즉, 플로리다주에서는 소년범이라도 재범일 경우 성인 수감시설에 수용되는 제도가 있었는바, 소년사법부에서는 이러한 재범 증가를 억제하기 위해 '통계적 프로파일링 시스템(statistical profiling system)'을 개발했다.

통계적 프로파일링 시스템은 소년사법부가 2007년부터 IBM SPSS와 공동으로 개발하기 시작했는데, 시범사업으로 청소년 85,000명의 범죄를 예측하고 예측된 범죄행위에 특화된 교정 프로그램을 이수케 함으로써 재범을 줄이고자 시도했다. 즉, 표본 청소년들은 예측된 자신들의 범죄 유형에 따라 과거에 다른 유사한 특성을 가진 청소년이 이수했던 프로그램에 할당되는 것이었다. 교정 프로그램에는 후원 가족, 지역주민 연대, 교육 프로그램, 훈육, 기술개발 등이 있는데, 통계적 프로파일링을 통해 개별 소년에게 적합한 프로그램이 매칭되는 것은 재범 예방에 효과적일 수 있다는 판단이었다.[34]

효과성

통계적 프로파일링에 기반한 개인 맞춤형 교정 프로그램의 시행은 시범사업 종료 후 6개월 동안 표본 85,000명 가운데 93%가 체포되지 않아 효과성을 입증했다. 소년사법부의 마크 그린왈드(Mark Greenwald)는 시범사업에 대한 기고문에서 "우리는 예측기법을 이용해서 청소년 수감자들이 다시는 교정시설로 돌아오지 않기를 희망한다"고 말했다. 2009–2010 회계연도에는 수감 중인 소년범의 수가 20% 정도 줄어 이 시범사업은 주 전역으로 확대되었다. 통계적 프로파일링 시스템은 소년범의 재범 위험성을 저위험, 중위험, 고위험, 최대위험 등으로 구분하는데, 이러한 방식은 대부분의 재범 예측 프로그램

이 일반적으로 적용하는 방식이다.[35]

Ⅳ. 예측적 경찰활동의 한계

이 절의 서두에서 인권침해를 예측적 경찰활동이 당면한 대표적인 문제로 지적했다. 그리고 이를 해결하기 위해 정부와 경찰이 지역사회와의 협력을 강조하는 모습도 살펴봤다. 그런데, 이는 쉽게 해결되지 않는 문제로서, 예컨대 예측적 경찰활동을 최초로 실시했던 산타크루즈의 시의회는 2020년 예측적 경찰활동과 안면인식기술을 전면 금지하는 조례를 통과시켰다. 이 밖에도 다음과 같은 비판이 제기되고 있는바, 예측적 경찰활동이 원활히 수행되기 위해서는 이러한 비판을 진지하게 받아들이고 개선하려는 노력이 요구된다. 전 LAPD의 국장이었던 브래튼도 경찰이 지역사회와의 협력을 하찮게 여긴다는 이미지를 주면 지역사회도 협력을 거부하게 된다고 경고하면서 경찰이 먼저 손을 내밀고 진지하게 협력해야 한다고 주장했다.[36]

예측의 불완전성과 낮은 현장 적용성

프레드폴을 비롯한 대부분의 예측 프로그램들은 재산범죄에 비해 더 다이내믹한 폭력범죄에 대해서 예측력이 떨어지는 것으로 알려져 있다. 그런데 비즈니스와 테러예방 분야에서는 소셜 네트워크 분석이나 소셜 미디어 모니터링 같은 기법을 적용하여 훨씬 다이내믹한 행위에 대해서도 상당한 예측력을 보이고 있다. 따라서 폭력범죄에 대한 예측도 점차 정확도를 높여갈 것으로 쉽게 예상할 수 있는바, 서두에서 밝힌 것처럼 2022년 7월 영국의 과학전문지 뉴사이언티스트가 보도한 내용을 보면 그 발전 속도를 짐작할 수 있다.[37]

그런데 정작 문제는 아무리 예측력이 높아도 일선 경찰관들이 자신의 경험과 직관이 예측의 결과와 크게 다르지 않을 경우 기계적인 예측에 의지하지 않는다는 점이다. 괜히

긴장감만 유발하고 쓸데없이 예산만 낭비한다고 생각할 수 있다. 이때 정책 당국은 현장 경찰관에 대한 홍보와 격려를 통해 시대적 흐름에 동참할 수 있도록 적극 동기부여를 해야 한다. 범죄가 유발하는 사회적 해악의 심각성을 고려하면 단 1%의 예방효과 증가라 해도 그만한 가치가 있음을 인식해야 한다.

위험지역에 대한 편향적 예측

유럽의 정부정책 감시 사이트인 스테이트워치(Statewatch)는 프레드폴을 포함한 예측 프로그램들에 대해 특정 지역과 사람에 편향된 범죄보고를 강화하는 역효과가 있다고 비판한다. 이는 위험지역 예측이 기본적으로 과거의 위험성을 토대로 시도되기 때문이다. 다시 말해, 원래 위험했던 지역의 미래 위험도가 강하게 예측되고 이는 순찰과 대응의 강화로 이어져 더 많은 적발을 초래할 수 있는바, 결국 이 지역의 위험도는 계속 과장되게 평가될 수 있는 것이다.[38]

하지만, 이러한 비판에 대한 법집행 기관의 입장은 예측적 경찰활동이 지역사회 경찰활동의 협력치안이라는 기본이념 위에서 시행되는 제도이기 때문에 단순히 예측만 빅데이터 과학을 이용할 뿐 실무는 여전히 지역사회화의 협력을 강조하고 있다고 주장한다. 이러한 반론이 공감을 얻기 위해서는, 전술한 대로, 지역사회와의 협력이 온전히 구축된 상태에서 예측과 예측적 경찰활동이 시행되어야 할 것이다.

제3절 UN 범죄예방표준

여기에서는 범죄예방에 대한 논의를 마무리하면서 UN의 범죄예방국(UNODC)이 2002년 제시한 「범죄예방표준(UN Standards and Norms for Crime Prevention)」을 간단히 소개하고자 한다.[39] 이를 통해 독자들은 범죄예방 접근법이 어느 정도 표준화되어 있고 실제 각국에서 실행되고 있다는 현실감을 느낄 것이다.

범죄예방표준

범죄예방표준은 유엔 회원국들이 지난 수십 년 동안 범죄예방 분야에서 활발히 협의하고 동의해 온 표준으로서 다음과 같은 8대 원칙을 기초로 하고 있다. 유엔 범죄예방국(UNODC)은 이 표준을 발표하면서 회원국들에게 범죄예방 정책 수립 시 적극 이행하도록 권고했다.

- 중앙 및 지방정부의 리더십
- 사회경제적 발전 및 통합
- 협력 및 파트너십 거버넌스
- 지속가능성 및 책임성
- 지식 기반
- 인권, 법의 지배, & 준법 문화
- 상호의존성
- 배려(사회적 취약집단에 대한 고려)

범죄예방 가이드라인 핸드북

UNODC는 이러한 8대 원칙에 기반한 범죄예방표준을 잘 이행할 수 있도록 실무적 도구로서 '범죄예방 가이드라인 핸드북'을 발간했다. 이 핸드북에는 4대 범죄예방 접근법이 담겨있는데, 그 내용을 보면 이 책이 다룬 접근법과 크게 다르지 않음을 알 수 있다. 참고로 UNODC는 특히 제3자 경찰활동의 중요성을 강조하고 있는바, 이는 다양한 주체의 적극적인 참여와 협력이 범죄예방의 필수요건임을 인정하는 것으로 볼 수 있다.

① **사회발전을 통한 범죄예방:** 보건·주거·고용 개선, 소외감 해소, 사회갈등 해결 및 준법교육 실시 등

② **지역공동체 중심 범죄예방:** 공동체의 사회적 자본과 관계망 개선, 신뢰·유대·응집력 강화, 범죄 취약지역 개선 등

③ **상황적 범죄예방:** 환경설계 개선, 타겟하드닝, 피해재발 방지 등을 통한 범죄 기회 감소

④ **재통합을 통한 재범예방:** 출소자 직업훈련, 비행청소년 롤모델 제공, 갈등 해결과 회복적 사법 등

요점 정리

발달적 범죄예방

- 지역사회 예방과 상황적 예방은 지역 수준의 범죄사건 예방을 목적으로 하기 때문에 개인의 특성이나 범죄 동기(원인)에 관심이 없지만, 발달적 예방은 사회적으로 건강하고 성숙한 시민을 양성하여 범죄의 동기를 제거하고자 함.

- 개인에 대한 개입: 강한 충동성, 부족한 집중력, 약한 인지능력, 낮은 학습능력, 미흡한 상호작용 및 문제해결 능력, 부족한 사회적 기술, 낮은 자기존중감 등의 개인적 위험요인을 개선하고자 함. 대표적인 예로서 ① 주로 빈곤층 아동에 대해 취학 전 인지능력과 학습능력 향상시키기, ② 초중등 청소년에 대해 문제해결기술과 상호작용능력 향상시키기,

③ 타고난 속성(e.g., ADHD)을 가진 아동에 대해 약물과 심리치료 실시하기 등이 있음.

- 가족에 대한 개입: 부적절한 자녀양육, 가정폭력, 부모나 형제의 범죄, 낮은 사회경제적 지위 등 가족 차원의 위험요인을 개선하고자 함. 대표적인 예로서 ① 3세 이전의 시기에 가정환경 개선을 통해 적절한 신체 · 인지 발달 돕기, ② 부모의 양육기술 향상과 부모–자녀 관계의 향상을 통해 자녀가 부모에게 느끼는 애착과 가족 유대를 강화시키기 등이 있음.

- 다방면에서의 개입: 심각하고 폭력적인 청소년과 성인 범죄자들 대부분은 어린 시절부터 복수의 문제와 위험요인을 가지고 있음. 열악한 가정환경, 다양한 감정적 · 정신적 문제들은 서로 중복되고 악순환되는 문제들로서 이를 해결하기 위해서는 개입도 다방면에서 체계적이고 종합적으로 이루어져야 함. 대표적인 예로서 다계통치료법(MST)이 있고, 시애틀 사회발달 프로젝트(SSDP)는 '긍정적인 믿음과 분명한 기대'를 통한 행동 개선을 위해 '서로 돌보는 지역사회' 프로그램을 개발했음.

범죄예측과 예측적 경찰활동

- 데이터와 범죄예측의 역사: 19세기 초반 콩트의 실증주의 주장에 의해 사회통계가 수집되기 시작한 이후 데이터 분석과 패턴 규명은 범죄연구의 주류로 자리잡았음. 실증주의가 시작될 당시 꿈꾸었던 사회현상에 대한 예측은 약 200년이 지난 21세기부터 빅데이터의 발달과 분석기법의 고도화로 어느 정도 실현되고 있음. 단, 범죄사건 예측에 비해 범죄자 예측은 정확도가 떨어지고 인권침해를 비롯해 형사사법의 기본원리(예, 무죄추정의 원리)에 반하는 문제가 발생할 수 있어 세심한 주의를 요함.

- 예측적 경찰활동의 의의: 예측적 경찰활동은 지역사회 경찰활동의 다자간 협력 이념을 공유하고 문제지향적 경찰활동의 표준화된 문제해결 프로세스를 기반으로 하면서, 기존의 데이터 분석을 중시한 경찰활동들(예, 정보기반 경찰활동, 데이터기반 경찰활동, 증거기반 경찰활동 등)의 최신 버전이라 할 수 있음. 스마트 경찰활동은 예측적 경찰활동과 거의 동일한 개념으로 간주됨.

- 범죄사건 예측과 예측적 경찰활동: 미국 산타크루즈 경찰서와 LA 경찰국의 '프레드폴

(PredPol)', 뉴욕 경찰국의 '다스(DAS)' 등이 대표적인 사례임. 우리나라 경찰청은 '다스'를 벤치마킹하여 2021년 1월부터 '범죄위험도 예측 · 분석 시스템(Pre-CAS)'을 운영하고 있음. 단, 아직 지역경찰의 활용도가 떨어져 2027년까지 고도화 작업이 예정되어 있음.

- 범죄자 예측과 예측적 경찰활동: 범죄자 예측은 범죄조직 간의 폭력사태 위험성을 예측하는 것과 특정인의 재범 가능성을 예측하는 것으로 구분됨. 시카고 경찰국의 '당사자 공지(Custom Notification)' 프로그램은 전자의 예로서 범죄조직원들 가운데 폭력범죄의 가해자나 피해자가 될 위험성이 큰 사람을 찾아내서 미리 경고하는 접근임. 플로리다주 소년사법부의 '통계적 프로파일링 시스템'은 후자의 예로서 소년범의 재범 위험성을 저위험, 중위험, 고위험, 최대위험으로 구분하고 개별 소년에게 적합한 교정 프로그램을 매칭시키는 접근임.

- 예측적 경찰활동의 한계: 예측적 경찰활동의 효과성을 지지하는 연구가 많지만, 예측의 불완전성과 낮은 현장 적용성은 경찰과 지역사회가 함께 지속적으로 개선해야 할 문제임. 특히, 가장 큰 문제 중 하나는 위험지역에 대한 편향된 예측으로서 이미 위험했던 지역의 위험도가 과도하게 예측되고 경찰활동이 집중되면 차별과 침해의 문제가 악화될 수 있음. 결국 예측적 경찰활동이 소기의 목적을 달성하기 위해서는 지역사회 경찰활동의 협력치안 이념을 명심하고 브래튼이 주장한 것처럼 경찰이 먼저 지역사회에 손을 내밀고 진지하게 협력해야 할 것임.

참고문헌

1. Holcomb, J. (2007). Developmental and Social Crime Prevention. In S. P. Lab (author), *Crime Prevention: Approaches, Practices and Evaluations,* pp.159-173. LexisNexis.
2. Huizinga, D. & Mihalic, S. (2003). Preventing Juvenile Delinquency. In H. Kury & J. Obergfell-Fuchs (eds.), *Crime Prevention: New Approaches.* Mainz, GER: Weisser Ring.
3. Wasserman, G. A. & Miller, L. S. (1998). The Prevention of Serious and Violent Juvenile Offending. In R. Roeber & D. P. Farrington (eds.), *Serious and Violent Juvenile Offenders: Risk Factors and Successful Interventions.* Thousand Oaks, CA: Sage.
4. Huizinga, D. & Mihalic, S. (2003). Preventing Juvenile Delinquency. In H. Kury & J. Obergfell-Fuchs (eds.), *Crime Prevention: New Approaches.* Mainz, GER: Weisser Ring.
5. Wasserman, G. A. & Miller, L. S. (1998). The Prevention of Serious and Violent Juvenile Offending. In R. Roeber & D. P. Farrington (eds.), *Serious and Violent Juvenile Offenders: Risk Factors and Successful Interventions.* Thousand Oaks, CA: Sage.
6. Olds, D., Henderson, C. P., Kitzman, H., & Cole, R. (1995). Effects of Prenatal and Infancy Nurse Home Visitation on Surveillance of Child Maltreatment. *Pediatrics, 95,* pp.365-372.
7. Tremblay, R. E. (2006). Tracking the Origins of Criminal Behavior: Back to the Future. *The Criminologist 31(1),* pp.1-7.
8. Olds, D., Henderson, C. P., Kitzman, H., & Cole, R. (1995). Effects of Prenatal and Infancy Nurse Home Visitation on Surveillance of Child Maltreatment. *Pediatrics, 95,* pp.365-372.
9. Wasserman, G. A. & Miller, L. S. (1998). The Prevention of Serious and Violent Juvenile Offending. In R. Roeber & D. P. Farrington (eds.), *Serious and Violent Juvenile Offenders: Risk Factors and Successful Interventions.* Thousand Oaks, CA: Sage.

10. Wright, K. E. & Wright, K. N. (1994). A Policy-Maker's Guide to Controlling Delinquency and Crime through Family Interventions. *Justice Quarterly, 11,* pp.189-206.

11. Farrington, D. P. & Welsh, B. C. (2003). Family-Based Programs to Prevent Delinquent and Criminal Behavior. In H. Kury & J. Obergfell-Fuchs (eds.), *Crime Prevention: New Approaches.* Mainz, GER: Weisser Ring.

12. Wasserman, G. A. & Miller, L. S. (1998). The Prevention of Serious and Violent Juvenile Offending. In R. Roeber & D. P. Farrington (eds.), *Serious and Violent Juvenile Offenders: Risk Factors and Successful Interventions.* Thousand Oaks, CA: Sage.

13. Loeber, R. & Farrington, D. P. (1998). *Serious and Violent Juvenile Offenders: Risk Factors and Successful Interventions.* Thousand Oaks, CA: Sage.

14. Wasserman, G. A. & Miller, L. S. (1998). The Prevention of Serious and Violent Juvenile Offending. In R. Roeber & D. P. Farrington (eds.), *Serious and Violent Juvenile Offenders: Risk Factors and Successful Interventions.* Thousand Oaks, CA: Sage.

15. Farrington, D. P. & Welsh, B. C. (2003). Family-Based Programs to Prevent Delinquent and Criminal Behavior. In H. Kury & J. Obergfell-Fuchs (eds.), *Crime Prevention: New Approaches.* Mainz, GER: Weisser Ring.

16. Catalano, R. F., Arthur, M. W., Hawkins, J. D., Berglund, L., & Olson, J. J. (1998). Comprehensive Community- and School-Based Interventions to Prevent Antisocial Behavior. In R. Roeber & D. P. Farrington (eds.), *Serious and Violent Juvenile Offenders: Risk Factors and Successful Interventions.* Thousand Oaks, CA: Sage.

17. Howell, J. C. (1997). *Juvenile Justice and Youth Violence.* Thousand Oaks, CA: Sage.

18. Howell, J. C. (1997). *Juvenile Justice and Youth Violence.* Thousand Oaks, CA: Sage.

19. Huizinga, D. & Mihalic, S. (2003). Preventing Juvenile Delinquency. In H. Kury & J. Obergfell-Fuchs (eds.), *Crime Prevention: New Approaches.* Mainz, GER: Weisser Ring.

20. Sherman, L. W., Gartin, P. R., & Buerger, M. E. (1989). Hot Spots of Predatory Crime: Routine Activities and the Criminology of Place. *Criminology, 27,* pp.27-55.

21. https://www.hani.co.kr/arti/science/future/1053838.html (2023년 2월 26일 확인)

22. 강용길. (2022). 「범죄위험도 예측분석 시스템(Pre-CAS) 실효성 확보방안에 관한 연구」. 치안정책연구소.

23. 정진성. (2015). "주요 외국의 빅데이터 기반 범죄예방시스템 운영현황 및 성과 분석", 「범죄 빅데이터를 활용한 범죄예방시스템 구축을 위한 예비 연구(II)」, 제3부. p.207. 한국형사정책연구원.

24. 정진성. (2015). "주요 외국의 빅데이터 기반 범죄예방시스템 운영현황 및 성과 분석", 「범죄 빅데이터를 활용한 범죄예방시스템 구축을 위한 예비 연구(II)」, 제3부. pp.183-184. 한국형사정책연구원.

25. 정진성. (2015). "주요 외국의 빅데이터 기반 범죄예방시스템 운영현황 및 성과 분석", 「범죄 빅데이터를 활용한 범죄예방시스템 구축을 위한 예비 연구(II)」, 제3부. pp.185-186. 한국형사정책연구원.

26. Thompson, K. (2011). The Santa Cruz Experiment: Can a City's Crime be Predicted? *Popular Science, November.*

27. Bachner, J. (2013). *Predictive Policing: Preventing Crime with Data and Analytics.* p.25. IBM Center for the Business of Government.

28. 정진성. (2015). "주요 외국의 빅데이터 기반 범죄예방시스템 운영현황 및 성과 분석", 「범죄 빅데이터를 활용한 범죄예방시스템 구축을 위한 예비 연구(II)」, 제3부. pp.253-268. 한국형사정책연구원.

29. Joh, E. E. (2014). Policing by Numbers: Big Data and the Fourth Amendment. *Washington Law Review,* 89:35, pp.48-49.

30. 정진성. (2015). "주요 외국의 빅데이터 기반 범죄예방시스템 운영현황 및 성과 분석", 「범죄 빅데이터를 활용한 범죄예방시스템 구축을 위한 예비 연구(II)」, 제3부. p.258. 한국형사정책연구원.

31. 강용길. (2022). 「범죄위험도 예측분석 시스템(Pre-CAS) 실효성 확보방안에 관한 연구」. 치안정책연구소.

32. Kennedy, D. M. & Friedrich, M. A. (2014). *Custom Notifications: Individualized Communication in the Group Violence Intervention,* p.23. Community-Oriented Policing Services. U.S. Department of Justice.

33. 정진성. (2015). "주요 외국의 빅데이터 기반 범죄예방시스템 운영현황 및 성과 분석", 「범죄 빅데이터를 활용한 범죄예방시스템 구축을 위한 예비 연구(II)」, 제3부. pp.288-292. 한국형사정책연구원.

34. Perry, W. L., McInnis, B., Price, C. C., Smith, S. C., & Hollywood, J. S. (2013). *Predictive Policing: The Role of Crime Forecasting in Law Enforcement Operations,* pp.109-110. RAND.

35. 정진성. (2015). "주요 외국의 빅데이터 기반 범죄예방시스템 운영현황 및 성과 분석", 「범죄 빅데이터를 활용한 범죄예방시스템 구축을 위한 예비 연구(II)」, 제3부. pp.282-283. 한국형사정책연구원.

36. Perry, W. L., McInnis, B., Price, C. C., Smith, S. C., & Hollywood, J. S. (2013). *Predictive Policing: The Role of Crime Forecasting in Law Enforcement Operations,* pp.81-83. RAND.

37. 정진성. (2015). "주요 외국의 빅데이터 기반 범죄예방시스템 운영현황 및 성과 분석", 「범죄 빅데이터를 활용한 범죄예방시스템 구축을 위한 예비 연구(II)」, 제3부. pp.298-299. 한국형사정책연구원.

38. https://www.statewatch.org/ (2023년 2월 26일 확인)

39. 박현호. (2017). 「범죄예방 환경설계: CPTED와 범죄과학」, pp.48-51. 박영사.

4-2부

STORYTELLING CRIMINOLOGY

범죄 대책 :사후대응

제 8 장 범죄의 기본적인 처리

제1절 범죄 처리의 기본

범죄에는 우선 형벌이 부과되며 이를 실현하기 위한 절차가 형사절차이다. 형사절차는 범죄의 수사, 범인의 검거, 공소의 제기, 공판절차, 유·무죄의 선고, 형의 집행 등으로 구분할 수 있는데 각 단계별로 다양한 선택지가 존재한다. 예를 들어 형벌에도 다양한 종류의 형벌이 존재할 뿐만 아니라 경우에 따라서는 형벌이 아닌 보안처분이 부과된다.

이하에서는 우선 형벌의 부과를 먼저 살펴보고(제8장) 다음으로 보안처분의 부과를 살펴보기로 한다(제9장). 그리고 형벌 및 보안처분도 누구를 대상으로 어디서 집행하느냐에 따라 매우 큰 차이가 발생하는데 여기서는 집행장소를 교정시설과 사회로 나누어 살펴보고(제10장), 범죄 중에서도 소년범죄와 성(폭력)범죄 및 가정 내 폭력 등의 처리를 특별히 살펴보기로 한다(제11장). 나아가 최근 범죄자뿐만 아니라 범죄피해자에 대한 관심도 매우 높아지고 있으므로 범죄피해자에 대한 보호 및 지원도 살펴본다(제12장).

헌법은 '법률과 적법한 절차'에 의하지 아니하고는 처벌받지 않는다고 규정하고 있는데 처벌에 관한 대표적인 법률이 형법이다. 형법은 범죄와 형벌을 정한 법규범으로 범죄에는 형벌이 부과된다. 따라서 단지 반사회적이라거나 심각한 권리침해라는 이유로 형벌을 부과할 수는 없으며 오로지 행위가 있을 당시 그 행위유형이 법률인 형법전에 범죄구성요건으로 확정되어 있는 경우에만 형법상 범죄가 성립하며 형벌을 부과할 수 있다.

▶헌법 12조 1항
– ① 모든 국민은 신체의 자유를 가진다. 누구든지 법률에 의하지 아니하고는 체포·구속·압수·수색 또는 심문을 받지 아니하며, 법률과 적법한 절차에 의하지 아니하고는 처벌·보안처분 또는 강제노역을 받지 아니한다.

그런데 형벌은 사형까지도 포함하는 강력한 수단이므로 어디까지나 최후의 수단으로 사용해야 한다. 이를 형법의 보충성이라고 하며 다른 방법으로 법익을 보호할 수 있다면 형법의 개입은 자제되어야 한다.[1] 따라서 범죄대책을 수립하는 경우 대책의 효과성은 물론이거니와 보충성도 같이 고려해야 한다.

▶형법 1조 1항
– ① 범죄의 성립과 처벌은 행위 시의 법률에 따른다.

또한 만들어진 법과 제도가 항상 제대로 실행되는 것도 아니다. 법과 제도가 제대로 작동하기 위해서는 특히 인력과 예산이 필요한데 형사사법 관계자들은 항상 업무의 과중과 함께 인력 및 예산의 부족을 호소하고 있다. 예를 들어 형사사법기관 중 가장 대표적인 기관인 법원도 고질적으로 업무가 과중하다고 주장하고 있으며 특히 대법원은 상고법원의 설치를 강력하게 주장하고 있다. 다른 형사사법기관의 경우 인력 및 예산의 부족이 더 심각하다고 할 수 있는데 예를 들어 교정분야에서 보호관찰관 및 교도관의 인력 부족은 만성적이다.

I. 형벌과 그 정당성

1. 형벌과 변화

광의의 형벌은 협의의 형벌과 보안처분을 결합한 개념인데 협의의 형벌은 일반적으로 과거에 저질러진 범죄행위에 대하여 국가가 부과하는 해악으로서의 반작용을 말한다.[2] 즉 형벌과 보안처분은 다 같이 형사제재에 해당하지만, 형벌은 책임의 한계 안에서 과거의 불법에 대한 응보를 주된 목적으로 하는 제재이고, 보안처분은 장래의 재범 위험성을 전제로 범죄를 예방하기 위한 제재이다.

협의의 형벌도 근대를 기준으로 크게 변화하였는데 근대 이전의 형벌은 신체에 대한 물리적 고통의 부과에 중점을 두었지만, 근대 형벌은 자유의 박탈과 시설내 구금이 큰 특징이다. 즉 18세기까지의 형벌은 신체에 대한 가혹한 제재와 함께 명예에 대한 공격을 포함하고 있었다. 따라서 범죄자는 자신의 죄를 인정하고 사죄해야 했고 속죄를 위한 배상도 해야 했다. 더구나 형벌은 공개적으로 집행되었는데 역사상 알려진 많은 공개처형 사례를 생각하면 된다.

근대에 들어와 계몽사상가들은 관대하지만 확실한 처벌, 형의 예고를 통한 일반예방을 주장하였고 형벌은 크게 개혁되었다. 대표적으로 프랑스에서는 낙인형 등이 폐지되었고 절단형이나 태형 등도 감소하였다.[3]

2. 형벌의 정당성

형벌이라는 국가의 침해를 어떻게 정당화할 수 있는지에 관해 협의의 형벌 중에서도 주로 자유형을 기준으로 논의하여 왔다. 크게는 ① 형벌은 범죄를 저지른 것에 대한 보복으로서 그 자체가 정의롭기에 정당화된다는 절대적 응보형론, ② 형벌은 범죄를 방지하기 위한 것으로서 방지효과가 있기 때문에 정당화된다는 목적형론, ③ 형벌은 응보인 동시에 범죄예방의 효과를 가지므로 정당화된다는 상대적 응보형론으로 구분된다.[4]

목적형론은 다시 형벌의 예고와 부과를 통해 잠재적 범죄자의 범죄를 억지하려는 일반예방론과 실제로 형벌이 부과되는 범죄자 자신의 재범을 방지하려는 특별예방론으로 나뉜다. 일반예방론에서는 전통적으로 형벌의 위하(=겁주기) 작용에 의한 예방효과가 인정되었는데(소극적 일반예방), 최근에는 범죄자를 처벌함으로써 사회구성원의 규범의식과 규범에 대한 신뢰가 강화되어 범죄가 예방된다는 이론(적극적 일반예방)이 주장되고 있다.

Ⅱ. 형사사법기관과 범죄 처리의 흐름

1. 형사사법기관과 그 역할

범죄를 처리하는 가장 기본적인 절차는 형벌을 부과하고 집행하는 형사절차인데 수사로 시작하여 공판을 거쳐 형벌의 집행으로 끝난다.

수사는 "범죄혐의의 유무를 명백히 하여 공소를 제기·유지할 것인가의 여부를 결정하기 위하여 범인을 발견·확보하고 증거를 수집·보전하는 수사기관의 활동"으로 대표적인 수사기관은 경찰과 검찰이다. 이외에도 고위공직자범죄수사처와 특정한 범죄나 특정한 장소에서만 수사를 할 수 있는 특별사법경찰관리가 있는데 우리나라의 경우 특별사법경찰관리의 종류가 일본 및 프랑스에 비해 매우 다양하지만 실제로 취급하는 범죄의 양은 그렇게 많지 않다. 최근 경기도 등 지방자치단체에 소속된 특별사법경찰관리가 활성화되고 있지만 군대의 수사기관인 군사경찰의 영역이 축소되었으며 2024년 국가정보원의 수사권도 경찰로 이관되며 없어질 예정이다.

"법원에 대해 특정한 형사사건의 심판을 청구"하는 것이 공소인데 우리나라에서는 검사만이 담당하고 있다. 공소가 제기된 사건에 대하여 법원이 유죄와 무죄 등을 판단하는데 법원은 유죄가 인정되는 경우 구체적인 형벌의 종류와 범위를 정하며 이를 양형이라고 한다. 2008년 국민참여재판이 도입되어 국민이 배심원으로서 유무죄를 결정하고 양형에 대한 의견을 제시할 수 있게 되었지만 매년 몇백 건 정도의 사건에 적용될 뿐이며 그나마 계속 줄고 있다.

▶기소독점주의와 사인소추제
– 우리나라는 검사만이 공소제기의 권한을 독점하고 있는데 독일 등은 경미한 범죄의 경우 민간인인 사인도 소추할 수 있음.

넓게는 모든 형사제재를 집행하는 것이 형의 집행이 되지만 좁게는 자유형의 집행 내지 시설수용을 형의 집행으로 본다.[5] 수용되는 시설도 수용자의 법적 지위에 따라 달라지는데 대표적으로 자유형이 선고된 수형자 등을 수용하는 시설이 교도소이고, 형이 확정되기 이전에 구금된 사람들을 수용하는 시설이 구치소이다. 사회 내에서는 보호관찰소 등이 보호관찰을 포함하여 사회 내 처우를 담당하고 있다.

▶준법지원센터
– 최근 보호관찰소의 명칭이 준법지원센터로 변경되었음.

스토리박스 〈보충설명 VIII-1〉

수사권의 성격과 배분

■ 검찰 수사권의 성격과 변화

국회는 2022년 검찰청법을 개정하여 검사가 수사를 개시할 수 있는 범죄의 범위를 축소하고 검사 자신이 수사개시한 범죄에 대하여는 공소를 제기할 수 없도록 하였다. 또한 형사소송법도 개정하여 사법경찰관으로부터 송치받은 사건에 대하여 검사가 직접 보완수사를 할 수 있는 범위를 축소하는 한편 별건 수사 금지에 관한 내용을 신설하였다.

▶헌법재판소 2023. 3. 23. 2022헌라4.

법무부장관과 검사 6명이 권한침해 및 그 행위의 무효 확인을 청구하는 권한쟁의 심판청구를 하였는데 헌법재판소는 2023. 3. 23. 재판관 5:4의 의견으로 각하하였다.

우선 헌법재판소는 수사 및 소추는 원칙적으로 입법권·사법권에 포함되지 않는 국가기능으로 우리 헌법상 본질적으로 행정에 속하는 사무라고 한 후 행정부 내에서 수사권 및 소추권의 구체적인 조정·배분은 헌법사항이 아닌 입법사항이라고 하였다. 따라서 이 사건 법률개정행위에 대해서는 검사들의 헌법상 권한침해가능성이 인정되지 않는다고 보았다.

또한 청구인은 헌법 제12조 제3항과 제16조가 영장신청권을 검사에게 부여하고 있으며 여기에서 '헌법상 검사의 수사권'이 도출된다고 주장하였는데 헌법재판소는 이러한 조항이 수사과정에서 남용될 수 있는 강제수사를 법률전문가인 검사가 합리적으로 통제하기 위하여 도입한 것이며 더 나아가 역사적으로 형사절차가 규문주의에서 탄핵주의로 이행되어 온 과정을 고려할 때, 직접 수사권을 행사하는 수사기관이 자신의 수사대상에 대한 영장신청 여부를 스스로 결정하도록 하는 것은 객관성을 담보하기 어려운 구조라는 점도 지적하면서 헌법상 검사의 영장신청권 조항에서 헌법상 검사의 수사권까지 논리필연적으로 도출되지 않는다고 보았다.

특별사법경찰관리의 한계와 가능성

■ **비활성화와 '행정기관의 수사권 행사' 초래 등**

특별사법경찰관리는 경찰과 다르게 검찰의 수사지휘를 받으며 분야에 따라 활성화 정도에 차이가 커서 문제로 지적되고 있는데 이는 다른 나라와도 상황이 매우 다르다. 즉 우리나라 형사소송법의 원류라 할 수 있는 프랑스와 일본은 특별사법경찰관리가 많지 않고 각자의 분야에서 비교적 충실히 역할을 수행하고 있다.

또한 특별사법경찰관리제도에 대하여 행정기관이 수행하는 법 위반 단속과 행정조사, 범칙금 통고처분, 범칙조사 등 행정법적인 주제들과 깊게 관련되며 결과적으로 '행정기관에 의한 수사권 행사'라는 새로운 법 현상이 초래되고 있음이 지적되고 있다. 이는 특별사법경찰관리가 행정권과 수사권을 같이 활용함으로써 더 효과적으로 문제에 개입할 수도 있지만 결과적으로 더 중대한 인권침해를 불러올 수도 있음을 의미한다.

출처: 김택수. (2022). 「행정기관에 의한 수사권 행사」, 머리말. 법문사.

2. 범죄 처리의 개요

성인범죄자에 대한 일반적인 형사절차는 〈그림 VIII-1〉과 같다. 이 그림에서 알 수 있듯이 범죄가 발생하면 수사(경찰 등) → 기소(검사) → 재판(법원) → 형의 집행(교도소 등)의 과정을 거쳐 처리되고 형의 집행이 끝난 후에도 범죄자의 사회화 및 재범방지를 위해 갱생보호(한국법무보호복지공단)를 하게 된다.

다만 모든 범죄가 이러한 과정을 거치는 것은 아니어서 2020년 검찰이 기소한 654,267명 중 공판이 청구된 인원은 219,655명으로 기소 인원의 33.6%에 불과하였다. 더구나 검찰이 기소하지 않고 특수한 절차를 거쳐 처리된 범죄(예를 들어 보호사건 및 즉

▶공판이 청구되는 비율이 높은 사건(2020년 기준)
– 살인(68.1%), 강도(63.3%), 방화(46.8), 성폭력(34.1%), 수뢰(31.4%) 순

▶보호사건 및 즉결심판
– 보호사건은 제11장을, 즉결심판은 제9장을 참조.

결심판사건)도 상당수 존재한다.[6]

우리나라는 3심제를 채택하고 있으므로 동일한 사건에 대하여 최대 세 번까지 유무죄를 판단하게 되며 아주 예외적인 경우에만 유죄의 확정판결을 받은 자의 이익을 위하여 이를 시정하는 재심이 가능하다.

이는 유무죄의 판단이 매우 어려우며 자칫하면 형벌이라는 최대의 불이익이 억울한 사람에게 부과될 수 있기 때문으로 우리나라의 형사사법제도는 국가기관인 형사사법기관이 수사 및 기소와 재판을 전문적으로 담당하도록 하고 특히 위법하게 수집된 증거를 배제하는 한편 채택된 증거도 '합리적 의심을 뛰어넘는 증명'을 요구하는 등 다양한 제한제도를 두었지만 잘못된 판단의 가능성은 언제나 존재한다.

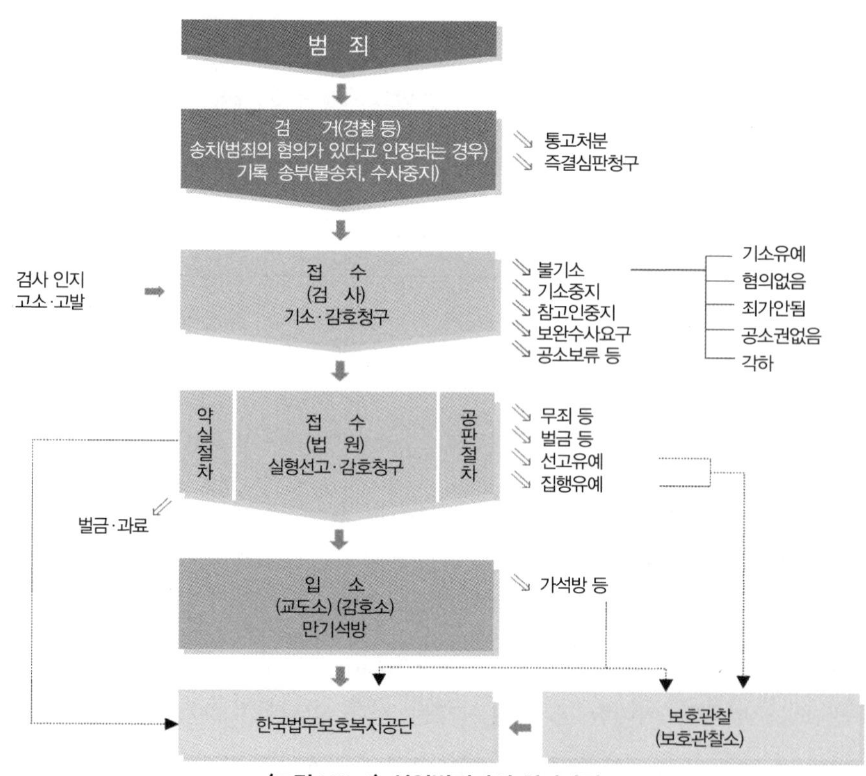

〈그림 Ⅷ-1〉 성인범죄자의 처리과정

출처: 법무연수원. (2022). 「2021 범죄백서」, p.235.

스토리박스 〈보충설명 VIII-2〉

우리나라 재심의 문제: 형사사법기관의 한계와 과거사 사건의 존재

잘못된 판단의 원인은 매우 다양한데 형사소송법은 사용된 증거가 허위라는 것이 밝혀지거나 새로운 사실 또는 증거가 발견되는 경우 재심을 인정하고 있다. 이렇게 사실 또는 증거를 잘 못 판단하게 되는 이유는 다양한데 우리나라에서는 크게 소송구조, 자백강요 및 자백편중의 수사, 구속만능의 인질사법, 조서의존 재판 등이 지적되고 있으며 대표적인 사례로는 지적 장애인 등 사회적 취약계층에 대한 잘못된 수사와 재판으로 인한 재심사건을 들 수 있다. 화성연쇄살인사건의 진범인이 이춘재로 밝혀지면서 제8차 사건의 범인으로 20년간 옥살이를 했던 윤씨가 무죄를 인정받은 사례 등이 대표적이다.

이처럼 다양한 사건들이 최근 재심을 거쳐 무죄로 인정받고 있는데 이른바 '과거사 재심'도 중요하다. 이는 독재정권 및 군사정권 하에서 국가보안법, 군형법 등을 위반한 이른바 '공안사건'에서 국가기관이 고문하고, 자백을 강요하거나 허위조서를 작성케 하는 등 불법행위를 자행하여 유죄로 만든 사건이다. 우리나라 사법 역사상 가장 수치스러운 재판으로 꼽히는 인민혁명당사건이 재심을 통해 2013년 무죄가 확정되었으며 2022년에는 제주 4·3 피해자들이 직권재심을 통해 무죄를 선고받았다.

출처: 박미숙·김재현·박준영·김성룡. (2019). 「형사정책과 사법제도에 관한 평가연구(XII): 오판 방지를 위한 사법시스템 평가·정비방안 연구」, pp.129-137. 한국형사정책연구원.

제2절 우리나라의 형벌

I. 총론

1. 처벌의 역사와 형벌관

개별 국가의 형벌제도는 특히 정치질서와 형벌관의 변화에 영향을 받는데 처벌의 역사는 크게 복수적 단계, 위하적 단계, 교육적 개선단계, 과학적 처우단계, 사회적 권리보장단계로 구분된다. 개별 형벌도 형벌관에 따라 운용 상황이 달라지며 수정 및 보완되고 있다.

최근 형벌의 목적을 일원적으로 이해할 필요는 없고 입법단계, 재판에서 형의 선고단계, 형의 집행단계로 나눈 후 각각의 단계별로 중점이 다르다는 이론(삼원론)이 제기되고 있다. 이에 따르면 입법에서는 위하에 의한 일반예방이 주목적이 되고, 재판단계에서는 일반예방과 특별예방이 모두 목적이 되며, 집행단계에서는 특별예방이 주목적이 된다.[7]

2. 형벌의 종류와 현황

우리 형법은 사형, 징역, 금고, 자격상실, 자격정지, 벌금, 구류, 과료, 몰수를 형벌로 규정하고 있고(41조), 사형은 생명을 빼앗는 생명형, 징역·금고·구류가 대상자를 일정한 시설에 수용하여 신체의 자유를 박탈하는 자유형에 해당한다. 벌금·과료·몰수가 재산상의 불이익을 주는 재산형이며 자격상실 및 자격정지가 불명예스러운 조치를 취하는 명예형으로 자격형이라고도 부른다.

이외에도 다양한 형벌이 가능한데 우선 신체에 대해 직접적인 고통을 가하는 형벌인

신체형은 과거 우리나라에도 존재하였으나 이제는 폐지되었다. 그러나 아직 신체형을 유지하고 있는 나라가 존재하며 보호관찰과 사회봉사활동 등을 형벌로 정하고 있는 국가도 있다.

2020년까지 10년 동안 대략 20여만 건이 매년 공판절차를 거쳐 처리되었고 40% 전후가 자유형을 선고받다가 최근 60%로 크게 상승하였다. 그러나 실제로 자유형이 집행되는 경우보다 집행유예되는 경우가 더 많아 2020년의 경우 148,932건의 자유형 중 84,046건이 집행유예되었다.[8]

재산형 중 벌금은 공판절차를 거쳐 처리된 사건의 30% 전후에 해당하여 매우 큰 비중을 차지하고 있을 뿐만 아니라 공판절차를 거치지 않은 사건 즉 약식명령이나 즉결심판으로 처리되는 사건까지 포함하면 자유형의 몇 배에 해당하는 사건들이 벌금으로 처리되고 있다. 즉 우리나라에서 가장 많이 활용되고 있는 형벌은 벌금 등 재산형이다.

스토리박스 〈보충설명 VIII-3〉

형벌의 경중

형의 경중은 형법 41조의 순서에 따르며 무기와 유기의 경우 무기가 무겁다. 같은 종류의 형이라면 장기가 긴 것과 다액이 많은 것이 무거운 것이며 장기 또는 다액이 같은 경우 단기가 긴 것과 소액이 많은 것이 무거운 것이다.

그런데 대부분의 범죄는 자유형과 재산형을 같이 규정하고 있다. 대법원은 3년 이하의 징역과 5년 이하의 징역 또는 1천만원 이하의 벌금에 대하여 "법정형의 경중은 병과형 또는 선택형 중 가장 중한 형을 기준"으로 하므로 3년 이하의 징역이 더 경하다고 하고 있다.

또한 이러한 경중은 집행을 전제로 하는 것으로 대법원은 벌금형이 비록 징역형보

▶형법 41조의 형의 종류
1. 사형
2. 징역
3. 금고
4. 자격상실
5. 자격정지
6. 벌금
7. 구류
8. 과료
9. 몰수

▶대법원 1983. 11. 8. 선고 83도2499 판결.

▶대법원 1966. 4. 6. 선고 65도126 판결.

다 가벼운 것이기는 하나 선고를 유예한 징역 6월보다 현실적으로 선고되어 집행을 면할 수 없는 벌금형이 더 중하다고 하였다.

3. 양형

유죄가 인정된 피고인에게 구체적 형벌의 종류와 범위를 정하는 것이 양형인데 행위자의 책임만을 고려하는 것이 아니라 행위자와 그의 행위 그리고 그 행위로 초래된 사회적 갈등상황을 토대로 정하게 된다.

▶형법 51조의 양형 사유
1. 범인의 연령, 성행, 지능과 환경
2. 피해자에 대한 관계
3. 범행의 동기, 수단과 결과
4. 범행 후의 정황

양형의 과정은 다음과 같다. 법관이 ① 먼저 피고인에게 적용된 구성요건의 형벌범위인 법정형을 확인하고, ② 법정형을 토대로 법률상 가중 및 감경을 하고 피고인에게 정상에 참작할 만한 사유가 있으면 작량감경을 하여 처단형을 정한다. ③ 이후 형법 51조의 양형사유를 고려하여 선고형을 결정하게 된다.

과거에는 비슷한 사건에서도 양형이 크게 달라 '고무줄 양형'으로 비판받았고 이에 대법원은 양형위원회를 설치하였다. 양형위원회는 법관 이외에도 범죄학자·형사정책가·교정전문가 등으로 구성되어 법관이 형을 정함에 있어 참고할 수 있는 기준인 양형기준을 정하고 있다. 살인죄를 비롯하여 다양한 범죄의 양형기준을 정하고 있는데 2021년에는 주거침입, 환경범죄가 추가되었고 모두 양형위원회의 홈페이지에 공개되어 있다.

Ⅱ. 사형

1. 사형과 선택기준

가장 무거운 형벌로 극형이라고도 불리는 사형은 교수형이 원칙으로 법무부장관의 명령에 의해서만 집행할 수 있다. 다만 군인은 총살형이며 소년법은 죄를 범할 당시 18세 미만인 소년에 대하여 사형에 처할 경우에는 15년의 유기징역으로 처한다고 예외를 두고 있다(59조).

대법원은 사형이 인간의 생명 자체를 영원히 박탈하는 냉엄한 극형으로서 부득이한 경우에 한하여 적용해야 할 궁극의 형벌이라는 전제하에 "범행의 동기, 태양, 죄질, 범행의 수단, 잔악성, 결과의 중대성, 피해자의 수, 피해감정, 범인의 연령, 전과, 범행 후의 정황, 범인의 환경, 교육 및 생육과정 등 여러 사정을 참작하여 죄책이 심히 중대하고 죄형의 균형이나 범죄의 일반예방적 견지에서도 극형이 불가피하다고 인정되는 경우"에 한하여 허용된다고 하였다.

▶대법원 1992. 8. 14. 선고 92도1086 판결.

스토리박스 〈보충설명 VIII-4〉

미국의 사형 기준: 미국 수정헌법 8조의 기준인 '잔혹하고 이상한 형벌'

사형에 대해서는 다른 형벌과 달리 책임과 형벌간의 비례, 형벌의 체계균형성뿐만 아니라 '잔혹하고 이상한 형벌 및 비인간적 형벌 금지'가 위헌의 판단 기준이 되고 있는데 이는 미국 수정헌법 제8조와 완전히 대응된다. 미국에서는 이러한 기준을 적용함으로써 심신장애자나 미성년자에 대한 사형 등을 금지하는 등 사형을 제한해 오고 있다.

출처: 강민구. (2019). "비인간적이고 잔혹한 형벌의 의미", 「비교형사법연구」, 20(4), p.198.

2. 사형 폐지를 둘러싼 논의

우리나라는 10년 이상 사형을 집행하지 않은 국가인 '실질적 사형폐지국'인데 1997년

▶헌법재판소 2010. 2. 25. 2008헌가23.

12월 30일 이후 집행하지 않았다. 헌법재판소는 1996년과 2010년 사형에 대하여 "현행 헌법이 예상하고 있는 형벌의 한 종류로 생명권 제한에 있어 헌법상의 한계를 일탈했다고 할 수 없으며, 인간의 존엄과 가치를 규정한 헌법 조항에도 위배된다고 볼 수 없다"며 합헌결정을 내렸으나 합헌의견이 재판관 7명에서 5명으로 줄었으며 조만간 내려질 세 번째 판단이 주목받고 있다.

▶헌법재판소 1996. 11. 28. 95헌바1.

더구나 우리나라에서는 살인죄를 포함하여 다수의 형법과 특별법상의 범죄에 사형을 부과할 수 있는데 그 범위가 매우 넓다. 헌법재판소는 "생명권에 대한 제한은 곧 생명권의 완전한 박탈을 의미한다 할 것이므로, 사형이 비례의 원칙에 따라서 최소한 동등한 가치가 있는 다른 생명 또는 그에 못지아니한 공공의 이익을 보호하기 위한 불가피성이 충족되는 예외적인 경우에만 적용하는 경우"에 헌법 37조 2항 단서에 위반되지 않는다고 하였다. 따라서 사형 부과가 가능한 개별 형벌조항의 위헌성도 따로 고려해볼 필요가 있다.

스토리박스 〈보충설명 VIII-5〉

사형폐지의 다양한 근거들: 2009년 사형집행 반대성명서

2009년 당시 정부와 여당이 사형 집행을 재개하려 하자 한인섭 교수 등 형사법 전공 교수 132명은 다음과 같이 반대하는 성명을 발표하였는데 여기에 포함된 이유들이 우리나라에서 사형을 폐지해야 할 이유를 가장 체계적으로 정리하고 있다.

▶사형의 집행방법들 – 총살, 교살, 참살, 전기살, 가스살, 무통주사살, 투석살, 독약살 등

1. 사형은 야만적이고 비정상적인 형벌로, 헌법상 보장된 인간의 존엄과 가치를 근본적으로 부인하는 형벌입니다.

2. 사형폐지는 오늘날 범세계적 추세입니다. 해마다 2~3개 국가에서 사형제를 폐지하고 있으며, 사형을 폐지하거나 10년 이상 처형하지 않는 국가도 전세계 197개국 중 138개국이나 됩니다. 이에 반해 최근(2007년) 한 해 동안 사형을 집행한 국가는 24

개국에 불과합니다.

3. 사형이 살인범을 억제하는 효과적인 방법이라는 주장은 과학적인 근거가 없습니다. 사형제도의 존치 여부가 살인율의 변화에 실질적 영향을 미치지 못함은 세계적으로 증명되고 있기 때문입니다. 사형의 위협이 두려워 살인을 억제하려는 연쇄살인범은 없습니다.

4. 생명의 존엄성을 보호해야 할 국가가 사형이라는 제도적 살인의 주체가 되어선 안 됩니다.

5. 모든 판결에는 오판가능성이 없지 않습니다. 살인범죄의 경우에도 오판의 사례가 적지 않습니다. 살인죄에 대한 유죄확정자 중에서도 사법부의 재심을 통해 무죄판결이 확정된 사례도 이미 수십 건 이상이 쌓여 있습니다. 불완전한 인간의 재판으로 돌이킬 수 없는 생명박탈은 용납될 수 없습니다.

6. 세계의 역사는 사형의 정치적 남용의 사례로 가득 차 있습니다. 종교적 동기에 의한 사형, 정치권력의 유지를 위한 사형, 정치적 효과를 겨냥한 처형, 특정 집단에 대한 편견의 산물인 사형이 이어졌습니다. 민주화된 국가라 할지라도 사형집행의 대상 중에는 소수자, 약자의 집단 중에 선택되는 경우가 적지 않습니다.

7. 사형수는 "인간이기를 포기한 죄"를 저질렀다고 하나, 아무리 흉악범이라고 해도 개선 가능성을 부인할 수 없습니다. 그들도 인간입니다. 사형은 인간의 개선가능성을 원천적으로 부인하는 것입니다.

8. 장기자유형은 실제로 사형에 대한 대체효과를 가져옴이 모든 나라의 역사입니다. 오늘날 국가는 사형을 이용하지 않고서도 교도소에서의 장기간 격리를 통해 흉악범의 재범위험성을 제어할 수 있는 능력을 갖고 있습니다.

9. 피해자의 법감정에 비추어 사형이 필요하다는 주장을 합니다. 그러나 피해자보호를 위해서는 피해자와 그 가족을 위한 정신적, 물질적 지원과 그들에 대한 공동체의 따뜻한 위로와 관심이 더욱 중요합니다. 사형제가 인간의 응보욕구를 일부 채워주는 점은 없지 않겠지만, 사형을 통해 피해자가 얻을 수 있는 실제 이익은 없습니다.

10. 사형은 직무상 사형집행에 관여할 수밖에 없는 교도관들의 인권을 침해합니다.

11. 사형의 실행 여부는 북한과 대한민국을 가르는 의심할 나위 없는 인권지표입니다. 북한의 공개처형과 같은 인권문제를 확실히 비판할 수 있기 위해서는 대한민국은 적어도 사형미집행을 통해 선도적 우위성을 계속 유지해야 합니다.

12. 사형폐지를 시기상조로 보는 여론이 더 우세하다고 합니다. 그렇지만 사형의 대안으로서 가석방 없는 절대적 종신형을 도입하면 또 여론조사 결과가 달라질 수 있습니다. 국회 및 행정부는 단순 여론조사를 통해 나타나는 의견에 추종하거나 편승해서는 안 됩니다. 다행히 우리나라에서도 16대, 17대, 18대 국회에서 〈사형폐지를 위한 특별법안〉이 계속 발의되었습니다. 행정부에서는 1997년말 이래 사형집행을 유예하고 있습니다. 이러한 11년 이상 지속되어온 흐름을 토대로, 이제 사형의 폐지를 위한 실질적 논의를 해가야 할 때입니다.

13. 사형집행의 재개를 말할 때, 그것이 일시적 사건이나 감정에 의해 좌우되어서는 안 됩니다. 대신 우리는 사형과 그 대체형에 대한 진지한 논의를 할 준비가 되어 있습니다. 사형을 폐지하지 않더라도, 사형에 대한 제도적 유예조치(moratorium)를 최소전제로 하고, 그 바탕 위에서 우리 국가와 사회가 진일보한 대안을 만들어낼 수 있는 준비를 해가야 할 것입니다.

14. 하나의 인간의 생명은 전지구보다 무겁습니다. 살인범이 인간의 생명을 경시했다고, 그에 대처하는 국가가 생명을 경시하는 것은 잘못입니다. 국가는 제도의 운용을 통해 인간의 생명가치를 고양시켜 가는 방향으로 행동해야 합니다.

Ⅲ. 자유형

광의로는 범죄자가 가진 사회생활상의 자유권을 박탈 내지 제한하는 형벌로서 국외 추방, 유형, 주거지제한, 구금형 등을 모두 포함하지만 협의로는 신체의 구금을 통하여 신체적 자유를 박탈하는 것이다. 우리 형법은 자유형을 기간과 노동작업의 강제 여부를 기준으로 징역, 금고, 구류로 나누고 있다.

징역은 교정시설에 수용하여 노동작업에 복무하게 하는 형벌로 유기와 무기로 나뉜다. 유기는 1월 이상 30년 이하인데 가중할 경우 50년까지 가능하고 무기는 기한이 없으므로 종신형과 유사하다. 금고는 징역과 기간은 같으나 노동작업을 부과하지 않으며 구류는 기간이 1일 이상 30일 미만인데 노동작업을 부과하지 않는다. 과반수 이상의 자유형이 집행유예로 집행되지 않으며 집행되는 자유형도 3년 미만의 단기형이 꾸준히 80% 이상을 차지하고 있다.[9]

스토리박스 〈보충설명 Ⅷ-6〉

단기자유형의 문제: 부작용에 따른 폐지주장

일반적으로 6개월 정도의 자유형을 단기자유형이라고 하는데 재사회화라는 형벌의 목적을 달성하지 못하고 낙인효과 및 범죄악풍의 감염과 같은 부작용이 크다고 지적된다. 즉 ① 수형자에 대한 위하력이 적어 형벌로서의 가치가 별로 없으며, ② 개선교화의 효과를 거두기 위한 교정프로그램 등을 실시할 여유가 없다. 더 나아가 ③ 범죄수법 등을 배우는 등 악풍이 감염될 뿐만 아니라 ④ 전과자라는 낙인이 찍혀 사회복귀에 어려움이 크다. 그리고 ⑤ 가족의 경제적 파탄과 함께 정신적 부담도 크다는 점이 지적되고 있다.

이에 따라 단기자유형을 폐지하고 벌금형으로 대체할 것이 주장되는 한편 교통범죄나 소년범죄에 있어서는 경고적 의미를 가질 수 있다는 점도 지적되고 있다. 소년법은 2007년 8호 처분으로 1개월 이내의 소년원 송치를 가능하게 했는데 이는 짧은 기간의 구금이 비행상황을 단절시키고 예방교육을 함으로써 재사회화할 수 있다는 점에서 '쇼크구금'을 도입한 것으로 평가된다.

그러나 제도 도입 후 비행을 교정할 수 있는 시간적 여유를 갖기보다는 오히려 시설 내에서 비행을 학습하게 되며 인권침해가 발생한다는 비판이 있어 개방처우를 접목한 인성교육으로 운영방식이 변경되었다.

출처: 이승현. (2014). 「8호처분 교육과정의 성과분석을 통한 실효성 확보방안 연구」, p.24. 한국형사정책연구원.

다만 자유형의 집행유예를 선고받더라도 과반수 이상이 보호관찰, 사회봉사명령, 수강명령 등의 처분을 하나 이상 선고받는데 구체적인 내역은 〈표 VIII-1〉과 같다.

〈표 VIII-1〉 제1심 공판사건 중 집행유예 선고 시 보호관찰 등 처분 현황(2011년~2020년)

[단위 : 명(%)]

구분 연도	집행유예	계	단순처분			병과처분			
			보호관찰	사회봉사명령	수강명령	보호관찰+사회봉사	보호관찰+수강	사회봉사+수강	보호관찰+사회봉사+수강
2011	61,891	34,240 (55.3/100)	3,287 (9.6)	14,837 (43.3)	3,334 (9.7)	6,481 (18.9)	1,391 (4.1)	2,944 (8.6)	1,966 (5.7)
2012	60,624	34,485 (56.9/100)	3,135 (9.1)	13,578 (39.4)	3,827 (11.1)	6,084 (17.6)	1,845 (5.4)	3,933 (11.4)	2,083 (6.0)
2013	63,609	36,496 (57.4/100)	3,565 (9.8)	13,532 (37.1)	5,044 (13.8)	6,315 (17.3)	2,161 (5.9)	3,873 (10.6)	2,006 (5.5)

2014	73,675	42,035 (57.1/100)	3,933 (9.4)	15,773 (37.5)	6,277 (14.9)	6,743 (16.0)	2,312 (5.5)	4,991 (11.9)	2,006 (4.8)
2015	77,022	44,477 (57.7/100)	4,438 (10.0)	15,566 (35.0)	7,080 (15.9)	6,595 (14.8)	2,750 (6.2)	5,530 (12.4)	2,518 (5.7)
2016	86,675	52,592 (60.6/100)	5,093 (9.7)	16,566 (31.5)	8,891 (16.9)	7,922 (15.1)	3,711 (7.1)	6,856 (13.0)	3,553 (6.8)
2017	89,716	55,465 (61.8/100)	5,439 (9.8)	17,245 (31.1)	10,208 (18.4)	7,428 (13.4)	3,529 (6.4)	7,997 (14.4)	3,619 (6.5)
2018	80,983	50,869 (62.8/100)	4,322 (8.5)	16,999 (33.4)	8,859 (17.4)	6,236 (12.3)	2,503 (4.9)	8,625 (17.0)	3,328 (6.5)
2019	83,260	53,239 (63.9/100)	5,353 (10.1)	16,540 (31.1)	9,718 (18.2)	6,383 (12.0)	3,287 (6.2)	8,801 (16.5)	3,157 (5.9)
2020	86,056	57,005 (66.2/100)	4,867 (8.5)	14,854 (26.1)	11,581 (20.3)	6,259 (11.0)	3,220 (5.6)	12,118 (21.3)	4,106 (7.2)

출처: 법무연수원. (2022). 「2021 범죄백서」, p.318.

Ⅳ. 재산형

재산형은 범죄자에 대하여 일정한 금액의 지불의무를 강제적으로 부담하게 하는 것인데 고대에는 범죄자가 피해자에 배상금으로서 지불해야 했다. 고조선에서도 범죄행위에 대해 피해자에게 곡물로 배상하도록 하였는데 이러한 배상금을 왕이 받게 되면서 공형벌로서 벌금제도가 된 것이다.

우리 형법은 액수에 따라 과료와 벌금으로 구분하는데 과료는 2천원 이상 5만원 미만의 재산을 박탈하는 형벌이며 벌금은 5만원 이상으로 상한에는 제한이 없다. 벌금 등 재산형은 집행의 신속성 및 효율성을 고려하여 민사집행법의 강제집행절차와 국세징수법의 체납처분절차를 선택적으로 활용할 수 있는데 납입하지 않은 경우 노역장에 유치된다는 점이 과태료 및 과징금 등의 다른 경제적 제재와 결정적으로 차이난다.

기본적으로는 판결확정일로부터 30일 안에 납입해야 하므로 경제적으로 어려운 범죄자들이 벌금을 납입하지 못하여 노역장에 유치되었는데 다양한 문제가 발생하였다. 즉 가난한 범죄자가 결과적으로 자유형에 처해지게 되어 책임에 비해 오히려 더 큰 처벌을 받는 차별적 상황이 발생하였을 뿐만 아니라 건강이 좋지 않은 노역장 유치자가 유치과정에서 사망하기도 하였다.

▶장발장은행
– 해마다 4만명이 넘는 노역장유치자를 위해 민간에서 무담보 및 무이자로 벌금 액수의 금전을 빌려주고 있음.

이러한 문제를 해결하고자 우선 벌금 미납자에 대한 노역장 유치를 사회봉사로 대신하여 집행할 수 있는 제도를 도입하였고 2016년 형사소송법 개정으로 분할납부, 납부연기 및 신용카드 등을 통한 납부 등이 가능하게 하였고(477조 6항), 동시에 형법 개정으로 500만원 이하의 벌금형은 집행유예 선고가 가능하게 하였다(62조).

최근의 문제로는 큰 액수의 벌금을 노역장 유치로 대신한 사건이 발생하였다. 이는 노역장 유치가 가능한 기간이 최대 3년으로 제한된 것을 악용한 것으로 이른바 '황제노역'이라고 비판받았다. 이에 따라 형법이 개정되어 1억원 이상 5억원 미만인 경우 300일 이상의 노역장 유치기간을 정하도록 하는 등 벌금 액수에 따라 일정한 기일 이상의 노역장 유치기간을 정하도록 하였다(70조).

스토리박스 〈보충설명 VIII-7〉

재산형의 한계와 대안: 일수벌금제 도입 논의

우리나라는 같은 책임에 대하여 같은 액수의 벌금을 부과하는 총액벌금제를 시행하고 있는데 핀란드 등에서는 수입에 따라 벌금을 비례하여 부과하는 일수벌금제를 시행하고 있다. 재산형의 취지가 금전을 납부시키는 것이 아니라 돈으로 누릴 수 있는 편리나 즐거움을 줄임으로써 부담감을 준다는 점에 있다는 이유로 일수벌금제 도입이 계속하여 주장되고 있다.

몰수는 범행과 관련된 재산을 박탈하여 국고에 귀속시키는 재산형이며 몰수가 불가능한 경우 몰수대상물의 가액을 납부하도록 명령하는 추징을 하게 된다. 몰수의 대상은 범죄행위에 제공하였거나 제공하려고 한 물건이나 범죄행위로 인하여 생겼거나 취득한 물건이며 몰수가 불가능한 경우란 소비·양도·멸실 등으로 판결 당시에 사실상 또는 법률상 몰수할 수 없는 경우이다.

각종 특별형법은 몰수의 요건을 형법보다 완화하고 있으며 몰수 및 추징 모두 형의 선고 시에 하게 되므로 범죄자가 미리 재산을 처분하는 것을 막기 위해 보전제도를 도입하여 시행하고 있다.

Ⅴ. 명예형

1. 형법상 명예형

명예형은 수형자의 명예감정을 손상시키거나(치욕형), 시민으로서 일반적으로 자유롭게 누릴 수 있는 권리를 제한하거나 박탈하는 형벌(자격형)을 포함한다. 19세기 초까지 명예형은 주로 치욕형이었으나 우리나라를 비롯한 현대 국가는 자격형만을 인정하고 있다.[10]

형법은 공무원이 되는 자격, 공법상의 선거권과 피선거권, 법률로 요건을 정한 공법상의 업무에 대한 자격, 법인의 이사·감사 또는 지배인 기타 법인의 업무에 관한 검사역이나 재산관리인이 되는 자격을 대상으로 상실과 정지를 형벌로 규정하고 있다. 사형, 무기징역 또는 무기금고가 선고되는 경우 자격이 상실되고 유기징역 또는 유기금고가 선고되는 경우 그 형의 집행이 종료하거나 면제될 때까지 일정한 자격의 전부 또는 일부가 정지된다.

정지되는 자격과 관련 헌법재판소는 2014년 유기징역 또는 유기금고의 판결을 받은

▶헌법재판소 2014. 1. 28. 2012헌마409·510, 2013헌마167(병합)

사람에게 일률적으로 공법상의 선거권을 제한하는 것은 과잉금지원칙과 평등원칙에 위반된다고 판단하였고 2016년 개정 형법은 "다만, 다른 법률에 특별한 규정이 있는 경우에는 그 법률에 따른다"는 단서를 추가하여 예외를 인정하고 있다.

더 나아가 우리 형법의 자격상실과 자격정지는 독자적인 형벌로 규정되어 있다는 점에서 독일이나 일본 형법에는 없는 고유의 제도인데 일본의 개정형법가안에서 논의하던 제도를 그대로 받아들인 것으로 폐지하자는 주장도 제기되고 있다. 더구나 일본에서 논의되던 자격상실과 자격정지는 사회 고위층에 대해 자유형을 대체하는 형벌로 도입하여 독자적으로 운용하려 하였던 것인데 우리나라의 경우 독자적으로 운용되고 있지도 않다.[11]

2. 특별법상의 자격제한

최근 경제범죄를 저지른 기업회장의 취업제한이 보도되고 중대한 범죄를 저지른 의사의 면허를 취소해야 한다는 주장이 제기되고 있는데 이러한 제도는 자격과 관련된 범죄를 저지른 경우 그 자격을 제한하는 것이다. 이렇게 범죄자의 직업을 제한하는 가장 대표적인 제도로 성범죄자의 취업제한 제도가 있는데 매우 장기간 다양한 직업이 제한된다.

성범죄자에 대한 취업제한은 수차례의 개정을 거치며 확대되었는데 그 시작은 2006년 도입된 청소년 대상 성범죄자에 대해 5년간 학교 등에 취업을 제한하는 제도였다. 이후 대상범죄 및 제한되는 취업기관의 범위가 크게 확대되었으며 제한의 기간도 10년이 되었다(청소년성보호법 56조).

▶헌법재판소 2016. 3. 31. 2013헌마585·786, 2013헌바394, 2015헌마199·1034·1107(병합).

헌법재판소는 2016년 취업제한기간을 일률적으로 10년으로 정한 것에 대하여 위헌결정하여 현재는 재범의 위험성 등을 고려하여 기간을 정하도록 법률이 개정되었다.

▶헌법재판소 2022. 11. 24. 2020헌마1181.

아울러 헌법재판소는 2022년 아동 성학대자에 대하여 공무원 및 직업군인 임용을 금지한 국가공무원법과 군인사법에 대하여 헌법불합치 결정을 내렸고 2023년 5월 31일까지 법을 개정하도록 하였다.

요점 정리

범죄의 기본적인 처리

- 범죄에는 형벌이 부과되는데 광의의 형벌에는 협의의 형벌과 보안처분이 포함됨. 형벌은 범죄대책으로서 효과성도 중요하지만 어디까지나 최후의 수단이므로 제한적으로 활용되어야 함.

  → 보안처분(제9장 제1절)

- 범죄에 형벌을 부과하기 위한 절차가 형사절차인데 범죄의 수사, 범인의 검거, 공소의 제기, 공판절차, 유무죄의 선고, 형의 집행으로 구분됨. 형사절차는 각 단계별로 다양한 선택지가 존재함.

  → 특수한 절차(제9장 제2절)

- 형벌의 목적 또는 정당성: 형벌은 범죄를 방지하기 위해서도 정당화되지만 범죄를 저지른 것에 대한 응보라는 측면에서도 정당화됨. 우리나라에는 생명형, 자유형, 재산형, 명예형이 있고 재산형이 가장 많이 활용됨.

  → 범죄피해자의 보호와 구제(제12장 제3절)

- 근대 형벌의 가장 큰 특징은 자유의 박탈과 시설 내 구금을 중시하는 것으로 우리나라의 자유형으로는 징역, 금고, 구류가 있고 재산형인 벌금 등을 납부하지 않아도 노역장에 유치됨. 사형은 장기간 집행하지 않아 '사실상 폐지국'이며 폐지를 둘러싼 헌법재판소의 3번째 판단이 곧 나올 예정임.

  → 시설 내 처우(제10장 제1절)

참고문헌

1. 배종대. (1993). 「형법총론 개정판」, p.574. 홍문사.
2. 홍영기. (2022). 「형법」, pp.5-6. 박영사.
3. 한인섭. (2006). 「형벌과 사회통제」, pp.92-94. 박영사.
4. 川出敏裕·金光旭/금용명·장응혁·안성훈 역. (2020). 「일본의 형사정책 II」, pp.35-36. 박영사.
5. 신양균. (2012). 「형집행법」, pp.3-4. 화산미디어.
6. 법무연수원. (2022). 「2021 범죄백서」, p.241.
7. 川出敏裕·金光旭/금용명·장응혁·안성훈 역. (2020). 「일본의 형사정책 II」, p.36. 박영사.
8. 법무연수원. (2022). 「2021 범죄백서」, p.310.
9. 법무연수원. (2022). 「2021 범죄백서」, p.314..
10. 김혜정. (2017). 「대체형벌론」, pp.76-77. 피앤씨미디어.
11. 신동운. (2006). “자격상실과 자격정지 형의 존폐에 대하여”, 「서울대학교 법학」, 47(4), pp.230-233.

제 9 장 범죄의 특수한 처리

제1절 보안처분

Ⅰ. 보안처분의 의의와 구분

▶홍영기 교수의 구분
– 자유박탈 보안처분(치료감호), 자유제한 보안처분(보호관찰, 사회봉사명령, 수강명령, 위치추적 전자장치, 신상공개, 치료명령, 보안관찰)로 나누고 있음.

보안처분은 행위자의 장래 (재범)위험성에 근거하여 행위자의 개선을 통해 범죄를 예방하고 장래에 대한 위험을 방지하여 사회를 보호하기 위해서 형의 대신 또는 보충으로 부과되는 자유의 박탈 내지 제한을 포함하는 처분이다.

▶김혜정 교수의 구분
– 저서 「대체형벌론」에서 1부(형벌 일반론)과 2부(대체형벌)로 나눈 후 2부를 다시 보안처분, 재사회화형 사회내처우(보호관찰, 사회봉사명령, 수강명령), 부가적 형사제재(신상공개, 전자감독, 거세) 등으로 나누고 있음.

대상을 기준으로 대인적 보안처분과 대물적 보안처분으로 구분할 수 있다. 대인적 보안처분은 사람에 대한 처분으로 보호(안)감호와 치료감호의 자유박탈적 보안처분과 운전면허박탈, 직업금지 등의 자유제한적 보안처분으로, 대물적 보안처분은 물건에 대한 국가적 예방수단으로 영업소의 폐쇄 등을 들 수 있다.[1]

넓게 보면 범죄의 예방 및 진압을 위한 형벌 이외의 모든 강제처분이 다 해당되는데 형벌보다도 더 불명확하고 다의적인 개념이다. 이는 보안처분으로 불리는 강제처분의 종류와 내용이 다양할 뿐만 아니라 계속 발전하고 있기 때문으로 보호관찰이 보안처분인지 여부 등에 대해서는 견해가 대립하고 있다.

▶헌법재판소 2012. 12. 27. 2010헌가82 등.

헌법재판소는 보안처분이 형벌과 달리 장래 재범위험성에 근거하고 행위시가 아닌 재판시의 재범위험성 여부에 대한 판단에 따라 결정되므로 재판 당시 현행법을 소급적용할 수 있다고 하면서도 "보안처분이라 하더라도 형벌적 성격이 강하여 신체의 자유를 박탈하거나 박탈에 준하는 정도로 신체의 자유를 제한하는 경우에는 소급효금지원칙을 적용하는 것이 법치주의 및 죄형법정주의에 부합한다"고 하였다. 즉 보안처분이라는 우회적인 방법으로 형벌불소급의 원칙을 유명무실하게 해서는 안 된다고 경고하고 있다.

▶대법원 2008. 7. 23. 2008어4 결정.

대법원도 가정폭력처벌법이 정한 보호처분 중의 하나인 사회봉사명령에 대하여 "가정폭력범죄를 범한 자에 대하여 환경의 조정과 성행의 교정을 목적으로 하는 것으로서 형벌 그 자체가 아니라 보안처분의 성격을 가지는 것이 사실"이라고 하면서도 "형사처벌 대신 부과되는 것으로서, 가정폭력범죄를 범한 자에게 의무적 노동을 부과하고 여가시간을 박탈하여 실질적으로는 신체적 자유를 제한"한다는 점을 들어 형벌과 같이 형벌불소급의 원칙을 적용하였다.

이하에서는 가장 대표적인 보안처분인 보호감호와 치료감호를 설명하고 나머지 보안처분은 제4장 특수한 범죄와 처우 등에서 다루기로 한다. 범죄백서도 치료감호는 제2편 범죄의 처리에서 다루고 전자감독 등은 제3편 범죄자 처우에서 다루고 있다.

Ⅱ. 대표적 보안처분 및 형벌과의 관계

1. 보호감호

1980년 제정된 사회보호법은 범죄자 중 재범의 위험이 있거나 특수한 교육, 개선, 치료가 필요하다고 인정되는 자(상습범, 범죄단체 또는 집단의 수괴·간부, 심신장애자, 마약류 및 알코올 중독자 등)로부터 사회를 보호하기 위해 보호감호, 치료감호, 보호관찰의 보호처분을 도입하였는데 특히 보호감호의 경우 심각한 인권침해 및 이중처벌 논란을 일으켰다.

보호감호란 상습범 등을 대상으로 하여 감호시설 내에 수용하여 감호 및 교화하고 사회복귀에 필요한 직업훈련과 근로를 시키는 것인데 이를 위해 지어진 전용시설인 청송

감호소 내에서 심각한 인권침해가 계속 발생하였다.

2005년 사회보호법은 폐지되었으나 부칙으로 폐지 이전에 확정된 보호감호 판결의 효력은 유지되어 여전히 수용된 사람이 있고 치료감호도 존치의 필요성이 인정되어 2005년 치료감호법이 제정되었고 2016년 「치료감호 등에 관한 법률」(이하 '치료감호법')로 명칭이 변경되었다.

법률명이 변경된 이유는 주취·정신장애인이 중한 범죄를 저지르면 치료감호제도를 적용할 수 있으나 경미범죄를 저지른 경우에는 대부분 벌금형이 부과되고 치료받을 기회가 없어 재범을 하는 악순환이 반복되고 있어 '치료명령'제도를 도입하였기 때문이다.

2. 치료감호

치료감호란 심신장애 상태, 마약류·알코올이나 그 밖의 약물중독 상태, 정신성적 장애가 있는 상태 등에서 범죄행위를 한 자로서 재범의 위험성이 있고 특수한 교육·개선 및 치료가 필요하다고 인정되는 자에 대하여 적절한 보호와 치료를 함으로써 재범을 방지하고 사회복귀를 촉진하려는 제도이다.

재범의 위험성이란 "피감호청구인이 장차 그 물질 등의 주입 등 습벽 또는 중독증세의 발현에 따라 다시 범죄를 저지를 것이라는 상당한 개연성이 있는 경우"인데 그 위험성 유무는 "① 판결선고 당시의 피감호청구인의 습벽 또는 중독증세의 정도, 치료의 난이도, 향후 치료를 계속 받을 수 있는 환경의 구비 여부, 피감호청구인 자신의 치료에 관한 의지의 유무와 그 정도, ② 피감호청구인의 연령, 성격, 가족관계, 직업, 재산정도, 전과사실, 개전의 정 등 사정, ③ 피감호청구인에 대한 위 습벽 또는 중독증세의 발현에 관한 하나의 징표가 되는 당해 감호청구원인이 된 범행의 동기, 수법 및 내용, ④ 전에 범한 범죄의 내용 및 종전 범죄와 이 사건 범행 사이의 시간적 간격 등 제반 사정"을 종합적으로 평가하여 객관적으로 판단하고 있다.

▶대법원 2003. 4. 11. 선고 2003감도8 판결.

2020년 기준 1000여 명이 치료감호소에 수용되어 있는데 살인죄를 저지른 감호자가 가장 많으며(31.6%), 병명으로는 조현병이 가장 다수이며 정신지체, 약물중독, 조울증 등이 많다.[2] 대상자에 대해서는 정신의학적 진단과 검사를 실시한 후, 주치의와 수용병동을 지정·분류·수용하고 정신과적 치료와 함께 경과에 따라 사회적응훈련과 예술요법, 작업요법, 심리극 같은 집단요법 등 치료재활프로그램을 시행하고 있다.

치료감호의 기간은 약물중독이 최대 2년이고 심신장애 및 정신성적 장애가 최대 15년이다. 그러나 대상자가 가지고 있는 정신질환 등은 만성질환이므로 완치가 쉽지 않다. 따라서 치료감호가 끝나더라도 무료로 10년까지 통원치료를 받을 수 있도록 외래진료제를 실시하고 있으나 약물중독치료시설 등 전문 치료시설 및 인력 자체가 매우 부족한 상황이다.

2015년 치료명령제도가 도입되었다. 이는 경미한 범죄를 저지른 경우에도 형사사법절차를 통해 치료받을 수 있도록 한 제도이고 법무부는 최근 소아성기호증을 가진 아동성범죄자의 치료감호기간을 치료에 필요한 기간만큼 횟수 제한 없이 연장할 수 있도록 하며 사후에도 치료감호를 할 수 있도록 법개정을 추진하고 있다.[3]

3. 형벌과 보안처분의 관계

절대적 응보형론에 따르면 형벌과 보안처분은 완전히 구분된다(이원주의). 그러나 목적형론에 따르면 형벌은 보안처분과 중복되며 양자는 책임주의를 적용하는지 여부에 따라 구분된다. 즉 범죄자에게 책임능력이 인정되지 않으면 형벌을 부과할 수 없고 보안처분만 부과할 수 있다. 더 나아가 형벌의 본질이 범죄자의 위험성을 제거하여 사회를 방위한다는 점에 있음을 중시하면 양자의 본질적 차이는 없어지고 보안처분을 일종의 형벌로 인식하더라도 양자의 차이는 없어진다(일원주의).

우리 법은 형사제재의 수단으로 형벌과 보안처분을 함께 사용하여 이원주의를 채택하고 있는데 이원주의에 근거한 경우 책임무능력자에게는 보안처분만이 과해지지만 한정책임능력 상태에서 범죄를 저지른 경우 형벌과 보안처분을 같이 부과하는 경우가 있고 이 경우 ① 집행의 순서를 어떻게 할 것인가, ② 양자를 반드시 집행해야 하는가의 문제가 발생한다.[4]

치료감호법은 치료감호와 형이 병과된 경우에는 치료감호를 먼저 집행하고 치료감호의 집행기간을 형 집행기간에 포함하도록 규정하고 있다(18조). 소년법은 보호처분이 계속 중일 때에 징역·금고·구류를 선고받으면 먼저 그 형을 집행하도록 규정하고 있다(64조).

제2절 특수한 절차

범죄를 처리하는 절차에는 공소의 제기, 공판절차, 유·무죄의 선고를 거쳐 형을 집행하는 기본적 절차 외에도 다양한 형태의 절차가 존재하는데 공판절차를 생략하거나 간소화한 간이절차가 대표적이다. 이러한 간이절차는 보통 경미한 범죄를 신속하게 처리하는 것을 목적으로 마련되었으며 우리나라뿐만 아니라 다른 나라에서도 널리 활용되고 있다.

그런데 우리나라는 경미범죄로 인정되는 범위가 매우 좁을 뿐만 아니라 이로 인해 절차의 활용 자체가 저조하다. 즉 경범죄 처벌법에서 극히 일부의 범죄만을 경미범죄로 규정하고 있으며 즉결심판에 관한 절차법에서 20만원 이하의 벌금 등에 처할 범죄를 즉결심판의 대상으로 규정하고 있을 뿐이다.

이에 반해 다른 나라는 범죄를 보다 체계적으로 구분하고 있는데 예를 들어 프랑스는 범죄를 중죄, 경죄, 경미범죄로 보다 세분하고 있으며 이에 대한 처리절차도 각각 크게 다르다.

우리나라의 간이절차에는 약식절차와 즉결심판이 있는데 약식절차는 공판절차를 생략한 절차이고 즉결심판은 공소의 제기 및 공판절차를 간소화한 절차이다.

Ⅰ. 약식절차

1. 의의와 대상

경미한 범죄에 대한 특수한 절차로 약식절차가 있는데 공판절차를 거치지 아니하고 서면심리만으로 피고인에게 벌금·과료·몰수를 과하는 재판절차이다. 약식절차는 공판절차를 거치지 않음으로써 간이·신속한 처리를 가능하게 하는데 공개재판에 대한 피고인의 사회적·심리적 부담을 덜어주는 한편 형사사법기관의 업무를 감소시킬 수 있기에 매우 활용도가 높다.

약식절차의 대상은 벌금·과료·몰수에 처할 수 있는 사건에 한정되지만 벌금·과료·몰수가 법정형에 선택적으로 규정만 되어 있으면 어떤 범죄든 가능하다. 다만 지방법원의 관할에 속하는 사건을 대상으로 하면서 단독판사뿐만 아니라 합의부의 관할사건도 포함하는데 원래 합의부가 해야 할 사건을 약식담당 판사가 단독으로 처리한다는 점에서 비판받고 있다.

▶최근 10년의 변화(2011~2020년)
– 기소되는 인원 중 약식절차로 처리되는 비율이 2011년 85.8%에서 2020년 66.4%로 10년간 지속적으로 감소함.

▶합의부의 관할사건
– 사형, 무기 또는 단기 1년 이상의 징역 또는 금고에 해당하는 사건(단, 상습폭력, 도주차량, 상습절도 사건, 병역법 위반사건 등은 단독판사가 재판)

2. 청구와 심리

검사가 공소제기와 동시에 서면으로 청구한다. 약식명령의 청구가 있는 경우에 약식명령으로 할 수 없거나 적당하지 아니하다고 인정한 경우에는 공판절차에 의하여 심판하여야 한다. 특별한 절차는 필요 없고 공판절차를 진행하면 되지만 실무상으로는 '공판절차회부서'를 작성하고 그 취지를 통지받은 검사는 5일 이내에 피고인의 수에 상응하는 공소장부본을 법원에 제출하고 법원은 이를 피고인 및 변호사에게 송달한다.

검사는 청구와 동시에 필요한 증거서류와 증거물을 함께 법원에 제출하는데 공소장일본주의의 예외이다. 약식절차는 서면심리로 진행되므로 재판과정에서 증거조사 방식이 원칙적으로 적용되지 않고 이에 따라 공개주의, 구두변론주의, 직접심리주의도 적용되지 않는다.

그러나 피고인신문이나 증인신문 등 통상의 증거조사와 압수수색 등 강제처분이 허용되지 않는다고 하더라도 서면심리만으로는 법원이 판단하기 어려운 경우도 존재한다. 따라서 약식절차의 본질을 해하지 않는 한도 내에서 간단한 사실조사는 허용되며 적당한 방법으로 수사기록에 첨부된 서류의 내용 등을 확인할 수 있다.

서면심리가 원칙이므로 공판절차에서 활용되는 전문법칙도 적용되지 않는다. 그러나 다른 증거법칙은 물론 자백의 보강법칙도 적용되며 이는 후술하는 즉결심판과의 큰 차이이다.

3. 효력과 불복

약식절차에 의하여 재산형을 과하는 재판을 약식명령이라고 하는데 추징 기타의 부수처분을 할 수 있지만 선고유예 또는 집행유예를 할 수 없다고 해석된다. 약식명령은 범죄사실·적용법령,·주형·부수처분을 명시하고 범죄사실은 별지로 첨부한다. 증거요지는 기재할 필요가 없는 점이 일반적인 유죄판결과의 차이이다.

약식명령의 고지는 검사와 피고인에 대한 재판서의 송달로 이루어지는데 고지를 받은 날로부터 7일 이내에 정식재판을 청구할 수 있음이 명시된다. 정식재판청구기간(7일)의 경과, 그 청구의 취하, 정식재판청구를 기각하는 결정의 확정으로 효력이 발생한다.

검사와 피고인은 정식재판을 청구할 수 있는데 정식재판청구서를 7일 이내에 약식명령을 한 법원에 제출하여야 한다. 이후 통상의 공판절차가 진행되는데 법원은 공소사실을 대상으로 전면적으로 새롭게 심리한다. 즉 사실인정, 법령적용, 양형 등 모든 부분에 대하여 약식명령에 구속받지 않고 자유롭게 판단할 수 있다.

형사절차의 전자화로 약식사건 중에서도 정형적으로 처리되는 음주운전과 무면허운전 사건 등은 전자약식절차가 도입되었다. 「약식절차 등에서의 전자문서 이용 등에 관한 법률」에 따라 피의자가 동의하는 경우에 전자약식절차로 처리된다. 전자약식절차는 형사사법정보처리시스템을 활용하는데 모든 문서가 전자문서로 작성된다.

Ⅱ. 즉결심판절차

1. 의의와 대상

경미한 범죄에 대한 특수한 절차로 즉결심판도 있는데 재판과정에서 증거조사방식이 완화되고 증거법상의 특칙이 인정될 뿐만 아니라 사건의 검찰송치와 검사의 공소제기가 생략되는 등 매우 독특한 제도로 평가받고 있다. 1957년 「즉결심판에 관한 절차법」으로 시행되었는데 제도의 기원은 1910년 제정 및 공포된 「범죄즉결례」로 1946년 시행된 미군정법령 제41호에 따른 특별심판원제도의 영향도 받았다.

경찰서장의 청구에 따라 판사가 20만원 이하의 벌금, 구류 또는 과료에 처할 수 있는데 청구할 수 있는 범죄의 범위를 둘러싸고 논란이 있었다. 20만원 이하의 벌금 등에 '처할' 수 있는 범죄를 대상으로 하므로 벌금·구류·과료가 독립적 또는 선택적으로 규정되어 선고할 수 있으면 모두 포함된다. 따라서 법정형으로 징역 또는 금고만 규정되어 있는 범죄는 불가능하며 이외에도 사안이 복잡하거나 피고인이 부인하는 사건은 포함시키지 않는다. 죄질이 경미할 뿐만 아니라 범증이 명백한 사건을 신속하고 적정한 절차로 심판하기 위한 제도이기 때문이다.

소년범죄에 대해서는 소년이라는 특성을 고려하여 보호처분이라는 별도의 제도가 마련되어 있으므로 즉결심판제도를 적용하지 않고 고소 및 고발사건을 즉결심판으로 처리할 수 있는지에 대해서는 논란이 있다.

2. 청구와 심리

경찰서장 등이 법원에 청구하는데 이 청구는 검사의 공소제기와 동일한 성격의 소송행위로서 검사의 기소독점주의의 예외가 된다. 판사는 즉결심판을 할 수 없거나 적당하지 아니하다고 인정할 경우에는 청구를 기각하고 경찰서장은 사건을 검사에게 송치하여야 한다.

경찰서장은 즉결심판청구서라는 서면과 함께 필요한 서류와 증거물을 판사에게 제출하여야 하고 이는 공소장일본주의의 예외이다. 판사는 즉시 심판을 하여야 하는데 심리와 재판의 선고는 공개된 법정에서 한다. 피고인은 원칙적으로 출석해야 하지만 예외도

▶**즉결심판청구서의 기재사항**
– 피고인의 성명 및 그 밖에 피고인을 특정할 수 있는 사항, 죄명, 범죄사실 및 적용 법조

있으며 경찰서장의 출석은 필요하지 않다.

피고인은 피고사건의 내용과 진술거부권을 고지받고 변명할 기회를 부여받지만 재판의 진행은 판사가 직접 심리하는 직권 심리에 의한다. 즉결심판절차는 특별한 규정이 없는 한 형사소송법을 준용하지만 형사소송법 310조, 312조 3항 및 313조의 규정은 적용되지 않는다. 따라서 자백만으로도 유죄의 증거로 삼을 수 있고 사법경찰관이 작성한 피의자신문조서와 피고인 또는 피고인이 아닌 자가 작성한 진술서가 비교적 넓게 증거능력이 인정된다.

3. 효력과 불복

즉결심판이 확정되면 경찰서장이 형을 집행하고 집행결과를 지체없이 검사에게 보고하여야 한다. 즉결심판은 정식재판청구기간(7일)의 경과, 정식재판청구권의 포기나 그 청구의 취하, 정식재판청구를 기각하는 결정의 확정으로 효력이 발생한다.

▶대법원 1990. 3. 9. 선고 89도1046 판결.

▶대법원 2011. 4. 28. 선고 2009도12249 판결.

즉결심판의 효력은 확정판결과 동일한데 문제는 하나의 사건을 즉결심판으로 처리하고 나서 중대한 결과가 발생한 경우이다. 판례는 과거 경범죄처벌법상 음주소란죄 등으로 구류 5일을 선고받아 집행한 경우 이후 상해치사로 기소되더라도 처벌할 수 없다고 하였다. 다만 폭행사건을 경범죄처벌법상 인근소란죄로 범칙금 처리하여 납부한 사안에서는 흉기휴대상해의 폭력행위등처벌에관한법률위반사건과는 기본적 사실관계가 동일하지 않으므로 처벌이 가능하다고 하였다.

즉결심판에 대하여 불복이 있는 자가 통상의 공판절차에 의한 심판을 구하는 것을 정식재판의 청구라 한다. 피고인은 무죄나 양형부당을 이유로 정식재판을 청구할 수 있고 경찰서장도 무죄·면소 또는 공소기각의 경우에 검사의 승인을 얻어 정식재판을 청구할 수 있다. 피고인이 법정에서 구두로 청구하는 것도 가능하지만 판사가 정식재판청구서를 피고인 또는 경찰서장에게 받는 방식으로 이루어진다. 판사는 7일 이내에 경찰서장에게 정식재판청구서를 첨부한 사건기록과 증거물을 송부하고, 경찰서장은 지체 없이 검찰에 이를 송부하여야 한다.

4. 약식절차와 즉결심판의 비교

모두 ① 확정판결과 동일한 효력을 가지고, ② 정식재판청구권이 보장되어 통상재판이 가능하다. 그러나 즉결심판은 ① 청구권자가 경찰서장이며 ② 원칙적으로 '공개된 법정'에서 판사가 피고인을 직접 심리하며 ③ 구류라는 자유형의 선고가 가능하다. 더구나 ④ 벌금·과료·몰수만 선고할 수 있는 약식절차와 달리 무죄·면소 또는 공소기각을 선고할 수 있고 벌금형을 선고할 경우 선고유예 또는 집행유예도 허용된다.

다만 즉결심판도 '불개정심판'이라고 하여 상당한 이유가 있는 경우 오로지 서면으로만 재판할 수 있다. 이 경우 구류에 처할 수 없으므로 주로 무죄·면소·공소기각을 할 사건에 활용하고 있다.

제3절 다이버전

경미한 범죄를 신속하게 처리하기 위한 또 다른 방법으로는 형사절차를 거치지 않고 신속하게 해방시키는 방법이 있고 다이버전이라고도 불린다. 다만 다이버전은 범죄자의 사회복귀와 재범방지를 도모하기 위한 수단으로서 형사절차에서 해방시켜 다른 형태의 처우를 하는 측면도 중요하고 따라서 단순히 절차에서 해방시키는 단순 다이버전과 함께 어떠한 조치에 따르는 것을 조건으로 절차에서 해방시키는 개입 조건 다이버전이 있다.[5] 훈방, 통고처분, 기소유예 등이 대표적인 우리나라의 다이버전인데 형을 집행하지 않는다는 점에서 집행유예와 선고유예도 포함된다고 할 수 있다.

Ⅰ. 경찰의 훈방과 통고처분

1. 훈방

피의사실이 경미할 때 피의자를 형사입건하지 않고 엄중히 훈계한 후 방면하는 조치이다. 경찰은 범죄사실이 경미하고 개전의 정이 현저하며 피해가 회복된 경우에 연령, 신체, 신분, 죄질, 기타 사유를 고려하여 훈방하는데 구체적으로는 ① 60세 이상 고령자나 미성년인 초범자, ② 정신박약, 보행불구, 질병자, ③ 주거 및 신원이 확실하거나, 정상을 참작할만한 부득이한 사유가 있는 자, ④ 공무방해 또는 상습범이 아닌 자, 고의성이 없는 과실범, ⑤ 기타 경찰서장이 특히 훈방할 사유가 된다고 인정하는 자를 대상으로 하고 있다.

다만 훈방에 대한 명문의 근거규정이 없어 논란이 있는데 경찰청은 즉결심판법을 근거로 주장하였다. 즉 즉결심판법은 형사소송법의 규정을 준용하고 있는데 형사소송법의 기소편의주의를 근거로 경찰서장에게 훈방권을 인정할 수 있다는 것이다. 이에 대한 비판도 있지만 판례는 사법경찰관리의 훈방권을 인정하고 있다. 최근에는 경찰의 독자적 사건처분권한도 훈방권의 근거로 주장되고 있는데[6] 이는 2011년 형사소송법 개정으로 수사의 개시권이 인정되었을 뿐만 아니라 2020년 형사소송법 개정으로 경찰에게 수사의 종결권까지 인정된 것을 근거로 들고 있다.

▶대법원 1982. 6. 8. 선고 82도117 판결.

2. 통고처분

법원이 자유형 또는 재산형의 형벌을 부과하는 형사소송절차를 대신하여 행정관청(경찰서장 등)이 법규위반자에게 금전적 제재를 통고하고 이를 기한 내에 이행하는 경우 당해 위반행위에 대한 형사소추를 면하게 하는 절차이다. 통고처분에 따른 금전적 제재인 범칙금은 행정형벌 또는 행정질서벌 등으로 이해되고 있다.

경범죄 처벌법 및 도로교통법상의 통고처분이 대표적인데 경범죄 처벌법은 1954년 국민의 안녕질서 유지와 치안확보를 위해 제정되었고 이후 공안유지와 퇴폐풍조 일소를 위해 활용되었으나 현재는 사회공공의 질서유지를 목적으로 다양한 경범죄를 통고처분의 대상으로 규정하고 있다.

다만 경범죄라 하더라도 상습범이나 구류처분이 상당한 자, 피해자가 있는 행위자는 통고처분이 적절하지 않으므로 즉결심판이나 정식 형사절차로 처리하게 되고 18세 미만자의 경우 특별한 사유가 없는 한 훈방하게 된다. 또한 통고처분이 곤란한 경우 바로 즉결심판을 활용하게 되는데 통고처분서 수령을 거부하는 경우 외에도 주거 또는 신원이 불확실한 경우가 해당된다.

통고처분서를 받은 사람은 10일 이내에 범칙금을 납부하여야 하고 범칙금을 납부하지 않는 경우 즉결심판이 청구된다. 다만 범칙금을 납부하지 않더라도 바로 즉결심판이 청구되는 것은 아니어서 통고받은 범칙금에 100분의 50을 더한 금액을 납부하는 경우 즉결심판이 청구되지 않거나 청구된 즉결심판이 취소된다.

3. 통고처분의 정당화

▶헌법재판소 2003. 10. 30. 2002헌마275.

헌법재판소는 통고처분제도가 형벌의 비범죄화 정신에 접근하는 제도일 뿐만 아니라 다음의 이유를 종합할 때 통고처분제도의 근거규정인 도로교통법 제118조 본문이 적법절차원칙이나 사법권을 법원에 둔 권력분립원칙에 위배된다거나, 재판청구권을 침해하는 것이라 할 수 없다고 하였다. 즉 "도로교통법상의 통고처분은 처분을 받은 당사자의 임의의 승복을 발효요건으로 하고 있으며, 행정공무원에 의하여 발하여지는 것이지만, 통고처분에 따르지 않고자 하는 당사자에게는 정식재판의 절차가 보장되어 있다. 통고처분 제도는 경미한 교통법규 위반자로 하여금 형사처벌절차에 수반되는 심리적 불안, 시간과 비용의 소모, 명예와 신용의 훼손 등의 여러 불이익을 당하지 않고 범칙금 납부로써 위반행위에 대한 제재를 신속·간편하게 종결할 수 있게 하여 주며, 교통법규 위반행위가 홍수를 이루고 있는 현실에서 행정공무원에 의한 전문적이고 신속한 사건처리를 가능하게 하고, 검찰 및 법원의 과중한 업무 부담을 덜어 준다"는 점을 들고 있다.

Ⅱ. 기소유예와 조건부 기소유예

1. 기소유예

▶기소유예율이 높은 사건 (2020년 기준)
– 도박·복표(40.1%), 절도(39.7%), 장물(26.1%), 방화(25.3%) 순

형사소송법은 검사에게 형사소추와 관련된 기소·불기소의 재량을 인정하고 있는데(기소편의주의), 수사한 결과 범죄의 객관적 혐의가 충분히 인정되고 소송조건이 구비된 경우라도 불기소할 수 있다. 즉 검사는 형법 51조의 사항을 참작하여 공소를 제기하지 아니할 수 있는데 형사사법의 탄력적 운용이 가능하고 소송경제에 기여할 수 있으며 피의자를 조속히 형사절차에서 해방할 수 있어 실무상 많이 활용되고 있다. 이러한 기소유예제도는 일본에서 유래한 것인데 일본에서도 매우 비중있게 활용되고 있다.

스토리박스 〈보충설명 IX-1〉

기소편의주의의 유래: 일본의 기소편의주의와 운용 상황

일본의 형사소송법에는 원래 기소유예에 관한 명문규정이 없었으나 1880년대 후반부터 과잉수용과 감옥의 운영경비 증가를 배경으로 기소유예가 실무상 실시되었다. 처음에는 경미한 범죄를 저지른 사람을 교도소에 수용하는 것은 국비의 낭비라고 하여 일반예방적 관점이 중시되었으나 이후 재범의 가능성을 고려한 특별예방적 관점이 중시되어 살인, 강도, 방화 등의 중대사건에도 적용되기 시작하였다. 1922년 형사소송법에 기소유예에 관한 명문규정이 도입되었으며 2016년 기준 형법범의 기소유예율은 52%로 우리나라(12%)보다 훨씬 높으며 살인(12.1), 강도(14.3), 강간(11.9) 등의 중대범죄에도 활용되고 있다.

출처: 川出敏裕·金光旭/금용명·장응혁·안성훈 역. (2020). 「일본의 형사정책 Ⅱ」, pp.114-115. 박영사.

2. 조건부 기소유예

기소유예는 재량에 의해 불기소하는 것인데 조건을 붙이는 경우가 있다. 우선 범죄를 저지른 소년에 대하여 민간인 자원봉사자의 선도를 받을 것을 조건으로 하는 조건부 기소유예가 1978년 시도되어 2007년 소년법에 명문화되었고 소년의 선도·교육과 관련된 단체·시설에서의 상담·교육·활동 등도 조건의 내용에 포함되었다.

이후 조건부 기소유예는 다양한 범죄로 확대되며 조건도 다양해졌는데 가정폭력과 관련해서는 상담이 조건인 상담조건부 기소유예가 도입되었고 마약과 관련해서는 치료조건부 기소유예와 교육이수조건부 기소유예가 도입되었다. 성매매와 관련해서는 초범

▶각종 보호사건의 처리 – 제11장 참조.

인 성구매자에 대하여 교육프로그램 이수가 조건인 조건부 기소유예가 있고 아동학대범죄와 관련해서는 상담, 치료 또는 교육이 조건인 조건부 기소유예가 도입되었다.

3. 기소유예 이외의 다이버전적 제도

검사는 사법경찰관으로부터 사건을 송치받거나 직접 수사한 경우에 다양한 형태로 수사를 종결할 수 있다. 구체적으로 ① 공소제기, ② 불기소, ③ 기소중지, ④ 참고인중지, ⑤ 보완수사요구, ⑥ 공소보류, ⑦ 이송, ⑧ 소년보호사건 송치, ⑨ 가정보호사건송치, ⑩ 성매매보호사건 송치, ⑪ 아동보호사건 송치가 있으며 ⑧~⑪까지가 다이버전적 성격을 가진다. 즉 형사법원에서의 공판을 거쳐 형벌이 부과되는 제도가 아니다.

공소보류는 기소유예와 유사하지만 국가보안법상의 범죄에만 적용되는 제도로 형법 51조의 사항을 참작하여 공소제기를 보류하고 2년을 경과한 경우 소추하지 않는 제도이다.

Ⅲ. 집행유예와 선고유예

1. 집행유예

3년 이하의 징역이나 금고 또는 500만원 이하의 벌금을 선고하면서 1년 이상 5년 이하의 기간동안 집행을 미루고 그 기간이 경과한 뒤에는 형의 선고 효력을 잃는 제도이다. 정상에 참작할 만한 사유가 있어야 하고 금고 이상의 형 선고 후 그 집행종료 또는 면제 후 3년이 경과해야 가능하다.

집행유예를 선고받더라도 형의 선고가 있었다는 사실 자체가 없어지는 것은 아니고 선고받은 자가 유예기간 중 금고 이상의 형을 선고받아 확정되면 집행유예선고가 효력을 잃고 일정한 경우에도 법원의 재판으로 효력이 상실될 수 있다. 대표적 사유로는 보호관찰이나 사회봉사명령 또는 수강명령을 받고 나서 준수사항이나 명령을 위반하고 그 정도가 무거운 경우가 해당된다.

우리나라의 경우 집행유예의 남용이 큰 문제로 지적되어 왔는데 대부분의 범죄에 집행유예가 가능했기에 사회적 파장이 큰 사건에도 집행유예가 선고되며 큰 논란이 발생했다. 예를 들어 살인의 법정형은 사형, 무기 또는 5년 이상의 징역인데 작량감경을 거쳐 처단형을 2년 6개월 이상으로 하고 선고형에서 집행을 유예할 수 있다.

이렇게 남용되는 집행유예이지만 징역 7년 이상의 법정형이 규정된 범죄에는 적용할 수 없다. 즉 법정형의 하한이 징역 7년 이상인 경우 다른 법률상 감경사유가 없는 한 법관이 감경을 하더라도 집행유예를 선고할 수 없게 된다. 최근 헌법재판소는 주거침입하여 강제추행 등을 저지른 경우의 처벌조항인 성폭력처벌법 3조 1항의 법정형이 무기징역 또는 7년 이상의 징역인데 "불법과 책임의 정도가 아무리 경미한 경우라고 하더라도, 다른 법률상 감경사유가 없으면 일률적으로 징역 3년 6월 이상의 중형을 처할 수밖에 없게 되어, 형벌개별화의 가능성이 극도로 제한"된다는 등의 이유를 들어 위헌결정하였다.

▶헌법재판소 2023. 2. 23. 2021헌가9.

2. 선고유예

일정기간 동안 형의 선고 자체를 미루어주는 제도이다. 형의 선고유예를 받은 날로부터 2년을 경과한 때에는 면소된 것으로 간주되는데 1년 이하의 징역이나 금고, 자격정지 또는 벌금형을 선고하는 경우에 가능하다.

형법 51조의 사항을 고려하여 뉘우치는 정상이 뚜렷해야 하고 자격정지 이상의 형을 받은 전과가 없어야 한다. 대법원은 '개전의 정상이 현저한 때'를 반드시 피고인이 죄를 깊이 뉘우치는 경우만으로 제한하지 않고 "반성의 정도를 포함하여 널리 형법 51조가 규정하는 양형조건을 종합적으로 참작하여 볼 때 형을 선고하지 않더라도 피고인이 다시 범행을 저지르지 않으리라는 사정이 현저하게 기대되는 경우"로 보고 있다.

▶대법원 2003. 2. 20. 선고 2001도5138 판결.

일정한 경우 법원은 형을 선고할 수 있는데 우선 유예기간 중 자격정지 이상의 형에 처한 판결이 확정되거나 자격정지 이상의 형에 처한 전과가 발견되는 경우이다. 그리고 보호관찰부 선고유예를 받은 자가 보호관찰기간 중에 준수사항을 위반하고 그 정도가 무거운 경우도 해당된다.

스토리박스 〈보충설명 IX-2〉

사면의 종류와 활용: 우리나라에서의 사면의 현황

사면에는 선고받은 형이나 집행을 감경하는 감형과 형의 선고로 상실 또는 정지된 자격을 회복시켜 주는 복권도 포함되지만 가장 협의로는 형의 선고의 효과 또는 공소권을 소멸시키거나 형집행을 면제시켜주는 것이 사면이다.

사면에는 죄 또는 형의 종류를 지정하여 해당하는 모든 범죄인에 대해 시행하는 일반사면과 특정인에 대하여 시행하는 특별사면이 있는데 우리나라의 경우 특별사면이 자주 시행되고 있다. 특별사면의 대상도 매우 광범위한데 예를 들어 2021년에는 일반 형사범은 물론 중소기업인 및 소상공인과 특별히 배려할 수형자와 사회갈등 사건 관련자가 포함되었고 비중으로는 운전면허 행정제재 특별사면이 대부분으로 전체 1,122,632명 중 1,118,923명을 차지하고 있다. 2022년에는 선거 사범, 전직 대통령 등 주요 인사와 노동계 인사 및 시민운동가, 낙태사범과 함께 건설업면허 행정제재 특별감면도 이루어졌다.

제4절 범죄화와 비범죄화

Ⅰ. 범죄화와 엄벌화

1. 범죄화

지금까지 범죄가 아니었던 행위를 새로운 법률의 제정 또는 개정을 통해 범죄로 규정하는 것이다. 범죄화의 배경에는 ① 처벌해야 할 새로운 사건의 발생, ② 기존의 특정행위나 사건에 대한 사회적 평가의 변화 등이 있고, 스토킹범죄의 처벌규정 도입이 최근의 전형적인 사례이다.

과거의 가장 대표적인 예로는 강간죄가 있는데 그 중에서도 아내에 대한 남편의 강간은 여러 가지 이유로 범죄의 성립이 인정되지 않았다가 판례로 조금씩 인정되기 시작하였고 직계존속에 의한 강간도 과거에는 강간이 친고죄였으며 자기 또는 배우자의 직계존속을 고소하지 못하게 하는 형사소송법의 규정으로 인해 사실상 처벌할 수 없었다. 이에 따라 성폭력처벌법은 자기 또는 배우자의 직계존속을 고소할 수 있도록 하는 예외규정을 도입하였고 이후 강간죄 자체를 비친고죄화하였다.

성폭력처벌법의 불법촬영죄는 수차례의 범죄화를 보여주는 가장 대표적인 예인데 1998년 성적 욕망 또는 수치심을 유발할 수 있는 타인의 신체를 몰래 촬영하는 행위를 처벌할 수 있도록 한 후 2006년 촬영물을 반포·판매·임대 또는 공연히 전시·상영하는 행위도 처벌할 수 있도록 하였다. 2012년에는 촬영 당시에는 대상자의 의사에 반하지 않더라도 의사에 반하여 반포 등을 한 행위를 처벌할 수 있게 하였고 2018년에는 타인이 아니라 스스로 촬영한 영상이라도 반포 등 하는 행위를 처벌할 수 있도록 하였다.

더 나아가 성폭력처벌법은 이른바 딥페이크 포르노를 허위영상물 등으로 규정하고 이를 제조하거나 반포하는 것을 처벌할 수 있는 규정을 도입하였는데 이러한 규정 도입은 세계적으로도 매우 빠른 범죄화이다.

국제화에 따른 범죄화도 있는데 인신매매죄 신설이 대표적인 예로 2013년 형법에 인신매매죄가 신설되었는데 제정 이유로 2000년 12월 13일 우리나라가 서명한 국제연합국제조직범죄방지협약 및 인신매매방지의정서의 국내적 이행을 위한 입법이라고 제시되고 있다.

범죄화의 한계

현재 우리나라에서 범죄화가 가장 치열하게 주장되는 분야는 비동의간음이다. 영미의 경우 일찍부터 비동의간음죄를 도입하였을 뿐만 아니라 독일도 2016년 비동의간음죄를 도입하였다. 우리나라의 경우 2018년 이른바 미투운동이 시작된 후 본격적으로 비동의간음죄 도입을 위한 많은 법안이 발의되기 시작했으나 입법전망은 불투명하다.

이는 해결해야 할 많은 문제가 있기 때문인데 어느 정도의 비동의를 기준으로 할지는 물론 그러한 비동의를 어떻게 판단할지와 법정형을 어느 정도로 할지에 대해서도 논의가 수렴되지 않고 있다.[7]

2. 엄벌화

범죄에 대한 기존의 처벌을 가중하는 엄벌화도 형벌의 적용범위를 확대한다는 측면에서 범죄화와 유사하며 특히 우리나라는 엄벌화가 널리 활용되고 있다.

▶대법원 2006. 5. 12. 선고 2005도5428 판결.

물론 법정형을 상향하는 것이 모두 엄벌화는 아니다. 대법원과 헌법재판소도 "법정형의 종류와 범위의 선택은 입법자가 결정할 사항으로서 광범위한 입법재량 내지 형성의 자유가 인정된다"고 보고 "헌법상 평등원칙 및 비례의 원칙 등에 명백히 위배되는 경우가 아닌 한, 쉽사리 헌법에 위반된다고 단정해서는 안 된다"고 하고 있다. 그리고 "형법규정의 법정형만으로는 어떤 범죄행위를 예방하고 척결하기에 미흡하다는 입법정책적 고려에 따라 이를 가중처벌하기 위해 특별형법법규를 제정한 경우"라도 법정형만을 기준으로 과중 여부를 쉽게 판단해서는 안 된다고 하였다.

그러나 특가법의 정식 명칭이 「특정범죄 가중처벌 등에 관한 법률(이하 '특가법')」인 것에서 알 수 있듯이 과거의 각종 특별법이 '가중'처벌을 목적으로 했던 것은 분명하다. 「특정강력범죄의 처벌에 관한 특례법(이하 '특강법')」도 1991년 제정하면서 반인륜적이고 반사회적인 흉악범죄로서 가정과 사회질서를 침해하는 특정강력범죄에 대하여 특정강력범죄를 범한 자가 형을 받고 그 집행을 종료하거나 면제받은 후 3년 이내에 다시 특정강력범죄를 범한 경우에는 그 죄에 정한 형의 2배까지 가중처벌하는 내용을 담고 있었다.

아울러 범죄백서도 형법범죄와 특별법범죄를 구분하면서 특가법, 「특정경제범죄가중처벌 등에 관한 법률」, 「폭력행위 등 처벌에 관한 법률(이하 '폭력행위처벌법')」, 「성폭력범죄의 처벌 등에 관한 특례법(이하 '성폭력처벌법')」, 「아동·청소년의 성보호에 관한 법률(이하 '청소년성보호법')」의 일부 범죄는 형법범죄에 포함시키고 있어 특별형법과 형법의 구분이 의미 없음을 보여주고 있다.

이러한 범죄화와 엄벌화는 보통 중대한 사건의 발생을 계기로 개정을 요구하는 여론이 높아지고 이를 배경으로 이루어지는 경우가 많은데 이에 대하여는 자칫하면 형벌의 효과에 대한 냉정한 판단을 결여한 과도한 처벌로 이어지기 쉽다는 비판이 있다. 즉 형사입법에 국민의 목소리가 반영되는 것 자체는 있을 수 있는 일이지만 특정 사건을 계기로 여론에 떠밀려서 급하게 이루어지는 입법은 형벌 포퓰리즘이 되기 쉽다.

이러한 입법에 대해서는 각계각층에서 다양한 문제를 지적하고 있을 뿐만 아니라 헌법재판소가 위헌이라고 판단하고 있다. 즉 헌법재판소는 특가법 및 특강법에 대하여 다수의 위헌결정을 하였다. 가장 대표적인 사례로 헌법재판소는 특가법상의 다수의 처벌조항이 형벌체계상 균형을 상실하여 평등원칙에 위배된다는 위헌결정을 내렸고 2016년 특가법뿐만 아니라 형법과 폭력행위처벌법이 일괄하여 정비되었다.

최근에는 음주운전에 대한 가중처벌도 문제되고 있는데 음주운전이나 음주측정 거부를 2회 이상 한 사람을 가중처벌하는 도로교통법 148조의2(이른바 '윤창호법')도 헌법재판소의 거듭된 위헌결정으로 효력을 완전히 상실하였다.

다만 엄벌화가 현재도 계속되고 있는 대표적인 범죄로 성폭력범죄가 있는데 1994년 제정된 특별법은 다양한 성폭력범죄를 범죄화하였을 뿐만 아니라 범죄화한 성폭력범죄를 계속 엄벌화하였다. 가장 대표적인 예로는 13세 미만에 대한 강간죄가 있는데 1998년 5년 이상의 유기징역을 법정형으로 하여 도입한 후 3차례의 개정을 거쳐 무기 또는 10년 이상의 징역으로 가중하였다.[8]

▶헌법재판소 2023. 2. 23. 2021헌가9.

이외에도 다양한 성폭력범죄들이 계속 범죄화 및 엄벌화되고 있는데 헌법재판소는 2023년 주거를 침입하여 강제추행죄나 준강제추행죄를 저지르는 경우 무기징역 또는 7년 이상의 징역으로 처벌하도록 규정한 성폭력처벌법에 대하여 재판관 전원일치 의견으로 위헌결정을 내렸다.

▶**성폭력처벌법 제20조(「형법」상 감경규정에 관한 특례)** 음주 또는 약물로 인한 심신장애 상태에서 성폭력범죄(제2조제1항제1호의 죄는 제외한다)를 범한 때에는 「형법」 제10조제1항·제2항 및 제11조를 적용하지 아니할 수 있다.

그리고 성폭력처벌법은 음주 또는 약물로 인한 심신장애 상태에서 일부 성폭력범죄를 범한 경우 다른 범죄와 달리 감경하지 않거나 벌할 수 있도록 규정하고 있는데 이 또한 엄벌화의 일종으로 볼 수 있다.

잘못된 엄벌화

이처럼 우리나라에서 엄벌화는 매우 널리 활용되고 있는데 헌법재판소에서 자주 위헌으로 판단되고 있을 뿐만 아니라 때로는 입법과정의 오류로 인해 애초부터 잘못된 엄벌화도 발생하고 있다. 예를 들어 성폭력처벌법상 주거침입강제추행에 대한 위헌결정에서 재판관 8인은 해당 조항이 책임과 형벌 사이의 비례원칙에 반한다는 이유로 위헌을 결정하였지만 이선애 재판관은 해당조항이 법정형의 종류와 범위를 정하는 입법재량의 한계와 관련하여 입법과정상 중대한 오류가 있었음을 지적하고 있다. 즉 국회의 회의록 등 공개된 입법자료와 사실조회 결과를 통하여 볼 때 성폭력처벌법 3조 2항의 '특수강도강간죄'와 혼동한 나머지 실제 심의 대상이 되는 해당 조항의 죄는 심의하지 않은 채, 법정형을 상향할 것을 국회가 의결하였다는 것이다.

Ⅱ. 비범죄화

입법을 통해 특정행위를 범죄에서 제외하는 것으로 비범죄화가 논의되는 유형은 매우 다양하다. 유럽에서는 동성애와 근친상간 등이 논의되고 있으며 일본에서는 피해자 없는 범죄인 성매매, 음란물 등의 배포, 약물의 자기사용 및 자기사용 목적의 소지, 도박과 함께 기타 유형으로 동의낙태와 교통사범의 비범죄화가 논의되고 있다.[9]

비범죄화의 이유는 대상이 되는 범죄유형에 따라 매우 다양한데 크게 ① 구체적인 법익침해가 없음에도 도덕적·윤리적 관점에서 특정행위를 처벌하는 것은 부당하다는 점, ② 매우 경미한 법익침해만을 발생시키는 행위유형은 형벌을 부과할 정도의 가치가 없다는 점, ③ 어떤 행위를 범죄로 하더라도 결국 그것을 방지할 수 없을 뿐만 아니라 오히려 폐해가 커질 수 있다는 점이 제시되고 있고, 나아가 ④ 특정행위가 사실상 수사기관의 대상에서 제외되어 형벌법규로서의 실효성이 약해진 경우에는 그 처벌규정이 무의미해질 뿐만 아니라 오히려 국민의 준법정신을 저하시킬 수 있다는 점도 거론되고 있다.[10]

우리나라의 경우 주로 헌법재판소의 판단이 비범죄화의 계기가 되는데 대표적인 사례로 간통죄 및 혼인빙자간음죄가 있다. 다만 이러한 범죄는 애초부터 다른 나라에서는 처벌의 대상이 아니었다.

2019년 헌법불합치 결정이 내려진 자기낙태죄와 의사낙태죄의 경우 2020년 12월 31일까지 개선하는 입법을 하도록 하였는데 2022년까지도 이루어지지 않고 있다. 이는 어디까지를 비범죄화할지 주장이 매우 격렬하게 대립하고 있는 상황에 있기 때문이지만 미국에서도 몇 십 년만에 자기낙태를 부정하는 연방대법원의 판결이 최근 나오는 등 전세계적으로 혼란스러운 상황이다.

▶헌법재판소 2019. 4. 11. 2017헌바127.

스토리박스 〈보충설명 IX-3〉

비범죄화의 한 사례: 자기낙태죄에 대한 위헌 판단의 요지(2019년 헌재 결정)

자기낙태죄 조항은 모자보건법이 정한 예외를 제외하고는 임신기간 전체를 통틀어 모든 낙태를 전면적·일률적으로 금지하고, 이를 위반할 경우 형벌을 부과함으로써 임신의 유지·출산을 강제하고 있으므로, 임신한 여성의 자기결정권을 제한한다.

자기낙태죄 조항은 태아의 생명을 보호하기 위한 것으로서, 정당한 입법목적을 달성하기 위한 적합한 수단이다.

임신·출산·육아는 여성의 삶에 근본적이고 결정적인 영향을 미칠 수 있는 중요한 문제이므로, 임신한 여성이 임신을 유지 또는 종결할 것인지 여부를 결정하는 것은 스스로 선택한 인생관·사회관을 바탕으로 자신이 처한 신체적·심리적·사회적·경제적 상황에 대한 깊은 고민을 한 결과를 반영하는 전인적(全人的) 결정이다.

현 시점에서 최선의 의료기술과 의료 인력이 뒷받침될 경우 태아는 임신 22주 내외부터 독자적인 생존이 가능하다고 한다. 한편 자기결정권이 보장되려면 임신한 여성이 임신 유지와 출산 여부에 관하여 전인적 결정을 하고 그 결정을 실행함에 있어서 충분한 시간이 확보되어야 한다. 이러한 점들을 고려하면, 태아가 모체를 떠난 상태에서 독자적으로 생존할 수 있는 시점인 임신 22주 내외에 도달하기 전이면서 동시에 임신 유지와 출산 여부에 관한 자기결정권을 행사하기에 충분한 시간이 보장되는 시기(이하 착상 시부터 이 시기까지를 '결정가능기간'이라 한다)까지의 낙태에 대해서는 국가가 생명보호의 수단 및 정도를 달리 정할 수 있다고 봄이 타당하다.

낙태갈등 상황에서 형벌의 위하가 임신종결 여부 결정에 미치는 영향이 제한적이라는 사정과 실제로 형사처벌되는 사례도 매우 드물다는 현실에 비추어 보면, 자기낙태죄 조항이 낙태갈등 상황에서 태아의 생명 보호를 실효적으로 하지 못하고 있다고 볼 수 있다.

낙태갈등 상황에 처한 여성은 형벌의 위하로 말미암아 임신의 유지 여부와 관련하여 필요한 사회적 소통을 하지 못하고, 정신적 지지와 충분한 정보를 제공받지 못한 상태에서 안전하지 않은 방법으로 낙태를 실행하게 된다.

모자보건법상의 정당화사유에는 다양하고 광범위한 사회적·경제적 사유에 의한 낙태갈등 상황이 전혀 포섭되지 않는다. 예컨대, 학업이나 직장생활 등 사회활동에 지장이 있을 것에 대한 우려, 소득이 충분하지 않거나 불안정한 경우, 자녀가 이미 있어서 더 이상의 자녀를 감당할 여력이 되지 않는 경우, 상대 남성과 교제를 지속할 생각이 없거나 결혼 계획이 없는 경우, 혼인이 사실상 파탄에 이른 상태에서 배우자의 아이를 임신했음을 알게 된 경우, 결혼하지 않은 미성년자가 원치 않은 임신을 한 경우 등이 이에 해당할 수 있다.

자기낙태죄 조항은 모자보건법에서 정한 사유에 해당하지 않는다면 결정가능기간 중에 다양하고 광범위한 사회적·경제적 사유를 이유로 낙태갈등 상황을 겪고 있는 경우까지도 예외 없이 전면적·일률적으로 임신의 유지 및 출산을 강제하고, 이를 위반한 경우 형사처벌하고 있다.

따라서, 자기낙태죄 조항은 입법목적을 달성하기 위하여 필요한 최소한의 정도를 넘어 임신한 여성의 자기결정권을 제한하고 있어 침해의 최소성을 갖추지 못하였고, 태아의 생명 보호라는 공익에 대하여만 일방적이고 절대적인 우위를 부여함으로써 법익균형성의 원칙도 위반하였으므로, 과잉금지원칙을 위반하여 임신한 여성의 자기결정권을 침해한다.

유사한 사례로 「윤락행위 등 방지법」을 폐지하고 2004년 「성매매알선 등 행위의 처벌에 관한 법률(이하 '성매매처벌법')」을 제정하면서 성판매를 비범죄화하자는 논의가 있었으나 결국 성판매를 처벌하면서 일정한 경우에만 성매매피해자로 비범죄화하였다.

이러한 변화는 2000년 군산시 대명동에서 발생한 화재참사가 계기가 되었는데 성매매의 비범죄화 내지 합법화에 관한 끊임없는 대립 속에서 여성학계와 여성운동 진영이 나름의 합의와 결단을 내린 것으로 평가되고 있다.[11]

이에 따라 성매매처벌법은 위계·위력 등으로 성매매를 강요당하거나 성매매 목적의 인신매매를 당한 사람, 업무관계 등으로 보호 또는 감독하는 사람에 의하여 마약 등에 중독되어 성매매를 한 사람, 청소년 등으로 성매매를 하도록 알선·유인된 사람을 성매매피해자로 규정하고 있는데 실제 성매매피해자로 인정되는 경우는 극히 적다.

그런데 2023년 시행된 「인신매매등방지 및 피해자보호 등에 관한 법률」은 형법의 인신매매죄보다 광범위하게 '인신매매등'을 규정하고 이러한 ① 인신매매등으로 형법 등에 해당하는 범죄의 피해자는 물론 ② 아동·청소년 또는 장애인으로서 인신매매등 피해를 입은 사람과 ③ 인신매매등 피해를 입은 사람으로서 여성가족부장관으로부터 확인서를 발급받은 사람을 인신매매등피해자로 규정하였다. 그리고 피해자에 대한 인신매매등 과정에서 피해자가 행한 범죄행위에 대하여는 그 형을 감경하거나 면제할 수 있다고 규정하였는데 이에 따라 성매매피해자 개념 자체도 영향을 받을 것은 물론 인신매매 피해를 주장하는 성판매자의 처벌 여부도 주목된다.

스토리박스 〈보충설명 IX-4〉

해외의 성매매 처벌: 성매매자 또는 성판매자 비범죄화

해외에서는 성매매자 또는 성판매자를 처벌하지 않는 경우가 많은데 이른바 '노르딕 모델'이라 해서 스웨덴을 중심으로 한 북유럽국가에서는 성판매자가 아닌 구매자만을 처벌한다. 일본의 경우 성매매 자체는 금지하면서 처벌하는 규정을 두지 않고 있으며 처벌의 대상은 호객행위 등 공중의 눈에 띄는 방식으로 성매매를 권유하거나 성매매를 위한 장소를 제공하는 것 등에 한정되어 있다.

요점 정리

범죄의 특수한 처리

- 형벌이 아니더라도 보안처분을 통해 범죄자의 자유를 박탈 내지 제한할 수 있는데 장래의 재범위험성을 근거로 범죄를 예방하고 사회를 보호하는 것을 목적으로 함. 보안처분의 종류와 내용은 형벌보다 훨씬 다양함.
  → 특수한 범죄와 처우(제11장) + 사회 내 처우(제10장 제2절)

- 범죄를 처리하기 위한 다양한 절차가 존재하는데 특히 경미한 범죄를 신속하게 처리하기 위해서 약식절차와 즉결심판 등이 있음.
  → 범죄 처리의 기본(제8장 제1절)

- 범죄를 처리하기 위한 다양한 절차 중에는 아예 형사절차를 거치지 않고 신속하게 해방시키는 다이버젼도 있는데 경찰은 훈방과 통고처분을, 검찰은 (조건부)기소유예를, 법원은 집행유예와 선고유예를 활용하고 있음.
  → 범죄 처리의 기본(제8장 제1절)

- 새로운 법률의 제정 또는 개정을 통해 지금까지 범죄가 아니었던 행위를 범죄로 규정하는 것이 범죄화이고 기존의 처벌을 가중하는 것이 엄벌화인데 우리나라는 특히 엄벌화의 경향이 강함. 헌법재판소는 다양한 법률에 대해 위헌으로 판단하였고 이에 따라 비범죄화되면서 법률이 정비되고 있음.

참고문헌

1. 김혜정. (2017). 「대체형벌론」, pp.103-106. 피앤씨미디어.
2. 법무연수원. (2022). 「2021 범죄백서」, p.404.
3. 법무부. (2022. 9. 22). “법무부, 소아성기호증 아동성범죄자 치료감호 확대 위한 「치료감호 등에 관한 법률」 일부개정안 입법예고”, 법무부 보도자료, p.2.
4. 川出敏裕·金光旭/금용명·장응혁·안성훈 역. (2020). 「일본의 형사정책 II」, p.83. 박영사.
5. 川出敏裕·金光旭/금용명·장응혁·안성훈 역. (2020). 「일본의 형사정책 II」, p.105. 박영사.
6. 노성훈. (2020). 「노성훈 교수의 경찰학」, p.239. 도서출판 푸블리우스.
7. 장응혁·정진성. (2020). “제20대 국회의 비동의간음죄 입법안에 대한 비판적 검토”, 「보호관찰」 20(1), pp. 172-176.
8. 장응혁·김상훈. (2018). 「젠더폭력의 이해와 대응」, p.54. 박영사.
9. 川出敏裕·金光旭/금용명·장응혁·안성훈 역. (2020). 「일본의 형사정책 II」, pp.93-99. 박영사.
10. 川出敏裕·金光旭/금용명·장응혁·안성훈 역. (2020). 「일본의 형사정책 II」, pp.92-93. 박영사.
11. 이호중. (2004). “성매매방지법안에 대한 비판적 고찰”, 「성매매-새로운 법적 대책의 모색」, 제3장, pp.75-79. 사람생각.

제 10 장 범죄자의 기본적인 처우

제1절 시설 내 처우

Ⅰ. 시설 내 처우의 의의

1. 시설 내 처우의 발전

교정은 넓게는 범죄자의 일탈된 성격이나 행동 등을 바로잡아 재사회화시키는 일체의 활동을 뜻하지만 좁게는 자유박탈적 형사제재의 집행 즉 행형을 말한다. 이러한 행형은 주로 감옥(현재의 교도소)에서 이루어지게 되는데 많은 시도가 이루어지며 발전해왔다.

사실 근대의 감옥은 '악의 교습소이자 불결함과 질병의 온상'으로 여겨지고 있었는데 불결함과 질병, 간수들의 억압과 횡포, 죄수들의 체념과 절망으로 뒤덮여 있다고 지적되었다. 이러한 상황을 개선하고자 영국의 존 하워드(1727–90)는 감옥의 참상을 구체적으로 밝히면서 영국과 대륙의 감옥을 견문한 내용을 토대로 감옥 개혁을 위한 구체적 지침을 제시했다. 이러한 노력과 주장은 영국의 감옥법 개정은 물론 전 세계에 큰 영향을 주었는데 ① 수용시설은 안전하고 위생적인 시설이어야 하고, ② 단순한 징벌장소가 아니라 개선의 장소로 변화해야 하며, ③ 시설이 아무리 좋다 하더라도 관리 및 규율상의 적절한 배려가 필요하고, ④ 감옥을 간수가 전적으로 관리하는 것이 아니라 의회나 시행정당국 등이 공적으로 감독해야 한다는 것이 핵심이다.[1]

이후 감옥은 크게 개선되었는데 예를 들어 교정선진국으로 알려진 스웨덴의 경우 수용시설이 쾌적하고 청결한 캠퍼스나 병원과 같으며 형벌을 집행하되, 인간의 가치와 품위를 존중하는 방식으로 교정이 이루어지고 있다고 평가된다.[2]

다만 나라별로 상황이 클 뿐만 아니라 이른바 선진국에도 많은 문제가 남아있는데, 예를 들어 미국은 구금 위주 형사정책을 추진하면서 과밀수용이 발생하였고 여기에 구치시설 등도 매우 열악하다고 지적되고 있다. 따라서 교정이 범죄문제를 해결하는데 기여하지 못 하고 오히려 더 많은 문제를 발생시킨다고까지 평가된다.[3]

2. 시설 내 처우의 기준: 법적 지위와 교정(또는 처우)의 목적별 차이

국가는 다양한 경우에 법률로 국민의 자유를 제한 또는 박탈하는데 가장 대표적인 경우인 범죄자도 그 법적 지위에 따라 교정시설에 구분되어 수용되며 구체적인 처우가 차이나게 된다. 우선 징역 등 자유형이 확정되어 교도소에 수용되는 범죄자를 수형자라 한다. 수형자에는 벌금 등을 납부하지 않아 노역장 유치명령을 받아 수용되는 경우도 포함된다.

사형확정자의 경우 선고받은 형벌은 생명형인 사형이지만 형을 집행하기 위해 교정시설에 수용되게 되며 형이 확정되지 않더라도 수사와 재판 도중에 체포 또는 구속되어 구치소에 수용되는 경우가 있고 이를 미결수용자라고 한다. 미결수용자의 경우 무죄의 추정을 받으며 그에 합당한 처우를 받는데 특히 수사와 재판의 준비를 보장받는다.

교정시설에 수용된 범죄자는 이처럼 법적 지위에 따라 별도의 시설에 수용되며 각각에 맞는 처우를 받게 되는데 이 외에도 특정 수용자에 대한 특수한 처우 목적에 따라 처우가 차이나게 된다. 우리나라에는 다양한 교정 관계 법령이 존재하는데 다음과 같이 다양한 처우 목적을 추구하고 있다.

「형의 집행 및 수용자의 처우에 관한 법률(이하 '형집행법')」은 수형자의 교정교화와 건전한 사회복귀를 도모하고 수형자의 처우와 권리를 보장함과 동시에 교정시설의 운영이 목적이고, 「보호소년 등의 처우에 관한 법률」은 보호소년 등의 처우 및 교정교육과 함께 소년원과 소년분류심사원의 운영 등이 목적이다. 치료감호법은 심신장애 상태, 마약류·알코올이나 그 밖의 약물중독상태, 정신성적 장애가 있는 상태 등에서 범죄행위를 한 자로서 재범의 위험성이 있고 특수한 교육·개선 및 치료가 필요하다고 인정되는 자에게 적절한 보호와 치료를 함으로써 재범을 방지하고 사회복귀를 촉진하는 것이 목적이다.

또한 처우는 시설 내에서만 이루어지는 것은 아니기에 예를 들어 「보호관찰 등에 관한 법률(이하 '보호관찰법')」은 죄를 지은 사람으로서 재범 방지를 위하여 보호관찰, 사회봉사, 수강 및 갱생보호 등 체계적인 사회 내 처우가 필요하다고 인정되는 사람을 지도하고 보살피며 도움으로써 건전한 사회복귀를 촉진하고, 효율적인 범죄예방 활동을 전개함으로써 개인 및 공공의 복지를 증진함과 아울러 사회를 보호함을 목적으로 하고 있다.

3. 시설의 종류와 현황

교정시설은 크게 교도소와 구치소로 구분되며 미결수용자는 구치소에, 수형자는 교도소에 수용되는 것이 원칙이다. 형집행법은 수형자에 대하여는 교육·교화프로그램, 작업, 직업훈련 등을 통하여 교정교화를 도모하도록 하고(55조) 미결수용자는 무죄의 추정을 받으며 그에 합당한 처우를 하도록 규정하고 있다(79조).

▶경찰관서의 유치장
– 교정시설의 미결수용실로 보아 형집행법이 준용됨.

그리고 형집행법은 교정시설을 신설하는 경우 500명 이내의 규모로 해야 한다고 규정하고 있다. 그러나 교정시설은 매우 열악하며 다음과 같은 문제를 안고 있다. ① 기존의 교도소 등은 1000명을 훨씬 넘는 대규모 시설이 보통으로 수용자의 질서확립과 개별처우가 곤란하다. ② 구치소 등 시설부족으로 교도소 내 미결수용실을 운용하는 경우가 많아 처우의 일관성 유지가 곤란하다. ③ 수용자는 1인 1실의 독거가 원칙이나 혼거하고 있으며 거기에 공간 자체도 매우 협소하다. ④ 보안 중심으로 시설이 설계되어 있어 개별적 교정처우가 곤란하다. ⑤ 노후화된 시설이 많을 뿐만 아니라 일반사회와 멀리 떨어져 있다.

4. 과밀수용과 최근의 변화

▶헌법재판소 2016. 12. 29. 2013헌마142.

교정시설의 문제 중에서 가장 큰 문제로 지적되는 것은 과밀수용으로 헌법재판소는 수형자가 인간 생존의 기본조건이 박탈된 교정시설에 수용되어 인간의 존엄과 가치를 침해당하였는지 여부를 판단함에 있어서는 "1인당 수용면적뿐만 아니라 수형자 수와 수용거실 현황 등 수용시설 전반의 운영 실태와 수용기간, 국가 예산의 문제 등 제반 사정을 종합적으로 고려할 필요가 있다"는 것을 전제로 성인 남성인 청구인이 방실에 수용된 기간 동안 1인당 실제 개인사용가능면적이, 2일 16시간 동안에는 1.06㎡, 6일 5시간 동안에는 1.27㎡였던 사안에서 이러한 1인당 수용면적은 우리나라 성인 남성의 평균 신장인 사람이 팔다리를 마음껏 뻗기 어렵고, 모로 누워 '칼잠'을 자야 할 정도로 매우 협소한 것으로서 "청구인이 이 사건 방실에 수용된 기간, 접견 및 운동으로 이 사건 방실 밖에서 보낸 시간 등 제반 사정을 참작하여 보더라도, 청구인은 이 사건 방실에서 신체적·정신적 건강이 악화되거나 인격체로서의 기본 활동에 필요한 조건을 박탈당하는 등 극심한 고통을 경험하였을 가능성이 크다"고 하여 청구인의 인간으로서의 존엄과 가치가 침해당했다고 보았다. 즉 교정시설의 1인당 수용면적이 수형자의 인간으로서의 기본 욕구에 따른 생활조차 어렵게 할 만큼 지나치게 협소하다면, 이는 그 자체로 국가형벌권 행사의 한계를 넘어 수형자의 인간의 존엄과 가치를 침해하는 것으로 본 것이다.

나아가 보충의견으로 불가침의 인간의 존엄과 가치를 천명한 헌법 10조, 수형자의 기본적 처우 보장을 위한 형집행법, '법무시설 기준규칙', '수용구분 및 이송·기록 등에 관한 지침', 관련 국제규범, 외국의 판례 등에 비추어 볼 때, "국가는 수형자가 수용생활 중에도 인간으로서의 존엄과 가치를 지킬 수 있도록 교정시설 내에 수형자 1인당 적어도 2.58㎡ 이상의 수용면적을 확보하여야 한다"고 한 후 교정시설 확충과 관련된 현실적 어려움을 참작하여, 상당한 기간(늦어도 5년 내지 7년) 내에 이러한 기준을 충족하도록 개선해 나갈 것을 촉구하였다.

법무부는 과밀수용 해소를 위해 신축 및 증·개축을 하고 있으며 특히 코로나 등 감염병 확산에 따라 신축중인 화성여자교도소는 이용자 간 교차오염방지를 위해 보행자와 차량 출입구를 분리하고 밀집·밀접·밀폐된 환경을 개선하기 위해 3·5인실을 4인실로 조정하였다.[4]

Ⅱ. 수형자의 처우

1. 형집행법

1950년 시행된 행형법은 2007년 「형의 집행 및 수용자의 처우에 관한 법률」(이하 '형집행법'이라 함)로 명칭이 변경되었는데 문자 그대로 형의 집행과 함께 수용자의 처우도 중요하다는 점이 반영된 것이다. 이에 따라 법률의 체계도 변화하여 물품지급과 금품관리, 위생과 의료 등 처우 관련 규정이 법률 안에서 앞으로 이동하였고 여성·노인·장애인 및 외국인 수용자에 대한 특별한 처우 규정이 신설되었으며 미결수용자 및 사형확정자에 대한 처우도 별도로 규정되었다.

현행 형집행법은 총칙, 수용자의 처우, 수용의 종료, 교정자문위원회 등, 벌칙의 5편으로 구성되어 있는데 제2편 수용자의 처우는 ① 수용, ② 물품지급, ③ 금품관리, ④ 위생과 의료, ⑤ 접견·편지수수 및 전화통화, ⑥ 종교와 문화, ⑦ 특별한 보호, ⑧ 수형자의 처우, ⑨ 미결수용자의 처우, ⑩ 사형확정자, ⑪ 안전과 질서, ⑫ 규율과 상벌, ⑬ 권리구제의 13장으로 구성되어 있다.

형집행법의 핵심은 2편 8장 수형자에 대한 처우로 ① 통칙과 함께 ② 분류심사, ③ 교육과 교화프로그램, ④ 작업과 직업훈련, ⑤ 귀휴의 5절로 구성되어 있으며 형집행법으로 전부개정되면서부터 특히 개별적 처우가 강조되기 시작했다. 즉 교정시설의 장은 수형자의 교정교화와 사회적응능력 함양을 위하여 개별적인 특성에 알맞은 처우계획을 수립·시행하고 적합한 시설에 수용하도록 하였는데 이를 위해 분류심사를 하게 된다.

2. 수용자분류 등

과거에는 수용자의 법적 지위에 따라 별도의 시설에 수용하고 동일한 시설 내에 수용하더라도 성별이나 연령 등을 기준으로 분리하였다. 이러한 구분은 수형자의 외부적 특징(성별·연령·죄질·구금의 근거 등)을 기초로 하는 수용분류로 수형자의 보호나 관리의 편의를 위한 분류였다. 최근에는 수형자의 처우 특히 재사회화를 목적으로 한 처우분류를 하고 있다.

형집행법은 과학적인 분류와 체계적인 처우계획의 수립·시행을 위하여 인성·자질·행동특성 등을 조사·측정·평가하는 분류심사 전담시설을 명문화하였다. 분류심사를 거쳐 처우등급이 결정되는데 구체적으로 ① 수용할 시설 및 구획 등을 정하는 기본수용급, ② 도주 등의 위험성에 따라 수용할 시설과 계호의 정도를 구별하고, 범죄성향의 진전과 개선정도, 교정성적에 따라 처우수준을 정하는 경비처우급, ③ 수형자의 개별적인 특성에 따라 중점처우의 내용을 정하는 개별처우급을 정하게 된다.

▶개별처우급의 구분
– 직업훈련, 학과교육, 생활지도, 작업지도, 관용작업, 의료처우, 자치처우, 개방처우, 집중처우 등

경비처우급의 경우 본범죄 및 과거범죄 관련사항, 위험성 및 개선도 평가, 도주 또는 위반 등을 다양한 지표를 사용하여 평가하고 크게 개방·완화경비·일반경비·중경비처우급의 4등급(SI~S4급이라고도 함)으로 구분하는데 수용되는 시설은 물론 면회 및 전화사용 등 다양한 처우가 차등적으로 보장된다.

〈표 X-1〉 경비처우급별 처우기준

처우 \ 단계		개방처우급	완화경비처우급	일반경비처우급	중경비처우급
물품지급	원칙	경비처우급에 차이를 두어 지급할 수 있음			
	구별불가품	주·부식, 음료, 그 밖에 건강유지에 필요한 물품 구별하지 않음			
	색상, 디자인 차이	S1급만 허용			
봉사원 선정		S2급 이상		선별적 가능	
		교정성적, 나이, 인성 등을 고려 선정(활동기간 1년 이하, 필요한 경우 연장 가능)			
자치생활		S2급 이상 허용			
		· 범위 : 인원점검, 취미활동, 일정한 구역 안 생활 · 토론회 개최 : 교육실, 강당 등 적당한 장소에서 월 1회 이상 토론회 개최			
접견	허용횟수	1일 1회	월 6회	월 5회	월 4회
	장소	접촉차단시설이 설치된 장소 외의 장소에 실시가능	처우상 특히 필요한 경우 접촉차단시설이 설치된 장소 외에서 실시 허용		
	기타	화상접견은 접견횟수에 포함			
전화사용	횟수	월 5회	월 3회	처우상 필요시 월 2회 이내	
	대상	· 처우상 필요시 S1급, S2급 허용횟수 늘릴 수 있음 · 전화사용료는 수형자 자신이 부담(공중전화기 카드), 1회 통화 3분 이내			
사회복귀	모든수형자	· 라디오청취, TV시청, 시계착용, 신문열람, 가족사진 소지·비치(직계 존·비속, 배우자) · 자기사진 송부 : 직계존·비속, 배우자에게 송부허가 가능, 교도관이 촬영, 자기부담 의류 착용 가능			
	가족 만남의 날 행사	S2급 이상 (접견횟수에 포함하지 아니함)		교화상 필요시	불허
	경기 또는 오락회	S2급 이상 또는 자치생활 대상자 월 2회 이내 (소년수형자는 횟수 증가 가능)			
	사회적 처우(사회, 견학, 사회봉사, 종교행사, 문화공연 등)	S2급 이상 (별도의 수형자 의류 지정, 자비부담 의류 착용가능)		처우상 필요시	불허
작업	작업지정 및 변경	· 수형자분류처우심사표 참조하여 작업지정 · S4급 수형자는 전업 불허(처우상 또는 작업형편상 필요시 제외)			
	작업	· 작업·교육 등 지도보조 : 완화경비처우급 이상자로 직업·교육 등의 성적 우수 및 기술 있는 자 · 개인작업 : 완화경비처우급 이상자로 교도에 지장을 주지 아니하는 범위에서 1일 2시간 이내 자신을 위한 개인작업 · 개인 작업용구 : 개인작업 허용자에게 개인작업용구 사용허가, 특정용기보관, 재료구입비는 자기부담			
	외부직업훈련	완화경비처우급 이상자로서 직업능력 향상을 위하여 특히 필요한 경우			

주 : 법무부 교정본부 자료.

출처: 법무연수원. (2022). 「2021 범죄백서」, p.367.

2020년 기준 개방처우급(S1)은 12.7%, 완화경비처우급(S2)은 35.2%, 일반경비처우급(S3)은 41.3%, 중경비처우급(S4)은 8.5%, 제외 등이 2.3%였다.

최근에는 고위험군 수형자 전담 관리를 위한 분류센터를 설치하였는데 성폭력, 살인,

강도, 폭력, 방화 등 재범의 위험성이 높은 수형자를 대상으로 전문 심사요원들이 정밀한 심사 및 심층 심리검사를 실시한 후 특성에 맞는 교육·교화프로그램과 처우 방안을 실시하고 있다.

구체적으로는 심리치료센터 등을 두어 성폭력, 마약·알코올 등 중독, 아동학대, 정신질환자 및 동기없는 범죄자 등을 대상으로 맞춤형 심리치료 프로그램을 운영하고 있다. 특히 마약류투약사범과 성폭력사범에 대해서는 재범 위험성과 이수명령 시간에 따라 과정을 구분하여 심리치료 프로그램을 운영하고 있고 가학적·변태적 특정 성범죄자에 대해서는 개별치료를 중심으로 하는 특별과정도 개발하여 운영하고 있다.[5]

3. 작업과 직업훈련

자유형인 징역은 교정시설에 수용하여 자유를 박탈할 뿐만 아니라 노동작업을 하게 한다. 다른 자유형인 금고와 구류는 물론 미결수용자와 사형확정자도 신청하는 경우 작업이 가능하고 실제로도 신청하는 경우가 많지만 의무적으로 부과된다는 점은 큰 차이이다.

작업은 수형자에게 근로정신을 함양시키고 기술을 습득시켜 사회에 적응할 수 있는 건전한 국민으로 복귀시키는 것을 목적으로 하는데 처우급수와 관계없이 나이, 형기, 건강, 기술, 성격, 취미, 경력, 장래 생계 등을 고려한다.

과거에는 농경작업 등 육체적 노동이 필요한 노동작업이 중심이었으나 최근에는 특수한 기능이 필요한 기능작업 위주로 바뀌고 있으며 작업이 가지는 교육적 기능에도 주목하고 있다. 따라서 교정시설에 일반 및 공공직업 훈련소를 설치하여 다양한 직업훈련을 실시하고 있으며 이를 통해 수형자가 출소 후 안정된 생활을 함으로써 재범을 방지하는 것을 목적으로 하고 있다.

수형자는 사회복지·디자인·청소·이용·음식서비스·건설·기계·재료·섬유 및 의복·전기 및 전자·정보통신·식품가공 등의 기술자격을 취득하고 있으며 산업기사 및 기능사 등의 기능자격도 취득하고 기능경기대회에도 출전하여 우수한 성적을 거두고 있다.

스토리박스 〈보충설명 X-1〉

자유형과 노동작업의 관계: 일본은 징역 · 금고형을 구금형으로 통일

일본은 최근 형법을 개정하여 징역과 금고를 구금형으로 통일하였는데 노동작업을 하기 힘든 고령 수형자가 증가하는 한편 재범방지를 위한 교육프로그램이나 지도를 실시하기 어렵다는 점을 고려한 것이다. 또한 대부분의 경우 징역이 선고되며 금고는 극히 일부만이 선고되기 때문에 금고를 형벌로 유지할 필요성도 줄어들었다는 점도 개정이유의 하나였다.

우리나라도 2020년 기준 금고가 전체 형벌에서 차지하는 비율이 0.2%에 불과하기 때문에 일본과 매우 유사한 상황으로 금고의 존치 여부 및 노동작업의 의무적 부과 문제를 진지하게 검토할 필요가 있다.

4. 교육과 교화프로그램

형집행법은 작업과 직업훈련 이외에도 교육·교화프로그램 등을 통하여 교정교화를 도모하고 사회생활에 적응하는 능력을 함양하도록 규정하고 있다(55조). 이에 따라 다양한 교육을 실시하고 있는데 우선 신입 수용자와 석방 예정자가 새로운 환경에 잘 적응할 수 있도록 생활지도교육을 한다.

또한 모든 수형자에게 인성교육을 실시하고 있는데 2007년 이전에는 새마을 정신교육의 근면·자조·협동정신을 계승한 정신교육을 실시하다가 2008년부터 감수성훈련, 인간관계 회복, 도덕성 회복, 시민의식 및 준법정신 함양 등을 내용으로 담은 인성교육을 실시하고 있다.

다양한 교육의 기회도 제공하고 있는데, 예를 들어 검정고시반을 운영하여 응시할 기회를 주고 있다. 더 나아가 일부 교정시설에서는 독학에 의한 학위취득 기회를 부여하고 있으며 전문대학 위탁교육과정이나 방송통신대학과정을 운영하는 교정시설도 있다.

Ⅲ. 시설 내 특별한 처우

1. 마약류사범 및 조직폭력사범 등의 특별 관리

▶**수용자의 금지물품(92조 1항)**
1. 마약·총기·도검·폭발물·흉기·독극물, 그 밖에 범죄의 도구로 이용될 우려가 있는 물품
2. 무인비행장치, 전자·통신기기, 그 밖에 도주나 다른 사람과의 연락에 이용될 우려가 있는 물품
3. 주류·담배·화기·현금·수표, 그 밖에 시설의 안전 또는 질서를 해칠 우려가 있는 물품
4. 음란물, 사행행위에 사용되는 물품, 그 밖에 수형자의 교화 또는 건전한 사회복귀를 해칠 우려가 있는 물품

마약류사범이나 조직폭력사범 등 관심대상수용자는 별도로 관리하는데 마약류 반입을 효과적으로 차단하거나 일반 수용자를 보호하기 위함이다. 예를 들어 조직폭력사범에게는 수용자를 대표하는 직책이 부여될 수 없으며 마약류사범은 강제에 의하지 아니하는 범위에서 마약반응검사를 하고 소지물품을 수시로 점검한다. 형집행법은 수용자가 주류·담배·화기·현금·수표·무인비행장치·전자·통신기기를 소지한 경우 처벌하고 이러한 물품 등을 수용자에게 전달할 목적으로 반입하는 것도 처벌하는 규정을 두고 있다.

스토리박스 〈보충설명 X-2〉

관심대상수용자: 형집행법 시행규칙 210조의 관심대상수용자 지정대상

1. 다른 수용자에게 상습적으로 폭력을 행사하는 수용자
2. 교도관을 폭행하거나 협박하여 징벌을 받은 전력(前歷)이 있는 사람으로서 같은 종류의 징벌대상행위를 할 우려가 큰 수용자
3. 수용생활의 편의 등 자신의 요구를 관철할 목적으로 상습적으로 자해를 하거나

각종 이물질을 삼키는 수용자

4. 다른 수용자를 괴롭히거나 세력을 모으는 등 수용질서를 문란하게 하는 조직폭력수용자(조직폭력사범으로 행세하는 경우를 포함한다)
5. 조직폭력수용자로서 무죄 외의 사유로 출소한 후 5년 이내에 교정시설에 다시 수용된 사람
6. 상습적으로 교정시설의 설비·기구 등을 파손하거나 소란행위를 하여 공무집행을 방해하는 수용자
7. 도주(음모, 예비 또는 미수에 그친 경우를 포함한다)한 전력이 있는 사람으로서 도주의 우려가 있는 수용자
8. 중형선고 등에 따른 심적 불안으로 수용생활에 적응하기 곤란하다고 인정되는 수용자
9. 자살을 기도한 전력이 있는 사람으로서 자살할 우려가 있는 수용자
10. 사회적 물의를 일으킨 사람으로서 죄책감 등으로 인하여 자살 등 교정사고를 일으킬 우려가 큰 수용자
11. 징벌집행이 종료된 날부터 1년 이내에 다시 징벌을 받는 등 규율 위반의 상습성이 인정되는 수용자
12. 상습적으로 법령에 위반하여 연락을 하거나 금지물품을 반입하는 등의 방법으로 부조리를 기도하는 수용자
13. 그 밖에 교정시설의 안전과 질서유지를 위하여 엄중한 관리가 필요하다고 인정되는 수용자

2. 사회적 약자에 대한 특별 처우

소년·여성·노인·장애인에 대하여 신체적·심리적 특성, 나이·건강상태 및 장애의 정도 등을 고려하여 배려한다. 여성수용자는 위생에 필요한 물품을 지급받으며 건강검진을 받을 경우 나이·건강 등을 고려하여 부인과질환 검사도 포함된다. 특히 임신중이거나 출산 후 60일 이내의 산모는 정기검진 및 외부진료 등 특별한 처우를 실시하며 출산한 유아를 교정시설에서 양육할 것을 신청하면 생후 18개월까지 허가한다. 노인과 장애인의 경우 이동의 편의성을 고려하여 원칙적으로 건물의 1층에 거실을 둔다. 소년의 경우 나이와 적성 등을 고려하는데 특히 학습에 배려한다.

외국인에 대해서도 특별한 처우를 하는데 언어 및 생활문화 등을 고려하고 있다. 일반적으로 외국어에 능통한 교도관을 전담요원으로 지정하고 해당 국가의 음식문화를 고려하며 종교 또는 생활관습이 다르거나 민족감정 등으로 분쟁의 소지가 있는 경우 분리수용한다. 최근 중국 국적의 외국인 수용자가 압도적 다수를 차지하고 있으나 미국, 일본을 비롯하여 대만, 러시아, 베트남, 몽골 등 다양한 국적의 외국인이 수용되어 있다.

3. 미결수용자 등의 처우

미결수용자는 무죄의 추정을 받기 때문에 수형자를 대상으로 하는 작업, 직업훈련, 교육, 종교활동, 특별활동 등을 하지 않는다. 다른 한편 수사 및 재판이 진행 중이므로 소송서류의 작성, 변호인과의 접견, 편지수수 등의 권리행사를 보장받지만 도주 및 증거인멸 방지를 위해 관련자를 분리수용함으로써 서로 간의 접촉을 금지하고 있다.

사형확정자의 경우 사형집행시설이 있는 교정시설에 수용하면서 자살방지프로그램 등을 실시하고 있는데 사형집행이 장기간 유보됨에 따라 사형확정자에 대해서도 교육·교화프로그램을 실시하고 신청에 따라 작업을 할 수 있도록 하였다.

제2절 사회 내 처우

범죄자를 교정시설에 수용하지 않고 사회 내에서 정상적인 생활을 하게 하면서 일정한 기간동안 교정당국의 지도감독을 받으며 사회복귀를 도모하는 처우를 사회 내 처우라고 한다. 대표적인 사회 내 처우로는 가석방, 보호관찰, 사회봉사·수강명령, 갱생보호가 있는데 가석방의 경우 원래 처우를 동반하지 않는다. 그러나 가석방 자체가 사회 내에서의 처우를 담고 있지 않지만 시설 내 처우를 회피 또는 종료하고 대상자를 사회 내 처우로 돌린다는 측면에서는 사회 내 처우를 실시하기 위한 제도로 평가할 수 있고[6] 보통 보호관찰과 연계되고 있다.

Ⅰ. 중간처우

시설 내 처우에 있어서도 수형자 등은 결국 사회로 돌아갈 존재이기 때문에 사회성을 확보할 필요가 있어 수용기간 동안 사회와의 소통을 확보하고 특히 석방을 앞두고는 사회와의 소통을 강화한다. 이러한 처우는 보통 시설 내 처우와 사회 내 처우의 중간단계에서 이루어지기에 중간처우라고도 한다.

1. 접견 등 외부와의 소통

편지를 주고받거나 전화통화하는 것도 외부와의 소통을 위한 유용한 방법이며 더 넓게는 신문 및 잡지의 구독이나 TV 및 라디오 시청도 외부정보를 입수한다는 점에서 외부와의 소통에 포함된다. 그러나 가족 등과의 접견이 가장 핵심이며 미결수용자는 방어권의 실질적 보장을 위해 변호사와의 접견도 필요하다.

▶헌법재판소 1998. 10. 15. 98헌마168.

헌법재판소는 다음과 같이 접견교통권이 헌법상의 기본권에 속한다고 판단하였다. 즉 "수형자가 갖는 접견교통권은 가족 등 외부와 연결될 수 있는 통로를 적절히 개방하고 유지함으로써 가족 등 타인과 교류하는 인간으로서의 기본적인 생활관계가 인신의 구속으로 완전히 단절되어 정신적으로 황폐하게 되는 것을 방지하기 위하여 반드시 보장되지 않으면 안 되는 인간으로서의 기본적인 권리에 해당하므로 성질상 헌법상의 기본권에 속한다"고 보고 이러한 접견교통권이 "비록 헌법에 열거되지는 아니하였지만 헌법 제10조의 행복추구권에 포함되는 기본권의 하나로서의 일반적 행동자유권으로부터 나온다"고 보았다.

▶녹음 등의 사유(41조 4항)
1. 범죄의 증거를 인멸하거나 형사 법령에 저촉되는 행위를 할 우려가 있는 때
2. 수형자의 교화 또는 건전한 사회복귀를 위하여 필요한 때
3. 시설의 안전과 질서유지를 위하여 필요한 때

접견의 범위는 확대되어 왔다. 현재 미결수용자의 경우 변호사와의 접견은 제한 없이 허용되며 수용자가 가족 등 변호사가 아닌 타인과 만나는 접견도 원칙적으로 보장되면서 점점 더 시간 및 방식의 제한이 완화되어 왔다. 최근에는 기술의 발전에 따라 인터넷 및 스마트폰을 이용하여 화상으로 접견하는 제도도 도입하였으며 더 나아가 차단막이 없는 접견실에서 가족 등과 시간을 보낼 수 있도록 하거나 교정시설 내에 별도로 일반주택 형태의 건축물을 설치하여 1박 2일간 숙식을 할 수 있는 제도도 도입하였다.

그러나 일반적인 접견의 경우 여전히 차단막이 설치된 공간에서 30분 이내로 실시되며 일정한 경우 대화의 내용이 청취·기록·녹음 또는 녹화된다.

▶귀휴의 사유(77조)
(일반귀휴) 1. 가족 또는 배우자의 직계존속이 위독한 때 2. 질병이나 사고로 외부의료시설에의 입원이 필요한 때
3. 천재지변이나 그 밖의 재해로 가족, 배우자의 직계존속 또는 수형자 본인에게 회복할 수 없는 중대한 재산상의 손해가 발생하였거나 발생할 우려가 있는 때 4. 그 밖에 교화 또는 건전한 사회복귀를 위하여 법무부령으로 정하는 사유가 있는 때
(특별귀휴) 1. 가족 또는 배우자의 직계존속이 사망한 때 2. 직계비속의 혼례가 있는 때

2. 개방처우 및 귀휴 등

수형자에 대한 자유 박탈을 완화하는 대표적인 조치로서 개방시설에서의 처우가 있고 여기에는 외부통근제 등도 포함되는 경우가 있다. 보통 주간에는 교정시설 밖의 외부작업장으로 통근하며 교정시설 내에서도 수형자의 자율과 책임을 바탕으로 하는 자치 프로그램이 시행된다.

귀휴제도는 교정성적이 양호하고 도주의 위험성이 적은 수형자에게 일정한 요건하에 기간과 행선지를 제한하여 외출 및 외박을 허용하는 제도인데 수형자의 석방 후 생활준

비, 가족과의 유대관계 유지 등도 목적이지만 수형자로 하여금 사회와의 유대를 강화시켜 사회적응능력을 키우는 것도 목적으로 한다.

Ⅱ. 가석방 등

가석방은 수형자의 교정교화를 촉진하기 위해 형기만료 전에 조건부로 석방하여 사회복귀의 기회를 부여하는 제도로 징역 또는 금고형으로 수용된 수형자의 경우는 가석방이 되지만, 피보호감호자는 가출소, 피치료감호자는 가종료가 된다.

영국이 19세기에 유형지인 호주에서 선행의 경우에 조건부로 석방하던 제도가 가석방의 기원이며 우리나라도 수형자가 모범적인 수형생활을 한 경우로 재범가능성이 낮고 뉘우치는 빛이 뚜렷할 때 일정한 기간을 경과한 후에 석방하고 있다.

헌법재판소는 가석방의 성격 관련 가석방이 "수형자의 개별적인 요청이나 희망에 따라 행하여지는 것이 아니라 행형기관의 교정정책 혹은 형사정책적 판단에 따라 수형자에게 주어지는 은혜적 조치에 불과"하다고 보았다. 따라서 어떤 수형자가 형법 72조 1항에 규정된 요건을 갖추었다고 하더라도 그것만으로 행형당국에 대하여 가석방을 요구할 주관적 권리를 취득하거나 행형당국이 그에게 가석방을 해야 할 법률상의 의무를 부담하게 되는 것이 아니고 수형자는 동조에 근거한 행형당국의 가석방이라는 구체적인 행정처분이 있을 때에만 비로소 형기만료 전 석방이라는 사실상의 이익을 얻게 될 뿐이라고 하였다.

▶헌법재판소 1995. 3. 23. 93헌마12 등.

▶형법 72조 1항
– 제72조(가석방의 요건) ① 징역이나 금고의 집행 중에 있는 사람이 행상(行狀)이 양호하여 뉘우침이 뚜렷한 때에는 무기형은 20년, 유기형은 형기의 3분의 1이 지난 후 행정처분으로 가석방을 할 수 있다.

매월 1회 실시하는데 2020년에는 12,203명이 가석방되었다. 변동이 큰 편인데 2011년 이후 아동 및 여성 대상 강력범죄 증가로 대상을 축소하였다가 2016년 이후 과밀화 해소를 위해 확대하고 있다. 코로나 확산으로 인해 추가로 가석방 심사기준이 완화되며 가석방되는 인원이 늘고 있으나 외국과 비교할 때 여전히 가석방 출소율은 낮은 편이다.[7]

2019년부터는 정신질환자 치료조건부 가석방 제도를 도입하여 그동안 심사에서 배제

되었던 수형자에게 치료 및 사회복귀의 기회를 제공하기 시작했다.[8]

가석방후 정해진 기간이 경과하면 형의 집행이 종료된 것이 되나 기간 중 재범으로 금고 이상의 형이 확정되거나 준수사항을 중대하게 위반한 경우 취소되어 재수용된다.

피치료감호자의 경우 충분히 치료되어 재범의 위험성이 없다고 인정되거나 치료의 경과가 양호하여 약물 또는 통원치료만으로도 치료가 가능하고 재범의 위험성이 없다고 인정되고 친족이 보호를 서약하거나, 치료하여도 증상의 호전을 기대할 수 없는 경우에 재범의 위험성을 방지하기 위한 최소한의 사회적응훈련을 마치고 친족이 보호를 서약하는 경우 가종료를 한다.

Ⅲ. 보호관찰

1. 의의와 연혁

▶용어 구분
–미국에서는 '보호관찰부 형의 집행유예'를 Probation으로, '보호관찰부 가석방'을 'Parole'로 용어를 구분하여 사용하고 있음

유죄가 인정된 범죄자가 일정한 기간 범행하지 않는 것을 조건으로 형의 선고 또는 집행을 유예하여 사회에서 자유로운 활동을 할 수 있도록 허용하면서 동시에 보호관찰관의 개별적 지도·감독과 원호를 받아 사회복귀가 용이하도록 도와주는 제도로 자유형의 폐해에 따라 구금의 대체처분으로 널리 활용되고 있다.

우리나라에서도 "세계적으로 그 법적 성격에 있어 형벌의 일종 또는 최소한 형벌 대체적 처분으로 재규정되고 있을 뿐만 아니라 그 기능면에서도 단순히 경미한 범죄인에 대한 전환절차(다이버젼)로서의 역할수준을 넘어 상당수의 중범죄자에 대한 형벌수단, 강력·고위험범죄자에 대한 사회 내 위험관리수단으로 활용되고 있는 등 구금처우를 능가하는 중추적인 형사정책수단으로 발전"하였다고 평가받고 있다.[9]

1958년 소년법에 보호관찰처분이 규정되었지만 실질적으로는 1981년 법무부가 보호국을 설치하고 1983년 '보호관찰 시험실시 지침'을 훈령으로 마련한 후 보호관찰법을 제

정하여 1989년부터 소년 범죄자에 대해 전면적이고 체계적인 보호관찰제도를 실시한 것이 시작이다.

이후 성인범죄자에 대해서도 확대되었고 현재 선고유예 및 집행유예는 물론 가석방과 각종 특별법상의 보호처분에서도 활용되고 있다. 2012년에는 특정 범죄자에 대한 형 집행종료 후 보호관찰제도가 신설되었고 2018년에는 치료감호 만기 종료자에 대한 보호관찰제도와 벌금형 집행유예 보호관찰제도도 시행되었다.

2. 현황과 변화

2020년 기준으로 보호관찰대상자의 처분별 분포 비율은 집행유예자 59.2%, 소년법상 보호관찰 처분자 15.3%, 가정보호처분 4.9%, 벌금대체 사회봉사 4.7%, 가석방 4.5%, 선도위탁 4.3%, 벌금형 이수명령 3.6%, 성구매자에 대한 존스쿨 대상자 0.8%, 형기종료자 1.5%, 성매매 보호처분 0.1%, 선고유예자 0.01%의 순이다.[10]

현행 법령상 보호관찰기간은 대상별로 그 기간이 크게 차이나는데 이는 보호관찰의 법적 성격에 따라 달라진다고도 할 수 있다. 즉 대체하고자 하는 구금의 기간과 관계가 커서 가석방의 경우 잔형기간이 되며 집행유예의 경우 집행유예기간 또는 유예기간 내에서 법원이 정한 기간이 된다. 선고유예의 경우 1년이며 가정법원 소년부 등에서 보호관찰처분을 받는 경우 단기는 1년, 장기는 2년이 된다.

그 중에서도 최근에 도입된 형집행종료 후 보호관찰제도는 2년에서 5년으로 다른 보호관찰보다 기간이 상당히 길다. 더구나 이러한 기간은 구금을 대체하는 것이 아니라 제한을 새롭게 추가하는 것이라는 점을 감안하며 부당하다고까지 할 수 있다. 다만 이러한 보호관찰과 동시에 부착되는 전자장치의 경우 최장 30년까지도 부착시킬 수 있으므로 이러한 측면에서는 길지 않다고 볼 수도 있다.

3. 준수사항

보호관찰법은 보호관찰 대상자에게 기본적인 자유를 인정하면서도 선량한 일반시민에게 요구되는 준법의무 이상의 강도 높은 준수사항 이행을 요구하는데 일반적인 준수사항과 특별한 준수사항으로 나뉜다. 일반준수사항은 ① 주거지에 상주하고 생업에 종사할 것, ② 범죄로 이어지기 쉬운 나쁜 습관을 버리고 선행을 하며 범죄를 저지를 염려가 있는 사람들과 교제하거나 어울리지 말 것, ③ 보호관찰관의 지도·감독에 따르고 방문하면 응대할 것, ④ 주거를 이전하거나 1월 이상 국내외 여행을 할 때에는 미리 보호관찰관에게 신고할 것이다(32조 1항).

특별준수사항은 범죄의 내용과 종류 및 본인의 특성 등을 고려하여 별도로 부과되는데 ① 야간 등 재범의 기회나 충동을 줄 수 있는 특정 시간대의 외출 제한, ② 재범의 기회나 충동을 줄 수 있는 특정 지역·장소의 출입 금지, ③ 피해자 등 재범의 대상이 될 우려가 있는 특정인에 대한 접근 금지, ④ 범죄행위로 인한 손해를 회복하기 위하여 노력할 것, ⑤ 일정한 주거가 없는 자에 대한 거주장소 제한, ⑥ 사행행위에 빠지지 아니할 것, ⑦ 일정량 이상의 음주를 하지 말 것, ⑧ 마약 등 중독성 있는 물질을 사용하지 아니할 것, ⑨ 「마약류관리에 관한 법률」상의 마약류 투약, 흡연, 섭취 여부에 관한 검사에 따를 것, ⑩ 그 밖에 보호관찰 대상자의 재범 방지를 위하여 필요하다고 인정되어 대통령령으로 정하는 사항이다(32조 3항).

보호관찰관은 준수사항을 지키고 건전한 사회인이 되도록 보호관찰 대상자와 긴밀하게 접촉하며 행동과 환경을 관찰할 뿐만 아니라 적절한 지시와 조치를 하게 된다. 보통 1명의 보호관찰관이 다수의 대상자를 관리하는데 조두순 출소를 계기로 2019년 19세 미만의 사람에 대하여 성폭력범죄를 저지른 전자장치 피부착자 중 재범의 위험성이 현저히 높은 사람에 대해서는 일정한 기간 보호관찰관이 1:1로 전담하는 제도가 새로 도입되었다.

▶대통령령에 의한 특별준수사항

1. 운전면허를 취득할 때까지 자동차(원동기장치자전거를 포함한다) 운전을 하지 않을 것
2. 직업훈련, 검정고시 등 학과교육 또는 성행(性行: 성품과 행실)개선을 위한 교육, 치료 및 처우 프로그램에 관한 보호관찰관의 지시에 따를 것
3. 범죄와 관련이 있는 특정 업무에 관여하지 않을 것
4. 성실하게 학교수업에 참석할 것
5. 정당한 수입원에 의하여 생활하고 있음을 입증할 수 있는 자료를 정기적으로 보호관찰관에게 제출할 것
6. 흉기나 그 밖의 위험한 물건을 소지 또는 보관하거나 사용하지 아니할 것
7. 가족의 부양 등 가정생활에 있어서 책임을 성실히 이행할 것
8. 그 밖에 보호관찰 대상자의 생활상태, 심신의 상태, 범죄 또는 비행의 동기, 거주지의 환경 등으로 보아 보호관찰 대상자가 준수할 수 있고 자유를 부당하게 제한하지 아니하는 범위에서 개선·자립에 도움이 된다고 인정되는 구체적인 사항

스토리박스 〈보충설명 X-3〉

성폭력범죄자에 대한 최근 대응

■ 법무부의 대책

법무부가 2022. 9. 15. 성폭력범죄자 김근식의 출소에 대한 대책으로 발표한 내용은 다음과 같다.

우선 22시부터 06시까지의 외출제한과 아동·청소년 관련 시설 출입금지, 성폭력치료 120시간을 준수사항으로 부과하였는데 19세 미만 여성 접촉금지를 추가하고 외출제한 시간을 09시까지 연장하는 것과 주거지 및 여행제한도 추가로 신청하였다.

더구나 출소 5개월 전부터 매월 전담 보호관찰관과 사전접견을 통해 재범위험요인 등을 파악하고, 1:1 전자감독 대상자로 지정하여 전담하는 보호관찰관을 배치하고, 위치추적관제센터의 전담 관제요원이 상시 모니터링함과 동시에 준수사항 위반 시에는 신속수사팀이 즉각적으로 현행범체포하고 전자감독의 기간을 연장하겠다고 하였다.

개별 심리치료와 맞춤형 사회적응프로그램도 실시하지만 관할 경찰서·지자체 등과 거주지역 CCTV 증설 등 공조체계를 구축하고 실시간 정보공유를 통해 강한 감시를 실시한다.

2022년 10월 출소한 성폭력범죄자 박병화도 외출 제한 시간이 자정부터 06시까지였으나 21시부터 06시로 변경되었다.

출처: 법무부. (2022. 10. 14.). "김근식 출소 후 귀주지 등 종합 관리대책", 법무부 보도자료; 류수현. (2022. 11. 10). "성폭행범 박병화 외출 제한 3시간 연장…오후 9시~익일 오전 6시", 서울신문.(https://www.yna.co.kr/view/AKR20221110169200061, 2023. 2. 6. 검색).

■ 지방자치단체 등의 대응

경기 안산시는 2020년 조두순 출소에 따라 청원경찰을 주거지 근처 주요 길목에 설치된 방범초소에 배치하여 3교대로 순찰 등을 하게 하였다. 기존의 6명에 더해 새로 6명을 선발하였는데 무도 실무관급 인력으로 무도 자격 3단 이상 또는 경호원 및 경찰 출신 등이 우대조건이었다. 이들은 자율방범대 등 민간인들과 협력하여 순찰하고 있다.

출처: 이범구. (2020. 11. 30). "안산, 조두순 출소 대비 무도 청원경찰 순찰 개시", 한국일보.(https://www.hankookilbo.com/News/Read/A2020113012560004160, 2023. 2. 6. 검색).

Ⅳ. 사회봉사 · 수강명령

1. 사회봉사명령

유죄로 인정된 범죄자에게 형법상의 집행유예에 수반된 조건으로 집행유예기간내에 일정한 시간동안 지정된 장소에서 무보수로 일정한 노역에 종사하도록 하는 제도이다.

▶소년법상 보호처분에도 사회봉사명령이 있음.

1960년대 영국에서 과밀수용을 해소하려는 시도에서 자유형을 대체하는 제도로 논의하여 1972년 도입하였다. 우리나라는 1995년 개정 형법을 통해 도입하였고 2009년에는 벌금을 대체하는 사회봉사제도도 시행하였다.

세계 각국은 사회봉사명령을 크게 ① 형벌의 일종, ② 보호관찰조건, ③ 다이버젼의 형태로 운용하고 있는데 ① 일정한 범죄나 범죄자에 대한 적절한 제재수단이 될 수 있다는 점, ② 범죄자의 개선갱생과 사회복귀를 도모하기 위한 유효한 수단이 될 수 있다는 점, ③ 단기자유형의 대체수단이 될 수 있다는 점이 장점으로 지적되고 있다.[11]

보호관찰소가 자체 집행하기도 하나 지역사회 내 공공시설 및 복지시설 등과 협력하여 집행하기도 하며 자연보호활동, 복지시설 및 단체봉사, 행정기관 지원, 공공기관 지원, 공공시설 봉사, 병원 지원, 공익사업 보조, 농촌 봉사, 문화재 보호봉사 등을 한다. 2020년 기준 교통사범이 39.1%로 가장 많고 폭력사범이 15.1%로, 500시간 이하로 부과되

나 101시간 이상 200시간 이하가 43.5%로 가장 많다.[12]

사회봉사명령의 한계

대법원은 "형법과 보호관찰 등에 관한 법률의 관계 규정을 종합하면, 사회봉사는 형의 집행을 유예하면서 부가적으로 명하는 것이고 집행유예 되는 형은 자유형에 한정되고 있는 점 등에 비추어, 법원이 형의 집행을 유예하는 경우 명할 수 있는 사회봉사는 자유형의 집행을 대체하기 위한 것으로서 500시간 내에서 시간 단위로 부과될 수 있는 일 또는 근로활동을 의미하는 것으로 해석되므로, 법원이 형법 제62조의2의 규정에 의한 사회봉사명령으로 피고인에게 일정한 금원을 출연하거나 이와 동일시할 수 있는 행위를 명하는 것은 허용될 수 없다"고 하고 "법원이 피고인에게 유죄로 인정된 범죄행위를 뉘우치거나 그 범죄행위를 공개하는 취지의 말이나 글을 발표하도록 하는 내용의 사회봉사를 명하고 이를 위반할 경우 형법 제64조 제2항에 의하여 집행유예의 선고를 취소할 수 있도록 함으로써 그 이행을 강제하는 것은, 헌법이 보호하는 피고인의 양심의 자유, 명예 및 인격에 대한 심각하고 중대한 침해에 해당하므로 허용될 수 없고, 또 법원이 명하는 사회봉사의 의미나 내용은 피고인이나 집행 담당 기관이 쉽게 이해할 수 있어 집행 과정에서 그 의미나 내용에 관한 다툼이 발생하지 않을 정도로 특정되어야 하므로, 피고인으로 하여금 자신의 범죄행위와 관련하여 어떤 말이나 글을 공개적으로 발표하라는 사회봉사를 명하는 것은 경우에 따라 피고인의 명예나 인격에 대한 심각하고 중대한 침해를 초래할 수 있고, 그 말이나 글이 어떤 의미나 내용이어야 하는 것인지 쉽게 이해할 수 없어 집행 과정에서 그 의미나 내용에 관한 다툼이 발생할 가능성이 적지 않으며, 유죄로 인정된 범죄행위를 뉘우치거나 그 범죄행위를 공개하는 취지의 말이나 글을 발표하도록 하는 취지의 것으로도 해석될 가능성이 적지 않으므로 이러한 사회봉사명령은 위법하다"고 판단하였다.

▶대법원 2008. 4. 11. 선고 2007도8373 판결.

2. 수강명령

경미한 비행이나 범죄를 저지른 자를 일정시간 지정된 장소에서 교육(강의, 체험학습, 심신훈련 등 범죄성 개선을 위한 교육)을 받게 하여 교화 및 개선을 도모하는 제도이다. 1948년 영국에서 비교적 비행성이 약한 21세 미만의 범죄자에게 주말동안 수강센터에서 강의를 받도록 함으로써 도입되었다.

법원의 명령부과에 따라 준법운전 프로그램, 약물 오·남용 방지 프로그램, 심리치료 프로그램, 성폭력방지 프로그램, 가정폭력방지 프로그램 등을 집행하게 된다. 2020년 기준 교통사범이 58.1%로 가장 많고 폭력사범이 15.2%로, 500시간 이하로 부과되나 50시간 이하가 96.7%로 가장 많다.[13]

스토리박스 〈보충설명 X-4〉

사회봉사명령 · 수강명령의 특별준수사항의 한계: 보호관찰과의 차이

▶대법원 2020. 11. 5. 선고 2017도18291 판결.

대법원은 "보호관찰, 사회봉사명령·수강명령은 당해 대상자의 교화·개선 및 범죄예방을 위하여 필요하고도 상당한 한도 내에서 이루어져야 하고, 당해 대상자의 연령·경력·심신상태·가정환경·교우관계 기타 모든 사정을 충분히 고려하여 가장 적합한 방법으로 실시되어야 하므로, 법원은 특별준수사항을 부과하는 경우 대상자의 생활력, 심신의 상태, 범죄 또는 비행의 동기, 거주지의 환경 등 대상자의 특성을 고려하여 대상자가 준수할 수 있다고 인정되고 자유를 부당하게 제한하지 아니하는 범위 내에서 개별화하여 부과하여야 한다는 점, 보호관찰의 기간은 집행을 유예한 기간으로 하고 다만 법원은 유예기간의 범위 내에서 보호관찰기간을 정할 수 있는 반면, 사회봉사명령·수강명령은 집행유예기간 내에 이를 집행하되 일정한 시간의 범위 내에에서 그 기간을 정하여야 하는 점, 보호관찰명령이 보호관찰기간 동안 바른 생활을 영위할 것을 요구하는 추상적 조건의 부과이거나 악행을 하지 말 것을 요구하는 소극적인 부작위조건의 부과인 반면, 사회봉사명령·수강명령은 특정시간 동안의 적극적인 작위의무를 부과하는 데 특징이 있다는 점 등에 비추어 보면, 사회봉사명령·수강명령 대상자에 대한 특별준수사항은 보호관찰 대상자에 대한 것과 같을 수 없고, 따라서 보호관찰 대상자에 대한 특별준수사항을 사회봉사명령·수강명령 대상자에게 그대로 적용하는 것은 적합하지 않다"고 한 후 "보호관찰법 제32조 제3항이 보호관찰 대상자에게 과할 수 있는 특별준수사항으로 정한 "범죄행위로 인한 손해를 회복하기 위하여 노력할 것(제4호)" 등 같은 항 제1호부터 제9호까지의 사항은 보호관찰 대상자에 한해 부과할 수 있을 뿐, 사회봉사명령·수강명령 대상자에 대해서는 부과할 수 없다"라고 판단하였다.

V. 갱생보호

출소한 자에 대하여 자립의식을 고취하고, 경제적 자립기반을 조성시켜 건전한 사회복귀를 촉진하는 것이 갱생보호인데 재범의 위험성 방지를 목적으로 하며 대상자의 신청을 받아 이루어지는 임의적 처우이다.

숙식제공 및 자립지원 등의 생활지원사업, 기능훈련을 실시하는 취업지원사업, 주거 및 결혼 등을 지원하는 가족지원사업, 심리상담 및 치료서비스를 제공하는 상담지원사업을 법무부 소속 한국법무보호복지공단이 민간의 도움을 받으면서 수행하고 있다.

스토리박스 〈보충설명 X-5〉

갱생보호시설의 역할: 일본의 갱생보호시설의 역할 변화

일본의 갱생보호시설은 모든 피보호자에 대한 일반적인 생활지도외에도 특별한 처우를 하고 있는데 사회생활에 적응하기 위한 지도나 조언을 내용으로 하는 처우 이외에도 2013년부터 약물사범자에 대해 지정된 시설에서 정신보건복지사 등이 약물의존에서 회복하기 위한 전문적인 처우를 실시하고 있다. 따라서 일본의 갱생보호시설은 피보호자가 직장을 찾아서 자립하는 전단계의 숙박시설이 아니라 전문적인 처우시설이 되어가고 있다.

출처: 川出敏裕·金光旭/금용명·장응혁·안성훈 역. (2020). 「일본의 형사정책 Ⅱ」, p.267. 박영사.

요점 정리

범죄자의 기본적인 처우

- 과거에는 자유박탈적 형사제재의 집행 즉 형의 집행만을 중시하였으나 최근에는 시설에 수용된 사람의 처우도 중시하고 있음. 시설에 수용된 사람도 각각의 교정목적 등에 따라 다양한 처우를 받게 됨.

- 수형자는 교도소에, 미결수용자는 구치소에 수감되며 특히 수형자는 교육 · 교화프로그램, 작업, 직업훈련 등을 받게 됨. 그러나 우리나라 교정시설의 경우 시설이 부족하여 미결수용자가 교도소에 수용되고 있을 뿐만 아니라 시설이 매우 열악하고 특히 과밀수용의 상태임.

- 2007년 행형법에서 「형의 집행 및 수용자의 처우에 관한 법률」로 명칭이 변경된 형집행법은 수형자의 개별적인 특성에 따라 처우계획을 수립하고 시행하도록 하였는데 최근

고위험군 수형자에 대해서는 보다 정밀한 검사 및 심사를 통해 심리치료 프로그램 등 특별 처우도 실시하고 있음 → 치료감호(제9장 제1절) 참고.

- 시설 내 처우에 있어서 접견 등 외부와의 소통은 점점 더 확대되어 왔으며 사회 내 처우도 강조되고 있음. 가석방, 보호관찰, 사회봉사 · 수강명령 등의 제도가 도입되어 있으며 출소한 자에 대한 지원인 갱생보호도 실시하고 있음.

- 보호관찰의 경우 원래 자유형의 폐해를 막기 위해 구금의 대체처분으로 도입되었는데 우리나라의 경우 중범죄자에 대한 위험관리수단으로도 널리 활용되고 있음. 보호관찰대상자는 일반시민에게 요구되는 준법의무 이상의 준수사항을 요구받는데 외출 제한이나 출입 금지뿐만 아니라 다양한 제한을 받게 됨.
→ 성범죄의 처우(제11장 제2절)

참고문헌

1. 한인섭. (2006).「형벌과 사회통제」, pp. 92-94. 박영사.
2. 한인섭. (2006).「형벌과 사회통제」, pp. 316-319. 박영사.
3. 한인섭. (2006).「형벌과 사회통제」, pp. 351-355. 박영사.
4. 법무연수원. (2022).「2021 범죄백서」, p.344.
5. 법무연수원. (2022).「2021 범죄백서」, p.346.
6. 川出敏裕·金光旭/금용명·장응혁·안성훈 역. (2020).「일본의 형사정책 II」, p.215. 박영사.
7. 법무부. (2021. 4. 28). "선별적 가석방 완화로 수형자 스스로 개선의지를 고취하고 사회복귀를 촉진시키겠습니다", 법무부 보도자료.
8. 법무연수원. (2022).「2021 범죄백서」, pp.345-346.
9. 법무연수원. (2022).「2021 범죄백서」, p.412.
10. 법무연수원. (2022).「2021 범죄백서」, p.426.
11. 川出敏裕·金光旭/금용명·장응혁·안성훈 역. (2020).「일본의 형사정책 II」, pp.269-270. 박영사.
12. 법무연수원. (2022).「2021 범죄백서」, pp.434-435.
13. 법무연수원. (2022).「2021 범죄백서」, pp.434-435.

제 11 장 특수한 범죄와 처우

가장 기본적인 범죄대책은 형벌의 부과지만 범죄 또는 범죄자의 특성에 따라 특별한 대책이 필요한 경우도 있으며 사회가 발전함에 따라 새로운 대책이 계속 나오고 있다. 더구나 과거에는 형사사법기관이 주로 관여하였으나 최근에는 형사사법기관을 포함한 국가기관은 물론, 지방자치단체와 민간영역의 개입도 강화되고 있다.

▶일본의 특수범죄 대책
예를 들어 카와이데 교수는 저서(형사정책)에서 소년비행, 폭력단 범죄, 약물범죄, 정신장애인의 범죄, 고령자의 범죄, 가정 내 폭력, 교통범죄를 개별적으로 다루고 있음.

이하에서는 소년범죄와 성(폭력)범죄, 가정 내 폭력 등(가정폭력·아동학대·스토킹)의 대책을 다루는데 소년범죄의 경우 특수한 대처가 가장 전통적으로 이루어진 영역이고 가정 내 폭력 등은 최근 전세계적으로 논의가 활발하게 이루어지고 있는 영역이다. 성범죄 관련하여서는 우리나라가 최근 다양한 제도를 도입하였는데 전세계적으로 주목받는 상황이다.

이외에도 우리나라에서는 전통적으로 사기 등의 범죄가, 최근에는 사이버범죄 및 보이스피싱 등의 범죄가 주목받고 있으며, 코로나 상황을 거치면서 마약범죄 등이 주목받고 있는데 이에 대한 논의는 다음을 기약하기로 한다.

제1절 소년범죄

Ⅰ. 총론

1. 소년보호의 이념

소년법은 성인과 다른 소년의 특수성을 인정하여 형사처분에 관한 특별조치를 인정하고 있을 뿐만 아니라 소년의 환경 조정과 품행 교정을 위한 보호처분제도를 도입하였다.

▶국친사상
– 부모가 소년을 보호하지 못하면, 국가를 대리하는 소년법원이 부모가 베풀지 않는 정도까지 부모의 책임을 인수하는 것임

이러한 특별한 대응은 국가가 소년을 처벌하기보다 다른 처우를 통해 비행원인이 되는 환경과 성행을 개선하고 법을 지키는 사람으로 살아가는 데 필요한 교육과 복지를 제공해야 한다는 이른바 '소년보호주의'에 따른 것인데 그 바탕에는 이른바 '국친사상'이념이 있다.

14세기 영국에서 시작된 국친사상은 미국에도 영향을 주어 소년법원의 사상적 토대가 되었으나 미국에서도 1960년대 이후 변화가 시작되어 형사법원과 소년법원에서의 형벌 옵션이 확대되었다.[1]

2. 소년의 구분

▶우범소년의 사유
가. 집단적으로 몰려다니며 주위 사람들에게 불안감을 조성하는 성벽(性癖)이 있는 것
나. 정당한 이유 없이 가출하는 것
다. 술을 마시고 소란을 피우거나 유해환경에 접하는 성벽이 있는 것

소년법상 소년은 19세 미만인 자인데 14세 이상 19세 미만의 소년이 범죄를 저지른 경우 죄를 범한 소년 즉 범죄소년이 되고, 10세 이상 14세 미만의 소년이 범죄를 저지른 경우 책임능력이 인정되지 않으므로 형벌 법령에 저촉되는 행위를 한 소년인 촉법소년이 된다. 10세 이상 19세 미만의 소년으로 성격이나 환경에 비추어 앞으로 형벌 법령에 저촉되는 행위를 할 우려가 있는 경우는 우범소년이 된다. 법무부는 2022년 구분의 기준이 되는 14세를 13세로 변경하는 소년법 및 형법 개정안을 입법예고하였으나[2] 비판도 거세다.

스토리박스 〈보충설명 XI-1〉

일본의 소년 구분: 특정소년제도 신설

일본의 소년법은 20세 미만을 소년으로 규정하고 있는데 2022년 개정으로 18세와 19세인 소년을 소년법의 적용대상으로 하면서 몇 가지 특례를 두었다. 이를 '특정소년'이라 하는데 2015년의 공직선거법 개정으로 선거권 연령이 18세로 낮아지면서 논의가 시작되어 민법과 함께 개정되었다.

Ⅱ. 범죄소년에 대한 처우

소년법은 소년에 대하여 형사처분에 관한 다양한 특별조치를 인정하고 있는데 우선 형벌의 특례가 인정된다. 즉 죄를 범할 당시 18세 미만인 소년을 사형 또는 무기형으로 처할 경우에는 15년의 유기징역으로 하며 소년이 장기 2년 이상의 유기형에 해당하는 경우 그 형의 범위에서 장기와 단기를 정하고 장기는 10년, 단기는 5년을 초과하지 못한다. 또한 18세 미만인 소년이 벌금을 납부하지 않더라도 유치선고를 하지 못한다.

▶소년교도소
– 19세 미만의 소년은 소년교도소 등에 분리하여 수용함.

나아가 소년에 대한 구속영장은 부득이한 경우가 아니면 발부하지 못하도록 규정하고 있으며 수사하는 검사는 물론 심리하는 법원도 보호처분에 해당할 사유가 있다고 인정하면 사건을 관할 소년부에 송치하도록 규정하고 있다. 이에 따라 2020년 판사가 형사공판에서 소년법원으로 보낸 사건은 전체의 약 40%에 이르고 있는데 과거에는 60%에 가까웠다.

스토리박스 〈보충설명 XI-2〉

소년범죄의 동향: 소년범죄의 감소와 그 내용

소년범죄는 촉법소년을 포함시키는 여부에 따라 통계에 매우 큰 차이가 발생할 수 있다. 그러나 포함 여부에 관계없이 소년범죄 자체는 매우 큰 폭으로 감소하고 있다. 범죄백서는 2018년부터 촉법소년을 소년범죄에서 제외하고 있는데 2011년 100,032건이던 것이 2017년 72,759명으로, 다시 2020년 64,460명으로 감소하였다.

또한 범죄의 질적인 측면과 연령층도 고려해 볼 필요가 있다. 소년범죄의 80% 정도를 형법범죄가 차지하고 있는데 그 중 재산범죄가 과반수가 넘으며 폭력범죄도 30% 전후에서 감소하고 있다. 살인 및 강도 등 흉악범죄가 대체로 증가하고 있으나 6% 정도를 차지하고 있다. 소년 형법범죄 중 14세~15세가 30% 전후를, 16세~17세가 40% 정도를, 18세가 20% 정도를 차지하고 있는데 14~15세와 18세의 비율이 증가하고 있다.

출처: 법무연수원. (2022). 「2021 범죄백서」, pp.545-551.

Ⅲ. 보호처분과 그 절차

1. 보호처분

소년법은 우범소년 및 촉법소년뿐만 아니라 범죄소년에 대해서도 보호처분을 할 수 있도록 규정하고 있는데 보호처분은 ① 보호자 또는 보호자를 대신하여 소년을 보호할 수 있는 자에게 감호 위탁, ② 수강명령, ③ 사회봉사명령, ④ 보호관찰관의 단기(短期) 보호관찰, ⑤ 보호관찰관의 장기(長期) 보호관찰, ⑥ 「아동복지법」에 따른 아동복지시설이나 그 밖의 소년보호시설에 감호 위탁, ⑦ 병원, 요양소 또는 「보호소년 등의 처우에 관한 법률」에 따른 의료재활소년원에 위탁, ⑧ 1개월 이내의 소년원 송치, ⑨ 단기 소년원 송치, ⑩ 장기 소년원 송치로 이루어져 있다.

소년에 대한 보호처분은 소년이 저지른 비행사실에 대한 책임을 묻는 것이 아니며 비행에 나타난 소년의 범죄적 위험성에 대처하기 위한 수단으로 소년의 장래 신상에 영향을 미치지 않는다. 법원은 검찰 및 경찰을 포함한 다양한 기관으로부터 보호처분 대상 사건을 받는데 이중 약 70% 정도에 대해 보호처분을 하고 나머지는 불처분하거나 심리 불개시하여 종결하고 있다. 최근 5년간의 보호처분 현황은 다음과 같다.

〈표 XI-1〉 보호처분 유형별 현황(2016년~2020년)

[단위: 명(%)]

보호처분	2016	2017	2018	2019	2020
합계	**23,526(100)**	24,383(100)	**24,494(100)**	24,131(100)	**25,579(100)**
1호	3,142(13.4)	3,135(12.9)	3,104(12.7)	3,103(12.9)	3,054(12.0)
1.2호	2,554(10.9)	2,504(10.3)	2,963(12.1)	3,143(13.0)	3,531(13.8)
1.2.3호	557(2.4)	727(3.0)	776(3.2)	574(2.4)	776(3.0)
1.2.4호	3,255(13.8)	3,025(12.4)	3,022(12.3)	2,844(11.8)	3,361(13.2)
1.2.5호	1,009(4.3)	969(4.0)	886(3.6)	1,048(4.3)	1,293(5.1)
1.2.3.4호	1,272(5.4)	1,393(5.7)	1,262(5.2)	838(3.5)	940(3.7)
1.2.3.5호	1,413(6.0)	1,519(6.2)	1,238(5.1)	1,269(5.3)	1,432(5.6)
1.3호	851(3.6)	851(3.5)	754(3.1)	759(3.1)	743(2.9)
1.3.4호	1,194(5.1)	1,086(4.4)	958(3.9)	915(3.8)	940(3.7)
1.3.5호	891(3.8)	802(3.3)	754(3.1)	847(3.5)	859(3.4)
1.4호	1,923(8.2)	1,508(6.2)	1,447(5.9)	1,517(6.3)	1,769(6.9)
1.5호	522(2.2)	505(2.1)	443(1.8)	627(2.6)	467(1.8)
2호	59(0.3)	159(0.7)	274(1.1)	187(0.8)	294(1.1)
3호	87(0.4)	67(0.3)	175(0.7)	200(0.8)	208(0.8)
4호	154(0.7)	270(1.1)	279(1.1)	231(1.0)	264(1.0)
4.6호	33(0.1)	41(0.2)	32(0.1)	52(0.2)	102(0.4)
5호	27(0.1)	80(0.3)	81(0.3)	109(0.4)	81(0.3)
5.6호	1,063(4.5)	986(4.0)	1,229(5.0)	1,440(6.0)	1,508(5.9)
5.8호	1,012(4.3)	1,099(4.5)	1,194(4.9)	1,036(4.3)	1,005(3.9)
6호	5(0.0)	7(0.0)	5(0.0)	5(0.0)	4(0.0)
7호	105(0.4)	198(0.8)	230(0.9)	269(1.1)	189(0.7)
8호	3(0.0)	–	9(0.0)	25(0.1)	6(0.0)
9호	770(3.3)	972(4.0)	842(3.4)	821(3.4)	750(2.9)
10호	770(3.3)	756(3.1)	779(3.2)	780(3.2)	823(3.2)
병과처분기타	855(3.6)	1,724(7.1)	1,758(7.2)	1,492(6.2)	1,180(4.6)

주: 대법원 「사법연감」, 각년도.

출처: 법무연수원. (2022). 2021 『범죄백서』. p.593.

보호처분의 유형은 10가지인데 병과가 가능하므로 24가지 유형이 있다. 그러나 처분의 활용도는 각각 다르며 가장 큰 특징은 시설에의 수용이다. 즉 소년원뿐만 아니라 아동복지시설 등 다양한 시설에 위탁 또는 송치되어 수용된다. 물론 이러한 시설은 징역 등 자유형이 집행되는 교도소와 크게 차이난다. 그러나 시설에 따라 자유의 제약 정도가 다르긴 하지만 자유가 상당히 제한되는 것은 사실이며 경우에 따라서는 구금에 가깝기도 하다. 더 나아가 1호 처분은 보호자를 대신하여 소년을 보호할 수 있는 자에게 위탁할 수 있다고 규정하고 있는데 이것도 일종의 시설 수용으로 볼 수 있다.

다만 소년을 대상으로 한다는 특성상 소년원을 제외하면 자유의 제한은 크지 않으며 문제는 오히려 시설 내에서의 실질적 처우인데 소년원의 경우 자비로 간식 등을 구매할 수 있는 교도소와 달리 물품의 구매가 제한되며 책정되어 있는 식비도 동일한 나이대 소년의 급식비에 비해 크게 낮아 문제로 지적되고 있다.[3]

스토리박스 〈보충설명 XI-3〉

제1호 보호처분의 새로운 변화: 청소년회복센터의 도입

보호처분 1호는 보호자 또는 보호자를 대신하여 소년을 보호할 수 있는 자에게 감호 위탁하는 것인데 보호자에게 위탁하는 것은 사실상 소년에 대해 아무런 조치를 하지 않는 것과 같아 문제가 크다고 지적되었다.

창원지방법원에서 소년재판을 담당하던 천종호 판사는 가정 해체로 인하여 소년들이 다시 비행을 저지르는 현실을 안타깝게 생각하여 2010년부터 경남 창원을 중심으로 '보호자를 대신하여 소년을 보호할 수 있는 자'로써 청소년회복센터를 만들었다.

민간인인 자원봉사자들이 소규모 그룹홈 형태로 운영하면서 소년을 제대로 보호하고 있다. 법원 등으로부터 일부 지원을 받는데 그쳐 운영에 어려움이 많았으나 2016년 청소년 복지지원법을 개정하여 국가로부터 정식으로 지원을 받게 되었다.

2. 소년보호절차

보호처분은 가정법원 소년부 또는 지방법원 소년부에서 하는데 그 절차가 일반 형사 절차와는 매우 다르다. 처리절차는 다음과 같다.

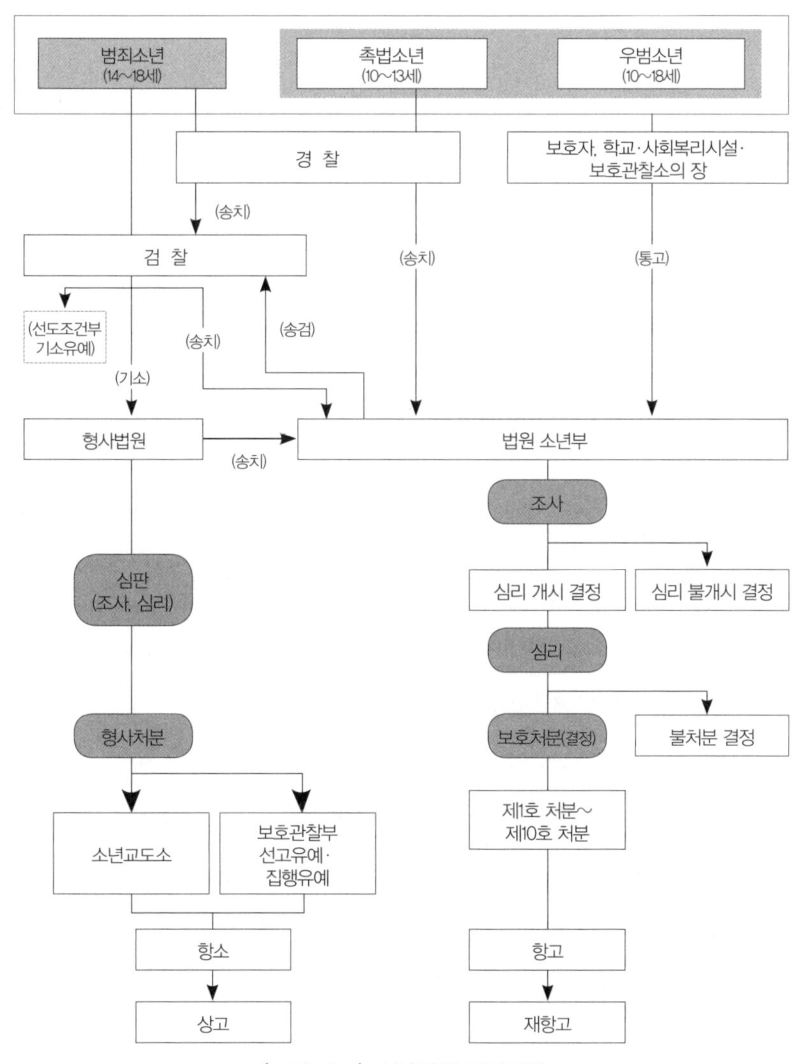

〈그림 XI-1〉 소년사건 처리절차

출처: 오영근 외 15인. (2022). 「소년법 -조문해설서-」, p12. 박영사.

▶**조사관**
법원에는 법관의 명을 받아 법률 또는 대법원규칙으로 정하는 사건에 관한 심판에 필요한 자료를 수집·조사하고, 그 밖에 필요한 업무를 담당하는 조사관을 둘 수 있는데 가사조사관, 가정보호조사관, 아동보호조사관, 법원조사관, 소년조사관이 있다.

심리에 있어서 소년부 판사의 역할이 중요한데 소년법은 판사가 조사관에게 본인, 보호자 또는 참고인의 신문이나 그 밖에 필요한 사항을 조사하도록 명할 수 있다고 규정하고 있고(11조 1항) 심리 기일에는 소년부 판사와 서기가 참여하여야 한다고 규정하고 있다(23조 1항).

따라서 검사가 참여하지 않으며 더구나 심리는 원칙적으로 공개되지 않아(24조 2항) 특히 피해자 측에서 문제를 제기하여 왔는데 2022년 법무부가 입법예고한 개정안은 소년보호재판에서 피해자 진술권 및 참석권의 실효적 보장, 소년보호절차의 항고권자에 검사 추가, 소년보호재판에 검사 의견 진술 절차를 도입하는 내용을 담고 있다.[4]

Ⅳ. 청소년비행 예방과 학교폭력 대응

1. 전문가참여제와 선도심사위원회

소년범죄를 해결하기 위한 시도는 경찰 차원에서도 다수 이루어졌는데 우선 전문가 참여제가 있다. 이는 소년범의 조사과정에 범죄심리사 등 전문가가 참여하여 비행촉발 요인과 인성평가 항목을 심층 분석하여 그 결과를 바탕으로 선도 및 재범가능성을 판단하여 선도프로그램과 연결시키는 제도이다.

2011년 형사소송법 개정으로 경찰에게 수사개시권이 인정됨에 따라 선도심사위원회 제도를 도입하여 사안이 경미하거나 초범인 경우에는 선도심사위원회가 사안에 따라 즉심 또는 훈방토록 하였다.

2. 학교전담경찰관 등 학교폭력 대응

2004년 학교폭력이 주목됨에 따라 많은 변화가 발생하였다. 과거에는 학교에서 자체적으로 처리하였으나 경찰의 개입이 강화되었다. 경찰은 우선 '학교폭력 자진신고 및 집중단속 기간'을 운영하여 자진신고한 초범의 경우 선도조건부로 불입건하고 선도교육을 실시하였으며 학교폭력 신고전화를 117로 통합하였다.

이외에도 2005년 스쿨폴리스제도를 도입하였고 2012년에는 학교전담경찰관제도를 도입하였는데 학교전담경찰관은 1인당 10여 개의 학교를 대상으로 예방활동, 신고 처리 등, 폭력서클 파악 및 해체, 학교폭력대책심의위원회 참석, 사후 관리, 위기청소년 관리 등을 담당한다.

스토리박스 〈보충설명 XI-4〉

학교폭력 대응의 문제: 학교폭력예방 및 대책에 관한 법률의 제정과 문제

「학교폭력예방 및 대책에 관한 법률」은 2004년 제정되었는데 학교폭력을 '분쟁'으로 보아 이를 조정함으로써 학생의 인권을 보호하고 학생을 건전한 사회구성원으로 육성함을 목적으로 하고 있다.

학교폭력이 발생하면 경미한 사안의 경우에는 학교장이 자체 처리할 수도 있으나 기본적으로는 학교폭력대책심의위원회에서 가해학생의 선도조치 및 피해학생 보호조치가 결정된다. 가해학생에 대한 조치는 ① 피해학생에 대한 서면사과, ② 피해학생 및 신고·고발 학생에 대한 접촉, 협박 및 보복행위의 금지, ③ 학교에서의 봉사, ④ 사회봉사, ⑤ 학내외 전문가에 의한 특별 교육이수 또는 심리치료, ⑥ 출석정지, ⑦ 학급교체, ⑧ 전학, ⑨ 퇴학처분이며, 피해학생에 대한 보호조치는 ① 학내외 전문가에 의한 심리상담 및 조언, ② 일시보호, ③ 치료 및 치료를 위한 요양, ④ 학급교체, ⑤ 그 밖에 피해학생의 보호를 위하여 필요한 조치이다.

그러나 제도도입의 취지와는 다르게 분쟁과 투쟁의 장으로 변하고 있다고 평가받고 있는데 더 나아가 이러한 대응이 적절한 해법인지도 의문이다. 즉 따돌림 및 강제적인 심부름 등을 제외한 대부분의 학교폭력은 범죄인데 학생이 저지른 범죄의 경우 소년범죄에도 해당하며 소년법상 보호처분제도가 이미 존재하고 있기 때문이다.

제2절 성(폭력)범죄

Ⅰ. 총론

우리나라에서 발생하는 범죄는 2020년 기준 1,714,579건으로 이 중 형법범죄가 1,044,433건이다. 사기가 345,154건으로 전체 형법범죄의 33.0%를 차지하고 있지만 강력범죄(흉악)로 한정한다면 성폭력범죄가 91.7%를 차지하고 있다. 더구나 살인(805), 방화(1,210), 강도(692)는 계속 감소 중인데 성폭력범죄는 지난 10년간 35.8% 증가하였다.[5]

이러한 현황은 여러 차례의 법 개정과 판례의 변화로 성폭력범죄가 성립하는 범위가 대폭 확대되었을 뿐만 아니라 친고죄 폐지 및 신고율 증가도 배경에 있지만 현재 우리 사회에서 성폭력범죄에 대한 관심은 매우 높고 그에 따라 다양한 대책이 도입되었다.

다만 이러한 대책들은 이론적이거나 실증적인 검토를 거쳐 도입되었다기보다 주로 사회의 주목을 받은 사건의 발생을 계기로 도입되었는데 최근 20여 년간 사회의 이목을 모은 주요 성폭력범죄 사건들은 다음과 같다.

▶형법범죄
– 범죄백서는 형법 각칙의 범죄와 일부 특별법의 범죄를 형법범죄로, 그 이외의 범죄를 특별법범죄로 구분하고 있음.

▶강력범죄(흉악)
– 범죄백서는 형법범 중 살인, 강도, 강간, 방화, 폭행, 상해, 협박, 공갈, 약취·유인, 체포·감금과 폭력행위등처벌에관한법률 위반을 강력범죄로 구분하고 그 중에서도 생명·신체에 중대한 위해를 가하는 살인, 강도, 성폭력, 방화를 흉악범죄로 보고 있음.

1. 주요 성폭력범죄 사건들

성폭력범죄가 최근 20여 년 동안만 발생한 것은 아니다. 예를 들어 우리나라에서 가장 유명한 사건인 화성연쇄살인사건도 강간살인이므로 성폭력범죄에 해당한다. 다만 범죄대책을 기준으로 하면 최근 20여 년간 발생한 성폭력범죄들은 다양한 대책이 도입되는데 큰 영향을 주었다.

우선 2004년 보도된 밀양 집단강간사건은 2차 피해의 심각성을 세상에 널리 알리며 전담조사제가 도입되게 하였고 이에 따라 성폭력범죄 전담 사법경찰관들이 수사부서에 배치되어 피해자를 조사하게 되었고 검찰과 법원에도 전담하는 검사 및 재판부를 설치하도록 성폭력특별법이 개정되었다.

2006년 발생한 용산 아동성폭력살해사건은 '아동성폭력 추방의 날'을 제정하는 계기가 되었으며 이후 발생한 아동 대상 성폭력사건들(예를 들어 2008년 발생한 조두순사건, 2010년 발생한 김길태사건과 김수철사건, 2012년 발생한 고종석 사건 등)은 전자감독 및 화학적 거세 등 성폭력범죄를 예방하기 위한 다양한 제도를 도입하게 했다.

2011년 주목을 모은 도가니사건은 장애인에 대한 성폭력처벌규정 등을 획기적으로 바꾸었으며 2018년 시작된 미투운동은 권력형 성폭력범죄를 세상에 드러나게 하며 여성 대상 범죄에 대한 다양한 논의를 불러일으켰고 2019년 검거된 N번방 사건 등은 아동 및 여성을 대상으로 한 성착취의 실상을 알리며 처벌규정의 제개정과 함께 아동·청소년대상 디지털 성범죄에 대응하기 위하여 '위장수사'라는 새로운 수사기법을 도입하게 만들었다.

이 중에서도 범죄대책과 관련해서는 조두순사건에 특히 주목할 필요가 있다. 우선 대한변호사협회 인권위원회는 진상조사단을 구성하여 사건의 전 처리과정을 종합적으로 조사하여 문제점 및 개선방안을 발표하였는데6 이는 사건이 발생한 직후가 아니라 법원의 판결이 확정된 이후에 언론을 통하여 사회의 주목을 받게 되어서 가능했다. 이후 다양한 대책이 수립 및 시행되었으나 이러한 대책은 조두순이 12년의 형기를 마치고 석방된 지금까지도 계속 이어지고 있다. 즉 석방에 즈음하여 보호관찰관 1인이 전담하는 제도가 도입되었고 2022년 법무부는 형기를 마친 범죄자 중 '소아성기호증 아동성범죄자'는 일정한 요건이 구비되는 경우 치료감호를 활용하여 사회와 다시 격리하는 내용을 담은 입법안을 발표하였다.

▶전담 보호관찰제도
– 제3장 참조

▶치료감호제도
– 제3장 참조

스토리박스 〈보충설명 XI-5〉

성 관련 범죄의 구분과 변화: 성폭력범죄 및 성착취범죄의 개념

과거 성 관련 범죄는 일반적으로 성범죄로 다루어져 왔는데 성폭력범죄라는 개념이 새로 도입되었다. 1994년 성폭력특별법을 제정하면서 처음 명문화되었는데 이는 강간 및 강제추행 등이 성에 대한 '폭력'이라는 측면을 강조하기 위해서였다.

이후 성 관련 범죄는 성폭력범죄와 성풍속범죄로 구분되었는데 최근 그러한 경계가 점점 더 모호해지고 있다. 우선 대표적인 성폭력범죄 관련 법률인 성폭력처벌법은 공연음란죄뿐만 아니라 음화반포죄 및 제조죄도 성폭력범죄로 규정하고 있고 청소년성보호법은 아동복지법상의 성범죄도 성폭력범죄에 포함하고 있다.

더 나아가 전형적인 성풍속범죄인 음란물과 성매매에 대한 인식 자체도 변화하고 있는데 우선 성매매와 관련 성인의 성매매는 범죄로서 성을 사는 자는 물론 성을 파는 자도 처벌의 대상이 되는 한편, 아동·청소년의 경우 성을 사는 행위의 상대방이 되는 경우 '피해아동·청소년'으로서 오로지 보호의 대상이 된다.

또한 청소년성보호법은 "아동·청소년 또는 아동·청소년으로 명백하게 인식될 수 있는 사람이나 표현물이 등장하여 제4호 각 목의 어느 하나에 해당하는 행위를 하거나 그 밖의 성적 행위를 하는 내용을 표현하는 것으로서 필름·비디오물·게임물 또는 컴퓨터나 그 밖의 통신매체를 통한 화상·영상 등의 형태로 된 것"을 '아동·청소년이용음란물'에서 '아동·청소년성착취물'로 정의를 변경하였다. 이는 이른바 N번방 사건을 계기로 사회의 인식이 크게 바뀐 것을 반영한 것이다.

▶청소년성보호법 제2조 제4호 각 목의 행위들
가. 성교 행위
나. 구강·항문 등 신체의 일부나 도구를 이용한 유사 성교 행위
다. 신체의 전부 또는 일부를 접촉·노출하는 행위로서 일반인의 성적 수치심이나 혐오감을 일으키는 행위
라. 자위 행위.

2. 공소시효의 특례들

공소시효란 범죄행위 종료 후 일정 기간 검사가 공소를 제기하지 않으면 국가의 형사 소추권이 소멸되는 제도로 우리 형사소송법은 법정형에 따라 차등적으로 기간을 정하고 있다. 그러나 공소시효의 기간이 지난 이후에도 처벌할 필요성이 강하게 제기되는 경우가 발생하여 2007년 형사소송법 개정으로 기간을 늘리는 한편 특정한 범죄에 대해서는 공소시효의 예외를 두는 것이 이전부터 논의되었다.

초기에 공소시효의 예외가 논의된 가장 대표적인 범죄는 5·18 및 12·12 등 이른바 헌정질서파괴범죄로 새로운 입법으로 이미 종료된 사실관계 또는 법률관계에 작용케 하는 진정소급입법이 논의되었다. 헌법재판소는 "일반적으로 국민이 소급입법을 예상할 수 있었거나 법적 상태가 불확실하고 혼란스러워 보호할 만한 신뢰이익이 적은 경우와 소급입법에 의한 당사자의 손실이 없거나 아주 경미한 경우 그리고 신뢰보호의 요청에 우선하는 심히 중대한 공익상의 사유가 소급입법을 정당화하는 경우 등에는 예외적으로" 허용된다고 하였다.

▶헌법재판소 1999. 7. 22. 97헌바76.

그러나 공소시효의 예외가 가장 많이 논의되고 도입된 범죄는 성폭력범죄(와 청소년성보호법상 성범죄)이다. 우선 2010년 미성년자에 대한 특례를 도입하여 미성년자에 대한 성폭력범죄는 미성년자가 성년에 달한 날부터 공소시효가 진행하도록 하고 동시에 일부 성폭력범죄에 대해서는 디엔에이(DNA)증거 등 과학적 증거가 있는 경우 10년 연장되도록 하였다. 2011년에는 13세 미만의 사람 및 장애가 있는 사람에 대한 강간 등에 대하여 공소시효를 배제하는 규정을 도입하고 이후 배제의 대상이 되는 성폭력범죄와 성범죄는 계속 확대되고 있다.

다만 친족관계에 의한 강간 등은 여전히 공소시효가 배제되지 않아 배제제도의 도입이 주장되고 있는 한편 다른 범죄에도 공소시효의 특례가 확산되어 아동학대범죄의 경우 아동이 성년이 달한 날부터 공소시효가 진행한다.[7]

3. 성범죄에 대한 대책의 종류와 성격

청소년성보호법과 성폭력처벌법에서 규정하고 있는 신상정보 등록, 공개·고지명령, 수강·이수명령 등은 해당 요건을 충족하는 경우 검사의 청구 없이도 유죄판결과 동시에 선고·고지하는 부수처분에 해당하고 전자장치법, 치료감호법, 약물치료법에서 정한 위치추적 전자장치의 부착과 치료감호 및 약물치료명령은 재범의 위험성 있는 성폭력범죄자의 신체의 자유를 실질적으로 제한하는 처분으로서 독립된 사건으로 취급된다. 판례는 이러한 부수처분 등의 성격을 보안처분으로 파악하면서도 법률 개정에 따른 소급적용과 관련해서는 그 입법취지, 관련 규정과의 관계, 부칙 경과규정의 내용 등을 종합하여 판단하고 있다.

스토리박스 〈보충설명 XI-6〉

디지털 성범죄 대책과 그 특징: 기술 기반 대책과 위장수사의 도입

온라인 성폭력, 사이버성폭력, 기술매개 젠더기반폭력, 디지털 성폭력 등 다양한 명칭이 사용되고 있는데 정부는 '디지털 성범죄'라는 용어를 사용하고 있으며 청소년성보호법에서도 '아동·청소년대상 디지털 성범죄'라는 용어를 사용하고 있다. 다만 각각의 실질적인 내용은 약간 차이가 있어 정부는 처음에 성폭력처벌법상의 불법촬영죄를 주된 대상으로 하다가 확대하였고 청소년보호법은 아동·청소년을 대상으로 한 성 착취물 관련 범죄 중심으로 불법촬영죄 등을 포함한다.

따라서 정부의 초기 대책은 단속·수사 및 가해자 처벌과 피해자 지원도 있지만 불법촬영물의 삭제·차단과 함께 유통을 통제하고 불법 영상 촬영기기에 대한 수입 심사 및 검사를 강화하고 변형카메라 수입 및 판매에 대한 등록제를 도입하는 내용을 포함하고 있었다.

청소년성보호법은 아동·청소년대상 디지털 성범죄에 대응하기 위하여 신분위장수사라는 새로운 수사기법을 도입하였는데 이른바 N번방 사건을 계기로 한 것이다. 사건의 심각성 및 대응의 필요성을 사회가 널리 공감하였기 때문이지만 함정수사를 둘러싸고도 비판이 많았던 상황에서 신분을 위장하기 위한 문서 등을 작성, 변경 또는 행사하고 위장신분을 사용한 계약 및 거래도 가능할 뿐만 아니라 아동·청소년성착취물을 소지, 판매 또는 광고하는 행위까지 수사기법으로 허용된 것은 큰 변화이다.

출처: 국무조정실. (2017. 9. 26). "디지털 성범죄 피해방지 종합대책". 보도자료. pp.3-11.; 최대현·장응혁. (2022). "신분위장수사제도의 개선방향에 대한 비교법적 연구", 「한국경찰연구」 21(1). p.306.

Ⅱ. 성범죄자 신상정보 관련 제도들

등록·공개·고지로 나눌 수 있는데 우리나라는 다른 나라와 달리 등록제도에 앞서 공개제도를 도입하였다. 정부의 청소년 성매매 대책으로 공개제도가 도입되고 이후 등록제도도 도입되었는데 제도의 대상은 물론 등록 등의 방식과 담당하는 부서도 여러 차례 변경되었다.

1. 신상정보 등록

등록대상 성범죄로 유죄판결이 확정되거나 법원으로부터 공개명령을 선고받은 성범죄자의 신상정보를 등록·관리하는 것이다. 등록대상자인 성범죄자는 판결이 확정된 날로부터 30일 이내에 주소지를 관할하는 경찰관서의 장 등에게 성명, 주민등록번호, 주소 및 실제거주지, 직업 및 직장 등의 소재지, 연락처(전화번호, 전자우편주소), 신체정보(키와 몸무게), 소유차량의 등록번호를 제출한다. 경찰관서의 장 등은 신상정보를 제출받을 때에 대상자의 정면·좌측·우측 상반신 및 전신 컬러사진을 촬영하여 전자기록으로 저장·보관한다.

대상자는 신상정보가 변경된 경우 20일 이내에 사유와 변경내용을 제출하고, 매년 1회 경찰관서에 출석하여 사진이 촬영되도록 한다. 또한 대상자가 6개월 이상 국외에 체류하기 위하여 출국하는 경우에는 미리 경찰관서의 장에게 체류국가 및 체류기간 등을 신고하고 입국한 경우 14일 이내에 입국 사실을 신고하여야 한다.

원래 2006년 청소년 성매수자를 대상으로 도입한 제도로 2008년 청소년이용음란물(현 아동·청소년성착취물)을 제작 및 배포하거나 청소년 대상 성범죄자로 확대되었다. 2010년에는 성인대상 성폭력범죄자도 신상정보를 등록하게 되었다. 제도 도입의 경위에 따라 처음에는 국가청소년위원회가 결정하고 신상정보를 보존·관리하였으나 이후 법원이 선고하는 유죄판결에 따라 등록하게 되었고 2013년부터 법무부장관이 등록 및 관리하게 되었다.

등록의 대상과 기간과 관련하여 많은 논란이 발생하였는데 헌법재판소는 2015년 모든 등록대상 성범죄자에 대하여 일률적으로 20년의 등록기간을 적용하고 등록대상자의 재범 위험성이 상존하는 20년 동안 신상정보를 보존·관리하도록 한 성폭력처벌법을 헌법불합치결정하였다. 그리고 비교적 경미한 범죄에 속하는 통신매체이용음란죄까지 대상이 되도록 하는 것도 헌법에 위반된다고 위헌결정하였다. 이에 따라 2016년 성폭력처벌법 개정으로 '성적목적 공공장소 침입죄'와 '통신매체 이용 음란죄' 등 일부 범죄를 대상에서 제외하는 한편, 등록기간을 선고형에 따라 차등화하고 등록면제제도를 두었다.

2020년 기준 94,160명의 신상정보가 등록되어 있으며 강간·간음 등이 27.0%, 강제추행이 47.0%, 공중밀집장소추행이 4.9%, 카메라등이용촬영이 14.0%를 차지하고 있다. 등록기간이 15년인 징역 3년 이하 대상자의 비율이 과반수를 넘게 차지하고 있다.[8]

2. 헌법재판소의 판단들

▶헌법재판소 2015. 7. 30. 2014헌마340, 2014헌마672, 2015헌마99.

헌법재판소는 신상정보 등록제도의 기간 관련 다음과 같이 판단하였다. 우선 신상정보 등록제도가 "처벌범위 확대, 법정형 강화만으로 카메라등이용촬영범죄를 억제하기에 한계가 있으므로 위 범죄로 처벌받은 사람에 대한 정보를 국가가 관리하는 것은 재범을 방지하는 유효하고 현실적인 방법이 될 수 있다"고 보아 정당한 목적을 위한 적합한 수단이라고 하였다. 또한 "신상정보 등록대상자가 된다고 하여 그 자체로 사회복귀가 저해되거나 전과자라는 낙인이 찍히는 것은 아니므로 침해되는 사익은 크지 않은 반면 이 사건 등록조항을 통해 달성되는 공익은 매우 중요"하기 때문에 개인정보자기결정권을 침해하지 않는다고도 하였다.

그러나 일률적으로 20년의 등록기간을 적용한 것은 지나치게 가혹하다고 하였다. 즉 "재범의 위험성은 등록대상 성범죄의 종류, 등록대상자의 특성에 따라 다르게 나타날 수 있고, 입법자는 이에 따라 등록기간을 차등화함으로써 등록대상자의 개인정보자기결정권에 대한 제한을 최소화하는 것이 바람직함에도 이 사건 관리조항은 모든 등록대상 성범죄자에 대하여 일률적으로 20년의 등록기간을 적용하고 있으며, 이 사건 관리조항에 따라 등록기간이 정해지고 나면, 등록의무를 면하거나 등록기간을 단축하기 위해 심사를 받을 수 있는 여지도 없으므로 지나치게 가혹하다"는 것이다.

그리고 설사 이 사건 관리조항이 추구하는 공익이 중요하더라도, 비교적 경미한 등록대상 성범죄를 저지르고 재범의 위험성도 많지 않은 자들에 대해서는 20년 동안 신상정보를 등록하게 하고 각종 의무를 부과하는 것은 "달성되는 공익과 침해되는 사익 사이의 불균형이 발생할 수 있으므로 이 사건 관리조항은 개인정보자기결정권을 침해한다"고 하였다.

▶헌법재판소 2016. 3. 31. 2015헌마688.

또한 헌법재판소는 신상정보 등록제도의 대상 관련 통신매체이용음란죄를 제외해야 한다고 판단하였다. 즉 헌법재판소는 "통신매체이용음란죄의 구성요건에 해당하는 행위 태양은 행위자의 범의·범행 동기·행위 상대방·행위 횟수 및 방법 등에 따라 매우 다양한 유형이 존재하고, 개별 행위유형에 따라 재범의 위험성 및 신상정보 등록 필요성은 현저히 다르다"고 전제한 다음, 통신매체이용음란죄로 유죄판결이 확정된 사람은 누구나 법관의 판단 등 별도의 절차 없이 필요적으로 신상정보 등록대상자가 되도록 하고 있고, 등록된 이후에는 그 결과를 다툴 방법도 없도록 규정한 성폭력처벌법의 조항이 문제가 있다고 보았다. 즉 "통신매체이용음란죄의 죄질 및 재범의 위험성에 따라 등록대상을 축소하거나, 유죄판결 확정과 별도로 신상정보 등록 여부에 관하여 법관의 판단을 받도록 하는 절차를 두는 등 기본권 침해를 줄일 수 있는 다른 수단을 채택하지 않았다는 점에서 침해의 최소성 원칙에 위배된다"고 하였고 또한, 비교적 불법성이 경미한 통신매체이용음란죄를 저지르고 재범의 위험성이 인정되지 않는 이들에 대하여는 달성되는 공익과 침해되는 사익 사이에 불균형이 발생할 수 있다는 점에서 법익의 균형성도 인정되지 않는다고 하였다.

3. 공개와 고지

신상정보를 여러 사람에게 개방하는 것이 공개인데 처음에는 청소년보호위원회가 관보와 인터넷(청소년보호위원회 홈페이지)에 공개하였고 2006년 열람제도를 도입하여 피해자 등과 청소년 관련 교육기관의 장이 지방경찰청(현 시도경찰청)을 방문하여 열람할 수 있게 하였다. 2010년 정보통신망에 의한 공개제도가 도입되어 여성가족부는 전용 사이트(성범죄자 알림e)를 운영하고 있다.

다만 '성범죄자 알림e'를 통하더라도 이를 신문·잡지 등 출판물, 방송 또는 정보통신망을 이용하여 공개하는 것은 금지되어 있고 2011년 도입된 고지제도도 성범죄자의 신상정보를 해당 성범죄자가 거주하는 읍면동의 관계자에게만 우편으로 고지하고 있어 제한적으로 운용되고 있다.

▶고지대상자의 범위
– 고지대상자가 거주하는 읍면동의 아동·청소년의 친권자 또는 법정대리인이 있는 가구, 읍면사무소와 동주민자치센터의 장(경계를 같이 하는 읍면 또는 동을 포함), 학교교과교습학원의 장과 지역아동센터 및 청소년수련시설의 장.

4. 유사한 공개제도

경찰은 특정 강력범죄 피의자의 얼굴, 성명 및 나이 등 신상에 관한 정보를 공개하고 있다. 이는 국민의 알권리 보장, 피의자의 재범방지 및 범죄예방 등 공공의 이익을 위하여 운영되는 제도로서 범행수단이 잔인하고 중대한 피해가 발생한 특정강력범죄사건이어야 하고 피의자가 그 죄를 범하였다고 믿을 만한 충분한 증거가 있어야 한다.

다만 위의 신상공개도 피의자가 「청소년 보호법」상의 청소년에 해당하는 경우 제한되는데 소년법은 성명·연령·직업·용모 등으로 비추어 볼 때 당해 사건의 당사자라고 미루어 짐작할 수 있는 정도의 사실이나 사진을 신문이나 그 밖의 출판물에 싣거나 방송하는 것을 처벌하고 있다(68조).

이는 소년이라는 특성을 고려한 것으로 「아동학대범죄의 처벌 등에 관한 특례법」도 피해아동, 고소·고발인, 신고인 등은 물론 아동학대행위자의 인적사항이나 사진을 공개하지 못하도록 하고 있다(35조 2항). 헌법재판소는 2022년 아동학대행위자가 특정되는 경우 아동의 2차 피해를 차단하기 어려울 수 있고 아동의 신고를 자발적으로 포기하게 만들 우려가 있다는 점에서 이러한 금지를 합헌으로 판단하였다.

▶헌법재판소 2022. 10. 27. 2021헌가4.

Ⅲ. 전자감독

1. 의의

1997년 미국에서 가석방된 보호관찰대상자를 관리하기 위해 도입되었는데 초기에는 범죄자가 지정된 시간에 지정된 장소에 있는지 여부를 확인하기 위하여 범죄자의 손목 또는 발목 등에 전자감응장치를 부착시키고 원격감독하는 제도였다. 즉 구금을 회피하기 위한 수단으로 불이익을 줄이고자 하였다.

우리나라의 경우 성폭력범죄자에 대한 새로운 제재수단으로 도입되었으며 기술의 발전을 반영하여 24시간 추적하고 있다. 즉 범죄자의 신체에 위치추적 전자장치를 부착하고 24시간 중단없이 위치추적하여 이동내역을 기록하고, 보호관찰관의 밀착지도 및 감독을 통해 범죄자의 재범방지와 성행 교정을 통한 재사회화를 추구하고 있다.

처음에는 상습성을 특성으로 하는 특정 성폭력범죄자를 대상으로 도입되었으나 이후 미성년자 유괴범죄, 살인, 강도 등 다양한 범죄로 확대되었다. 헌법재판소는 전자감독이 "성폭력범죄자의 성행교정과 재범방지를 도모하고 국민을 성폭력범죄로부터 보호한다고 하는 공익을 목적으로 하며, 의무적 노동의 부과나 여가시간의 박탈을 내용으로 하지 않고 전자장치의 부착을 통해서 피부착자의 행동 자체를 통제하는 것도 아니라는 점에서 처벌적인 효과를 나타낸다고 보기 어렵다"고 보아 형벌과 다른 보안처분으로 보고 있다.

▶헌법재판소 2012. 12. 27. 2010헌가82, 2011헌바393.

2. 기간과 소급적용의 문제

징역형 종료 이후 단계, 가석방 또는 가종료 단계, 집행유예 단계 등 다양한 단계에 적용되며 대상자가 다양함에 따라 부착명령기간도 매우 차이난다. 3개월 미만부터 30년까지 다양한데 특히 징역형을 종료한 사람에 대하여 보호관찰관에 의한 청구전조사 등을 참고하여 검사가 청구하면 법원은 30년 범위 내에서 기간을 정할 수 있다.

또한 전자감독을 보안처분으로 봄에 따라 소급적용이 가능해졌는데 유례없는 소급적용이 이루어졌다. 보통 소급적용은 행위 당시에는 없던 법을 재판 시점에 적용하는 것인데 전자감독과 관련해서는 형을 집행하는 시점과 형을 집행한 후 3년 이내의 시점에도 소급적용하였다.

구체적으로 2010년 개정된 「특정 범죄자에 대한 위치추적 전자장치 부착 등에 관한 법률」은 전자장치 부착을 통한 위치추적 감시제도가 처음 시행될 때 부착명령에서 제외되었던 2008. 9. 1. 이전에 제1심판결을 선고받은 사람들 중 징역형 등의 집행 중이거나 집행이 종료, 가종료·가출소·가석방 또는 면제된 후 3년이 경과하지 아니한 자에 대하여도 위치추적 전자장치를 부착할 수 있도록 규정하였고 헌법재판소는 합헌으로 판단하였으나 비판도 많다.

즉, 헌법재판소는 "개정 전 법률로는 전자장치 부착명령의 대상자에 포함되지 아니한 성폭력범죄자의 재범에 효과적으로 대처할 만한 수단이 없다는 우려 아래 대상자의 범위를 확대한 것으로서, 성폭력범죄의 재범을 방지하고 성폭력범죄로부터 국민을 보호하고자 하는 목적의 정당성이 인정되고, 수단의 적절성도 인정된다"고 하였다.

또한 "전자장치 부착명령은 장래의 위험성을 방지하기 위한 보안처분이어서, 피부착대상자에 대한 부착 여부는 이를 판단하는 당시를 기준으로 판단하므로, 이 사건 부칙조항이 신설되기 전 형 집행 종료자 등이 부착명령 대상자가 되지 아니할 것이라는 기대를 가졌다고 하더라도, 그 신뢰의 보호가치가 크다고 보기 어렵다"고 한 다음 한편으로 "재범의 위험성에 대하여 검사와 법원이 판단하도록 하면서 적용요건 및 부착명령의 청구기간을 비교적 엄격하게 제한하고 있으므로" 이 사건 부칙조항을 통해 전자장치 부착명령의 대상자 범위를 소급하여 확대하였다고 하여 대상자들의 신뢰이익의 침해 정도가 과중하다고 볼 수 없다"고 하였다.

스토리박스 〈보충설명 XI-7〉

소급적용의 허용 배경: 김길태 사건과 헌법재판소의 판단

헌법재판소는 재범률이 높은 사람들에 대한 대책이 전무한 실정이었음도 합헌으로 판단한 이유로 들고 있는데 여기에는 기존의 제도로는 출소 후 3년 이내에 재범을 저지른 김길태에 대해 대응할 수 없다는 고려가 반영되었다고 할 수 있다.

즉 "성폭력범죄로부터 국민, 특히 여성과 아동을 보호한다는 공익은 매우 큼에도 불구하고, 개정 전 법률은 형 집행 종료자 등에 대하여는 적용되지 않음으로써 가장 재범률이 높은 사람들에 대한 대책이 전무한 실정이었음을 고려하면, 이 사건 부칙 조항의 입법목적은 매우 중대하고 긴요한 공익이라 할 것이므로 법익 균형성원칙에 위배된다고 할 수 없다"고 하였는데 이러한 이유만으로 소급적용을 파격적으로 허용해야 하는지는 의문이다.

3. 대상의 확대와 최근 동향

2020년 기준 4,052명이 전자장치를 부착하고 있다. 처분유형별로는 가석방이 79.5%, 형기종료 17.9%, 가종료 2.1%, 집행유예 0.3%, 가출소 0.2% 순이다.[9] 2020년 이전에도 계속된 개정으로 대상이 되는 범죄자의 범위가 확대되며 보호관찰과의 연계가 강화되었다. 그러나 이는 어디까지나 범죄자의 재범 방지와 국민의 보호가 목적이었는데 2020년 큰 변화가 발생하였다. 즉 2020년 「전자장치 부착 등에 관한 법률」로 법률명이 변경되었는데 '수사·재판·집행 등 형사사법 절차'에서 전자장치를 활용함으로써 재범 방지 이외에도 '불구속재판'을 확대하는 것을 목적에 추가하였다. 이에 따라 특정범죄 이외의 범죄로 가석방되는 사람은 물론 보석허가자도 대상이 되었다

또한 2019년 전자감독 대상자가 피해자에게 접근하는 것을 언제 어디서나 차단할 수 있는 '피해자 보호장치'를 개발하였는데 2022년 법무부는 스토킹범죄에도 전자장치와 피해자 보호장치를 활용하는 개정안을 입법예고하였다.[10]

또한 법무부는 이른바 '제시카 법'의 입법을 현재 준비 중이다. 즉 법무부는 재범 우려가 큰 고위험 성범죄자의 거주를 제한하는 내용의 전자장치부착법 개정안을 2023년 5월 국회에 제출할 예정인데, 대상은 범행을 반복했거나 13세 미만 아동을 대상으로 성범죄를 저지른 자로 어린이집, 유치원, 학교 등 미성년자 교육 시설의 최대 500m 안에 살지 못하도록 하는 내용을 담고 있다.[11]

Ⅳ. 성충동 약물치료

1. 의의와 개요

'성충동 약물치료'란 환자에게 약물투여 및 심리치료 등의 방법으로 도착적인 성기능을 일정기간 동안 약화 또는 정상화함으로써 비정상적인 충동이나 욕구를 억제시키는 치료이다. 「성폭력범죄자의 성충동 약물치료에 관한 법률」은 성폭력범죄를 저지른 성도착증 환자로서 성폭력범죄를 다시 범할 위험성이 있는 사람을 대상으로 하는데 성도착증 환자란 치료감호법상 일부 치료감호대상자(소아성기호증, 성적가학증 등 성적 성벽이 있는 정신성적 장애인으로서 금고 이상의 형에 해당하는 성폭력범죄를 저지른 자)나 전문의의 감정에 의하여 성적 이상 습벽으로 인하여 자신의 행위를 스스로 통제할 수 없다고 판명된 자이다.

▶대법원 2014. 2. 27. 선고 2013도12301 판결.

성폭력범죄를 다시 범할 위험성이란 "재범할 가능성만으로는 부족하고 피청구자가 장래에 다시 성폭력범죄를 범하여 법적 평온을 깨뜨릴 상당한 개연성을 의미"하는데 법원은 "피청구자의 직업과 환경, 동종 범행으로 인한 처벌 전력, 당해 범행 이전의 행적, 범행의 동기, 수단, 범행 후의 정황, 개전의 정 등과 아울러 피청구인의 정신성적 장애의 종류와 정도 및 치료 가능성, 피청구인이 치료명령의 과정에서 받을 약물치료 또는 인지행동치료 등을 자발적이고도 적극적으로 따르고자 하는 의지, 처방 약물로 인하여 예상되는 부작용의 가능성과 정도, 예상되는 형 집행 기간과 그 종료 당시 피청구자의 연령 및 주위환경과 그 후 약물치료 등을 통하여 기대되는 재범방지 효과 등의 여러 사정을 종합적으로 평가하여 판결 시를 기준으로 객관적으로 판단"하고 있다.

법원은 판결로서 치료명령을 할 수도 있고 가석방요건을 갖춘 수형자에 대해 동의를 얻어 결정으로 부과할 수도 있다. 또한 치료감호심의위원회는 치료감호 가종료·치료위탁자, 보호감호 가출소자를 상대로 치료명령을 할 수 있다. 치료명령 등이 내려진 경우 의사의 진단과 처방에 의한 약물이 투여되는데 약물치료명령을 담당하는 보호관찰관은 필요에 따라 호르몬 수치 검사를 실시하거나 상쇄약물의 투약 여부를 확인할 수 있다.

2010년 제정 시에는 16세 미만 아동에 대해 성폭력범죄를 저지른 성도착증환자를 대상으로 하였으나 여러 차례의 개정을 통해 대상이 확대되었으며 헌법재판소는 치료명령 집행 시점에 치료의 필요성을 다시 판단함으로써 불필요한 치료가 이루어지지 않도록 헌법불합치결정을 하였고 2018년 개정으로 치료명령의 집행 면제 절차가 마련되었다.

V. 각종 센터

1. 성폭력피해자통합지원센터(원스톱센터 또는 해바라기센터)

「성폭력방지 및 피해자보호 등에 관한 법률」 18조는 국가와 지방자치단체가 피해상담, 치료, 법률상담 등 연계, 수사지원, 그 밖에 피해구제를 종합적으로 수행하기 위하여 성폭력피해자통합지원센터를 설치·운영할 수 있다고 규정하고 있는데 병원, 경찰, 여성가족부, 지방자치단체가 협력하여 크게 위기지원형·아동형·통합형의 3가지 형태로 운영하고 있다.

이러한 차이는 원래 위기지원형은 경찰청이 주도하여 설치한 원스톱센터였으며, 아동형은 여성가족부가 주도한 해바라기아동센터였기 때문으로 2009년 이후 통합되기 시작하면서 통합형 센터가 설치되기 시작했다.[12]

위기지원형의 경우 병원에 설치되어 365일 24시간 의료서비스를 포함한 다양한 서비스를 제공하며 특히 여성경찰관이 상주하며 진술녹화 등 수사지원도 한다. 아동형은 보통 주간에만 운영되며 특히 아동·청소년과 지적 장애인에 대하여 의학적·심리적 진단과 평가 및 치료 등을 전문적으로 제공한다.

센터는 위와 같은 설치 경위에 따라 전국에 불균등하게 설치되어 있으며 대구 및 인천과 같은 대도시에도 통합형 센터가 설치되어 있지 않은 문제가 있다.[13] 해외에도 유사한 센터가 있는데 미국에는 아동옹호센터(CAC)가, 영국에는 성폭력대응센터(SARC)가 있다.[14]

2. 유사 센터

범죄피해자지원센터는 민간단체로 성폭력을 포함한 강력범죄(살인, 폭력, 방화, 강도)로 신체상해를 입은 피해자와 디지털 성범죄 피해자, 과실치사상으로 입증된 피해자를 대상으로 경제적·심리·법률·주거·기타 지원 등 다양한 활동을 하고 있는데 특히 경제적 지원이 두드러진다. 즉 치료비·심리치료비·긴급생계비를 지원하고 장례비·학자금·간병비를 지원하며 돌봄 비용·취업지원비 등을 지원한다. 이외에도 주거환경개선뿐만 아니라 보복을 우려한 거주지 이전 시 이전비를 지원하고 검찰청 지원제도 특히 범죄피해구조금 신청 등을 지원한다.[15]

스마일센터는 강력범죄 피해자들을 대상으로 법무부가 설립한 범죄피해 트라우마 통합지원기관으로 PTSD, 우울증, 불안장애 등 심리적 어려움을 겪는 강력범죄 피해자들과 그 가족들을 위하여 심리평가, 심리치료, 법률상담, 사회적 지원 연계 등의 서비스를 제공할 뿐만 아니라 피해자들에게 임시주거가 가능한 쉼터를 제공하고 있다.[16]

Ⅵ. 기타 제도

1. 성폭력범죄 전담 사법경찰관

2004년 보도된 밀양 집단강간사건을 계기로 여성경찰관이 성폭력범죄 피해자를 조사하는 경우에 동석하는 제도 도입을 논의하였는데 결과적으로는 피해자를 전담하여 조사하는 전담 사법경찰관제도가 성폭력처벌법에 명문화되었다.

특히 주목해야 할 대상은 성폭력피해자통합지원센터에 배치된 전담 사법경찰관들로 전원 여성경찰관이며 이들은 2차 피해가 발생하지 않도록 교육 및 훈련을 받아 피해자 조사에 전문화되어 있으며 피해자의 진술을 영상녹화하기도 한다.

더구나 센터에서 24시간 교대근무하며 상담 등 다른 지원과의 연계에도 중요한 역할을 담당하고 있다. 다만 피해자 조사를 전담하는 대신 피의자 수사는 하지 않는다.

2. 아동피해자 조사기법

성인과 달리 아동의 경우 인지능력과 진술능력에 차이가 있어 이를 고려한 조사가 필요하다. 즉 아동의 경우 조사자의 태도, 조사방식, 질문형식 등에 따라 진술의 양과 신빙성이 매우 크게 영향을 받으며 특히 피암시에 의한 진술오염이 문제된다.

해외에서도 많은 연구를 통해 개방형 질문을 중심으로 한 자유회상기억 기반 면담조사기법이 개발되어 활용되고 있고 가장 대표적인 기법의 하나가 1999년 개발된 NICHD 면담 프로토콜이다. 이는 성적·신체적 학대가 의심되는 피해 아동을 대상으로 조사자들이 면담할 때 기본규칙설명, 라포형성, 사전진술훈련을 거쳐 진술 권유에서 점차 초점화된 진술을 권유하도록 체계화되어 있다.[17]

NICHD 면담 프로토콜은 경찰이 2010년경 일본을 경유하여 도입한 후 아동뿐만 아니라 장애인 성폭력피해자 등의 조사에도 활용하고 있다.

3. 법의간호사

법의간호사란 법률적 문제해결이 필요한 의료업무 분야, 즉 사망사건, 산업재해, 성폭력과 아동학대 등에 참여하여 임상 간호학적 경험을 바탕으로 문제해결에 관한 법적 권한과 책임을 질 수 있는 자격을 가진 간호사로 1970년대 이후 캐나다를 시작으로 도입되었다. 우리나라가 운영하고 있는 전문간호사제도에 법의간호사가 포함되어 있지 않으나 경북대학교 수사과학대학원 법의간호학과는 석사과정으로 간호사를 배출하고 있다.[18]

제3절 가정 내 폭력 등

Ⅰ. 총론

이하에서는 가정폭력, 아동학대, 스토킹을 다룬다. 이 범죄들은 과거에는 범죄로조차 다루어지지 않다가 최근 들어 심각성이 인식되고 있고 범죄화는 물론 다양한 대응이 이루어지고 있다.

기본적인 대응에 있어서 가장 먼저 제도화된 가정폭력의 대응체계를 거의 그대로 활용하고 있는데 이러한 대응이 적절한지는 의문이다. 왜냐하면 아동학대 및 스토킹도 가정폭력과 같이 주로 친밀했던 관계 내에서 이루어지긴 하지만 핵심적인 대응이 필요한 단계는 물론 피해자가 필요로 하는 보호가 다르기 때문이다. 따라서 이하에서는 가정폭력은 범죄의 발생 이후 대응, 스토킹은 범죄의 진행 중 대응, 아동학대는 범죄의 발견에 초점을 맞추어 대응을 살펴본다. 다만 아동학대나 스토킹도 당연히 발생 이후의 적절한 대응이 필요하고 중요한 것은 당연하다.

Ⅱ. 가정폭력(재범방지를 위한 조치의 도입)

1. 가정폭력에 대한 새로운 대응의 시작

「가정폭력범죄의 처벌 등에 관한 특례법(이하 '가정폭력처벌법')」은 '가정구성원 사이의 신체적, 정신적 또는 재산상 피해를 수반하는 행위'를 가정폭력으로 정의하고 가정폭력으로서 형법 등의 죄에 해당하는 것을 가정폭력범죄로 정의하고 있다. 가정구성원은 직계존비속관계 또는 계부모와 자녀의 관계에 있거나 있었던 사람을 포함하지만 핵심은 배우자(사실상 혼인관계에 있는 사람을 포함) 또는 배우자였던 사람이다. 해외에서도 주로 '파트너 폭력'의 문제로 다루어지고 있다.

1997년에 제정된 가정폭력처벌법은 가정폭력범죄자에 대하여 보호처분제도를 도입하였는데 이는 가정폭력행위자를 형사처벌하는 것을 꺼려하는 피해자가 신고하지 않거나 신고하더라도 처벌을 원하지 않았기 때문이다. 따라서 형사처벌 외에도 다양한 보호처분이 가능한데 핵심은 가정폭력행위자가 피해자를 포함한 가정구성원에게 접근하는 것을 제한하는 것이다.

즉 보호처분은 ① 가정폭력행위자가 피해자 또는 가정구성원에게 접근하는 행위의 제한, ② 가정폭력행위자가 피해자 또는 가정구성원에게 「전기통신기본법」 제2조 제1호의 전기통신을 이용하여 접근하는 행위의 제한, ③ 가정폭력행위자가 친권자인 경우 피해자에 대한 친권 행사의 제한, ④ 사회봉사·수강명령, ⑤ 보호관찰, ⑥ 법무부장관 소속으로 설치한 감호위탁시설 또는 법무부장관이 정하는 보호시설에의 감호위탁, ⑦ 의료기관에의 치료위탁, ⑧ 상담소 등에의 상담위탁으로 이루어져 있는데 특히 ①~③이 소년법상의 보호처분과 크게 다르다.

다만 처분 중 ①~③의 비율은 매우 낮으며 실제로는 ⑧이 20% 전후로 가장 많이 선고되고 있다. 더구나 처분을 하지 않는 경우도 상당히 많아 최근 5년 동안 40% 전후를 차지하고 있다.

2. 조치제도의 도입

가정폭력처벌법은 법률을 제정하면서 보호처분과 함께 임시조치제도(29조)를 도입하였는데 이는 법원이 보호처분을 결정하기 전에 '가정보호사건의 원활한 조사·심리 또는 피해자 보호'를 위하여 가정폭력행위자의 접근을 제한하거나 의료기관 및 상담소에 위탁할 수 있게 하고 더 나아가 유치장 또는 구치소에 유치할 수 있도록 하는 제도이다.

이는 검사가 직권 또는 사법경찰관의 신청에 의하여 법원에 청구하도록 하여 형사소송법상의 영장제도와 동일한 절차로 이루어져 있다. 다만 신청부터 결정까지 상당한 시간이 걸림으로써 즉시성이 확보되지 않았다.

이에 따라 2011년 개정된 가정폭력처벌법은 피해자보호명령제도를 도입하여 법원이 피해자 또는 검사의 청구로 가해자에게 명령을 내릴 수 있도록 하였고 또한 긴급임시조치제도를 도입하여 사법경찰관이 '가정폭력범죄가 재발될 우려가 있고, 긴급을 요하여 법원의 임시조치 결정을 받을 수 없을 때'에는 직권 또는 피해자 등의 신청에 의하여 가정폭력행위자의 접근을 제한하는 조치를 할 수 있도록 하였다.

긴급임시조치는 경찰관이 자신의 판단에 의거하여 독자적으로 할 수 있는 새로운 조치였기에 ① 지체 없이 검사에게 임시조치를 신청하도록 하였고 ② 경찰청은 '가정폭력 재범위험성 조사표'를 개발하여 현장의 경찰관이 재범의 위험성을 객관적으로 판단할 수 있도록 하였다.

3. 초기 대응 강화

1997년 제정된 가정폭력처벌법은 제5조에서 응급조치를 규정하고 의무화하였는데 이는 신고를 받고 출동한 경찰관이 하는 조치를 그대로 규정한 것에 불과하였고 오히려 「가정폭력방지 및 피해자보호 등에 관한 법률」은 신고를 접수받은 사법경찰관리가 지체 없이 현장에 출동하여야 한다고 규정함과 동시에 "피해자를 보호하기 위하여 신고된 현장 또는 사건 조사를 위한 관련 장소에 출입하여 조사를 하거나 질문할 수 있다"고 규정하였다(9조의4). 이러한 현장조사를 거부하는 경우 과태료 부과가 가능하기 때문에 새로운 권한을 경찰에게 부여했다고도 평가할 수 있다.

더 나아가 2020년 개정된 가정폭력처벌법은 응급조치에 '현행범인의 체포'를 명시하였다. 이는 미국에서 실시하고 있는 '의무체포제도'를 도입하여 가해자와 피해자를 신속하게 '격리'하려 한 것으로 기존의 응급조치로는 '분리'만 가능했었던 점을 개선한 것이다. 다만 미국도 각 주가 가정폭력의 대응 관련 다양한 방식을 혼용하고 있으며[19] 미국과 한국의 체포제도 자체가 다르기 때문에 활용 여부에 주목할 필요가 있다.

4. 가정폭력 대응의 변화와 남은 과제들

특별법을 통해 가정폭력 대응을 위한 새로운 제도들이 계속하여 도입되었지만 사실 잘 활용되지 않았다. 그런데 2013년을 기점으로 이러한 상황은 크게 변화하게 된다. 즉 2011년 3,087명을 대상으로 접수된 가정보호사건은 2013년부터 크게 증가하기 시작하여 2015년 이후로는 약 2만명 전후를 유지하고 있다. 이러한 증가는 이른바 '4대악'공약의 실시에 따른 가정폭력 대응의 획기적 전환을 배경으로 한다. 즉 2013년 출범한 박근혜 정권은 주요 국정과제로 성폭력·학교폭력·불량식품과 함께 가정폭력을 근절해야 할 4대악으로 규정하고 경찰을 비롯한 정부 부처가 전방위적으로 노력하였다.

이러한 배경하에서 가정폭력에 대한 대응은 계속 개선되고 있으며 여기에는 법제도와 함께 관련 기관의 적극적인 노력도 기여하고 있다. 그러나 여전히 많은 과제가 남아 있으며 특히 여성단체로부터 가정폭력처벌법의 목적 규정을 개정해야 한다는 주장이 제기되고 있다. 즉 가정폭력처벌법 제1조는 "가정폭력범죄의 형사처벌 절차에 관한 특례를 정하고 가정폭력범죄를 범한 사람에 대하여 환경의 조정과 성행의 교정을 위한 보호처분을" 하는 목적으로써 "가정폭력범죄로 파괴된 가정의 평화와 안정을 회복하고 건강한 가정을 가꾸며 피해자와 가족구성원의 인권을 보호함"을 들고 있는데 가정폭력처벌법 목적조항 및 전반의 패러다임을 '가정의 평화와 안정 회복'이 아닌 '피해자의 안전과 인권 보장'을 중심으로 개편하는 것이 필요하다는 것이다.[20]

Ⅲ. 아동학대(발견을 위한 다양한 노력)

1. 아동학대에 대한 인식의 변화

과거 아동학대는 범죄 이전에 아동복지의 문제로 이해되었다. 즉 아동복지법은 "보호자를 포함한 성인이 아동의 건강 또는 복지를 해치거나 정상적 발달을 저해할 수 있는 신체적·정신적·성적 폭력이나 가혹행위를 하는 것과 아동의 보호자가 아동을 유기하거나 방임하는 것"을 아동학대로 규정하고 피해를 입은 아동을 피해아동으로서 규정하고 보호를 위한 다양한 내용을 규정하고 있었다.

그리고 제17조에서 일부의 아동학대만을 금지행위로 규정하여 처벌의 대상으로 삼았는데 이는 아동학대의 상당 부분이 아동에 대한 체벌 또는 훈육으로 용인되었기 때문이다. 그러나 사회인식의 변화에 따라 아동에 대한 체벌 등이 금지되고 특히 보호자에 의한 살인사건 등이 보도됨에 따라 아동학대 대응의 패러다임이 크게 바뀌었다.

2014년 제정된 「아동학대범죄의 처벌 등에 관한 특례법(이하 '아동학대처벌법')」은 '보호자'에 의한 다양한 형법 등의 죄를 아동학대범죄로 규정하고 특히 아동학대범죄를 범한 사람이 아동을 살해하거나 사망에 이르게 한 경우 가중처벌하고 있다. 이러한 변화에 따라 아동학대의 처리건수는 크게 증가하였는데 최근 5년간의 추세는 다음과 같다.

▶17조의 금지행위

1. 아동을 매매하는 행위
2. 아동에게 음란한 행위를 시키거나 이를 매개하는 행위 또는 아동에게 성적 수치심을 주는 성희롱 등의 성적 학대행위
3. 아동의 신체에 손상을 주거나 신체의 건강 및 발달을 해치는 신체적 학대행위
4. 삭제 〈2014. 1. 28.〉
5. 아동의 정신건강 및 발달에 해를 끼치는 정서적 학대행위(「가정폭력범죄의 처벌 등에 관한 특례법」 제2조제1호에 따른 가정폭력에 아동을 노출시키는 행위로 인한 경우를 포함한다)
6. 자신의 보호·감독을 받는 아동을 유기하거나 의식주를 포함한 기본적 보호·양육·치료 및 교육을 소홀히 하는 방임행위
7. 장애를 가진 아동을 공중에 관람시키는 행위
8. 아동에게 구걸을 시키거나 아동을 이용하여 구걸하는 행위
9. 공중의 오락 또는 흥행을 목적으로 아동의 건강 또는 안전에 유해한 곡예를 시키는 행위 또는 이를 위하여 아동을 제3자에게 인도하는 행위
10. 정당한 권한을 가진 알선기관 외의 자가 아동의 양육을 알선하고 금품을 취득하거나 금품을 요구 또는 약속하는 행위
11. 아동을 위하여 증여 또는 급여된 금품을 그 목적 외의 용도로 사용하는 행위

〈표 XI-2〉 연도별 아동학대사례 건수(2017년~2021년)

구분 \ 연도		2017	2018	2019	2020	2021
아동학대사례	건수	22,367	24,604	30,045	30,905	37,605
	증가율	19.6	10.0	22.1	2.9	21.7

출처: 보건복지부. (2022). 「2021 아동학대 주요통계」, p.19의 표를 재구성함.

이러한 아동학대사례는 아동학대에 대한 신고 중에서 아동학대로 의심되는 사례를 조사하여 판정된 것으로 2021년의 경우 총 53,932건의 신고가 접수되어 이중 동일신고와 일반상담을 제외한 52,983건을 조사하였고 일반사례 13,945건과 조사진행중인 사례 533건을 제외한 37,605건이 아동학대로 판단되었다. 신고와 아동학대로 판단되는 사례 모두 2020년 대비하여 증가하였다.[21]

2. 발견을 위한 노력과 대응체제의 변화

아동학대처벌법도 아동학대범죄를 아동보호사건으로서 보호처분을 할 수 있고 응급조치·긴급임시조치·임시조치와 함께 피해아동보호명령제도를 도입하고 있어 가정폭력처벌법과 매우 유사하다.

그러나 가정폭력과 아동학대는 가정 내에서 발생하며 피해가 장기화한다는 점에서는 매우 유사하지만 아동학대의 피해자 스스로가 신고하기 어려우며 성인이 될 때까지 장기간의 보호가 필요하다는 점에서 큰 차이가 있다. 즉 배우자는 신고를 망설이는 것이지만 아동은 아예 신고를 못한다는 결정적 차이가 있다. 이에 따라 아동학대처벌법은 아동학대범죄에 대한 신고의무를 다양한 아동 관련 활동자에게 부과하고 신고를 함으로써 입을 수 있는 불이익 또는 피해로부터 보호하고 있다.

나아가 신고를 할 수 없는 피해아동을 발견하기 위하여 국가가 아동을 전수조사하는 등 적극적으로 노력해 왔는데 2022년에도 만 3세 아동 중 유치원이나 어린이집에 다니지 않는 아동 2만 4756명을,22 최근에는 2023년 초등학교 취학대상아동 41만 5552명을 전수 조사하여23 소재가 파악되지 않은 아동에 대해 경찰에 수사를 의뢰하였다.

3. 대응체제의 변화

아동복지법은 '아동의 최상의 이익을 위하여' 다양한 보호조치가 가능하도록 규정하고 있는데 구체적 내용은 다음과 같다. ① 전담공무원, 민간전문인력 또는 아동위원에게 보호대상아동 또는 그 보호자에 대한 상담·지도를 수행하게 하는 것, ② 민법 제777조 제1호 및 제2호에 따른 친족에 해당하는 사람의 가정에서 보호·양육할 수 있도록 조치하는 것, ③ 보호대상아동을 적합한 유형의 가정에 위탁하여 보호·양육할 수 있도록 조치하는 것, ④ 보호대상아동을 그 보호조치에 적합한 아동복지시설에 입소시키는 것, ⑤ 약물 및 알콜 중독, 정서·행동·발달 장애, 성폭력·아동학대 피해 등으로 특수한 치료나 요양 등의 보호를 필요로 하는 아동을 전문치료기관 또는 요양소에 입원 또는 입소시키는 것, ⑥ 「입양특례법」에 따른 입양과 관련하여 필요한 조치를 하는 것인데 다른 특별법에 비해 장기간의 보호가 이루어지는 점이 특징이다.

아동학대를 위한 지속적인 노력에도 불구하고 아동학대로 인한 사망이 계속 발생해왔고 이에 따라 아동학대 대응체계에 큰 변화가 있었다. 과거에는 보건복지부가 위탁한 민간기관인 아동보호전문기관이 핵심역할을 수행하였으나 최근 아동복지법을 개정하여 자치단체가 아동복지전담공무원을 두어 "아동에 대한 상담 및 보호조치, 가정환경에 대한 조사, 아동복지시설에 대한 지도·감독, 아동범죄 예방을 위한 현장확인 및 지도·감독"을 담당하게 되었다. 이에 따라 기존 위탁기관의 역할이 크게 제한되었음은 물론 새로운 체계 내에서도 여전히 아동에 대한 보호조치가 제대로 이루어지지 않아 많은 문제가 지적되고 있다.

Ⅳ. 스토킹(사전 개입)

1. 스토킹행위와 스토킹범죄의 구분 및 대응

2021년 제정된 「스토킹범죄의 처벌 등에 관한 법률(이하 '스토킹처벌법')」은 스토킹행위와 스토킹범죄를 구분한 후 스토킹범죄는 처벌하지만 스토킹행위는 각종 조치로 대응하고 있다. 즉 "스토킹행위 신고와 관련하여 스토킹행위가 지속적 또는 반복적으로 행하여질 우려가 있고 스토킹범죄의 예방을 위하여 긴급을 요하는 경우" 경찰관이 직권이나 스토킹행위 상대방 등의 요청에 의하여 스토킹행위자의 접근을 금지시키는 긴급응급조치(4조)를 할 수 있고 스토킹범죄가 재발될 우려가 있는 경우 검사는 접근을 금지시키거나 유치장 또는 구치소에 유치하는 잠정조치(9조)를 할 수 있다.

가정폭력에 대한 대응과 유사하지만 조치의 시작이 되는 스토킹행위는 명백하게 범죄가 아니다. 즉 스토킹처벌법은 상대방의 의사에 반하여 정당한 이유 없이 상대방 또는 그의 동거인, 가족에 대하여 접근하거나 따라다니거나 진로를 막아서는 행위 등을 스토킹행위로 규정하고 있고 스토킹행위가 지속적 또는 반복적으로 이루어지는 경우에만 범죄로써 처벌이 가능하다.

▶스토킹행위의 유형

가. 접근하거나 따라다니거나 진로를 막아서는 행위
나. 주거, 직장, 학교, 그 밖에 일상적으로 생활하는 장소(이하 "주거등"이라 한다) 또는 그 부근에서 기다리거나 지켜보는 행위
다. 우편·전화·팩스 또는 「정보통신망 이용촉진 및 정보보호 등에 관한 법률」 제2조제1항제1호의 정보통신망을 이용하여 물건이나 글·말·부호·음향·그림·영상·화상(이하 "물건등"이라 한다)을 도달하게 하는 행위
라. 직접 또는 제3자를 통하여 물건등을 도달하게 하거나 주거등 또는 그 부근에 물건등을 두는 행위
마. 주거등 또는 그 부근에 놓여져 있는 물건등을 훼손하는 행위

2. 피해자 보호

20여 년의 논의를 거쳐 스토킹처벌법이 제정되었지만 시행 이후에도 스토킹 끝에 살해당하는 사건들이 계속하여 발생하고 있다. 이에 따라 2023년 「스토킹방지 및 피해자보호 등에 관한 법률」이 제정되었고 법무부도 2022년 10월 19일 스토킹처벌법 개정안 등을 입법예고하였는데 ① 반의사불벌죄 폐지, ② 잠정조치에 위치추적 도입, ③ 온라인스토킹 처벌규정 신설 등 피해자 보호를 위한 내용을 다수 담고 있다. 그러나 개정안들이 입법될지는 의문이고 입법된다고 하더라도 위의 대책만으로 피해자 보호가 충분히 이루어질 수 있을지는 의문이다. 스토킹범죄 자체는 비교적 경미한 범죄이므로 처벌로는 한계가 있기 때문이다.

스토리박스 〈보충설명 XI-8〉

일본의 스토킹 대응: 일본의 스토커규제법과 스토커 대응

우리나라의 다른 법제는 물론 스토킹처벌법도 일본과 매우 유사하다. 특히 스토킹을 스토킹행위와 스토킹범죄로 나누어 사법적 처리와 함께 경찰적·행정적 대응을 한다는 이원적 구조를 채택한 점과 스토킹행위의 정의가 매우 비슷하다.

다만 경찰적·행정적 대응의 세부적 절차가 크게 다를 뿐만 아니라 스토커대책을 범정부적으로 추진하고 있다는 점이 중요하다. 일본은 2015년 '스토커종합대책'을 수립하여 ① 스토커사안에 대응하는 체제의 정비, ② 피해자 등의 일시피난 등의 지원, ③ 피해자정보의 보호, ④ 피해자 등에 대한 정보제공, ⑤ 스토커예방을 위한 교육, ⑥ 가해자에 대한 대처 등을 종합적으로 추진하고 있는데 특히 정신의학 및 심리학적 연구를 통해 스토커에 대한 치료 및 상담이 효과적이라고 보아 스토커가 치료를 받도록 노력하고 있다.

출처: 장응혁. (2022). "일본의 스토킹 대응과 그 시사점-스토커규제법과 스토커종합대책을 중심으로" 「경찰법연구」 20(2). pp.209-216.

요점 정리

특수한 범죄와 처우

- 범죄 또는 범죄자의 특성에 따라 특별한 대책이 필요한데 전통적으로 소년범죄에 대해 보호처분 등 특수한 대응을 하고 있고 여기에는 소년이 성인과 다를 뿐 아니라 국가가 부모 대신 보호해야 한다는 국친사상의 영향이 있음.
- 소년법에 따라 죄를 범한 14세 이상 19세 미만의 소년(범죄소년)뿐만 아니라 형벌 법령에

저촉되는 행위를 한 10세 이상 14세 미만의 소년(촉법소년)과 성격이나 환경에 비추어 앞으로 형벌 법령에 저촉되는 행위를 할 우려가 있는 10세 이상 19세 미만의 소년(우범소년)에게도 10종류의 보호처분을 부과할 수 있음.

- 최근 20여 년간 발생한 다양한 성폭력범죄를 계기로 공소시효의 특례, 신상정보의 등록·공개·고지제도, 전자감독, 성충동 약물치료 등 다양한 대책이 도입되었는데 세계적으로도 주목받고 있음. 특히 전자감독의 경우 다른 범죄자뿐만 아니라 보석대상자에게도 활용되고 있음 → 보호관찰(제10장 제2절) 참고.

- 가정폭력피해자 보호를 위해 다양한 조치(응급조치, 임시조치, 긴급임시조치)와 제도(보호처분, 피해자보호명령제도)가 도입되었는데 아동학대 및 스토킹의 피해자 보호에도 활용되고 있음.

- 모든 피해자가 안전하도록 계속하여 보호하는 것은 중요하나 가정폭력의 경우 재범방지가, 스토킹의 경우 예방이, 아동학대의 경우 발견이 특히 중요함. 아동학대 관련해서는 다양한 주체들에게 신고의무를 부과하고 국가적으로도 전수조사 등을 실시하고 있음.

참고문헌

1. 박성훈. (2022). "소년사법과 범죄예방",「범죄학개론」 제14장, pp.421-422. 박영사.
2. 법무부. (2022. 11. 2). "(법무부알림)법무부,「소년법」,「형법」 개정안 입법예고", 법무부 보도자료.
3. 임현경, "소년원생 한끼 식대 2184원…처우 개선하고, 소년보호시설 확충해야", 법률신문(https://www.lawtimes.co.kr/Legal-Info/LawFirm-NewsLetter-view?serial=184446, 2023. 2. 25. 검색).
4. 법무부. (2022. 11. 2). "(법무부알림)법무부,「소년법」,「형법」 개정안 입법예고", 법무부 보도자료.
5. 법무연수원. (2022).「2021 범죄백서」, p.13.
6. 진상조사단. (2010). "조두순 사건 진상조사 결과 발표",「2009 인권보고서」. pp.94-524. 대한변호사협회.
7. 장응혁. (2016). "아동학대범죄에 대한 공소시효 정지제도의 비판적 고찰",「고려법학」 83. pp.173-174.
8. 법무연수원. (2022).「2021 범죄백서」, pp.453-454.
9. 법무연수원. (2022).「2021 범죄백서」, p.441.
10. 법무부. (2022. 10. 19). "「스토킹범죄의 처벌 등에 관한 법률」개정안 등 입법예고", 법무부 보도자료. p.2.
11. 박양수. (2023. 1. 26). "조두순, 학교 500m 내에 못 산다...고위험 성범죄자 `제시카법` 적용", 디지털타임스(http://www.dt.co.kr/contents.html?article_no=2023012602109919002005, 2023. 2. 3. 검색).
12. 장응혁·김상훈. (2018).「젠더폭력의 이해와 대응」, pp.232-238. 박영사.
13. 여성가족부,「해바라기센터 운용현황」, 여성가족부 홈페이지(http://www.mogef.go.kr/sp/hrp/sp_hrp_f011.do, 2023. 1. 31. 검색).
14. 장응혁·김상훈. (2018).「젠더폭력의 이해와 대응」, p.239. 박영사.
15. 전국범죄피해자지원연합회,「지원사업」, 전국범죄피해자지원연합회 홈페이지(https://kcva.or.kr/page/page.php?ccode=&page_idx=3&category_idx=3, 2023. 1. 31. 검색).

16. 법무부, 「스마일센터 설립 배경 및 현황」, 법무부 홈페이지(https://resmile.or.kr/pages/?p=2, 2023. 1. 31. 검색).

17. 장응혁·김상훈. (2018). 「젠더폭력의 이해와 대응」, pp.205-206. 박영사.

18. 경북대학교, 「수사과학대학원」, 경북대학교 홈페이지(https://www.knu.ac.kr/wbbs/wbbs/contents/index.action?menu_url=edu/school04_02&menu_idx=41, 2023. 1. 31. 검색).

19. 송현건. (2020). "미국의 가정폭력범죄 의무체포제도에 대한 연구", 「치안정책연구」 34(3). pp.174-175.

20. 한국여성의전화. (2023). "벌써 두 명의 여성이 죽었다-가정폭력처벌법 개정, 언제까지 미룰 것인가", 한국여성의전화 화요논평(http://hotline.or.kr/board_statement/76305, 2023. 2. 1. 검색).

21. 보건복지부. (2022). 「2021 아동학대 주요통계」, pp.12-19.

22. 이현정. (2023. 2. 24). "세 살 아이 2078명, 불안정한 환경서 살고 있었다", 서울신문(https://www.seoul.co.kr/news/newsView.php?id=20230224008008&wlog_tag3=naver, 2023. 2. 25. 검색).

23. 남지원. (2023. 2. 23). "초등학교 입학 앞둔 아동, 75명이 소재불명···2명은 국내 거주 추정", 경향신문(https://www.khan.co.kr/national/education/article/202302231346001, 2023. 2. 25. 검색).

제 12 장 범죄피해자의 보호와 지원

제1절 총론

I. 피해자학의 등장과 범죄피해자의 의의

1. 피해자학의 등장과 발전

국가가 주도하는 형사사법제도가 정착되며 피해자는 '잊혀진 존재'가 되었으며 수사의 객체 및 재판의 증거로만 취급되었다. 피해자학은 20세기 중반 범죄학에서 출발하였는데 범죄원인론은 범죄발생에 있어서 피해자의 역할에 초점을 맞추어 피해자와 가해자의 상호작용과 이로 인한 범죄유발, 피해자 책임 등을 강조하였다. 한스 폰 헨티히는 1948년 「범죄자와 그 피해자」(The Criminal and His Victim)라는 저서에서 범죄에 취약한 사람을 13가지 유형으로 분류하였고, 벤자민 멘델손은 1958년 Victimology(피해자학)라는 합성어를 만들어 내었다.

이후 피해자학은 보다 광범위하게 피해의 실태나 범죄 후 피해자가 겪는 상황에 관심을 두기 시작했는데, 1960년대 후반부터 범죄피해자의 보호와 구제를 위한 제도를 중점적으로 논의하였다. 1970년대에는 피해자의 권리회복 운동이 시작되며 나라마다 피해자지원단체가 만들어졌고 단체들을 중심으로 다양한 지원활동이 시작되었다. 1980년대에는 피해자의 형사법상 지위가 논의되기 시작하여 피해자를 배려한 입법이 이루어졌고 형사사법기관도 피해자를 체계적으로 배려하기 시작했다.

2. 범죄피해자의 범위

피해자학은 권력남용의 피해자는 물론 자연재해, 빈곤, 사회적 박탈의 피해자를 다루기도 하지만 범죄에 의한 피해자가 핵심이다. 그러한 측면에서 피해자학과 범죄학은 공통되지만 동시에 구별된다. 즉 범죄학은 가해자의 관점에서 범죄행위에 주목하는 반면, 피해자학은 피해자의 관점에서 피해발생에 주목한다.[1]

▶다양한 피해자 관련 법률들
–「지뢰피해자 지원에 관한 특별법」,「6·25전쟁 납북피해 진상규명 및 납북피해자 명예회복에 관한 법률」,「삼청교육피해자의 명예회복 및 보상에 관한 법률」 등 다양한 피해자를 위한 법률이 존재함.

다만 피해자학에서는 범죄로 인한 피해자에 직접적으로 법익을 침해받은 당사자뿐만 아니라 간접적인 피해자도 포함시킨다. 「범죄피해자 보호법」은 "타인의 범죄행위로 피해를 당한 사람과 그 배우자(사실상의 혼인관계를 포함한다), 직계친족 및 형제자매"를 피해자로 정의하고 있다. 이러한 구분은 침해법익을 기준으로 피해자를 구분하는 형법과 다른 점으로 예를 들어 공무집행방해죄와 같이 국가적 법익을 침해하는 범죄에 있어서 형법상은 국가기능의 행사로서의 공무가 보호법익으로 중요하지만 피해자학에 있어서는 폭행 또는 협박당한 공무원도 피해자라 할 것이다.

또한 책임무능력자에 의한 행위를 범죄로 볼 것인지도 문제된다. 형법은 구성요건에 해당하고 위법하며 책임이 있는 행위만을 범죄로 보고 있으며 책임무능력자에 의한 행위는 범죄로 보고 있지 않다. 이는 국가가 범죄자를 처벌함에 있어서 적어도 책임능력이 있는 자를 대상으로 형벌을 부과해야 한다는 이유이지만 피해자를 보호하고 지원한다는 측면에서는 반드시 요구되어야 하는 조건이 아니라고 할 수 있다.

3. 피해의 구분과 범위

범죄피해자가 겪는 피해는 크게 3가지로 분류할 수 있는데 범죄로 인해 생명·신체·재산 등에 직접적으로 입는 피해를 1차 피해, 범죄의 처리과정에서 형사사법기관과 언론에 의해 정신·명예·프라이버시가 침해되는 것을 2차 피해, 사회 복귀과정에서 겪게 되는 다양한 피해를 3차 피해로 구분한다.

또한 형법과 판례는 범죄행위로 인하여 발생하는 가장 기본적이고 전형적인 결과만을 구성요건적 결과에 포함시키고 있는데 이러한 구성요건적 결과 외의 손해까지 피해에 포함시킬 수 있는지가 문제된다. 예를 들어 주거침입 등의 범죄로 침해받은 법익은 주거권 또는 사실상 주거의 평온이지만 이사가게 되는 경우 이사비용 등이 발생하는 것을 어떻게 고려해야 하는가이다. 이 또한 피해자의 보호 및 지원의 측면에서는 충분히 포함시킬 수 있는 문제이며 형법 및 판례도 과거에는 정신적 피해를 보통 범죄에 수반되는 것으로서 상해로 인정하지 않았으나 성폭력범죄에 있어서는 최근 외상후 스트레스 장애 등의 정신적 피해가 상해로 인정되고 있다.[2]

Ⅱ. 우리나라의 피해자 보호 및 지원의 연혁

1. 우리나라의 피해자 보호 및 지원의 시작

1981년 제정된 「소송촉진 등에 관한 특례법」에 배상명령제도가 도입되었으며 1987년 헌법에 피해자의 재판절차상 의견진술권(27조 5항)과 구조청구권(30조)이 기본권으로 보장되었다. 이에 따라 형사소송법 제294조의2와 범죄피해자구조법이 제정되었고 1990년 특강법에 피해자 및 증인보호 규정을 신설하는 것을 시작으로 다양한 특별법이 제정되기 시작하였다.

▶**헌법 27조 5항**
⑤형사피해자는 법률이 정하는 바에 의하여 당해 사건의 재판절차에서 진술할 수 있다.

▶**헌법 30조**
제30조 타인의 범죄행위로 인하여 생명·신체에 대한 피해를 받은 국민은 법률이 정하는 바에 의하여 국가로부터 구조를 받을 수 있다.

1992년 한국피해자학회가 창립되었고 2003년 김천·구미를 시작하여 전국 지방검찰청의 소재지에 범죄피해자지원센터가 설립되었으며 2004년 경찰청에 범죄피해자를 전담하는 부서인 범죄피해자대책실이 설치되었다. 법무부도 2004년 '범죄피해자 보호 및 지원의 강화를 위한 종합대책'을 발표하였다.

이와 별도로 여성단체들이 중심이 되어 성폭력 및 가정폭력 등을 대상으로 피해자대책을 추진하였는데 가장 대표적인 단체로 1991년 창설된 한국성폭력상담소는 피해자 대상 상담부터 시작하여 다양한 사건에 대한 피해자지원 및 대응 등을 계속해오고 있다. 나아가 다른 단체들과 함께 「성폭력범죄의 처벌 및 피해자보호에 관한 법률(이하 '성폭력특별법')」이 1994년 제정되는데 큰 역할을 하였는데 이는 '아래로부터의 형법제정 운동'으로 평가받고 있다.[3]

2. 범죄피해자 보호법과 범죄피해자기본계획

2005년 범죄피해자 보호법이 제정되었고 2010년 전면 개정되면서 범죄피해자구조법을 통합하였고 형사조정제도도 명문화하였다. 동시에 범죄피해자보호기금법도 제정되어 매년 벌금의 일정 비율을 기금에 전입하여 범죄피해자를 위하여 사용할 수 있게 되었다.

범죄피해자 보호법은 국가와 지방자치단체가 범죄피해자를 보호하고 지원하기 위해 다양한 노력을 기울일 것을 책무로서 규정하고 있는데 법무부장관이 범죄피해자 보호·지원에 관한 기본계획을 5년마다 수립하도록 규정하고 있다. 2007년부터 4차례에 걸쳐 기본계획이 수립되었는데 비록 여러 가지 한계는 있지만 몇몇 과제에서는 큰 성과를 거두기도 하였다.

스토리박스 〈보충설명 XII-1〉

일본과의 비교

■ 일본과의 유사성

피해자를 보호하고 지원하기 시작한 초기단계의 상황은 일본과 매우 유사하다. 이는 범죄피해자 구조금제도도 일본의 범죄피해자급부금제도의 영향을 받았으며 한국피해자학회도 일본의 영향을 크게 받아 창설된 점 등에 기인한다. 더구나 우리보다 앞선 2004년 범죄피해자등기본법을 제정하였고 5년마다 범죄피해자등기본계획을 수립하고 있기 때문에 겉으로 보기엔 큰 차이가 없다.

■ **일본과의 차이**

특히 2010년 이후 구체적인 차이가 발생하고 있는데 우선 일본에는 범죄피해자보호기금법과 같은 제도는 없다. 더구나 비슷한 법과 제도도 실질적인 내용에 있어 큰 차이를 보이고 있는데 예를 들어 범죄피해자기본계획도 구체적인 규모와 내용에서 크게 차이난다.

우리나라의 경우 1차 기본계획(세부추진과제 90개, 이하 동일) → 2차 기본계획(39) → 3차 기본계획(68)이 수립되면서 각 기본계획의 규모와 내용에 있어서 변화가 크다. 그러나 일본의 경우 1차 기본계획(258) → 2차 기본계획(241) → 3차 기본계획(261) → 4차 기본계획(279)으로 비교적 일관되게 추진하고 있다.

출처: 장응혁. (2022). "범죄피해자 보호·지원 기본계획과 배상명령제도", 「경찰법연구」 20(1). p.88.

제2절 범죄피해자의 형사절차상 보호(성폭력관련법을 중심으로)

형사소송법은 신뢰관계에 있는 자의 동석, 비디오 등 중계장치에 의한 증인신문, 차폐시설에 의한 증인신문, 피고인 등의 퇴정, 피해자 진술의 비공개 등 피해자 보호를 위한 다양한 제도를 두고 있다. 이러한 제도들은 대부분 성폭력처벌법 등에서 먼저 도입되었으며 현재도 더 광범위하게 보장되고 있다. 이는 모든 범죄피해자 중에서도 특히 성폭력범죄 피해자가 범죄 및 형사절차에서 겪게 되는 정신적 피해의 정도가 가장 크기 때문으로 다른 나라의 상황도 유사하다. 따라서 이하에서는 성폭력처벌법상의 제도를 중심으로 범죄피해자를 형사절차에서 보호하기 위한 제도들을 다룬다.

I. 형사절차상 피해자 보호

1. 수사 및 재판절차에서의 배려 및 보호

성폭력처벌법은 수사기관과 법원 및 소송관계인에 대하여 조사 및 심리·재판 과정에서 피해자의 인격이나 명예가 손상되거나 사적인 비밀이 침해되지 아니하도록 주의할 것을 요구하고 있고 특히 피해자를 조사하거나 심리·재판할 때 피해자가 편안한 상태에서 진술할 수 있는 환경을 조성하여야 하며 조사 및 심리·재판 횟수는 필요한 범위라도 최소한으로 할 것을 요구하고 있다(29조).

▶가명조서
– 조서나 수사서류에 피해자의 인적사항 기재를 생략하는 제도로 보복 등을 방지하기 위해 도입되었고 성폭력 피해자 보호를 위해서도 2014년부터 활용되고 있음.

또한 수사 또는 재판을 담당하거나 관여하는 공무원 등이 인적사항과 사진 등 또는 사생활에 관한 비밀을 공개하거나 누설하는 경우 처벌할 수 있도록 하고 누구든지 위의 인적사항 등을 피해자의 동의를 받지 아니하고 신문 등 인쇄물에 싣거나 방송 등을 통해 공개하는 경우도 처벌한다(24, 50조).

법원도 증인으로 법원에 출석하는 피해자 등이 재판 전후에 피고인이나 그 가족과 마주치지 아니하고 보호와 지원을 받을 수 있는 시설과 직원(증인지원관)을 두도록 규정하고 있다(32조).

2. 증인신문에서의 보호

피해자가 재판절차에서 가장 힘들어하는 것은 증인신문에 참여하는 것이다. 피해자의 부담을 줄이기 위한 다양한 제도가 도입되어 있는데 성폭력처벌법은 성폭력범죄 피해자를 증인으로 신문하는 경우 비디오 등 중계장치에 의한 중계를 통하여 신문할 수 있도록 하고(40조), 증인신문 등의 심리를 비공개할 수 있도록 규정하고 있다(31조).

형사소송법은 아동·청소년인 일부 피해자에 대하여 차폐시설을 설치하고 신문할 수 있도록 규정하고 있고 증인 등이 피고인 등의 면전에서 충분한 진술을 할 수 없다고 인정한 때에는 피고인 등을 퇴정하게 하고 진술할 수 있도록 규정하고 있다.

3. 진술녹화

증인신문을 받아야 하는 부담을 근본적으로 없애기 위하여 성폭력처벌법은 19세 미만이거나 장애로 사물을 변별하거나 의사를 결정할 능력이 미약한 경우 수사단계에서 피해자의 진술 내용과 조사 과정을 영상물 녹화장치로 촬영 및 보존한 후 이를 일정한 경우 공판에서 증거로 할 수 있도록 허용하고 있다(30조). 형사소송법도 영상녹화물 관련 규정을 두고 있지만 조서의 실질적 진정성립을 증명하기 위한 수단이나 진술자의 기억을 환기하기 위한 보조수단에 불과하다는 점에서 근본적으로 다른 제도라 할 수 있다.

성폭력처벌법상의 진술녹화제도는 경찰이 주도적으로 도입하여 2003년 성폭력처벌법에 정식으로 도입되었는데 처음에는 13세 미만 아동 및 장애인을 대상으로 도입되어 점차 확대되었다.[4]

그런데 헌법재판소는 2021년 19세 미만 성폭력범죄 피해자의 영상녹화물을 증거로 사용하는 제도에 대하여 조사 과정에 동석하였던 신뢰관계인 내지 진술조력인의 법정진술에 의하여 성립의 진정함이 인정된 경우에도 증거능력을 인정하는 것을 위헌으로 결정하였고 이에 따라 장애인을 대상으로도 위 제도를 활용하지 못 하고 있으며 법무부는 새로운 대체입법을 준비하고 있다. 법원은 성폭력범죄 피해자가 성폭력피해자통합지원센터에서 원격으로 증인신문에 참여하는 제도를 시범 실시하고 있다.[5]

스토리박스 〈보충설명 XII-2〉

성폭력처벌법상 영상녹화물 위헌결정

: 피고인의 반대신문권 보장과 다른 조화로운 대안의 고려

▶헌법재판소 2021. 12. 23. 2018헌바524.

판시사항: 영상물에 수록된 '19세 미만 성폭력범죄 피해자'(이하 '미성년 피해자'라 한다)의 진술에 관하여 조사 과정에 동석하였던 신뢰관계인 내지 진술조력인의 법정진술에 의하여 그 성립의 진정함이 인정된 경우에도 증거능력을 인정할 수 있도록 정한 '성폭력범죄의 처벌 등에 관한 특례법' 제30조 제6항 중 '제1항에 따라 촬영한 영상물에 수록된 피해자의 진술은 공판준비기일 또는 공판기일에 조사 과정에 동석하였던 신뢰관계에 있는 사람 또는 진술조력인의 진술에 의하여 그 성립의 진정함이 인정된 경우에 증거로 할 수 있다' 부분 가운데 19세 미만 성폭력범죄 피해자에 관한 부분(이하 '심판대상조항'이라 한다)이 과잉금지원칙을 위반하여 공정한 재판을 받을 권리를 침해하는지 여부(적극)

결정요지: 심판대상조항은 미성년 피해자가 증언과정 등에서 받을 수 있는 2차 피해를 막기 위한 것이다. 미성년 피해자의 2차 피해를 방지하는 것은, 성폭력범죄에 관한 형사절차를 형성함에 있어 포기할 수 없는 중요한 가치이나 그 과정에서 피고인의

공정한 재판을 받을 권리도 보장되어야 한다. 성폭력범죄의 특성상 영상물에 수록된 미성년 피해자 진술이 사건의 핵심 증거인 경우가 적지 않음에도 심판대상조항은 진술증거의 오류를 탄핵할 수 있는 효과적인 방법인 피고인의 반대신문권을 보장하지 않고 있다. 심판대상조항은 영상물로 그 증거방법을 한정하고 신뢰관계인 등에 대한 신문 기회를 보장하고 있기는 하나 위 증거의 특성 및 형성과정을 고려할 때 이로써 원진술자에 대한 반대신문의 기능을 대체하기는 어렵다. 그 결과 피고인은 사건의 핵심 진술증거에 관하여 충분히 탄핵할 기회를 갖지 못한 채 유죄 판결을 받을 수 있는바, 그로 인한 방어권 제한의 정도는 매우 중대하다. 반면 피고인의 반대신문권을 일률적으로 제한하지 않더라도, 성폭력범죄 사건 수사의 초기단계에서부터 증거보전절차를 적극적으로 실시하거나, 비디오 등 중계장치에 의한 증인신문 등 미성년 피해자가 증언과정에서 받을 수 있는 2차 피해를 방지할 수 있는 여러 조화적인 제도를 적극 활용함으로써 위 조항의 목적을 달성할 수 있다. 피고인 측이 정당한 방어권의 범위를 넘어 피해자를 위협하고 괴롭히는 등의 반대신문은 금지되며, 재판장은 구체적 신문 과정에서 증인을 보호하기 위해 소송지휘권을 행사할 수 있다.

우리 사회에서 미성년 피해자의 2차 피해를 방지하는 것이 중요한 공익에 해당함에는 의문의 여지가 없다. 그러나 심판대상조항으로 인한 피고인의 방어권 제한의 중대성과 미성년 피해자의 2차 피해를 방지할 수 있는 여러 조화적인 대안들이 존재함을 고려할 때, 심판대상조항이 달성하려는 공익이 제한되는 피고인의 사익보다 우월하다고 쉽게 단정하기는 어렵다.

Ⅱ. 피해자 보호를 위한 다양한 참여인제도

근대에 들어와 국가가 주도하는 형사사법제도가 정착되며 형사사법기관과 피고인만이 재판절차의 주체가 되었고 피해자는 수사의 객체 또는 재판의 증거에 불과하였다. 그리고 형사절차에 있어서 변호인은 주로 피의자와 피고인의 방어권이 보장되도록 도왔는데 피해자에 대한 관심은 피해자를 돕기 위한 새로운 참여인들을 제도화하였다.

1. 신뢰관계인

불안 또는 긴장을 느끼는 증인의 부담을 덜기 위해 도입된 제도로 형사소송법과 성폭력처벌법, 아동복지법, 성매매처벌법 등을 포함한 다양한 특별법이 신뢰관계인 규정을 두고 있다.

피해자에 따라 보장의 정도가 달라 형사소송법은 법원이 범죄피해자를 증인으로 신문하는 경우 "증인의 연령, 심신의 상태, 그 밖의 사정을 고려하여 증인이 현저하게 불안 또는 긴장을 느낄 우려가 있다고 인정하는 때"에 동석하게 할 수 있다고 규정하고 있으나 성폭력처벌법은 성폭력범죄 피해자를 위하여 "재판에 지장을 줄 우려가 있는 등 부득이한 경우가 아니면" 동석하게 하여야 한다고 규정하고 있다(34조). 다만 형사소송규칙도 13세 미만이거나 신체적 또는 정신적 장애로 사물을 변별하거나 의사를 결정할 능력이 미약한 경우에는 성폭력처벌법과 동일하게 동석시켜야 한다고 규정하고 있다.

2. 피해자변호사

2013년 피해자 보호를 위한 변호사제도가 도입되어 피해자 등은 형사절차상 입을 수 있는 피해를 방어하고 법률적 조력을 보장받기 위해 변호사를 선임할 수 있게 되었다. 더 나아가 성폭력처벌법은 검사가 변호사가 없는 피해자에게 국선변호사를 선정할 수 있도록 규정하고 있으며(27조) 국선만을 전담하는 변호사가 일부 법률구조공단과 성폭력피해자통합지원센터에 배치되어 있다.

제도의 유용성이 인정되어 아동학대범죄 피해자, 성매매 피해 아동·청소년, 장애인

학대 피해자에게까지 확대되었으며 경찰도 구속 전 피의자심문 시 피해자국선변호사를 참여시키는 등 활성화에 노력하고 있다.[6]

스토리박스 〈보충설명 XII-3〉

피해자변호사의 한계와 근본적인 원인: 피해자의 형사절차상 주체 인정의 문제

피해자변호사가 법률 지원과 관련하여 주로 가해자와의 합의에만 관여하는 한편 때로는 피해자 상담 및 생활지원까지 돕는 등 업무영역이 명확하지 않다는 지적이 있다. 이러한 문제는 근본적으로 피해자변호사의 역할이 불분명하다는 점과 함께 형사절차상 피해자 자체가 절차의 주체가 아니라는 점에서도 기인한다.

즉 성폭력처벌법은 피해자변호사가 피해자 조사 및 각종 절차에 참여하여 의견을 진술하거나 관계 서류나 증거물을 열람하거나 등사할 수 있으며 나아가 포괄적인 대리권을 가진다고 규정하고 있다. 그러나 이러한 포괄적 대리권은 피해자의 대리가 허용될 수 있는 모든 소송행위를 전제로 하는데 애초부터 피해자가 스스로 할 수 있는 소송행위 자체가 매우 한정적이다.

이와 달리 해외에서는 피해자가 형사절차에 당사자 또는 권리의 주체로서 참여할 수 있고 다양한 소송행위가 가능하다. 일본도 우리나라와 달리 피해자가 형사절차에 참여하여 다양한 소송행위를 할 수 있는 제도가 도입되어 있는데 이는 피해자가 재판절차에서 의견만 진술할 수 있는 우리나라와의 결정적 차이이다.

3. 진술조력인 등

경찰은 아동 및 장애인인 성폭력범죄 피해자가 한 진술의 신빙성을 분석하고 판단하는 진술분석전문가제도를 도입하였는데 성폭력처벌법은 2013년 진술조력인제도를 별도로 도입하였다. 이는 아동·장애인의 심리나 의사소통 관련 전문지식이 있거나 관련 분야 경험이 풍부한 진술조력인이 아동 및 장애인인 성폭력범죄피해자의 수사 및 재판과정에서 의사소통 및 의사표현을 중개 및 보조하는 제도이다.

제3절 범죄피해자의 보호와 구제(범죄피해자 보호법을 중심으로)

I. 형사절차상 권리 보호

범죄피해자 보호법은 국가 및 지방자치단체가 범죄피해자를 보호하고 지원하기 위해 추진해야 할 기본 정책을 2장에서 다음과 같이 규정하고 있다. 손실 복구 지원 등(7조), 형사절차 참여 보장 등(8조), 범죄피해자에 대한 정보 제공 등(8조의2), 사생활의 평온과 신변의 보호 등(9조), 교육 및 훈련(10조), 홍보 및 조사연구(11조)가 바로 그것이다. 이 중 피해자를 위한 직접적인 정책은 7조부터 9조까지이다.

1. 형사절차 참여 보장 등

국가는 범죄피해자가 해당 사건과 관련하여 수사담당자와 상담하거나 재판절차에 참여하여 진술하는 등 형사절차상의 권리를 행사할 수 있도록 보장하여야 하며(8조 1항), 헌법 27조는 재판절차진술권을 헌법상의 권리로 보장하고 있는데 세계적으로도 드문 입법례이다. 그러나 형사소송법은 피해자가 증인신문의 형태로 진술하도록 하고 제외사유를 광범위하게 규정함으로써 피해자가 진술할 수 있는 경우는 많지 않았다.

그런데 2015년 형사소송규칙은 새로운 제도를 도입하였다. 이는 피해자 등이 증인신문에 의하지 아니하고 의견을 진술할 수 있는 제도인데 진술의 내용은 범죄사실의 인정에 해당하지 않는 사항으로 한정된다.

피해자가 재판절차에서 진술하는 방식은 나라마다 다르기에 두 가지 형태의 제도가 공존할 수도 있으나 형사소송법에 규정되어 있지 않은 전혀 새로운 형태의 제도를 형사소송규칙으로 도입하는 것은 바람직하지 않으며 형사소송규칙상의 진술제도는 진술내용의 범위를 형사소송법상의 진술제도보다 더 제한하고 있을 뿐만 아니라 더 다양한 경

우에 피해자의 의견진술 자체를 제한할 수 있도록 규정하고 있다.[7]

2. 정보 제공 등

범죄피해자 보호법 8조 2항은 피해자에게 형사절차 관련 정보를 제공하도록 규정하고 있다. 즉 가해자에 대한 수사 결과, 공판기일, 재판 결과, 형 집행 및 보호관찰 집행 상황 등의 정보를 범죄피해자가 요청하는 경우에 제공할 수 있다고 규정하고 있는데 정보의 제공으로 사건 관계인의 명예나 사생활의 비밀 또는 생명·신체의 안전이나 생활의 평온을 해칠 우려가 있는 경우에는 제공하지 않을 수 있다.

▶형사절차 관련 정보의 구체적 내용

1. 수사 관련 사항: 수사기관의 공소 제기, 불기소, 기소중지, 참고인중지, 불송치, 수사중지, 이송 등 결과
2. 공판진행 사항: 공판기일, 공소 제기된 법원, 판결주문(主文), 선고일, 재판의 확정 및 상소 여부 등
3. 형 집행 상황: 가석방·석방·이송·사망 및 도주 등
4. 보호관찰 집행 상황: 관할 보호관찰소, 보호관찰·사회봉사·수강명령의 개시일 및 종료일, 보호관찰의 정지일 및 정지 해제일 등

또한 제8조의2는 일반정보를 제공하도록 규정하고 있다. 즉 형사절차상 범죄피해자의 권리에 관한 정보, 범죄피해자의 지원에 관한 정보, 그 밖에 범죄피해자의 권리보호 및 복지증진을 위하여 필요하다고 인정되는 정보를 제공하여야 한다. 형사절차 관련 정보와 달리 일반정보는 의무적으로 제공해야 하는데 이러한 정보는 피해자에게 적극적으로 알려주더라도 사건 관계자의 명예 등을 해치거나 수사 및 재판의 원활한 수행을 저해할 우려가 없기 때문이다.

다만 일반정보의 적극적인 제공도 비교적 최근에 시작된 것으로 2010년 경찰이 '피해자권리고지제도'를 전국으로 확대시행하면서 본격화되었다고 할 수 있고 대검찰청도 2015년부터 범죄유형별로 피해자권리고지안내서를 제공하기 시작하였다.

3. 사생활의 평온과 신변의 보호 등

국가 및 지방자치단체는 범죄피해자의 명예와 사생활의 평온을 보호하기 위하여 필요한 조치를 하여야 하고(9조 1항), 형사소송절차에서 한 진술이나 증언과 관련하여 보복을 당할 우려가 있는 등 보호할 필요가 있을 경우에는 적절한 조치를 마련해야 한다(9조 2항).

원래 「특정범죄신고자 등 보호법」이 범죄신고자 등이나 그 친족 등이 보복을 당할 우려가 있는 경우 보호하도록 규정하고 있었고 더 나아가 성폭력처벌법은 피해자나 신고한 사람을 증인으로 신문하거나 조사하는 경우 보호할 수 있도록 규정하고 있었다.

그런데 보복범죄는 계속 증가하였고 가정폭력범죄 및 교통범죄 신고자에 대한 보복살인까지 발생하면서 신변 보호의 필요성이 크게 제기되었다. 검찰은 2012년 범죄피해자 등에게 위치확인장치를 제공하고 위급상황시 버튼을 누르면 민간보안업체에서 112신고와 동시에 출동하는 제도를 도입하였으나 실효성이 없었다. 경찰은 검찰로부터 신변보호업무를 이관받은 후 2015년 새로운 신변보호조치를 추가하면서 제도를 체계적으로 정비하였다.

새롭게 도입된 가장 대표적인 제도는 긴급신고용 위치추적 장치를 대여하는 것으로 이른바 '스마트워치'이다. 이외에도 ① 보호시설 연계, ② 임시숙소 제공, ③ 신변경호, ④ 맞춤형 순찰, ⑤ 112긴급신변보호 ⑥ 피해자 주거지 CCTV 설치, ⑦ 가해자에 대한 경고, ⑧ 피해자에 대한 권고제도, ⑨ 신원정보 변경 및 보호제도가 있는데 가장 큰 특징은 피해자의 보호에 ICT기술을 도입한 것으로 ⑤, ⑥과 함께 스마트워치가 해당하며 그 비중도 크다.

경찰은 보호대상을 크게 확대하여 보복을 당할 우려가 있는 범죄피해자뿐만 아니라 반복적으로 생명 또는 신체에 대한 위해를 입었거나 입을 구체적인 우려가 있는 사람에게도 스마트워치 등을 일정기간 제공하여 왔다. 그러나 스마트워치의 기술적 한계 등과 함께 점점 더 늘어나는 수요를 감당하지 못하여 최근 신변보호조치를 '범죄피해자 안전조치'로 명칭을 바꾸고 위험도별로 등급을 나눠 대응하고 있다.[8]

Ⅱ. 손실복구지원

범죄피해자가 범죄로 인해 발생한 경제적 피해를 회복하는 방법은 다양하여 크게 범죄자에 의한 손해회복, 민사소송, 보험제도, 국가에 의한 보상으로 나눌 수 있다.[9] 합의와 형사조정은 범죄자에 의한 손해회복에 속하고 범죄피해자 보호법 제4장에서 규정하고 있는 구조금은 국가에 의한 보상, 형사절차에서의 화해 및 배상명령제도는 민사소송의 활용으로 볼 수 있다.

▶범죄 관련 새로운 보험제도
– 시민안전보험이라는 제도를 각 지방자치단체가 운영하고 있는데 강도상해 사망 및 후유장해도 보험금 지급대상임.

1. 형사절차에서의 화해 및 배상명령제도

두 제도 모두 민사절차를 형사절차에서 활용하는 것으로 우선 형사절차에서의 화해제도는 피고인과 범죄피해자가 민사상 다툼에 관해 합의한 경우 형사법원에 합의사실을 공판조서에 기재해 줄 것을 신청할 수 있게 한 제도로 이러한 공판조서는 민사소송법상 집행력을 가진다.

배상명령제도는 상해와 폭행, 과실치사상, 절도와 강도, 사기와 공갈, 횡령과 배임, 손괴, 성폭력범죄 등 일정한 범죄의 제1심 또는 제2심 형사공판 절차에서 유죄판결을 선고하는 경우 피해자나 그 상속인의 신청에 의하여 또는 법원의 직권에 의하여 당해 범죄행위로 인해 발생한 손해를 피해자에게 지급하도록 명령하는 제도이다.

형사법원이 민사법원의 역할도 동시에 수행하는 제도로 다른 민사소송은 형사소송과 별도로 운영되는 것과 달리 민사소송이 형사소송에 결합되는 것이다. 이에 따라 피해자는 민사소송을 별도로 제기하면 발생하는 번잡과 위험을 부담하지 아니하고 신속히 손해를 배상받을 수 있을 뿐만 아니라 법원도 원칙적으로는 소송경제를 도모하고 판결의 모순을 피할 수 있게 된다. 그러나 제대로 활용되지 않았으며 최근에도 주로 100만 원 이하의 사기와 공갈사건에서 주로 활용되고 있다.[10] 더구나 법원이 직권으로 배상명령제도를 활용하는 경우는 전무하다시피 한데 이는 법관들의 소극적 태도가 원인으로 지적되고 있다.[11]

2. 범죄피해자구조제도 등

대한민국의 영역 안에서 사람의 생명 또는 신체를 해하는 범죄로 인하여 사망하거나 장해 또는 중상해를 입은 사람이 피해의 전부 또는 일부를 보상받지 못한 경우 국가가 피해자 또는 유족에게 일정한 한도의 구조금을 일시금으로 지급하는 제도이다. 직접적인 범죄피해자와 유족 이외에도 자기 또는 타인의 형사사건의 수사 또는 재판에서 고소·고발 등 수사단서를 제공하거나 진술, 증언 또는 자료제출을 하다가 구조피해자가 된 경우도 포함된다.

과거에는 피해자가 제도를 알지 못해 신청하지 못한 사례가 많았고 지급되는 액수도 적어 문제가 되었으나 지속적인 법 개정으로 현재는 최대 1억원 이상을 지급할 수 있게 되었고 이에 따라 친족대상 범죄 등을 지급대상에 포함시키는 것이 쟁점이 되고 있다.

국외에서 발생한 범죄의 피해자에 대한 구조제도는 없는데 예외적으로 테러범죄에 대해서는 「국민보호와 공공안전을 위한 테러방지법」이 치료 및 복구에 필요한 비용의 전부 또는 일부나 특별위로금을 피해자에게 지원할 수 있도록 규정하고 있으며 외교부장관의 허가를 받지 아니하고 방문 및 체류가 금지된 국가 또는 지역을 방문·체류한 사람은 지원의 대상에서 제외된다.

3. 국가 및 지방자치단체의 손실 복구 지원 등

국가 및 지방자치단체는 상담, 의료제공(치료비 지원 포함), 구조금 지급, 법률구조, 취업 관련 지원, 주거지원, 그 밖에 범죄피해자의 보호에 필요한 대책을 마련해야 하고(7조 1항) 일시적 보호시설을 설치·운영해야 한다(7조 2항).

과거에는 상담 및 법률구조가 중심이었지만 2010년 이후로는 주로 경제적 지원에 초점이 맞추어졌다. 이는 2000년 초반 실시된 조사연구의 영향이 큰데 2006년 실시된 '범죄피해자 실태 조사연구'에서는 범죄피해자가 정신적 피해가 심각하다는 점과 범죄 직후

상담이나 대화, 정신적 지원과 위로와 같은 서비스를 원한다는 것이 조사되었다.[12] 2009년 실시된 '강력범죄 피해자와 피해자 가족의 피해실태 사례연구'에서는 강력범죄 피해자의 정신건강이 정신질환자 수준으로 매우 심각하다는 점과 함께 가장 절실히 요구하는 지원이 신변보호와 경제적 지원으로 파악되었다.[13]

구조금이 생명 또는 신체를 해하는 범죄의 일부 피해자에게만 지급이 가능하고 지급에 일정한 기일이 걸리는 등 한계가 많은 상황에서 국가 및 지방자치단체의 경제적 지원은 다양한 피해자에 대한 실질적인 피해복구를 돕고 있으나 성폭력범죄 피해자 등에 대한 지원과 비교할 때 내실이 부족하다고 지적되고 있다.

다만 경제적 지원은 계속 활성화되고 있으며 주로 범죄피해자지원센터가 큰 역할을 담당하고 있으나 경찰도 2021년 아동복지단체인 초록우산 어린이재단과의 업무협약을 통해 긴급생계비·치료비·교육비 등을 지원하고 있고 지방자치단체 등도 다양한 명목으로 지원하고 있다.

▶범죄피해자지원센터 – 제4장 참조.

스토리박스 〈보충설명 XII-4〉

범죄피해의 실태와 우리나라의 상황: 범죄피해조사와 범죄피해자조사

실제로 어느 정도의 범죄가 우리나라에서 발생하고 있으며 그 피해의 정도가 어느 수준인지 파악하기는 매우 어렵다. 이는 무엇보다도 공식적으로 파악되지 않은 범죄 즉 암수범죄가 존재하기 때문이며 동일한 범죄라도 피해자에 따라 겪게 되는 질적 피해가 다르기 때문이다.

기존의 공식통계만으로는 범죄피해의 실태를 정확하게 파악하기 어렵기에 범죄피해조사 등을 실시한다. 범죄피해조사는 무작위로 표본조사를 실시하여 그 중 범죄피해자를 파악하게 되는데 공식범죄통계에 포함되지 않은 각종 암수범죄의 양을 추정할 수 있게 하고 범죄피해자를 비피해자와 비교함으로써 범죄피해자들의 여러 가지 특성을 파악할 수 있게 한다. 우리나라에서는 한국형사·법무정책연구원이 '전국범죄피해조사'를 2년마다 실시하고 있으며 2020년까지 14번 실시하였다.

질적 피해를 파악하기 위해서는 범죄피해자만을 대상으로 하는 범죄피해자 실태조사가 유용한데 우리나라는 2000년대 들어와 3번 실시하였고 피해자가 겪는 정신적 피해의 심각함과 상담 및 경제적 지원의 필요성이 인식되었다. 그러나 각 조사에 참여한 범죄피해자의 수가 매우 적을 뿐만 아니라 피해자가 겪게 되는 피해의 장기적인 변화 등도 아직 제대로 조사되지 않았다.

제4절 회복적 사법

I. 총론

1. 회복적 사법과 유형

회복적 사법은 기존의 응보적 사법을 대신 또는 보완하는 새로운 형사사법으로 다양하게 정의되고 있는데 피해자에 대한 원상회복, 범죄자에 의한 보상, 지역사회 내에서의 양자의 재통합을 추구하며 궁극적으로는 범죄로 발생한 손해를 복구하고 나아가 범죄를 예방함으로써 미래의 위험을 감소시키고자 하는 전략이라고 할 수 있다.[14]

회복적 사법에 참가하는 주체와 그 상호관계에 따라 조정모델, 회합모델, 서클모델 등 다양한 유형이 있는데 피해자와 가해자 외에 누가 참여하는지가 큰 차이로 중재자 외에도 가족과 친구 등의 지지자는 물론 지역사회의 다양한 주체가 참여하는 경우가 있다. 회복적 사법이 제대로 효과를 거두기 위해서는 가해자와 피해자 외에도 제3자의 참여가 중요한데 예를 들어 조정모델에서는 일정한 훈련을 받은 중립적인 제3자가 조정에 있어서 큰 역할을 담당하게 된다.[15]

2. 회복적 사법과 응보적 사법의 비교

전통적 형사사법인 응보적 사법과 비교할 때 회복적 사법을 보다 명확하게 파악할 수 있는데 범죄의 본질에 대한 이해는 물론 사법권의 목표와 방법, 피해자와 가해자의 역할 및 지향성이 다르다.

〈표 XII-1〉 응보적 사법과 회복적 사법의 비교

쟁점	응보적 사법	회복적 사법
범죄의 본질	국가에 대한 침해행위 및 법위반 행위	특정인 또는 지역사회에 대한 침해행위
사법권	형사사법기관 및 공무원이 처리	지역사회 구성원이 해결
목표	응보, 억제, 무능력화를 위한 유죄확정과 처벌	피해자 회복, 가해자 교화개선, 조화의 회복
방법	대립적 시스템, 엄격한 증거규칙에 의한 유죄입증	중재, 협상, 솔직한 대화, 합의, 배상
피해자의 역할	고소인 및 기소를 위한 증인으로 한정, 형사사법절차의 주변인	직접 참여자, 범죄 해결과정의 중심 인물
가해자의 역할	비난 수용, 결과 감내	책임 수용, 배상, 교화
지향성	범죄자의 잘못된 행동에 초점을 둔 대응, 결과의 두려움을 통한 예방	가해행위로 인한 손해결과 및 미래의 회복에 초점, 교화 및 개선

출처: 강지현, (2022). "피해자와 범죄예방", 「범죄학개론」, 제15장, p.476. 박영사.

Ⅱ. 우리나라의 회복적 사법 관련 제도

1. 경찰의 회복적 경찰활동

경찰은 일찍부터 피해자를 위한 다양한 제도를 도입하여 왔는데 가장 대표적인 제도로는 피해자심리전문요원제도가 있다. 이는 2006년부터 심리학 전공자 및 상담 경력자를 경찰관으로 특채하여 주로 지방청에서 근무하면서 사건이 발생하면 초기에 현장에 출동하여 전문적인 심리평가 및 상담을 실시하면서 수사도 지원하는 제도이다. 이후 사후관리와 피해자 지원단체 연계도 담당하는데 2021년에도 39명을 추가로 채용하였다.

최근 경찰은 회복적 경찰활동에 주력하고 있는데 가해자에 대한 처벌보다는 대화를 통한 근본적 문제해결이 필요한 사건을 대상으로 전문가가 주관하는 대화모임을 개최하

여 재발방지와 관계회복은 물론 실질적인 피해회복을 도모하는 제도이다.[16]

2. 검찰의 형사조정제도

형사사건의 가해자와 피해자의 원만한 화해를 이끌어내고 실질적 피해회복을 이룰 수 있도록 전문가들이 참여하여 조정하는 제도로 2006년 시범운영을 시작하여 2010년 범죄피해자 보호법에 명문화되었다. 검사는 재산범죄 사건, 고소사건 등을 당사자의 신청 또는 직권으로 형사조정에 회부하는데 법률전문가와 지역사회 인사로 구성된 위원회에서 조정하게 된다.

3. 소년법상 화해권고제도

소년부 판사가 소년의 품행을 교정하고 피해자를 보호하기 위하여 필요하다고 인정하면 소년에게 피해 변상 등 피해자와의 화해를 권고하는 제도이다. 다만 피해자와 가해소년의 능동적 참여를 이끌어내는 데는 전문성이 필요하기 때문에 소년부 판사 외에도 갈등해결에 전문적인 소양이 있거나 법학, 심리학, 교육학, 정신의학, 보건간호학, 사회복지학, 가족치료학, 상담학 등 소년보호사건과 연관된 분야의 전문가를 화해권고위원으로 위촉하여 할 수도 있다. 화해가 성립한 경우 보호처분을 결정할 때 이를 고려할 수 있다.

스토리박스 〈보충설명 XII-5〉

회복적 사법의 문제점: 당사자 참가의 자율성

형사조정은 물론 화해권고에 있어서도 당사자들이 자발적으로 참여하고 있는지가 문제되고 있다. 우선 화해권고에 있어서 소년에게 판사의 권고는 절대적이며 소년부 판사 주도로 이루어지는 심리단계에서 권고되기 때문에 자발성에 문제가 있다는 지적이 있다.

형사조정제도도 시행 초기에 범죄피해자지원센터가 형사조정위원회를 운영하다가 2009년 검찰로 이관되었으며 조정의 결과로 고소취소가 되면 각하처분을 하거나 양형사유로 참작하는 것을 고려하면 실질적으로는 검찰의 관여가 강하다. 더구나 형사조정제도의 경우 조정에 회부되면 시한부 기소중지 처분을 하며 민사분쟁에 가까운 사안을 형사사법절차에서 적극적으로 다루며 주로 고소사건을 대상으로 한다는 점도 문제로 지적되고 있다.

이러한 문제는 외국도 마찬가지인데 다이버전에 대한 미국의 논의를 참고할 필요가 있다. 즉 다이버전은 여러 가지 장점이 있는 반면 자의적인 처리와 대상자의 절차적인 권리보장이 문제되고 있다. 미국에서는 처리에 대상자의 의견을 요구하는 것으로 문제를 회피하고 있는데 동의하지 아니하면 형사절차가 진행되어 형벌이 부과될 수 있는 상황하에서의 동의는 진정한 동의가 아니라는 지적이 있으며 변호인의 조력을 받도록 해야 한다는 의견이 강하게 주장되고 있다.

출처: 오영근 외 15인. (2021). 「소년법 -조문해설서-」, p.144. 박영사.; 장응혁. (2016). "배상명령제도에 관한 비교법적 연구" 「경찰법연구」 14(2). p.187.; 川出敏裕·金光旭/금용명·장응혁·안성훈 역. (2020). 「일본의 형사정책 Ⅱ」, p.108. 박영사.

요점 정리

범죄피해자의 보호와 지원

- 국가가 주도하는 형사사법제도가 정착되며 피해자는 수사의 객체 및 재판의 증거에 불과하였음. 20세기 초반 범죄학에서 피해자를 다루기 시작하여 피해자에 대한 보호 및 지

지원이 획기적으로 확대되었고 형사절차에서의 권리도 보장되기 시작하였음.

- 우리나라에서는 1980년경부터 범죄피해자를 위한 다양한 제도가 입법화되기 시작하였고 2005년에는 범죄피해자 보호법도 제정되었음. 법무부가 주도하여 5년마다 범죄피해자기본계획을 수립하여 추진하고 있음.

- 범죄피해자를 형사절차에서 보호하기 위한 다양한 제도가 도입되어 있고 특히 성폭력처벌법은 증인신문의 부담을 줄이기 위해 진술녹화는 물론 다양한 참여인제도를 두고 있음.

- 범죄피해자 보호법은 범죄피해자를 위한 기본 정책으로 손실 복구 지원, 형사절차 참여 보장, 정보 제공, 사생활의 평온과 신변 보호 등을 규정하고 있음. 특히 범죄피해자의 경제적 피해를 회복하기 위해 국가가 보상하는 구조금제도가 있고 형사절차에서 배상을 명령하는 배상명령제도가 있음.

- 최근 회복적 사법이 도입되어 피해자는 물론 가해자와 사회와의 통합도 추구하고 있음. 검찰은 형사조정제도를, 법원은 소년법상 화해권고제도를 활용하고 있으며 경찰도 회복적 경찰활동에 노력하고 있음.

참고문헌

1. 강지현, (2022). "피해자와 범죄예방", 「범죄학개론」 제15장, pp.454-455. 박영사.
2. 장응혁·김상훈. (2018). 「젠더폭력의 이해와 대응」, pp.145-146. 박영사.
3. 한국성폭력상담소. (2011). 「성폭력 뒤집기-한국성폭력상담소 20년의 회고와 전망」, pp.152-156. 이매진.
4. 장응혁·김상훈. (2018). 「젠더폭력의 이해와 대응」, p.214. 박영사.
5. 법원. (2022). "해바라기센터 연계 성폭력 피해자 영상증인신문 전국 확대(2022. 7. 20.)", 법원 보도자료.
6. 이홍근. (2022. 5. 11). "경찰, '성폭력·아동학대 피해자 국선변호' 활성화한다", 경향신문(https://www.khan.co.kr/national/court-law/article/202205112138005, 2023. 2. 25. 검색).
7. 장응혁. (2019). "형사피해자의 재판절차진술권에 관한 연구", 「피해자학연구」 27(3). pp.250-252.
8. 위문희. (2021. 12. 30). "경찰, '신변보호' 이름 바꾼다…신임 경찰 교육은 6개월로 확대" 중앙일보(https://www.joongang.co.kr/article/25037013#home, 2023. 2. 2. 검색).
9. Doerner W. G. & Lab, S. P. /조윤오 외 9인 역. (2011). 「피해자학」, p.130. 도서출판 그린.
10. 차성안. (2021). "배상명령 활성화 입법에 대한 평가와 그 시사점", 「저스티스」 182(1). p.318.
11. 장응혁. (2022). "범죄피해자 보호·지원 기본계획과 배상명령제도", 「경찰법연구」 20(1). pp. 96-97.
12. 최인섭·이순래·조균석. (2006). 「범죄피해자 실태 조사연구」, 한국형사정책연구원 연구총서. pp.229-238. 한국형사정책연구원.
13. 김지영·박형민. (2009). 「강력범죄 피해자와 피해자 가족의 피해실태 사례연구」, 2009년도 법무부 연구용역. pp.193-198. 법무부 인권국.
14. 강지현, (2022). "피해자와 범죄예방", 「범죄학개론」 제15장, p.475. 박영사.
15. Doerner W. G. & Lab, S. P. /조윤오 외 9인 역. (2011). 「피해자학」, pp.170-171. 도서출판 그린.
16. 경찰청. (2022). 「2022 경찰백서」, p.112.

추천의 글 1

경찰대학교 행정학과 박정선 교수

범죄학은 생물학, 심리학, 사회학 등 다양한 학문적 배경을 바탕으로 범죄의 실태를 파악하고 원인을 분석하며 교정 및 예방적 대안을 제시하는 학문이다. 이 과정에서 실험이나 조사를 통해 경험적인 자료를 수집하고 과학적인 검증절차를 거쳐 자료를 논리적으로 해석하여 대안을 제시하는 과정을 거치게 된다. 이처럼 범죄학은 이론과 방법론의 두 바퀴를 통해 범죄현상을 분석하고 해석하며 지속적으로 발전한다.

이번에 발간되는 정진성 교수의 스토리텔링 범죄학은 이론과 방법론의 두 축의 중요성을 잘 반영한 탁월한 교과서이자 수험서이다. 제1부 범죄학의 기초 편에서는 범죄학의 개념과 의의 및 방법론과 발전과정을 사회적, 역사적 맥락에서 짚어내고 있고, 제2부 범죄학 이론 편에서는 다양한 이론의 주요 주장을 맥락적으로 파악해내고 있다. 이는 저자가 서문에서 언급하고 있듯이 사회적 사실로서의 범죄현상을 오롯이 이해하고 대안을 제시하기 위해서는 사회적 맥락에 주목할 필요가 있기 때문이다. 범죄를 저지른 개인에 초점을 맞추는 방식 대신 그가 자라고 살아온 가정과 교육 그리고 그가 살아내고 있는 지역사회의 특성뿐 아니라 그의 삶이 기초하고 있는 사회의 구조와 문화적 맥락을 이해하지 않고서는 범죄현상을 제대로 이해했다고 할 수 없다. 그런 점에서 저자의 맥락 강조는 지극히 옳고 타당하다.

범죄학의 거장 샘슨(2012) 교수는 이미 십여 년 전에 시카고에 대한 저서인 「위대한 미국의 도시(Great American City)」에서 과거 지역사회연구의 관심이 지리와 문화라는 한정된 정보에 국한되었다면 앞으로의 연구는 맥락(context)의 이해를 통한 외연 확장이 필요하다고 주장한 바 있다. 샘슨은 맥락의 주요 원리를 설명하며 범죄현상을 제대로 이해하려면 개인에 국한된 관심을 근린과 지역으로 확장해야 하고 나아가 지역의 경계를 넘어 사회의 제도와 문화를 관통하여 만들어지는 고도의 질서구조를 파악할 필요가 있음을 강조하였다. 이러한 맥락적 인과성의 파악이 범죄학의 주요 관심이 되어야 한다는 주장이 잘 반영된 책이 바로 스토리텔링 범죄학이다.

학습의 틀로 범죄학 루프를 제안한 점도 맥락과 연결하여 주목할 만하다. 이론, 가설, 관찰(자료), 경험적 일반화의 4단계로 구성된 과학의 수레바퀴(Wheelofscience)를 확장한 범죄학 루프는 이론과 정책의 긴밀한 공조를 통한 범죄학의 과학적 발전을 강조한다. 맥락을 고려한 이론을 바탕으로 가설을 검증하고 그 결과를 정책에 반영하여 효과성을 검증하는 단계를 거쳐 다시 맥락을 파악하듯 끊임없이 순환하는 범죄학 루프는 독자들로 하여금 이론과 방법론이 왜 중요하게 연계되어 동행해야 하는지를 잘 보여준다. 하나의 이론이나 조사에 그치지 않고 끊임없이 반복되는 범죄학 루프를 통해 수많은 연구들이 축적되면 맥락적 배경과 이론적 설명이 기본적인 뼈대를 갖추고 토실한 살이 붙어 풍성한 스토리를 구성해 내는 이 과정이야말로 앞으로의 범죄학이 나아가야 할 방향이자 힘인 것이다.

이 책의 저자인 정진성 교수는 경찰로 재직하면서 수많은 범죄사건을 접하면서 생생하고 풍부한 현장경험을 쌓았을 뿐만 아니라 순천향대 교수로 재직하면서 활발한 학회 활동과 수많은 저술 활동을 통해 범죄학과 관련한 이론적, 방법론적으로 전문적인 스토리텔링을 지속하고 있다. 이 책은 저자의 교육적 배경과 지적 관심을 오롯이 반영하여 범죄학의 과거와 현재 및 미래를 그려내고 있다는 점에서 현재 범죄학을 공부하고 있는 학부생과 대학원생들은 물론 각종 시험을 준비하고 있는 수험생들에게 많은 도움을 줄 필독서임을 확신하기에 일독을 권한다.

경기대학교 경찰행정학과 황의갑 교수

순천향대학교 정진성 교수의 저서 "스토리텔링 범죄학" 탄생의 기쁨을 함께하며, 1년의 연구년 동안 산고의 고통을 이겨내며 집필작업에 매진해 온 정교수의 노력에 같이 수학하고 연구해 온 범죄학자로서 깊은 경의를 표하는 바입니다.

정진성 교수는 범죄원인론과 교정학에 기초를 두고 성장해 온 플로리다주립대에서 석사학위를 하였고, 경찰학과 형사정책학을 기반으로 발전해 온 미시간주립대에서 박사학위를 취득하였는데, 서로 다른 학문 분위기를 아우르는 다양한 학문지식과 오랜 강의 경험을 바탕으로 범죄이론을 풍부한 스토리로 매우 흥미롭게 설명하고 있습니다.

정교수와 미시간주립대에서 같이 수학하면서 범죄학과에서의 수업 이외에도 사회학과와 지리학과, 심리학과를 넘나들며 사회학이론과 공간분석 수업을 들으며 폭넓게 공부하는 모습을 볼 수 있었는데, 그러한 다양한 정교수의 지식이 본 저서 곳곳에서 범죄학을 여러 맥락으로 설명하는 데 크게 활용이 되는 것을 알 수 있습니다.

서구의 계몽주의는 고전주의범죄학 시대를 열었고, 다윈의 진화론을 필두로 한 자연과학에 대한 관심은 범죄학의 생물학적 실증주의를 견인하였으며, 프로이트의 정신분석학은 범죄학의 심리학적 실증주의의 유행을 낳았고, 세계대공황 이후 보호주의 경제정책으로의 전환은 범죄학의 사회학적 실증주의 시대를 열었으며, 신자유주의 경제정책은 신고전주의 범죄학의 발전으로 이어졌습니다. 범죄학은 이렇게 역사적·사회적 맥락의 산 물이기에 그러한 맥락을 중심으로 범죄학을 풀어낸 정교수의 접근은 이론을 이해하는 데 있어서 매우 유용해 보입니다.

스토리텔링 범죄학은 자칫 어렵게 느껴질 수 있는 범죄이론을 저자의 풍부한 연구 및 강의 경험과 역사적·사회적 맥락의 흐름을 중심으로 이야기하듯이 설명함으로써 쉽게 접근할 수 있도록 했다는 데 그 가치가 크다고 생각됩니다. 본문 옆 주석이나 스토리박스를 통해 용어해설이나 추가설명 등을 넣은 부분이라든가, 요점정리나 필자비평을 통해 핵심내용에 대한 흥미와 신중한 접근을 유도한 부분 등 범죄학을 쉽게 이해하고자 하는 학생들은 물론 공무원 수험생 등 다양한 독자들을 아우를 수 있도록 책이 잘 구성되어 있다고 생각됩니다.

번역서 위주의 범죄학 공부가 일반화되어 온 범죄학계에 최근에 대한범죄학회 학자들 의 범죄학이론서와 더불어 정교수의 역사적·사회적 맥락을 중심으로 범죄이론을 설명한 본 저서는 범죄학을 깊이 있게 이해하려는 독자들에게는 필독서일 것이며, 대학에서의 교재로는 물론 공무원시험의 기본서로 매우 유용할 것입니다.

저서 집필은 지극한 인내를 필요로 하는 지난한 작업이라는 것을 잘 알기에 연구년 동안의 휴식과 연구를 반납하고 새로운 방식의 범죄학 저서로 국내 범죄학 발전에 기여한 애정하는 후배 정진성 교수의 노고에 깊이 감사드리는 바입니다.

서평

계명대학교 경찰행정학과 김중곤 교수

범죄학과 친해지기 위해서는 범죄학의 다양한 논의들이 어떠한 맥락에서 등장하였고, 어떠한 정책적 고려로 이어졌는지 하나의 틀 속에서 이해할 수 있어야 한다. 이 책은 단순암기를 목적으로 한 기존 교과서의 기술방식을 과감히 벗어던지고, 맥락-이론-정책으로 이어지는 '범죄학 루프'를 따라 범죄학의 주요내용을 친절하게 풀어낸다. 깊이와 흥미, 두 마리 토끼를 모두 잡은 스토리텔링 범죄학이 범죄학 교과서의 새로운 표준으로 자리매김할 것이라 기대한다.

경찰대학교 행정학과 한민경 교수

범죄이론과 정책이 의미하고 의도하는 바를 이해하기 위해서는 사회문화적 맥락이 중요하게 고려되어야 한다는 범죄학의 핵심은 지극히 당연해 보이지만 종종 간과되어왔습니다. 저자는 다년간의 범죄학 강의 경험을 바탕으로, 이론-가설검증-정책-효과성검증-맥락의 순환고리인 '범죄학 루프' 개념과 마치 마주 앉아 조곤조곤 설명해주는 듯한 스토리텔링을 접목하여 범죄학의 핵심을 흥미롭게 전달하고 있습니다. 이 책을 통해 범죄학자들이 생각하는 범죄학, 과학적 검증을 동력 삼아 계속 진화하는 범죄학을 접하실 수 있으리라고 기대합니다.

색인

저자소개

정진성

- 경찰대학 행정학과 졸업(행정학 학사)
- 미국 플로리다주립대 대학원 범죄학과 졸업(범죄학 석사)
- 미국 미시간주립대 대학원 형사정책학과 졸업(형사정책학 박사)
- 경찰대학 교수요원
- 경비지도사 시험출제위원
- 현재 순천향대학교 경찰행정학과 교수
  한국경찰연구학회 이사
  경찰청 과학수사 자문위원

■ 저서

- 폴리스트랜드 2020(공저, 박영사, 2020)
- 범죄학(공역, 그린, 2015)
- 형사사법 연구방법론(공역, 그린, 2013)
- 범죄예방론(공저, 경찰대학, 2009)

■ 논문

- 약한 자기통제력과 부정적 양육방식이 청소년 비행에 미치는 상호작용효과(형사정책연구, 2021) 외 다수

장응혁

- 경찰대학 행정학과 졸업(행정학 학사)
- 일본 도쿄대학 법학정치학연구과 졸업(형사법 석사)
- 고려대학 법학과 졸업(형법 박사)
- 경찰청 혁신기획단 연구관
- 경찰대학 교수요원
- 현재 계명대학교 경찰행정학과 조교수
  일본 도쿄대학 비상근강사
  한국디지털포렌식학회 이사

■ 저서

- 性犯罪規定の比較法研究(공저, 成文堂, 2020)
- 일본의 형사정책 Ⅰ·Ⅱ(공역, 박영사, 2020)
- 젠더폭력의 이해와 대응(공저, 박영사, 2018)
- 소년법(공역, 박영사, 2016)
- 사회안전과 법(공역, 경찰대학출판부, 2016)
- 비교경찰론(공저, 박영사, 2014)

■ 논문

- 형사절차상 피해자 진술(경찰법연구, 2010) 외 다수

노성훈

- 경찰대학 법학과 졸업(행정학 학사)
- 미국 플로리다주립대 대학원 범죄학과 졸업(범죄학 석사)
- 미국 샘휴스톤주립대 대학원 형사정책학과 졸업(형사정책학 박사)
- 미국 애팔래치안주립대 형사정책학과 교수
- 경위공채시험 출제위원(범죄학)
- 현재 경찰대학교 행정학과/치안대학원 범죄학과 교수
  대한범죄학회 「한국범죄학」 편집위원장
  여성가족부 정책자문위원

■ 저서

- 사이코패스의 저편(텍스트CUBE, 2022)
- 범죄학개론(공저, 박영사, 2022)
- 노성훈 교수의 경찰학(푸블리우스, 2020)
- 폴리스트랜드 2020(공저, 박영사, 2020)
- 한국사회문제(공저, KNOU Press, 2017)
- 회복적 경찰활동(공역, 경찰대학출판부, 2016)

■ 논문

- 범죄학 및 경찰학 분야 국내외 논문 다수

스토리텔링 범죄학

II 유형 및 대책

초판 1쇄 인쇄 2023년 6월 9일
초판 1쇄 발행 2023년 6월 15일

지은이 정진성 장응혁 노성훈
펴낸이 김재광
펴낸곳 솔과학
편 집 다락방
영 업 최회선
디자인 miro1970@ hanmail.net
등 록 제02-140호 1997년 9월 22일
주 소 서울특별시 마포구 독막로 295번지 302호(염리동 삼부골든타워)
전 화 02)714-8655
팩 스 02)711-4656
E-mail solkwahak@ hanmail.net

ISBN 979-11-92404-47-9 93360

값 23,000원